· 侦查学系列教材 ·

法医学

百茹峰　狄胜利　张海东　石美森 ◆ 编著

中国政法大学出版社

2019 · 北京

图书在版编目（ＣＩＰ）数据

法医学/百茹峰等编著. —北京：中国政法大学出版社,2019. 8
ISBN 978-7-5620-9155-4

Ⅰ.①法…　　Ⅱ.①百…　　Ⅲ.①法医学－高等学校－教材　　Ⅳ.①D919

中国版本图书馆CIP数据核字(2019)第181028号

出　版　者　　中国政法大学出版社

地　　　址　　北京市海淀区西土城路 25 号

邮　　　箱　　fadapress@163.com

网　　　址　　http://www.cuplpress.com (网络实名：中国政法大学出版社)

电　　　话　　010-58908435(第一编辑部) 58908334(邮购部)

承　　　印　　固安华明印业有限公司

开　　　本　　720mm×960mm　1/16

印　　　张　　24

字　　　数　　417 千字

版　　　次　　2019 年 8 月第 1 版

印　　　次　　2019 年 8 月第 1 次印刷

印　　　数　　1～5000 册

定　　　价　　62.00 元

作者简介

百茹峰　法医学博士、博士后、主任法医师，中国政法大学教授、硕士生导师，北京市医学会医疗损害鉴定专家库成员。主要研究方向为法医损伤时间与损伤工具认定；法医群体遗传学。主持和参与近 10 项国家级、省部级科研基金项目，发表科研论文 30 余篇，SCI 收录 21 篇。代表作："十三五"全国高等学校规划教材《法医现场学》《科学证据与法医病理学新技术》等。

狄胜利　法律硕士、主任法医师，中国政法大学副教授、硕士生导师。北京市司法鉴定业协会法医临床专业委员会委员，北京市医学会医疗损害鉴定专家库成员。发表科研论文 20 余篇，主持和参与制定公安部、司法部多项法医临床学行业标准。

张海东　法医学硕士、主任法医师，中国政法大学副教授、硕士生导师。中国法医学会法医病理专业委员会委员，北京市司法鉴定业协会法医病理专业委员会副主任委员，北京市医学会医疗损害鉴定专家库成员。发表科研论文 30 余篇，主持和参与多项国家级、北京市自然科学基金项目。代表作："十三五"全国高等学校规划教材《法医毒理学》《实用法医学》等。

石美森　法医学博士、博士后、主任法医师，中国政法大学教授、硕士生导师，教育部新世纪优秀人才，北京市科技新星，耶鲁大学访问学者。主要研究方向为法医 DNA 疑难检材个人识别和亲子鉴定；人类分子生物遗传学标记在群体进化演变与迁徙历史中的应用。主持国家级、省部级科研基金 10 余项，发表科研论文 50 余篇，SCI 收录 22 篇。代表作：《生物学证据研究与应用》等。

编写说明

中国政法大学作为"211工程"重点建设高校和国家"双一流"建设高校，经教育部2001年批准设立了侦查学本科专业，凭借本校的法学教育资源优势为公安、安全、检察、海关、纪检监察、财政税务、金融保险、市场监督等部门培养了大量证据调查和侦查方面的专门人才。侦查学专业在教育部和学校的大力支持下建立了侦查学实验中心和网络犯罪侦查实验室，为侦查学专业的教学、科研工作提供了高水准的实验平台。多年来，侦查学专业紧紧依托本校法学专业的优势，以深厚的法学知识为基础，讲授侦查学基本原理，传授科学先进的侦查技能与方法，并以侦查学基本理论、侦查技术、侦查实践技能为核心构建了多学科相融通的课程体系。同时，结合侦查实践的急需，建立了以网络犯罪案件侦查为特色的侦查学理论教学和研究基地。为适应现代化侦查和满足经济全球化、社会信息化对证据调查和侦查人才培养的需要，根据国务院《国家教育事业发展"十三五"规划》和教育部《关于加快建设高水平本科教育全面提高人才培养能力的意见》，我们组织编写了侦查学专业本科系列教材。

侦查学专业自2009年以来陆续出版了《侦查学总论》《司法鉴定学》《现场勘查学》《刑事案件侦查》《职务犯罪案件侦查》《讯问学》等具有政法特色的教材。为适应培养具有创新精神和实践能力的新型高级专门人才的新形势需要，特别是适应国际法庭科学互证的需要，我们决定再次规划和修订《侦查学总论》《司法鉴定学总论》《中外侦查制度》《网络犯罪案件侦查》《刑事案件侦查》《经济犯罪案件侦查》《职务犯罪案件调查》《讯问学》《电子证据调查学》《司法摄影》《文件物证检验学》《痕迹检验学》《法医学》《司法精神病学》等14部教材，以展示我校教学、科研的最新成果。

本套规划和修订的教材，借鉴了国内外侦查学理论研究的新成果，吸纳了相关学科的前沿研究成果，反映了侦查实践中的新经验，注重介绍侦查学各门学科的基础知识，阐释基本理论，突出理论与实践的有机结合，力求达到科学性、系统性、新颖性、适应性的统一。

　　本套教材的编写和出版，得到了中国政法大学出版社领导、编辑的大力支持和热情帮助，对此我们表示诚挚的谢意！本套教材在编写过程中的疏漏、缺憾在所难免，恳请专家、学者及广大读者不吝指教！

中国政法大学刑事司法学院

2019 年 3 月

前 言

在依法治国的时代背景下，以审判为中心的司法体制改革深入人心，证据尤其是科学证据的价值得到前所未有的重视。法医学学科作为一门应用性、工具性学科，为案件侦破、纠纷解决提供科学证据，构建医学与法学之间的桥梁，在立法、执法、司法、法律监督等诸多层面发挥着不可替代的作用，在涉及人身的民事、行政、刑事等类型案件中均需要法医学知识的具体运用，是故作为政法类专业的在校生、毕业生有必要对法医学学科进行深入、全面的学习，以便在工作岗位中正确运用、充分发挥法医学证据的科学价值。

近十年来，随着分子生物学、病理学、遗传学、免疫学、微生物学、生物工程、影像学等医学学科的快速发展，新颖的医疗技术在临床层出不穷、被推广应用到实践中，这不仅使法医学家面临新的挑战，更为法医学理论的更新提供机遇，如虚拟解剖、基因诊断、法医影像、法医微生物、遗传毒理等都逐渐在实践中得以运用和成熟；另外，法医学知识应用的标准化进程日趋加快，层出不穷的新标准的适用势必带来新的实践问题。如何去理解、评价、运用新技术、新标准所产生的科学证据，这不仅是法医学专业从业者，更是法学相关人士所要深入思考的问题。

编写这本法医学教材旨在为政法类专业学生介绍法医学学科的重要理论、法医学证据的科学基础，同时，亦适当增加法医学的重要进展。参与本书编写的作者均从事法医学教学、科研、实践工作十余年，具有丰富的理论知识和工作经验，最重要的是对法医学有深入的认识和科学的评价，具体第一至八章由百茹峰教授编写，第九至十章由狄胜利教授编写，第十一章由张海东教授编写，第十二至十四章由石美森教授编写。在编写过程中，面临的最大问题一方面是如何将看似苦涩的法医学专业理论向非专业人士介绍，另一方面是希望本书既是教材，又具有一定的参考书价值，最终只能依据编写者思想上的权衡进行编写。同时，受篇幅所限，在本书中主要涵盖法医病理学、法医临床学、法医毒理学、法医物证学等学科，书中对于专业性较强的概念尽量予以介绍，而对于解剖学以及其他相对容易理解的概念希望读者通过网络等其他渠道进行掌握。

在本书编写过程中，应当感谢中国政法大学刑事司法学院领导和同事们给予了莫大的支持和鼓励，同时，也感谢中国政法大学出版社在文稿编辑和出版方面给予的大力支持，也非常感谢本书所用参考资料的全部作者。希望这本书能够对法学相关专业的大学生、从业者提供帮助和借鉴，限于编写者能力和精力，书中错误难免，亦希望广大读者予以理解和体谅。

百茹峰

2019 年 6 月于北京

目　录

第
一
章

法医学与法医学司法鉴定

第一节 法医学概述

一、法医学概念及特点

法医学（forensic medicine）是应用医学、生物学及其他自然科学的理论与技术，研究并解决法律实践中有关医学问题的一门医学学科。

对于以审判为中心的司法体制改革，证据在审判中的重要性不言而喻，法医学作为构建医学与法庭审判的桥梁学科，为法庭审判提供重要的科学证据，其具有以下特点：

（一）交叉性

法医学以包括基础医学、临床医学等主要医学学科知识为基础，通过法医学专业理论和方法将法律应用实践中涉及的医学问题进行解释与转化，以鉴定意见等形式作为科学证据为法庭审判提供证明作用。因此，法医学以医学科学知识为支撑，以法律为服务对象，具有医学与法学学科交叉的基本特点。

医学科学理论的进展极大地推动了法医学的发展，当前医学科学研究进入快速发展阶段，大量医学新理论与新技术也被应用到法医学中。如基因芯片技术不仅通过检测遗传标记进行个体识别，而且可同时检测携带其他生物学信息的基因位点，对个体进行遗传疾病诊断，亦有助于刻画犯罪嫌疑人；遗传药理学的发展帮助解决法医毒理学中有关特殊个体的中毒机制和中毒药物剂量等既往难以解释的问题；虚拟解剖技术的发展有效地解决传统解剖难以发现的血管源性疾病以及创伤的三维重建问题；等等。

在我国三大诉讼法中均将鉴定意见作为一种法定证据类型，具有较高的证明力。司法鉴定是法医学服务于法律的具体形式，形成的法医学鉴定意见是以坚实的法医学理论为依据，也必须符合诉讼法的相关要求，如法医临床学中损伤程度鉴定等级分类随着法律的修改而进行相应的调整，以适应法律应用实践的需要。

（二）应用性

法医学的目的是解决法律应用实践中涉及的医学问题，这就决定了法医学属于应用性学科。从法医学的学科分类中就能够充分体现出其应用性特点，如法医病理学的研究内容是为解决刑事、民事案件中有关人体的死亡原因、死亡时间、死亡方式、损伤机制、损伤后的行为能力等问题；法医物证学则是为解决案件中的个体识别、亲缘关系问题；法医临床学是为科学地评价活体损伤以及残疾的严重程度，以便更适当地惩罚违法者、赔偿受害者；法医毒理学则是为解决可疑中毒致死或伤者的中毒原因与机制问题；法医毒物分析则是帮助确定何种毒物（定性）以及摄入的剂量（定量）；法医现场学则是将现场勘查时遇到的法医学问题进行专门研究；法医人类学用于分析和推断未知个体的年龄、性别、身高等个人特征。

进一步而言，为更好地解决实践中遇到的专门性问题而诞生了新的法医学学科，如为解决法医病理学中的有关死亡时间的疑难问题而衍生出了法医昆虫学、法医微生物学；为解决通过现场血迹分布特征进行犯罪现场重建而出现了法医血迹分析学；等等。因此，综上可知，法医学以实践中遇到的不同类型科学问题为核心，通过深入研究逐渐发展成为法医学门类下的不同分支学科。

（三）认同性

认同性指的是法医学知识只有在实践中得到普遍检验或者在同行中得到大多数专家的认同，才可以在侦查、审判中进行应用。相对于其他学科而言，此特点在法医学中显得更为突出，这是由法医学的学科任务所决定，只有所采用的法医学知识得到较普遍认同，由此而得到的法医学鉴定意见在法庭上才能经受起质证过程的考验。法医学鉴定意见所依据的法医学知识不仅需要在同行中得到认可，有时甚至需要对审判者进行解释并得到认同。

二、法医学研究对象

法医学的研究对象主要是尸体、活体以及通过各种方法采集的生物源性物证、记录事件经过或诊疗过程的文证材料、暴力犯罪或灾害与事故的发生现场等。

（一）尸体

尸体是法医学领域最重要的研究对象之一，涉及违法犯罪案件、被限制自由人员死亡、意外事故、劳动安全事故、交通事故、医疗过错等生活的多个方面，而原则上各种不明确的非正常原因死亡都应当实施尸体解剖，以查明死因、追究责任。法医学尸体检验的目的主要有查明和判断死亡原因、死亡方式、死亡时间、死亡过程以及与死亡有关的损伤工具、损伤时间、损伤后行为能力等内容，必要时还包括与尸体有关的个人识别如推断与描绘尸体年龄、性别、身高、职业、种族等个体特征等。

法医学尸体检验是法医病理学的主要研究方法和内容，通常包括尸体外部检查（尸表检查）、尸体内部检查（尸体解剖检查）以及对分泌排泄物等的各种辅助性实验检查，检查的手段包括肉眼观察、显微镜组织病理学检查、毒物化学分析、微生物的培养、影像学检查、数字模拟、人工智能等多种方法。尸体检验的优点是通过尸体解剖获得原始的生物学样本，能够更直观、客观、准确地判断和分析与机体死亡、损伤相关的各种法医学问题，故其得到的结论也最让人信服和认同；缺点是对死者遗体有一定程度破坏、检验过程相对较长、工作异常辛苦。

实践中，尸体检验一般在解剖室进行，必要时在尸体发现现场即可实施。尸体检验的方法应当符合相应的国家和行业标准，所收集的生物学样本应当按照标准方法的要求进行保存，整个检验过程、样本收集均应当详细记录，必要时予以照相、录像等。

（二）活体

在法医学中，对活体进行检查主要涉及损伤程度和残疾程度的评估。损伤程度指的是所受到的损伤对人体的结构和/或功能产生不利后果的影响大小，具体而言，包括损伤当时产生的后果（原发性损伤）、伴随损伤所引起的并发症以及损伤修复之后遗留的后遗症。残疾程度指的是机体损伤临床治疗终结后，因损伤本身或必要的治疗手段而遗留的结构和/或功能障碍对人体劳动能力、生存状态产生影响的程度。

法医活体检查是法医临床学、司法精神病学的主要研究方法和内容，主要涉及暴力违法、职工工伤、交通事故、保险赔偿、保外就医等相关案件的依法处置。检查的手段与临床医疗检验技术发展密切相关，以活体为研究对象决定了辨别"真与伪""新与旧""伤与病"是检查的关键，因此，检查时除认真、详尽的体格检查外，辅助检查以选用客观、准确、可靠的医学检查方法为原则，如医学影像学检查、神经电生理检查技术等，进而客观、公正、全面地评价受害者所受的损伤。

（三）生物学物证

生物学物证通常是指能够证明民事、刑事、行政案件事实真相的生物来源检材，主要包括血液、精液、唾液、阴道分泌物、月经血、羊水、尿液、粪便等及其形成的生物斑，还有人体各种组织如肌肉、骨骼、毛发、牙齿、指甲等。通过分析这些生物学物证的种属、性质、遗传标记等生物学信息，进而对其来源个体进行识别与认定，也可以通过生物学物证的成分分析，以判断是否中毒及毒（药）物种类。

法医学生物学物证有其自身特点：首先，更容易受到外界环境因素的影响。因为法医学物证通常是在现场勘查时被发现或被提取的，而这些案件可以是陈年旧案，也可以完全暴露于野外空间，案件的复杂性与现场的多样性使得生物学物证不可避免地受到外界环境的影响，有时甚至造成这些生物学物证失去检验的价值，如埋葬多年的骨骼难以实现正确的 DNA 分型等。其次，检验前需要制订合理的分析策略。因为现场来源的生物学物证往往数量非常有限，检验的目的是尽可能的获得更多的案件有关信息，而不同的检验目的适用不同的检测方法，故在面对有限的生物学物证时应在检验前制订科学、合理的分析策略。

（四）文证

法医学中的文证是指以其内容、含义能够证明客观事实情况的书面文件，主要包含现场勘查笔录、医疗病历记录、影像学资料、诊断证明等与机体病理状况发生过程紧密相关的客观性描述材料。这些文证因为能够较客观反映案件的发生经过、所患病情及诊疗过程，从而可作为法医学科学分析的重要依据。在根据文证进行法医学分析时，一方面要详阅文证中反映出的客观情况，另一方面也要注意文证记录的真实性与科学性问题。

三、法医学任务

法医学通常以鉴定意见的形式为各种纠纷解决提供科学证据。一方面，在刑事、民事和行政案件中，对于查明事实、解决争议焦点发挥着关键作用，另一方面，法医学等学科的发展对法律制定也发挥着重要作用。

（一）为诉讼案件提供科学证据

1. 为刑事诉讼提供科学证据。在刑事诉讼过程中，法医学理论与技术可为侦查提供重要线索，如有助于判断案件性质、案发时间、案发过程、犯罪嫌疑人个体刻画及职业特征等，不仅可及时确定案件性质、抓获犯罪嫌疑人、节约司法资源，而且通过科学方法收集、固定证据，在起诉、审判阶段可提供具有较高证明力的科学证据作为定罪量刑依据。因此，对于涉及人身伤亡、生物学物证或人体生理、病理状态的案件，整个刑事诉讼过程几乎都需要法医学专业人员的存在，有现场勘查、检验尸体或活体以及生物学物证、出庭作证、专门知识的人等多种参与方式。利用法医学知识不仅能够有效地打击犯罪，也非常有利于保护公民的人身权益。

2. 为民事诉讼提供科学证据。在与人身侵权相关的损害赔偿案件中，法医学可解决人身损害所致的残疾程度、引起人身损害的原因力作用大小等一系列关键问题，可普遍应用于医疗、劳动、交通、保险、保外就医等多个领域。

3. 为行政诉讼提供科学证据。主要涉及行政机关工作人员在履行管理职责过程中，若发生人身损害等事实，在查明伤亡的真实情况时，也需要法医学检验作出科学判断，为损害赔偿提供证据和依据。

（二）为公共安全事件处理提供帮助

此处的公共安全事件指的是突然发生、造成多人伤亡的严重社会危害事件，如自然灾害、事故灾难、公共卫生事件和社会安全事件等。在这些事件的善后处理中，通常都需要法医学家的参与。

如 2001 年 9 月 11 日，美国纽约世界贸易中心遭受了迄今最为严重的恐怖袭击事件，造成了 2998 人死亡和失踪，411 名救援人员殉职，由法医病理学家、法医人类学家、法医物证学家组成的技术团队参与了死亡人员的个人识别过程，共收集到 2 万余个生物学样本，耗时近 5 年才基本完成相关工作；在 2004 年 12 月 26 日，印尼沿海发生的海啸灾害中，据统计遇难者达到 23 万多人；而 2011 年 3 月 11 日，日本本州岛仙台港附近发生 9.0 级地震后引发核泄漏事件，造成近 2 万人死亡，2000 多人失踪。这些灾害现场通常杂乱无章，多数遇难者呈现支离破碎、面容毁损、高度腐败、遗物遍地的状况，而尽快、准确地认定遗体是法医学专家面临的主要任务。

还有在一些公共卫生事件中，无法查明死亡原因，亦需要法医病理学家进行解剖检验。如 2002 年 11 月份，在我国广东省首先暴发并随后扩散至东南亚乃至全球的非典型性肺炎（SARS）疫情中，为及时明确 SARS 引起死亡的病理变化与致病机制，寻求正确的治疗方法，法医病理学家面临巨大传染风险承担了我国首例 SARS 致死尸体的解剖与病理学检验工作。

（三）为科学立法、医学学科的发展提供帮助

在国家立法、政府制定管理规范以及专业技术法规时，涉及与法医学有关的技术问题，均应聘请相关专业法医学家进行咨询。如在制定与脑死亡、安乐死、医师法、医疗纠纷与医疗事故管理、尸体解剖规则、司法鉴定规则、大型灾害的管理、损伤程度评定、残疾分级、劳动保护等相关的法律与法规时，应向法医学家进行咨询，以避免制定的规范缺乏相应的科学性和实践价值。

医学技术的快速发展促进了法医学的进步，而法医学的不断发展也同样对医学其他专业的完善提供科学依据。如对于一些疑难病例、突然死亡的病患，法医学家通过尸体检验明确死亡原因、死亡机制，对临床治疗此类患者提供极为宝贵的医学资料；另一方面，一些在法医学领域常见的致死原因如中毒、机械性窒息等，通过法医学家的深入研究，其理论和技术可为临床医生在诊断、治疗和护理此类病患时提供强有力的科学帮助。

第二节　法医学发展简史

一、中国法医学发展简史

（一）古代法医学

随着古代社会中阶级的出现，产生了法律，社会分工后出现专门医生，这些都为法医学专业的发展提供了一定的社会基础。据现有资料所载，我国法医检验相关内容最早记载于先秦时期的《礼记》和《吕氏春秋》，如在《礼记·月令·孟秋之月》《吕氏春秋·孟秋纪》中都记载："是月也，命有司修法制，缮囹圄，具桎梏，禁止奸，慎罪邪，务博执。命理瞻伤察创、视折审断，决狱讼，必端平。"这段记载说明当时官员审案时已开展损伤检验工作。1975 年 12 月在湖北省云梦县睡虎地秦墓出土的秦简中，《封诊式》更是一部有关查封与勘验程式的书籍，"封"指查封，"诊"指诊察、勘验、检验，"式"指格式或程式，全书共分 25 节，以勘验为核心内容介绍大量案例，涉及审讯、犯人历史调查、查封、抓捕、自首、惩办和勘验等。勘验的内容非常广泛，包括活体检验、尸体检验、首级检验、现场检验和兽齿检验等。检验的人员也有明确的分工：令吏是刑事侦查的主要人员，负责现场勘验、活体与尸体检验，还负责拘捕人犯；医生参加与疾病有关的活体检查；隶妾主要检查妇女下体；隶臣负责检验时帮助搬运尸体、脱穿衣服、协助测量尺度等。这些都证明了先秦时期是中国法医学的萌芽时期。

汉唐时期的《素问·玉版论要篇》记载"脉短、气绝，死"，发现以呼吸、循环停止为确定死亡的主要指征，并提出了以锦棉丝置口鼻处检验呼吸是否停止的方法。三国时期吴国人张举为鉴别烧死还是死后焚尸，进而判断案件性质时，首次使用活猪和死猪置入火场中进行试验，观察发现烧死的猪口鼻内有烟灰，而在死后被烧的猪口鼻中却无烟灰，从而将两者进行鉴别，此种方法至今仍在使用。《唐律》中以法医学检验制度进行明确规定，被检验的对象有病人、死人和受伤者，该检验制度成为其后历代检验制度的基础，一直沿用至清代。唐朝还发展与完善了重要的保辜制度，如详细规定了辜限："诸保辜者，手足殴伤人限十日；以他物殴伤人者二十日；以刃及汤火伤人者三十日；折跌肢体及破骨者五十日。"保辜被认为是古代刑法处理伤害案件的一种特殊制度，其基本内容是殴人致伤后，规定一定期限即辜限，视期限届满时的伤情，再行定罪量刑，其过程是在受伤后立即经官检验，根据伤情按法律规定立下辜限，由加害人负责寻医调治，如果治疗无效，受伤者在辜限内死亡，则依杀人罪论处，若在辜限外死亡或虽死于限内但是由于与损伤无关的原因而死，则依相应的殴伤法治罪。

两宋时期是我国古代检验制度发展与完善时期，其中最为著名的是宋慈所著《洗冤集录》，此书是中外学者公认的现存最早的系统法医学著作。宋慈，字惠父（1186~1249，福建省建阳县人），被中外法医学界尊为世界法医学的鼻祖，他在采撷《内恕录》《折狱龟鉴》等前人成果的基础上，结合自己一生丰富的断案经验，终于在去世前两年完成《洗冤集录》。该书主要内容包括宋代验尸的法令、验尸官职责、验尸方法与注意事项、尸体现象、机械性窒息、钝器和锐器损伤、古代交通事故、高温致死、尸体发掘、猝死、中毒与急救等，如书中准确论述了尸斑发生的原因和分布："凡死人，项后、背上、两肋后、腰腿内、两臂上、两腿后……有微赤色，验是本人身死后，一向仰卧停泊，血脉坠下所致有此激赤色，即不是别致他故身死"；区别自缢与勒死："自缢伤痕八字不交"；区别生前与死后骨折："骨断处，其接续两头各有血晕色。再以有痕骨照日看，红活，乃生前被打分明""若无血荫，纵有骨折，乃死后痕"；中煤毒："土炕漏火气而臭秽者，人受熏蒸，不觉自毙，其尸软而无伤"；等等。《洗冤集录》成为随后历代法医检验书籍的祖本，被公认为世界最早的经典法医学著作，被翻译成多国文字进行传播和学习。

元、明、清时期的检验制度基本沿袭唐、宋的规定，但也有重要的发展变化。元代将检验官躬亲检验制改为躬亲监视制，由仵作验尸，并且颁发了新的检尸文件《检尸法式》，是现存最早的验尸正式文件，相当于当今的鉴定书，该文件一直沿用至清代初期。而后清代颁布了验尸文件《尸格》《尸图》，创建了《验骨图格》。

（二）近现代法医学

尸体解剖（autopsy）的开展是古代医学向近代医学发展的重要标志之一，也成为我国法医学古代与近现代发展的分水岭。民国元年颁布的《刑事诉讼律》中明确规定了关于解剖的条款，1913 年国民政府内务部公布我国第一部《解剖规则》，第 2 条规定："警察及检验官对于非解剖不能确知其致命之由者，指派医士执行解剖"，使得我国法医解剖有了法律依据。但由于我国长期受封建思想的禁锢，实践中尸体解剖的例数非常有限，法医人才匮乏，极大程度限制了我国法医学的发展。

我国现代法医学的奠基人是林几教授，林几（1897~1951，福州人），字百渊，1924 年前往德国维尔茨堡大学医学院学习法医学，获得医学博士学位，回国后在北平大学医学院成立法医学教研室。随后在林几教授的倡导下，1932 年 8 月在上海成立我国第一个法医学研究所——司法行政部法医研究所，林几教授所长，开办法医学培训班，编撰法医学教材，为培养我国法医学专门人才，做出了卓越贡献。

新中国成立后，我国法医学获得了较快发展，其中以 1983 年 10 月 26 日由四部两院在山西省太原晋祠召开的"全国高等法医学专业教育座谈会"（简称"晋祠会议"）为重要里程碑，会后于 1984 年开始在全国 6 所医科院校开设法医学专业并向各医学院校发出增设法医学必修课的决定。经过数十年的努力，我国在法医学专业队伍建设方面取得了巨大成就，使法医学真正成为我国法制建设中一项不可缺少的内容。

二、外国法医学发展简史

尽管西方古代法医学出现时间比较早，最早可追溯到公元前 44 年凯撒大帝被刺死后医生的尸检报告，但西方古代法医学一直以医生或行政官员作为法医鉴定人员，而不像我国古代法医学形成自己独特的体系。与法医学有关的散例大多存在于各国的法律之中，其中影响较大的是德国的两部刑法典：1507 年的旁贝尔邦法规定，法官处理杀婴、头部损伤等刑事案件和医疗事故案件时应召请医生参与；还有就是 1532 年在《旁贝尔邦法》基础上颁布的《加洛林刑法》对于人身伤害、自杀、堕胎、缢死、中毒等都有相关规定，该法典的明文规定以及法官和法学界的认可，使得医学鉴定在欧洲文艺复兴时期确立了一定地位，因此，有学者认为《加格林法》是欧洲法医学的起点。

欧洲第一部系统法医学著作是意大利 Palermo 大学教授费德罗（Fortunato Fedele，1550~1630）编著的《论医生的报告》，该书是一部公共卫生和法医学相融合的书籍，分为 4 卷，与法医有关的内容包含创伤、诈病、刑讯、医疗过错、妊娠、窒息、雷击死、中毒等，该著作的出现不仅是欧洲医学的重要进步，也对法医学发展有重要意义。

17~18 世纪，西方法医学进一步发展，突出表现为法医鉴定制度的推进和法医学教育的普及，涌现出大批法医学著作，其中极具代表性的就是意大利医学家、罗马教廷医生保罗·查克其亚（Paulo Zacchia，1584~1659）编著的《法医学问题》，该著作以答问形式通俗易懂，主要价值是首次提出法医学术语 legal medicine，以及提出开展法医精神病学研究、亲子相似性可用于亲权鉴定等，其内容范围和学术水平远超既往，所以保罗·查克其亚被称为欧洲法医学之父。1650 年德国莱比锡大学教授 J. Michaelis（1607~1667）首次采用"forensic medicine"命名其法医学课程，后来被作为法医学的第二个英文名称。

19 世纪法医学的相关内容进行整合，门类开始清晰，为现代法医学奠定了基础，同时法医学教育也获得了蓬勃发展，出现一系列法医学教材，随着法医学专业人员增加，至 19 世纪后半叶开始出现法医学学术团体和研究期刊，如最早于 1868 年在法国成立的巴黎法医学会。德国的学术刊物最多，1829 年创刊的《公共卫生与法医学年鉴》是德国第一部法医学期刊。这些学术团体和刊物促进了法医学的发展和公众普及。

随着世界各国法医学专业的不断发展，也形成了各自的法医检验制度，如英国的验尸官制度主要源自于 1887 年通过的《验尸官法》，验尸官没有法学或医学资格，所有死亡案件均需向验尸官申报，由验尸官决定是否解剖并签发非自然死亡的死亡证明，进而批准火葬或土葬，而对于疑有谋杀的案例时，才召内务部病理学家进行二次解剖。与验尸官制度相对应的还有检察官负责与佐证制度，如苏格兰的检察官负责所有突然死亡、可疑死亡、交通事故死亡、不明原因死亡等非正常死亡的调查，佐证制度的优点在于确保司法公正，法医学检验结果不仅要在法庭上举证与质证，而且在尸体解剖、鉴定报告、毒物分析方面进行标准化，检验时必须两名法医人员参加，共同签发报告。此外，其他国家也有相应的法医检验制度，如德国法医学研究所制度、日本的监察医制度、美国的法医局制度等。

第三节　法医学主要分支学科

法医学主要研究目的是解决与法律有关的医学问题，而从医学角度出发，一个人从出生到死亡，将会涉及不同的法律问题。因此，以法医学研究对象为基础，针对不同的研究对象，可能存在不同种类的法律问题，而在试图解决这些法律问题的过程中形成了各自的理论体系，进而形成了法医学不同的分支学科。当前，法医学的主要分支学科有法医病理学、法医物证学、法医临床学、法医精神病学、法医毒理学、法医毒物分析、法医人类学、法医昆虫学等。

一、法医病理学

法医学病理学（forensic pathology）是运用医学专业理论与技术解决有关暴力性和非暴力性死亡的死亡征象、死亡原因、死亡时间、死亡地点、个人识别以及致伤物的推断与确定的法医学分支学科。

暴力性损伤与死亡是法医病理学研究的两大核心。暴力性损伤包括各种因素引起的损伤如物理性、化学性、生物性原因力等，其中物理性包括机械性、声波、气压等内容，以机械性损伤最为常见故而是研究的重点。死亡则研究各种原因引起的死亡，包括暴力性死亡（暴力性损伤所引起的死亡）、非暴力性死亡（猝死等）。

法医病理学的应用主要包括：①涉及与人身损害有关的违法犯罪活动；②涉及医疗纠纷的损伤和死亡；③被采取限制自由措施人员的死亡；④吸毒引起的死亡；⑤危害公共安全的烈性传染病的死亡；⑥死因不明时；⑦涉及胎儿有关的死亡；⑧其他可能涉及法律问题的死亡。

整个法医病理学检验并作出鉴定意见的过程被称为法医病理学鉴定，包括现场勘查、尸体检验、病理学检验、综合分析、制作鉴定意见书等环节。现场勘查（scene investigation）的任务是了解案发前后过程（现场重建）、现场可能存在的致伤物或致伤条件、尸体现场情况、收集必要物证等。尸体检验必须在详细了解案情基础上进行，以全面系统、有序、正确提取与保存样本，客观详细记录为原则，包括尸体外部检查（尸表检查）、解剖检查以及必要时借助法医影像学技术进行虚拟解剖、三维重建、计算机模拟等，解剖检查的方法应符合相应的技术规范。组织病理学检验包括大体肉眼观察和显微镜微观结构观察两个层面，必要时应用特殊的染色技术、基因诊断技术进行检验。法医病理学检验的样本应详细标注并按照相关规定进行保存。

二、法医物证学

物证通常是指能够以本身所具有的物理特征证明案件事实的物品和物质痕迹，而法医物证专指来源于人体的生物学成分，包括：血液、精液、骨头、牙齿、肌肉、毛发、皮肤与黏膜脱落细胞、阴道分泌物、月经血、乳汁、羊水、尿液、粪便、唾液、汗液、鼻涕等。法医物证学以提供科学证据为目的，以法医物证为对象，应用生命科学技术研究并解决案件中与个人识别、亲子鉴定等有关的法律问题。

法医物证学这门学科的命名在国内外尚未完全统一，国外称之为法医血清学（forensic serology）、法医血型血清学（forensic blood group serology）、法医血液遗传学（forensic hematogenetics）、法医遗传学（forensic genetics）、法医生物学（forensic biology）。在我国法医专业目录定名为法医物证学。

个人识别与亲子鉴定是法医物证学的两大任务。在个人识别方面，目前可以依据充分的科学理论对法医物证实现"同一认定"的标准，这也是法医物证学研究获得的巨大进步，使得该学科区别于其他物证分析方法和其他法医学学科，进而使得法医物证学科学证据在众多法医学和物证学证据中具有"举足轻重"的地位；在亲子鉴定方面，法医物证学理论不仅能够判定两代直系间亲缘关系，而且可对同胞间、隔代直系间、旁系个体间（如叔侄、姨甥等）亲缘关系进行分析与判定。

法医物证学的应用主要包括：①筛查与认定犯罪嫌疑人。基于"物质交换定律"理论，凡是进出现场的个体均可遗留生物学物证。因此，犯罪嫌疑人在作案过程中接触过的物品均会遗留法医物证，对现场物证认真收集与个人识别分析即可用于筛查与认定犯罪嫌疑人。②对受害者、遇难者进行个人识别。对爆炸、碎尸等案件中受害者以及自然灾害、事故中遇难者进行个人识别，以便于尸源认定和处理后事。③亲子关系分析与判定可用于犯罪嫌疑人推定、认亲、继承、器官移植、户籍迁移等案件中。

当前，法医物证学主要基于遗传学理论和分子生物学分型技术，对法医物证中包含的生物个体遗传信息进行收集与处理，进而达到个人识别与亲子关系鉴定的目的。由于法医物证在现场中通常细小且分布广泛，虽然不易被嫌疑人彻底破坏，但有时也不易被发现，所以认真细致地勘查现场和采集法医物证是法医物证鉴定的前提。其次，由于任何进出现场的个体（包括勘查人员等）均可遗留法医物证于现场之中，是故法医物证学分析内容仍需要结合案情与其他调查结论进行综合判断。再者，目前所采用的法医物证学分型技术具有极高的灵敏性，一方面要求分析技术人员在操作过程中防止法医学物证受到污染，另一方面要对分析样本及时地定量保存并详细记录分型检验的全过程。

三、法医临床学

法医临床学（forensic clinical medicine）是应用临床医学等医学知识以及其他自然学科技术，研究并解决与法律有关的人体伤、残以及其他生理病理等医学问题的一门法医学分支学科。活体是法医临床学的主要研究对象，内容包括各种损伤、疾病或病理状态对个体的生命、健康、生活、劳动、社会交往等能力造成的影响。

损伤程度与伤残等级的标准制定与应用是法医临床学研究的主要内容。损伤程度主要以各种损伤后果（原发症、并发症、后遗症）对人体的生命与健康的影响程度为基础，制订相应的评定标准。伤残等级则主要以各种损伤所致的原发性与继发性组织结构改变与功能障碍对个体生活、劳动、社会交往等能力的影响程度为基础，制订相应的评定标准。损伤程度等级评定主要与各种违法与犯罪行为所造成的后果相适应，而伤残等级评定则主要与多种行业的损害赔偿相适应，如交通事故、职工工伤、人身保险、人身伤害、医疗事故等。其他法医临床学相关鉴定还包括休息、护理与营养期限、保外就医、医疗费用等。

由于活体是法医临床学的主要研究对象，使得法医临床学具有如下特点：①损伤修复处于动态变化过程。机体损伤后即开始修复的动态过程，一方面要求法医临床鉴定需要选择适当的鉴定时机，另一方面亦要求法医临床学家全面收集医疗资料，对损伤后修复过程进行详细观察；②伤与病常常并存。当同一部位或同一器官损伤与原有伤或疾病同时存在时，应通过损伤自身性质与损伤前后功能变化情况，综合判断确定此次损伤所致功能障碍的原因力作用程度；③时刻警惕诈病和造作伤（病）的存在。这就要求在选择各种医学检查技术时，尽可能选择客观的检查手段；另一方面对所受损伤或所患病情也宜从多个角度综合评定。

四、法医精神病学

法医精神病学（forensic psychiatry）是研究与法律相关的精神障碍和各种精神健康的法医学分支学科，在国内也被称为司法精神病学。实践中，法医精神病学家主要应用现代精神医学的理论和技术，对所受精神损害、残疾程度进行综合评定，以及对涉及法律问题当事人的精神状态和法定能力提供鉴定意见。

该学科的研究与应用主要有以下方面：①刑事法定能力评定，包括刑事责任能力、诉讼行为能力、服刑能力、作证能力等；②民事法定能力评定，包括民事行为能力、民事诉讼行为能力、劳动能力等；③精神损害及精神残疾评定，精神损害指各种物理、化学、生物及心理社会等因素所引起的器质性或功能性精神障碍，而精神残疾则是指此种精神障碍对个体健康、生活、社会交往能力的影响程度；④矫正精神病学，主要针对无精神障碍罪犯的行为矫正以及在监狱中的心理卫生问题；⑤其他与法律有关的精神健康问题，如自杀、吸毒、酗酒、未成年的精神健康问题等。

五、法医毒理学

法医毒理学（forensic toxicology）是研究与法律有关的毒物（品）所致机体损害的机制的法医学分支学科，主要研究内容包括毒物（品）在体内的吸收、代谢和死后再分布过程，毒物（品）所引发的临床表现、病理改变机制，以及引起的器质性损害和功能性障碍等。

实践中，法医毒理学主要解决以下相关法律问题：①是否发生中毒；②所涉毒物（品）的类型；③毒物（品）进入机体的途径与方式；④中毒后对机体生理功能的影响程度；⑤个体对毒物（品）的代谢过程；⑥综合判定案件性质或死亡方式；等等。

六、法医毒物分析

法医毒物分析（forensic toxicological analysis）是研究与法律有关的不同生物学样本中，各类毒物（品）及其代谢物的定性、定量分析的法医学分支学科。实践中，常见的用于法医毒物分析的生物学样本包括呕吐物、胃内容物、血液（外周血、心血）、尿液、胆汁以及参与代谢的主要器官组织如胃、肝、肾、脑、毛发、骨等。

对法医毒物分析结果的评价应注意以下几个方面：①毒物（品）摄入机体后的代谢速率；②检测样本的采集部位和保存方法是否适当；③采样与分析过程中是否受到污染；④针对采集的样本和所要检测的毒物（品），选择的分析方法是否适当；⑤选用的分析方法是否有足够的灵敏度以及分析中的影响因素；⑥死后腐败代谢过程的影响；⑦毒物（品）的性质与含量是否与临床表现相符合；等等。

七、法医人类学

法医人类学（forensic anthropology）是研究与法律有关生物体的种属鉴别、个体特征推断与识别的法医学分支学科。其主要研究内容包括通过现场发现的生物组织和遗留痕迹，进行生物体种属、年龄、身高、性别、面貌等个体特征的鉴定和识别。实践中常用于鉴别的人体样本包括毛发、牙齿、颅骨、骨盆、耻骨联合、长骨等。

八、法医昆虫学

法医昆虫学（forensic entomology）是应用昆虫学理论和技术，通过研究与尸体相关的昆虫以确定死亡时间的一门法医学分支学科。与尸体相关的昆虫包括：①尸食性昆虫，只取食尸体，对推断与确定死亡时间非常重要，如双翅目（Diptera）的丽蝇科和麻蝇科等；②杂食性昆虫，既取食尸体，又取食尸食性昆虫，如蚂蚁、胡蜂等；③尸食性昆虫的捕食者或寄生者，其中双翅目在幼虫前期属尸食性，后期则成为捕食者，如丽蝇科的金蝇属；④其他种类或流浪者，偶尔路过寻找水分或取食。

法医昆虫学主要通过在尸体表面、尸体内部、尸体附近范围收集到昆虫及其生长蛹壳等样本，确定昆虫种类、生长发育阶段，结合不同地域、不同环境下昆虫在尸体上的生态群落演替、生长发育规律，进而确定死亡时间。此外，还可以通过收集昆虫的地区分布特征，判断尸体是否被转移以及确定死亡地点等。

第四节　法医学司法鉴定

一、法医学司法鉴定概念

司法鉴定（judicial identification）是指在诉讼活动中司法鉴定人运用科学知识或专门技术对诉讼涉及的专门性问题进行鉴别和判断并提供鉴定意见的活动。我国对从事司法鉴定的鉴定机构和鉴定人员实行登记管理制度，司法鉴定分为四大类：①法医类鉴定；②物证类鉴定；③声像资料类鉴定；④其他类鉴定。

法医学司法鉴定是指运用法医学的理论与方法，以人体为鉴定对象，解决与法律有关的人身伤亡和生理、病理状态等专门性问题并作出鉴定意见的活动。科学性与中立性是法医学司法鉴定的本质特征。科学性是指用于鉴定的法医学理论和方法以及检验技术应当是被科学研究验证并被行业人员所认可，鉴定的操作过程应严格遵照相关行业标准和操作规程，对检验结果运用科学思维方法进行综合分析并严谨、准确表述鉴定意见，而鉴定材料的客观、真实、全面是鉴定意见科学性的前提；中立性是指鉴定人及其机构应独立于鉴定事项利益相关人，每个参与的鉴定人在鉴定过程中应独立作出判断。

二、法医学司法鉴定分类

（一）根据鉴定依据的科学基础分类

法医学司法鉴定以其所依据的法医学各学科，并根据现行的司法鉴定执业规定，可分为五类：

1. 法医病理鉴定。主要包括：死亡原因、死亡方式、死亡时间、致伤物认定、生前伤与死后伤、损伤时间、死后个人识别鉴定等。

2. 法医临床鉴定。主要包括：人身损伤程度、损伤致残程度、活体年龄、性功能、医疗纠纷、（休息、护理与营养）三种期限、医疗费用、致伤物与致伤方式鉴定等。

3. 法医物证鉴定。主要包括：个人识别、亲子鉴定、性别、种族、种属鉴定等。

4. 法医精神病鉴定。主要包括：涉及与法律有关的精神状态、法定能力、精神损伤程度、智能障碍鉴定等。

5. 法医毒物鉴定。主要包括：毒（药）物、毒品及代谢物的定性、定量分析鉴定等。

（二）根据鉴定程序分类

根据鉴定程序的要求，将法医学司法鉴定分为三类：

1. 初次鉴定。指就一个具体的鉴定对象和鉴定事项而言，委托或指派鉴定人第一次进行鉴定。如法院就甲伤害乙的侵权损害赔偿一案，第一次委托丙鉴定人对乙的伤残等级进行鉴定即为初次鉴定。

2. 补充鉴定。指在原鉴定的基础上，由于出现新问题需要对原鉴定进行补充说明与完善，或者就原鉴定事项因补充了新材料与新证据而需要对原鉴定进行修正，或者原鉴定中对委托鉴定事项存在遗漏情况，由原鉴定人在复查后作出具有补充、完善性质的鉴定。如上例中，若由于受害人乙的病情出现变化，法院提交了新的诊疗资料后要求丙鉴定人对乙的伤残等级进行核实与修正即属补充鉴定。

3. 重新鉴定。指鉴定委托或指派方对原鉴定有异议或认为有必要，依据原鉴定材料另行委托或指派其他鉴定机构或鉴定人进行的再次鉴定。因此，重新鉴定主要是针对原鉴定材料和鉴定事项，对鉴定机构或鉴定人进行更换后进行的再次鉴定。如上例中，若受害人乙认为伤残等级的鉴定意见有误，申请法院重新鉴定，法院经审查后委托丁鉴定人就原鉴定材料重新进行的伤残等级鉴定即属重新鉴定。

三、法医学司法鉴定原则

鉴于法医学司法鉴定的目的是为解决纠纷提供科学证据，每种不同的鉴定分类均有其不同特点，并应遵循各自的不同的鉴定原则，但总体而言，整个法医学司法鉴定过程应遵循以下基本原则：

（一）依法鉴定原则

从鉴定机构到鉴定人，从鉴定实体到鉴定程序，从鉴定材料到鉴定意见，从鉴定方法到鉴定标准，都必须符合法律及相关规范的要求。

（二）科学鉴定原则

法医学司法鉴定所运用的鉴定理论、方法、检验（测）技术均应被科学研究所证明，对结果的判断与分析应符合逻辑和科学原理。

（三）客观鉴定原则

鉴定过程中，应依据提供客观、真实、合法的鉴定材料，实事求是、客观公正进行鉴定，避免主观臆断、先入为主。

（四）独立鉴定原则

鉴定意见是鉴定人通过系统检验、综合分析后形成的判断，是故鉴定人应相互独立完成鉴定，避免受到其他无关因素干扰。当多个鉴定人意见不一致时，每个鉴定人均有权在鉴定书中表明各自意见，而不能以少数服从多数原则处置。

（五）其他鉴定原则

保密原则要求在鉴定过程中，知悉鉴定材料的工作人员应为当事人保密隐私；时限原则要求整个鉴定过程应在规定或约定的期限内完成。

第五节　法医学鉴定人

受司法机关的指派或聘请，用自己的专门知识对案件中的法医学问题进行鉴定活动的人，称为法医学鉴定人。目前，我国的法医学鉴定人有两种：一是在公安、检察等侦查机关的鉴定机构中从业的法医学鉴定人；二是在司法行政管理部门注册，取得了执业资格和鉴定资格，在法医学鉴定机构从业的法医学鉴定人。司法鉴定实行鉴定人负责制度，司法鉴定人应当依法独立、客观、公正地进行鉴定，并对自己作出的鉴定意见负责。

一、法医学鉴定人的权利

为保障法医学鉴定人按时并正确作出鉴定意见，应赋予法医学鉴定人相应的权利。如在因提供的鉴定材料不足而难以满足委托鉴定事项的要求、按照当前认知和技术水平无法实现鉴定目的、委托人不配合、违反鉴定人意志出具鉴定书等情况出现时，法医鉴定人有权拒绝鉴定；为了鉴定需要，鉴定人有权请求查阅案卷、补充材料以及参与现场勘验、检查和侦查实验等；出庭时，对与鉴定无关的问题鉴定人有权拒绝回答。

二、法医学鉴定人的义务

法医学鉴定人的义务来自于法律和其他规范的规定，如鉴定人应尊重并保护他人隐私；按时完成鉴定工作；与委托案件有利害关系时应当回避；收到出庭通知时应当按时出庭；鉴定工作中应恪守鉴定人职业道德；鉴定工作收费应符合相关规定；等等。其中法医学鉴定人出庭是指人民法院根据诉讼需要，依法通知与案件鉴定有关的法医学鉴定人出庭，向法庭宣读鉴定意见，阐明鉴定依据，接受诉讼参与人对鉴定意见的质证并回答审判人员提出的有关问题的过程。

第六节　法医学司法鉴定程序

法医学司法鉴定程序是指鉴定机构和鉴定人进行鉴定活动的方式、步骤以及相关规则的总称。凡进入诉讼程序的法医学司法鉴定都必须按规定执行，而诉前鉴定、非诉案件的鉴定，亦应参照执行。法医学司法鉴定程序一般包括以下主要步骤：

一、委托

不同种类案件、不同的纠纷解决途径、不同的诉讼阶段决定了不同的司法鉴定委托主体。对于诉讼案件，通常是主管办案机关作为委托或指派主体，而对于非诉案件，则可由行政机关、企事业单位、社会团体和个人作为委托主体。当然，随着诉讼制度、纠纷解决机制的多元化改革，法医学司法鉴定的委托主体也会发生相应的变化。

二、受理

法医学鉴定人是受理和实施鉴定的主体，但我国目前鉴定人通常服务于鉴定机构，而不能自由执业，鉴定人受理案件应具备相应的执业资格，须在审查鉴定材料和鉴定事项后，决定是否受理委托。受理案件后应同委托方签订委托合同，约定提供鉴定材料内容、鉴定事项、鉴定期限、费用等相关内容，鉴定人应就鉴定中必要的风险、注意事项进行告知，并妥善保存接收的鉴定材料等。

三、实施

法医学鉴定人按照鉴定原则、鉴定标准和其他鉴定方法开展鉴定工作，遇到障碍时同委托方及时沟通，必要时有权利终止鉴定。对整个鉴定的实施过程都要进行相应的记录，尤其是对于鉴定材料的流转与保存、在场见证人签名、在涉及一次性物证的处置时，必要时应照相或录像，这些记录均应存档长期保存。

四、形成鉴定意见

鉴定意见（expert testimony）是指鉴定人运用专门知识和技术对案件中需要解决的专门性问题进行检验、分析后所作出的结论性书面判断意见。鉴定意见应涵盖委托的鉴定事项，并由法医学鉴定人独立作出，存在不同鉴定意见时可分别注明。一般案件通常有 2 名鉴定人作出鉴定意见，并经相应资质的鉴定人进行复核，而对复杂、疑难或者特殊鉴定事项，可由多名司法鉴定人进行鉴定。

五、出具鉴定文书

鉴定文书的格式应符合相关规范的要求，通常包含标题与编号、基本情况、基本案情、资料摘要、鉴定过程、分析说明、鉴定意见、附件共八个内容，其中基本情况是指委托的机构、委托的内容、被鉴定人的个人情况以及送检的鉴定材料等，在鉴定意见之后应由参与的鉴定人签字或盖章。

思考题

1. 法学及相关专业学生学习法医学的意义是什么？

2. 与所学专业相比较，你认为法医学还有哪些学科特征？

3. 法医学与刑事科学技术、法庭科学的关系是什么？

4. 你还知道法医学哪些其他分支学科吗？

5. 法医学司法鉴定的分类、鉴定程序主要有哪些？

第
二
章
死　亡

第一节　死亡概念

人体从胎儿发育成熟并娩出到最终的死亡，经历了新生儿（出生 1 个月内）、婴幼儿（婴儿：出生 1 个月至 1 岁；幼儿：1~3 岁）、儿童、少年、青年、壮年、老年等阶段，人体存活期间，生命体征（vital sign）常被用于评价生命活动的质量，包括体温（T）、呼吸（R）、脉搏（P）、血压（Bp）等，这些指标可判断个体生命是否存在以及是否正常存续，如果生命体征出现异常，提示个体生命活动出现障碍，可能危及生命。

一、死亡概念

死亡（death）是一个个体生命永久终止的过程。在生命存续期间，人体的各种组织细胞会按照各自不同的细胞寿命进行更新，使得人体整体生命活动得以延续，而法医学中的死亡指的则是人体作为一个整体发生生命活动的永久终止。

（一）死亡的确定

如何判断人体发生死亡是一个永恒的话题，早在我国汉唐时期，《黄帝内经素问·玉版论要篇》中记载"脉短、气绝，死"，至 20 世纪 70 年代，现代医学和法律一直将心跳、呼吸作为判断人体死亡的唯一诊断标准。目前，包括我国在内的许多国家的医学和法律仍将此诊断标准作为判断死亡的依据，并按照呼吸和心跳停止的先后顺序将死亡分为：肺性死亡和心性死亡。所谓肺性死亡（pulmonary death）是指由于呼吸系统功能严重障碍或衰竭而引发的死亡，主要是由于肺的疾病或损伤所致；而心性死亡（cardiac death）是指由于心脏疾病或损伤使得循环功能发生严重障碍或衰竭而引发的死亡。

随着现代医疗技术尤其是器官移植、材料科学、生物工程学等专业的迅速发展，人工呼吸机、人工心脏、心脏起搏器、肺脏移植、心脏移植等生命器官的辅助与替代治疗技术取得巨大成功，使得心跳、呼吸停止并不必然导致人体死亡，采用上述治疗手段仍可使生命得以延续，这也对医学与法律中传统的死亡诊断标准提出挑战。

（二）脑死亡

1959 年法国学者莫拉雷（P. Mollaret）和古隆（M. Goulon）在第 23 届国际神经学会上首次提出"昏迷过度"的概念，认为凡是被诊断为昏迷过度者其苏醒的概率几乎为零。1966 年国际医学界正式提出"脑死亡"（brain death）的概念，理由在于脑神经细胞是一类高度分化的终末细胞，死亡后恢复和再生的可能性极小。1968 年，美国哈佛大学医学院首先提出了脑死亡的定义和标准："脑的全部功能不可逆地停止而导致人体死亡"。

脑死亡是指大脑、小脑和脑干等全脑功能不可逆转的永久性丧失。该概念以脑作为判断死亡的唯一器官，此时无论心跳、呼吸等脑外器官是否仍具有功能均可宣告人的死亡。又根据始发因素的不同，分为原发性脑死亡和继发性脑死亡，前者是由原发性脑疾病或损伤引起死亡，后者则是其他器官如心、肺等脑外器官功能障碍继而导致的脑死亡。

当今医学界日益主张将脑死亡作为判断个体死亡的标准，一旦发生脑死亡即可停止抢救，而不再考虑心跳是否存在；而且器官移植技术的发展使得供体的组织器官由活体扩大至尸体，而尸体器官无疑在死亡后越早摘除，移植后的成活率越高，故而脑死亡诊断标准的临床适用将有助于器官移植的实施。但亦有观点认为：脑死亡作为诊断个体死亡的标准，不是取代传统心肺死亡的标准，而是在医疗救治技术发展的基础上，对死亡诊断标准的补充。因此，临床实践中，对大多数非原发性脑严重损害者，心跳呼吸停止仍是确定死亡的诊断标志，而只有在原发性脑疾病或损伤时，心、肺等器官功能基本完好情况下，才适用脑死亡的诊断。

迄今已有数十个国家通过立法确定脑死亡的定义和诊断标准，其中具有代表性的包括美国的哈佛标准、"协作组"标准和英联邦皇家学院标准。虽然我国法律界尚未对脑死亡进行相应立法，但医学界则制订了我国的脑死亡判断标准：①中枢性永久性自主呼吸停止；②脑干反射完全消失；③持续性深昏迷；④脑电图平直，经颅脑多普勒超声诊断呈脑死亡图形，且观察 12 小时无变化。

（三）持续性植物状态

人类的中枢神经系统中，大脑皮质是覆盖大脑半球表面的灰质和深部的白质，主要负责整合思维、情感和运动等高级智力活动，不是维持基本生命活动的中枢部位，而位于脑部中心部位的皮质下核和脑干（中脑、脑桥、延髓）则具有维持生命活动的神经中枢功能，如呼吸、体温调节、消化吸收、分泌排泄、心跳循环等。因此，持续性植物状态（persistent vegetative state）是指由于中枢神经的高级部位大脑皮质功能丧失，患者意识昏迷，但只要护理得当仍能长期生存的状态，处于此种状态者被称为植物人。脑死亡与持续性植物状态并非同一概念，其关键区别在于植物人维持生命活动的上述神经中枢仍具有生理功能。

二、死亡经过

死亡是一个长短不一的过程，被人为地划分为三个阶段：

（一）濒死期

濒死期（agonal stage）又称为临终期（terminal stage）或临床死亡前期，以主要生命器官功能极度衰弱并趋向停止为标志。主要临床表现：①意识障碍。表现为昏睡、昏迷、谵妄、视觉消失，常不能辨认亲友等，听力维持时间相对较久，并可伴随躁动、不安、痉挛、抽搐、手足抽动，最后呈现为安静、肢体松软状态。②呼吸障碍。表现为呼吸减弱、节律不规则、出现僵直性呼吸，也会伴随呼吸出现全身肌肉痉挛。③心跳减弱、血压下降。表现为心输出量减少和血压的进行性下降。④代谢障碍。表现为无氧代谢增加、酸中毒、水电解质紊乱。

（二）临床死亡期

临床死亡期（clinical death）是指达到临床死亡的诊断标准，传统上指呼吸、心跳停止。此时虽然维持生命的重要器官整体功能丧失，但器官中的组织细胞尚未彻底死亡，仍处于存活状态（具有可逆性），存活的时间与组织细胞的种类有关。此时，若大脑尚未死亡，给予及时抢救，恢复心跳、呼吸，则存在复苏成功的可能性。否则，随着临床死亡期的发展，进入生物学死亡期。

（三）生物学死亡期

生物学死亡期（biological death）又称为细胞性死亡期，是指全身各组织器官整体上和细胞层面上均出现不可逆性的永久功能丧失阶段。处于生物学死亡期中的各器官便不能再用作器官移植，因为即便此时对器官恢复供血供氧亦不能恢复其细胞功能，但某些对缺血缺氧耐受性比较强的组织器官，如皮肤、肌肉等，对外界刺激仍会作出相应的细胞反应，将此种现象称为超生反应（superavital reaction）其意义在于表明此时处于生物学死亡期的早期，随着死亡过程的延续，至生物学死亡期后期时，超生反应亦将消失，而后其他死后变化会相继出现。

（四）假死

当人的循环、呼吸、脑功能处于极度抑制状态时，生命活动极微弱，采用一般临床检查方法常无法查明生命活动存在的征象，此时外表上看人已死亡，但实际却并未死亡的状态，被称为假死（apparent death）。若给予有效、及时的生命支持，假死者可复苏；反之，若引起假死的原因未解除，则会在短时间内死亡。

引起假死的原因很多，常见的有各种原因引起的窒息（如溺水、缢颈、勒颈、扼颈、新生儿窒息）、中枢神经抑制药物中毒、低温、电击、高热、颅脑损伤、癫痫等。怀疑假死者可借助以下辅助性设备或实验认真谨慎地进行鉴别诊断：

1. 眼底检查：观察眼底，若有血流存在，表明存在血液循环而并未死亡。

2. 线结扎指端：数分钟若出现青紫、肿胀，表明存在血液循环。

3. 荧光色素钠试验：1%荧光色素钠点眼，结膜及巩膜会被黄染，若2~5分钟后颜色消退表明存在血液循环。

4. 瞳孔变形试验：压迫眼球瞳孔随之变形，解除压迫后恢复圆形者为假死。

5. X线透视：假死者胸部 X 线透视可见心脏搏动。

6. 心电图检查：假死者可检测到心电活动。

7. 检查呼吸：听诊器置于胸前上部或喉头周围可闻及细小气流者为假死。

三、死亡分类

根据死亡原因的性质，法医学将死亡分为暴力性死亡和非暴力性死亡两大类。

（一）暴力性死亡

暴力性死亡（violent death）又称为非自然死亡，是因外源性的暴力或其他有害因素所导致的非病理性死亡。暴力性死亡的原因通常分为三大类：物理性、化学性和生物性因素。其中又以物理性、化学性因素为主，生物性因素则常见于恐怖活动中。法医学中主要以机械性损伤、机械性窒息以及毒物中毒引起的死亡为主要研究内容。

（二）非暴力性死亡

非暴力性死亡（nonviolent death）指符合生命和疾病自然发展规律所引起的自然死亡，而无外源性因素的参与。又可分为生理性死亡（衰老死）和病理性死亡（疾病死）。

第二节　死因分析与死亡方式

死亡原因（cause of death）是指疾病、暴力或衰老等所有能导致死亡的因素。法医学实践中，常有多种因素在死亡结果中作为原因力共同发生作用，全面、正确地分析死亡原因是建立在全面了解案情、详细掌握死亡过程、系统解剖检验及必要辅助检查、排除其他常见致死原因等的基础之上，运用法医学死亡原因分析理论，依据死亡发生机制，对各种原因力因素分清先后、主次关系，进而在科学分析死亡原因基础上，对死亡方式作出判断。

一、死因分类

引起死亡的原因有很多，世界卫生组织（WHO）发布的国际疾病与相关健康问题统计分类法（international statistical classification of diseases and related health problem，ICD）将各种疾病、损伤以及许多症状、不适、异常情况、征兆等进行分类与编号，虽比较全面但相对繁琐，法医学在借鉴 ICD 基础上，结合法医学实践，提出更为简易的死因分析方法，通常将死因分为以下几类：

（一）根本死因与直接死因

根本死因（primary cause of death）又称是原发性死因，是指引起死亡的原发性疾病或损伤。在暴力性死亡中，如果暴力是通过继发其他异常情况进而导致死亡，则根本死因是该暴力，如扼颈暴力行为并未引起死亡，而是继发肺炎死亡，此时扼颈就是根本死因。

直接死因（immediate cause of death）又称是立即死因，是指直接引起死亡的疾病或损伤。如刀刺伤腹部引起急性腹膜炎而死亡，此时刀刺伤为根本死因，急性腹膜炎为直接死因。

（二）辅助死因与死亡诱因

辅助死因（contributory cause of death）是指独立于根本死因与直接死因之外的自然疾病或损伤，并且在死亡过程中起到辅助作用。即辅助死因是独立于主要死因（直接死因、根本死因），本身与主要死因无明确直接或间接机制关系但却参与死亡的因素。如严重脂肪肝患者因酒精中毒而死亡，根本死因为酒精中毒，辅助死因为严重脂肪肝。

死亡诱因（predisposing or inducing factor of death） 即诱发身体原有潜在疾病急性发作或迅速恶化而引起死亡的因素，包括精神因素、过度饱餐、过度劳累、性交兴奋、外伤、吸烟、寒冷、恐惧等。通常这些因素是日常生活行为，不具有致命性，但对于重要器官如心、肺、脑等存在潜在疾病的人，却能诱发潜在疾病的急性发作或恶化，进而引起死亡。如冠心病患者与人吵架后，由于冠心病急性发作引起心肌梗死突然倒地死亡，则吵架引起的情绪血压波动为死亡诱因，而冠心病则是根本死因，心肌梗死为直接死因。

（三）联合死因

联合死因（combined cause of death），又称是合并死因，是指当两种以上原因力因素均具有致死性，且共同参与引起某一个个体死亡，难以区分主次原因时，就将这些致死因素作为联合死因。如高速公路上一人遭多辆汽车短时间撞击碾压时，分不清哪辆车导致的死亡，进而将每辆车所造成的损伤作为该死亡个体的联合死因。

二、死因分析

死因分析就是在经过详细的法医学检验之后，依据法医学及相关医学学科理论知识，对所有引起死亡的内源性和外源性参与因素进行综合分析，分清各因素在引起死亡结果中的主要与次要地位、相互之间的发生次序，然后将各因素按法医学死因分析方法进行相应处理和逻辑论述的过程。

需要说明的是，死因分析前对案情的详细了解、全面系统的尸体检验对科学分析死因至关重要。若未能进行全面系统的尸体检验，则难以得到与尸体有关的病理资料，在分析死因时将有悖于全面检验原则，使得死因分析中存在疏漏，进而可能引起证据的漏洞。所谓全面系统的尸体检验包括以下几个方面：

1. 尸体检验应符合相应的解剖标准。解剖标准中既有通用标准，也有针对不同死亡原因建立的特定标准，如机械性损伤、机械性窒息、中毒、新生儿、交通事故等，这些特定标准构建的目的是使得解剖方式、顺序以及样本收集更具有针对性和科学性，避免使用通用标准出现严重错误。

2. 尸体检验应符合多层面要求。无论是尸体外部检验还是解剖检验，均是肉眼层面的大体观察，而针对异常部位和通常发病部位取样后，采用不同的染色技术制作病理切片，则是利用显微镜观察微观结构，只有多层面的观察才能比较详细、准确地掌握各器官的功能状况，才能突显法医病理学的优势。

3. 尸体检验必要时应结合现代医学检验技术。现代医学检验技术的发展使得对疾病的诊断更准确和个体化，法医学尸体解剖检验也有一定的盲区，比如对血管病变、不易解剖部位病变的发现等存在困难，而利用影像学技术则可以有效地解决该问题，类似的技术还有通过检测药物代谢主要生物酶细胞色素 P450 超家族，得到某个体对某种毒（药）物的代谢特点，从而实现毒物代谢死因分析的个体化。

4. 尸体检验应避免局部解剖。法医病理学实践中，有时会被请求仅解剖某个器官或者将某个器官进行保留不予解剖，此种情形由于未解剖器官的病理情况不明，难以对引起死亡的暴力损伤、疾病、遗传、毒（药）物等因素全面、科学分析与评价，出具的鉴定意见无法让人信服。

三、死亡方式

死亡方式，又称为死亡性质或案件性质，其主要针对暴力性死亡，划分的依据是外源性暴力伤害的来源与性质，通常分为以下几种：

（一）自杀死（suicidal death）

指蓄意地自己对自己施加暴力手段中止自己生命的行为。鉴别自杀与他杀对于是否进行刑事立案侦查具有重要指导意义，法医病理实践中的鉴别方法是基于两者引起损伤的不同特点、现场勘查的结果进行综合分析判断，尤其要注意存在他杀后伪装自杀的情况，必须时刻警惕。

（二）他杀死（homicidal death）

指用暴力手段剥夺他人生命的行为。又分为：①非法他杀死。非法蓄意地用暴力手段剥夺他人生命，即通常所说的谋杀或故意杀人；②合法他杀死。经法律允许使用暴力剥夺他人生命，如执行死刑；③过失伤害死。非蓄意非合法地致人死亡。

（三）意外死（accidental death）

指自然灾害、意外事件以及自身行为过失所引起的死亡。又分为：①灾害死；②意外事故死，如交通意外、医疗意外、生产意外等；③自伤、自残致死。

（四）安乐死（euthanasia）

指使患不治之症并受痛苦折磨的人安详地无痛苦地死去。又分为：①积极的安乐死，指医生或他人通过采取某种措施加速患者死亡；②消极的安乐死，指停止或放弃治疗措施，使其自行死亡。

（五）死亡方式不明（undetermined/unknown manner of death）

并非所有暴力性死亡经过法医病理学检验后均能明确死亡方式，在实践中，有时即使进行全面、细致的法医学检验，但仍存在不能明确死亡原因、死亡方式的情形。

第三节 死后变化

人体死亡后机体内环境发生明显变化，并在外界环境因素的共同作用下，尸体随着死亡时间的延长而自然地发生各种不同的变化，称之为死后变化，这些变化使得尸体表面和内部器官呈现死后特定性征象，故而又被称为死后现象（postmortem phenomena）。经对死后变化不同水平的观察研究后，认为引起的原因是死后组织结构和化学成分改变。

一、死后变化的影响因素

通常将这些因素分为外部环境因素、自身因素以及死后人为因素，其中以外部环境因素的影响为著：

（一）外部环境因素

外部环境因素主要包括自然因素和个案特定环境因素两个方面：①自然因素指不同地域下自然气候的差别和同一地域不同季节的影响。我国幅员辽阔，有热带、亚热带、温带等多种气候类型，即使是同一季节，由于不同地域气候差异悬殊，也会使得死后尸体变化具有明显的地域特征。②个案特定环境因素指的是个案中尸体可能处在野外（地面或地下掩埋）、室内、水中（淡水或海水）等情况，此外尸体是否穿着衣物以及衣物的厚薄等对死后变化都会产生影响。

（二）自身因素

自身因素主要指死者自身的年龄、性别、胖瘦等特征以及引起死亡的疾病类型等因素。如：婴儿体内水分含量比例较成人高，死后变化发展较快；肥胖者较瘦者的尸温下降要慢；感染性疾病患者死亡后自溶迅速；等等。

（三）死后人为因素

死后人为因素主要指死亡后尸体是否被进一步的人为处置。如：尸体被冷藏或冷冻则死后变化发展缓慢等。

二、死后变化的法医学意义

死后变化是在机体死亡之后出现的特有改变，具有重要的法医学意义，也是尸体检验时必须检查的内容，需要说明的是，检验时应时刻注意死后变化与生前损伤、死后损伤相区别。①死后变化的出现可确证死亡；②死后变化的出现有助于推断死亡时间；③死后变化提示死亡原因，主要针对中毒致死者由于血液成分发生化学变化进而引起尸斑颜色改变；④死后变化有助于分析死亡方式，如尸体痉挛时可保持死亡时的姿态；⑤死后变化有助于判断死后尸体是否被移动，进而判断发现现场是否为第一现场或原始现场。

三、早期死后变化

死后变化是一个连续发生、发展的过程，通常将死后变化按出现时间分为早期死后变化（24 小时以内）和晚期死后变化（24 小时以外）。早期死后变化（early postmortem changes）主要有以下几种：

（一）超生反应

在生物学死亡期内，机体的某些器官、组织、细胞仍保持对外界刺激产生反应的现象，称为超生反应（supravital reaction）。常见的超生反应有：

1. 瞳孔反应：死亡后约 4 小时内对药物仍有散瞳或缩瞳反应。

2. 断头反应：断头后十余分钟内，仍会有眼球、口唇及下颌运动、躯干痉挛、心肌收缩等。

3. 骨骼肌反应：死亡后数小时内，肌肉对针刺仍有收缩反应。

4. 心肌收缩：如心室肌在心脏摘除后 20 分钟仍见收缩反应。

5. 血管平滑肌收缩：对缩血管药物有收缩反应。

6. 肠蠕动：死后数小时仍可见肠蠕动。

7. 发汗反应：死后 30 分钟内，汗腺细胞对药物刺激仍有发汗反应。

8. 纤毛运动：死后 30 分钟内，气管黏膜柱状上皮纤毛仍见纤毛运动。

9. 精细胞活动：死后数天精囊中精细胞仍有活动能力，等等。

（二）肌肉松弛

肌张力是指肌肉静止松弛状态下的紧张度，它是维持身体多种姿势以及正常运动的基础。死亡后肌张力消失、肌肉变软，称为肌肉松弛（muscular flaccidity）。肌肉松弛是死亡后最早出现的死后变化，可在濒死期出现，其表现主要为瞳孔散大、眼微睁、口微开、面部表情消失、沟纹变浅、肢体变软、关节易屈曲、括约肌松弛等，此时，尸体受压部位或与地面接触部位可形成与接触面相一致的纹路压痕，并可保留相当长的时间，据此可判断死亡后尸体的地点以及是否被移动。之后尸僵出现，肌肉松弛现象消失，即死亡后通常先出现肌肉松弛，继之逐渐出现尸僵。

（三）局部干燥

死亡后皮肤较薄部位因局部水分蒸发而变得干燥、硬的现象，被称为局部干燥（local desiccation），此时皮肤呈现蜡黄色、黄褐色或深褐色的羊皮纸样外观，故又被称为皮革样化（parchment-like transformation），常见皮革样化改变的部位有口唇、阴囊、大小阴唇、皮肤皱褶、擦伤、烫伤、索沟等部位；而在眼球球结膜外侧和巩膜暴露部位，因为水分丧失使得巩膜下的脉络膜层色素显现，而出现三角形或椭圆形的干燥斑，被称为巩膜黑斑。

（四）角膜混浊

角膜的透明度逐渐下降直至完全不能透视，呈现灰白色，称为角膜混浊（postmortem turbidity of cornea）。角膜混浊受温度影响较大，若在寒冷环境中或尸体被冷藏时，死后48小时角膜仍可保持透明。既往认为角膜混浊是由于局部干燥所致，但有研究表明主要与角膜中黏多糖的水合作用受阻有关。根据角膜的透明程度将角膜混浊分为三度：

1. 轻度混浊：死后5~6小时出现白色小斑点并逐渐扩大，至10~12小时发展成云片状，但仍可较容易地看清瞳孔；

2. 中度混浊：随着死亡时间延长至15~24小时呈云雾状、半透明，需经仔细辨认才可看清瞳孔；

3. 重度混浊：48小时以后角膜呈弥漫性灰白色，无法透视瞳孔。

（五）尸冷

死亡后新陈代谢终止、无法产生新的热量维持体温，尸体自身所含热量持续向环境中辐射、传导，使得尸温缓慢下降至环境温度水平，有时甚至更低的现象，称为尸冷（algor mortis）。此处所指的尸温是尸体核心温度，而非尸体表面温度，实践中通常检测肛门温度或肝表面温度，用此代表尸体核心温度。

尸温的下降速度是推断死亡时间的重要依据之一，但受到环境温度、尸体自身因素的影响，如环境温度高则尸温下降慢，反之亦然；肥胖尸体尸温的下降速度慢，而小儿尸体较成人尸体相对体表面积大，散热快，尸温下降快；消耗性疾病、大量失血死亡者尸温下降快，而猝死、日射病、机械性窒息、颅脑损伤者尸温下降较慢等。

（六）尸斑

机体内血液在死亡后因重力作用而坠积于尸体低下未受压部位，于体表形成有色斑块，称为尸斑（livor mortis）。人死后血液循环停止，血管中的血液受重力作用沿血管向身体低下部位移动并坠积，红细胞坠积于血管中最低部位，继而破裂后红细胞内血红蛋白向血管周围组织扩散、浸润，透过皮肤形成紫红色或暗红色的尸斑。

1. 尸斑的分期：尸斑的形成是一个连续的过程，一般在死后 1~2 小时出现，通常将其形成过程分为三个阶段：

（1）坠积期：从开始出现至死后 12 小时以内的尸斑，表现为开始时的散在小块或条纹状分布，颜色较浅，经 3~6 小时后开始相互融合成小片状并逐步扩大，颜色加深呈紫红色，周围边界不清。此时坠积的血液大部分仍在血管腔内，故用力按压尸斑处皮肤则可基本完全褪色，移开手指又重新出现，切开尸斑处皮肤见血液流出且容易用纱布擦去。尸斑转移：指在死后 6 小时内，若改变尸体的体位则原来形成的尸斑会逐渐消失，而重新在新体位的低下部位形成新的尸斑，如原来为仰卧位，尸斑形成于尸体背侧未受压部位，当在 6 小时内变换为俯卧位后，原来于背侧形成的尸斑逐渐消失，而在腹侧未受压部位形成新的尸斑。两侧性尸斑：死亡 6 小时后 12 小时以内，若改变尸体的体位，则原形成的尸斑就不能完全消失（此与尸斑转移不同），并且在新的低下部位形成新的尸斑。

（2）扩散期：指死后 12~24 小时内的尸斑。此期血管内的红细胞溶血，血浆被血红蛋白染色后向血管外组织间进行扩散。表现为尸斑的颜色进一步加深呈紫红色、大片状，手指按压后仅稍褪色，改变尸体体位原形成的尸斑不会减退和消失，新的低下部位亦不易形成新的尸斑，即使形成颜色甚淡，切开尸斑处皮肤，只见少量血液缓慢流出。

（3）浸润期：指死亡 24 小时以后的尸斑。被血红蛋白染色的血液和组织液等进一步浸染组织细胞，使之着色。表现为尸斑完全固定，按压、移动体位，尸斑均不再发生褪色、转移等变化，切开尸斑处皮肤亦无血液流出。

2. 尸斑的分布：鉴于尸斑系由于重力作用而形成，分布于尸体的低下部位，故不同的尸体姿势会呈现不同的尸斑分布特征。如尸体仰卧位时，尸斑主要在枕、项、背、腰、臀及四肢背侧低下部位未受压处；而对于典型缢死者，尸斑主要在面部、四肢下垂部位。因此，可根据尸斑分布特征判断尸斑形成时尸体所处的姿势或体位。

3. 尸斑的颜色：尸斑的颜色主要是取决于血红蛋白及其衍生物的颜色，死亡后氧合血红蛋白转变成还原型血红蛋白呈暗红色，透过皮肤后使尸斑呈现出暗紫红色或暗红色。死因对尸斑颜色影响明显，如大量失血、贫血、患消耗性疾病的死者，尸斑出现较晚颜色多呈淡红色；而猝死、机械性窒息死者由于血液不凝易于坠积，尸斑形成较早颜色较深；中毒死亡者可呈现出特殊颜色尸斑，如氰化物中毒者血红蛋白转变成氰化血红蛋白，尸斑呈鲜红色；一氧化碳中毒者血红蛋白为碳氧血红蛋白，尸斑为樱桃红色；氯酸钾和亚硝酸盐中毒者血红蛋白为正铁血红蛋白，尸斑呈灰褐色；硝基苯中毒者尸斑为蓝绿色；等等。此外，尸斑颜色还受到种族、死亡时间、环境温度等多种因素的影响，如白种人和黄种人尸斑较黑种人明显；冻死者由于氧合血红蛋白不易解离成还原型血红蛋白，尸斑呈鲜红色；死后很快被冷藏或冰冻的尸体，尸斑亦呈鲜红色。

4. 尸斑与皮下出血的鉴别：随着死亡时间的延长，尸斑融合、颜色加深，使得尸斑有时不易与生前损伤所致皮下出血相区别，进而会被误以为是生前曾受到损伤。鉴别的方法如表2-1所示。

表2-1 尸斑与皮下出血鉴别方法汇总表

特征	皮下出血（挫伤）	尸斑
始因	损伤所致血管外凝血	死后血液成分坠积
部位	与生前受到损伤部位一致	依尸体姿势形成的低下部位
范围	局限、边界清楚	广泛、边界不清
颜色	与受伤后存活时间、损伤严重程度有关，颜色存在变化规律	通常为暗红色或紫红色
表面	与损伤时间有关，损伤近期表现为局部肿胀、常伴有擦伤	无肿胀、擦伤等生前损伤表现
指压	与死亡时间无关，无颜色变化	与死亡时间有关，早期可褪色，晚期不褪色
体位改变	无影响	早期可尸斑转移、两侧性尸斑，晚期无影响
切开皮肤	皮下组织有凝血、出血，不易抹掉	皮下组织无凝血、出血；坠积期切面见血液流出，易抹掉；扩散期组织间隙有淡红/黄色液体少量流出
镜下所见	血管不扩张，周围有由纤维蛋白网和其间的大量红细胞	早期尸斑中血管扩张、充满红细胞；晚期血管腔充满均质粉染液

5. 尸斑的法医学意义：①尸斑的形成、发展规律可作为推测死亡时间的依据；②尸斑的分布特征可帮助分析死亡时的体位、与尸体接触物品的表面特征以及尸体是否曾被移动；③尸斑的颜色可提示死因；④尸斑应与皮下出血相区别。

（七）内部器官血液坠积

死亡后机体内器官中的血液因自身重力作用而坠积于器官的低下部位，称为内部器官的血液坠积（visceral hypostasis）。死后血液坠积外露于体表形成尸斑，内部器官血液坠积则使得器官内血液分布不均，上部少而下部多，注意勿与生前病变相混淆。

（八）尸僵

机体死亡后各肌群出现僵硬并使关节固定的现象称为尸僵（rigor mortis，cadaveric rigidity）。通常在死后1~3小时开始，先在小肌群出现，4~6小时发展至全身，12~15小时达到高峰，全身关节僵硬，至24~48小时开始缓解，3~7天完全缓解。再僵直现象是指死后4~6小时内，若人为破坏已形成的尸僵，会很快形成新的尸僵；若在死后6~8小时以后破坏形成的尸僵，则不易形成新的尸僵。

尸僵的形成与发展具有一定规律，先从小肌群开始，逐步扩展至大肌群，一般分为上行型和下行型两类，以后者多见。上行型是指尸僵由下肢开始，逐渐向上发展至头部；下行型是指尸僵自下颌和颈部关节周围的小肌群开始，逐渐向下扩展至全身。尸僵缓解和消失顺序常与形成发展顺序相同。

尸僵的形成发展也受到外部环境、自身因素的影响，如高温环境中尸僵发生早、缓解快，低温环境中则相反，冬季尸僵可持续至72小时或更久，而夏季则36~48小时可完全缓解；年轻体壮者尸僵出现迟、强度高、缓解慢，婴幼儿、年老体弱者则相反，婴儿有时死后10~30分钟即出现尸僵。

尸体痉挛（cadaveric spasm，instantaneous rigor）是一种特殊类型尸僵，是指死后尸体未经肌肉松弛阶段，立即发生僵硬，从而使尸体保持死亡当时的姿态。分为局部和全身性尸体痉挛两种，如溺水者仍保持手抓水草、开枪自杀者仍紧握手枪等。

（九）自溶和自家消化

死亡后因受细胞自身固有的各种酶的破坏、分解作用，而发生组织结构的溶解、破坏，使器官变软、甚至液化的现象，称为自溶（autolysis）。自溶通常自死亡后即开始，明显自溶的器官变软、失去正常光泽和韧性，切开后组织结构不清。

人体各器官由于功能和结构的不同，其自溶发生的速率亦不相同，通常含消化酶多的器官较其他器官自溶快，与外界相通的器官自溶发生早，同一器官实质细胞较间质细胞自溶发生早且快。一般而言，肠黏膜、胰腺、胆囊黏膜自溶发生最早，胃黏膜、肾近曲小管上皮、脾、肝和肾上腺次之，皮肤和结缔组织自溶相对较慢。

自溶使得器官组织结构不清，干扰法医病理学的显微结构观察和诊断。因此，若需法医学检验的尸体，应尽早实施检验，避免严重自溶后掩盖诊断信息失去检验时机或致误诊。

四、晚期死后变化

晚期死后变化一般指死后 24 小时以后才出现的死后变化，如腐败静脉网可在死后 2~3 天出现。根据尸体保存是否完整，分为毁坏型和保存型两类。

（一）毁坏型晚期死后变化

毁坏型晚期死后变化主要是由于腐败、分解作用对尸体产生的破坏结果，包括腐败、霉变、白骨化等。

1. 腐败指尸体软组织在腐败细菌的作用下进行分解和消失的过程，称为腐败（putrefaction）。尸体中的组织液、血液、淋巴液都是细菌生长的良好培养基，来自肠道的细菌以及外源性腐败细菌在尸体内大量繁殖并沿血管和淋巴管扩散至全身，将蛋白质、脂肪、碳水化合物逐渐分解至消失。

腐败过程中会产生大量的腐败液体和气体，使得尸体在死亡晚期不同时段呈现各种死后变化，主要包括尸臭、腐败气泡和水泡、尸绿、死后循环、腐败静脉网、泡沫器官、巨人观、死后呕吐、口鼻腔血性液体流出、死后分娩以及肛门、子宫、阴道脱垂等。尸臭是由于腐败过程中产生硫化氢和氨气为主的腐败气体，并且硫化氢与血红蛋白结合后生成硫化血红蛋白，透过皮肤呈现为尸绿；尸体内部器官及血管中血液受腐败气体压迫而产生流动，形成死后循环，流向体表使皮下静脉扩张并充满腐败血液，在体表呈现出暗红色或污绿色树枝状血管网，称之为腐败静脉网（putrefactive networks）。腐败静脉网一般在死后 2~4 天出现，早期多见于腹部和上胸部，其次是四肢，并迅速扩展至全身；腐败分解过程中产生大量腐败气体，当进入表皮与真皮之间时形成腐败气泡和水泡，进一步增多使得腹腔、盆腔压力增大，会引起死后呕吐、死后分娩以及肛门、子宫、阴道脱垂等，当整个尸体膨胀、体积变大、面目全非时，称为巨人观（bloated cadaver）。

尸体腐败是一个连续缓慢的过程，受到多种因素影响。外部环境因素主要与温度、湿度和空气流通有关。腐败细菌的生长适宜温度为 20～35℃，温度过高、过低反而会抑制腐败细菌繁殖，延缓甚至阻止腐败过程；需氧菌引起的腐败较厌氧菌快，并且大部分的腐败菌为需氧菌，故而在空气流通条件良好的环境中尸体腐败快，地面上较掩埋地下的尸体腐败快。如在相同的温度条件下，地面放置 1 周的尸体的腐败程度相当于冷水中 2 周、掩埋地下 8 周。自身因素中主要与个体特征、死因有关，肥胖尸体较瘦弱尸体腐败快，幼儿尸体较成人腐败快，新生儿尸体由于体内细菌含量少而腐败相对较慢，猝死、机械性窒息、患感染性疾病死者的尸体腐败速率快，而大量失血、脱水死亡者相对要慢，砷、汞中毒的尸体腐败较慢，而吗啡、氰化物中毒的尸体相对较快。

2. 霉尸：当尸体处于适宜霉菌生长的环境条件下时，如沼泽、河溪、池塘中，裸露的尸体表面可滋生出白色或灰绿色霉斑和霉丝，称为霉尸（molded cadaver）。霉斑开始多见于颜面部的眼、鼻、口唇及周围，颈部和腹股沟等处，以后向全身扩散。有时内部器官亦可形成霉斑。

3. 白骨化：尸体软组织因腐败被完全分解、消失，仅剩下骨骼，称为白骨化（skeletonized remains）。尸体的白骨化过程长短主要与外部环境有关。暴露于空气中的成人尸体白骨化过程，在夏季需 2～4 周以上，春秋季为 5～6 周，冬季则需数月之久；而土葬尸体则要明显减慢，一般需 3～4 年。动物对尸体的白骨化进程有明显的加速作用，如夏季经动物、昆虫咬食的尸体可在 2 周内白骨化。

尸体白骨化后，通常毛发、指（趾）甲等可保存较长时间，尸骨上的损伤痕迹也可长期保存，这些生物学物证仍可进行 DNA、毒物、损伤、硅藻、法医人类学等检验。

（二）保存型死后变化

1. 干尸（木乃伊）：当尸体处于燥热或良好通风条件的环境中时，尸体内的水分被迅速蒸发而阻止腐败细菌的生长繁殖，这样尸体就被部分或完整地保存下来，呈干枯状，称为干尸或木乃伊（mummy），是一种常见的保存型死后变化。

干尸开始于尸体的暴露部位，如头面、手与足，然后发展至全身，表现为外形干瘪、体积缩小、体重明显减轻（可减轻至生前体重的 30% 以下），皮肤呈灰色、浅棕色或暗褐色。成人干尸形成一般需要 2～3 月，婴幼儿仅 2 周即可形成。我国新疆吐鲁番地区出土的干尸比较多，与当地地质环境有密切关系。婴幼儿与老人、体质瘦弱者、大量失血者、脱水者易形成干尸。

干尸仍可保留生前所受损伤如索沟、骨折、创口等，甚至生前所患的某些疾病如冠心病、结核、寄生虫病等，而且还可保持某些个人特征，有助于个人识别。

2. 尸蜡：浸埋于碱性水或湿土中的尸体，由于皮下脂肪组织的皂化反应，在尸体表面形成灰白色或黄白色蜡样物质，称为尸蜡（adipocere）。尸蜡较少见，多为局部性，常见于头面部、臀部、女性乳房及四肢等部位，为坚实的蜡样物，触之有油腻感，可浮于水面，脆而易碎，加热可溶化，燃烧时发出黄色火焰，有酸臭味，显微镜下见皮下脂肪组织中有脂肪酸结晶。尸蜡对尸体有保护作用，可大体保持尸体原貌，可能会保存某些生前损伤。

3. 泥炭鞣尸：浸埋于酸性土壤或泥炭沼泽中的尸体，因鞣酸和多种腐植酸等酸性物质的作用，阻止腐败产生，皮肤鞣化，骨骼脱钙，变成体积小、重量轻、易弯曲的软尸，称为泥炭鞣尸（cadaver tanned in peat bog），又称软尸。

4. 浸软：指妊娠 8 周以上的死胎，滞留于子宫而浸泡于无菌的羊水中，变得小而软，称为浸软（maceration），或称浸软儿。浸软胎儿一旦暴露于空气中极易发生腐败，应尽早进行尸体检验。

5. 特殊型古尸：葬于特制棺墓中的年代久远的保存型尸体称为特殊型古尸（the ancient corpse）。此类古尸被安置于封闭严密的棺椁中，非常不利于腐败细菌滋生，能有效地阻止腐败过程，尸体被完好保存，内部器官外形基本正常。如湖北江陵古尸是 1975 年出土于湖北江陵县境内的一具西汉男性古尸，据考证下葬于公元前 167 年，死者约 60 岁，身长 167.8 米，体重 52.5 公斤，葬于一椁二棺中，为封闭严密的楠木双层套棺，尸体外观完好，神态安逸。

五、动物对尸体的毁坏

无论是陆地上还是水中尸体，都有被昆虫或其他动物毁坏的可能，形成形态各异的死后损伤。因此，有必要熟悉动物毁坏尸体的特征，以免将其误认为是生前损伤。其中常见的是蚂蚁与甲虫、鼠、犬、豺狼、鸟类、水族动物和各种昆虫等对尸体所造成的毁坏，其中昆虫类的毁坏是法医昆虫学的主要研究内容。

1. 蚂蚁。属于群居性昆虫，毁坏尸体多发生在擦伤、创口以及皮肤柔嫩部位，如颈部、下颌部、索沟、扼痕处、耳廓、下腹部和四肢屈侧等。蚂蚁咬痕形态是圆形、椭圆形、近似方形、不规则形的组织缺损，边缘内卷，可形成淡褐色的皮革样化改变。咬食创口后可引起创口的形态改变而影响致伤物的推断和损伤性质判定，若切开皮肤见深部组织有蚂蚁聚焦将有助于认定蚂蚁毁坏尸体。

2. 鼠类。咬食尸体多分布于眼睛（喜好啮食死者眼球）、口唇周围、耳廓和其他身体暴露部位，咬伤处有锯齿状小齿痕，创缘极不规则，创口小而浅，深度一般仅达皮下。有时老鼠可将婴儿咬死，现场有鼠迹、鼠粪等。

3. 犬。咬食尸体破坏性轻重不一，轻者呈花环状擦伤或较浅的创，重则咬去大块肌肉或使肢体离断，此时创面肌肉组织呈撕裂状，创面、创缘不整齐，断端可有血管游离，无出血反应。有时断端较整齐，需与砍创相鉴别；有时咬伤似刺创。骨的断端可有齿痕，尸表见犬爪搔痕，现场和尸体上可发现犬毛和犬足痕迹，周围可有被拖散的组织碎块和血迹。

4. 豺狼。多群居于山区和丘陵，不仅可毁坏地面的尸体，还可对埋葬较浅的非棺葬尸体造成破坏。造成的损伤形态与犬类似，程度更重，尸体碎块分布较广，有时甚至类似凶杀案例。

5. 鸟类。主要有鹰、猫头鹰和乌鸦等，由于鸟喙长短不一，造成的损伤情况不尽一致。通常创面粗糙不平，大小、深浅不一，可见撕扯痕迹。

6. 水族动物。水中各种鱼类都可能破坏水中尸体，损伤多位于身体突出部位，有时严重破坏躯干和四肢的软组织，仅剩下骨骼。

六、死后人为现象

有意或无意的人的行为造成尸体发生某些改变，称为死后人为现象（post-mortem artifacts）。在法医病理学实践中较常见，有时被误认为是生前损伤或病变，故而遇到存在死后人为现象时，均应就该损伤进行生前伤与死后伤的鉴别诊断。值得注意的死后人为现象常分为以下三类：

（一）濒死期和死亡早期人为现象

此类人为现象最为复杂，也极容易被误诊，因为其主要是在抢救过程中所形成，有时很难辨别究竟是在濒死期还是死亡早期所发生。实践中常见的有：①胸外心脏按压所致胸骨或肋骨骨折，有时骨折断端会刺破胸膜、肺组织，引起皮下气肿、皮下出血、气胸、血气胸和肺萎缩，更严重者还可引起肝、脾等上腹部器官破裂，并发腹腔积血，有时还会引起肺动脉栓塞、骨髓或肝组织栓塞。②心电除颤常常在体表留下印痕或挫伤，还可致心脏浅表层心肌肌浆凝集和收缩带坏死等病理学改变。③气管插管和建立人工气道时可造成口唇、牙龈、牙齿、咽部、会厌、气道的损伤。④死亡早期（如死后数小时）在搬运尸体，甚至解剖尸体时可在尸体体表形成损伤。如对于充满胃内容物的尸体，搬运时可造成胃内容物的返流；死亡早期尸体解剖时更应对尸体予保护，不要在有粗糙表面的平台或物品上实施解剖操作；等等。

（二）尸体冷藏过程中人为现象

在长期冷冻保存尸体的颅底、眼眶、筛板、蝶骨大翼周围的一些薄层骨质易形成骨折；搬运尸体过程中或在向冰柜放置尸体时，操作不当会引起头颅与冰柜壁的碰撞进而产生新的颅骨或颈椎骨折或是已有骨折线形态发生改变；尸体被冷冻后解剖前的解冻过程不宜采用电烤、火熏等方式，容易引起尸体皮肤颜色发生改变而影响观察；要达到内部器官大部分解冻时方可解剖，否则解冻不足时，器官在福尔马林液中固定后，制作的切片中会出现冰碴空洞而引起组织结构变形，影响组织病理学检验。

（三）特殊情况下的人为现象

如水中漂动尸体被船舶的螺旋桨叶片切割引起的损伤；高速公路中被多辆车进行碾压；杀人后对尸体进行碎尸；解剖操作不当引起舌骨骨折；机械性窒息中颈部肌肉的假性出血；肺动脉大血栓的脱落；肋骨和胸骨的骨折；等等。

第四节　死亡时间推断

死亡时间（time of death），又称为死后经历时间（the time since death）或死后间隔时间（postmortem interval），是指检验尸体之时距死亡发生之时的时间间隔。死亡时间是法医病理学的重要研究内容之一，涉及刑事、民事案件，尤其是对确定案发时间、划定侦查范围甚至对于整个案件的侦破均具有重要意义。死亡时间推断的准确度越高，其对侦查与审判的价值就越大，然而，迄今为止，尽管经历了漫长的研究过程，准确推断死亡时间仍未能得以较好解决。目前，法医学实践中，仍主要依据死后尸体变化的规律粗略推断死亡时间，难点在于死亡后尸体中物质成分的变化受到外部环境和自身因素的影响较明显，使得几乎每一个案件中的尸体均具有特定性，导致不同尸体之间与死亡时间相关的变化规律的发现难度显著增加，从目前研究看来，法医昆虫学、法医微生物学或许是解决该问题的有效办法。

实践中，常将死亡时间推断分为早期、晚期及白骨化死亡时间推断。早期死亡时间推断是指尸体未出现明显腐败，死后经历时间多在 24 小时内的死亡时间推断，目前通常是采用测量尸温结合早期死后变化综合判断；晚期死亡时间推断是指尸体明显腐败，死后经历时间多超过 24 小时的死亡时间推断，通常以晚期死后变化和法医昆虫学方法为主进行推断；白骨化尸体死亡时间推断是指尸体软组织完全分解、尸骨外露阶段的死亡时间推断，目前通常依据个人经验判断。本节将简要介绍主要的死亡时间推断方法。

一、早期死亡时间推断

（一）根据早期死后变化推断

尸体温度（简称尸温）的下降规律被认为是死后 24 小时内推断死亡时间最有价值的指标，直肠温度是常用的测量指标，是将温度计由肛门插入直肠 15cm 深且尽量避免接触骨盆后壁测得的温度值。活体中直肠温度在不同个体间的波动范围是 34.2~37.6℃，平均 36.9℃。个体死亡后，由于细胞代谢仍会保留一段时间，直肠温度并非立即下降，而是存在一个短暂的平台期，当环境温度低于尸温时，尸温逐渐下降直至达到环境温度，总体下降曲线呈反 S 形。

国内学者也针对尸温与死亡时间关系开展研究，以春秋季为例，死后最初 10 小时，直肠温度每小时平均下降 1℃，10 小时后，每小时下降 0.5~1℃；肥胖者最初 10 小时，每小时平均下降 0.75℃，消瘦者平均下降 1℃；夏季尸冷速率是春秋季的 0.7 倍，冬季是春秋季的 1.4 倍；暴露在冰雪天气的尸体，数小时即降至环境温度。还有一种简单有效的方法就是对现场发现的尸体，每隔一小时测量一次直肠温度，连续在现场数次测量后，能客观反映该尸体尸温下降的规律。当然，采用尸温推断死亡时间时仍要重点考虑影响尸冷的各种因素。

此外，根据其他早期死后变化的形成、发展规律推断早期死亡时间也具有一定的价值，如不同阶段的尸斑与尸僵、不同程度的角膜混浊、超生反应等。

（二）根据离子浓度推断早期死亡时间

国内外学者通过检测包括血液、脑脊液、玻璃体液在内的多种来源生物学物证中的化学离子变化趋势，试图发现其中与死亡时间具有相关性的离子指标，但遗憾的是，众多研究指标均因为受到多种因素的影响而缺乏稳定性，因而不具有良好的实用价值。

相对而言，玻璃体液中的钾离子浓度变化被研究证实与死亡时间具有一定的相关性，这因为玻璃体液所处密闭环境，受外界影响较小，不易发生腐败和污染，同时不易受濒死期的影响。死后钾离子会迅速从细胞内扩散至细胞外，玻璃体液中的钾离子浓度呈现出缓慢升高的趋势，在死后 24 小时内，被证实是较可靠的离子浓度推断死亡时间方法，常用的计算方法是 Madea 公式为：PMI（h）= 5.26×k+浓度（mmol/L）-30.9。

有学者研究指出由于靠近视网膜的玻璃体液与眼球中心的钾离子浓度存在差别，在分析时应尽可能地抽取全部玻璃体液；也有学者提出可通过将两只眼球中的玻璃体液进行混合后检测，提高死亡时间推断的准确性。

（三）其他方法推断死亡时间

食物在胃内停留的时间、食糜及食物残渣通过小肠的时间有一定的生理规律，据此，可推断死亡之时距最后一次进餐的时间，进而间接判断死亡时间。通常认为胃内食物呈原始未消化状态时，为进食后不久即死；若大部分移向十二指肠，并进行了具有相当程度消化时，约进食后 2~3 小时死亡；胃内空虚或仅有少量消化物，十二指肠内含有消化物或食物残渣时，约进食后 4~5 小时死亡；胃和十二指肠均已空虚，则认为进食至少 6 小时以上死亡。但上述规律受到食物种类、胃肠功能、个人精神状态、饮酒和药物等影响，以致于有学者认为其因个体差异过大而无法在实践中应用。

一般情况下，就寝前要进行排尿，对于入睡中死亡的案例，解剖时若发现其膀胱内尿量少，提示其就寝后 2~3 小时死亡，若尿量多则提示其为凌晨死亡。但这也受到膀胱内尿量多少与饮水量、生活习惯、疾病等因素影响。

此外，还有其他方法被用于研究死亡时间推断，如细胞中生物酶活性测定、细胞中 DNA 和 RNA 代谢情况、死后组织的生物力学变化与死亡时间的相关性研究等。

二、晚期死亡时间推断

（一）根据尸体腐败程度推断死亡时间

晚期死后变化主要是由尸体腐败过程引起，尸体腐败的速率与特征受到内、外部因素影响，所以对腐败特征出现的时间报道在不同文献中有较大差异。如尸绿的出现有报道在死后 20 小时可出现，也有报道在死亡后 5 个昼夜才出现，但多数学者认为一般为 2 天左右。通常情况下，根据晚期死后变化推断死亡时间可参照表 2-2。

表 2-2　晚期死后变化与死亡时间推断参照表

晚期死后变化	推断死亡时间
腹右下部出现尸绿，皮肤出现轻微腐败静脉网	1~2 天
眼球变软、失去张力	
尸表出现腐败气水泡	2~3 天
腹部大部分深绿色尸绿，身体其他部位皮肤出现斑片状尸绿	3~5 天
口腔、鼻腔有体液流出	
整个尸体为深绿色，面部、颈、胸壁部分皮肤呈红绿色	8~12 天
腹部、阴囊、面部开始膨胀，指甲仍固定，头发开始脱落	
整个身体膨胀、绿色或红棕色	14~20 天
腐败水泡多见，部分充满腐败液，部分破裂露出真皮	
指甲开始脱落	
皮下脂肪尸蜡化开始（水中）	最早 1~2 月，高温 2~3 周
皮下脂肪尸蜡化完成（水中）	一般 2~4 月
深部肌肉出现尸蜡化	1 年以上
全身尸蜡化（潮湿的土中）	约 4 年或更长
尸体干化（木乃伊）	最早 1 个月以内，一般 3 个月或以上

　　除依据晚期死后变化推断死亡时间外，还有大量研究试图从不同角度建立晚期死亡时间推断的方法，如根据尸体肌肉电导率变化推断死亡时间等。值得一提的是，当前法医微生物学研究表明尸体在腐败过程中，随死亡时间的延长，尸体腐败细菌群落种类演替具有规律性，并且这种规律受尸体所处地面或地下、四季环境变化的影响程度较小，有望能较好地用于死亡时间推断，这方面的研究目前仍需要进一步的深入拓展。

　　（二）根据嗜尸昆虫演替规律推断死亡时间

　　国内外学者对死亡后嗜尸体昆虫在尸体中的演替和成长发育规律开展研究，并根据该规律推断死亡时间，从而形成新的法医分支学科——法医昆虫学。昆虫属于动物界节肢动物昆虫纲，是世界上最庞大的动物类群，涉及约 1000 万种，人类目前认识的只有 100 多万种，与法医学最密切的昆虫主要是双翅目（diptera）和鞘翅目（coleoptera），前者包括蚊、蝇、虻、蛉、蠓和蚋，后者泛指甲虫。其中蝇类尤其是嗜尸性蝇类是法医昆虫学中研究和应用最多的昆虫。当个体死亡后，不同的死亡时间分别会出现不同种类的昆虫，而且当昆虫到达尸体后进行产卵，卵又按照其自身发育规律进行成长，综合这种昆虫种类的演替和成长规律可对死亡时间进行推断。

近年来分子生物学、法医影像学技术的应用，对昆虫的种属鉴定、生长阶段鉴定更准确，进而有效地提高法医昆虫学对死亡时间推断的准确度。甚至有学者指出，将死亡时间分为两个阶段：昆虫到达尸体之前阶段（pre-colonization interval）和昆虫定居尸体并繁衍后代的阶段（post-colonization interval）。

1. 根据嗜尸昆虫在尸体中的演替规律，将死后过程进行以下分期：

（1）新鲜期：死后 1~2 天，最先到达的嗜尸昆虫为丽蝇科和麻蝇科。丽蝇科中的丝光绿蝇、大头金蝇、红头丽蝇和反吐丽蝇等可在死后 10 分钟到达尸体，常产卵于尸体的眼、鼻、口、阴道、肛门、创口等处，其中丝光绿蝇选择在城市环境中生存，伏蝇则多选择乡村环境中生存。

（2）肿胀期：死后 2~7 天，尸体从轻度肿胀到完全膨胀，腐败液流出并使得节肢动物开始离开尸体下方土壤，此时仍主要是丽蝇和麻蝇，而酪蝇、尖尾蝇科开始出现。

（3）腐败期：死后 4~13 天，尸体胀裂，大部分软组织被蝇类幼虫所吞噬。腐败后期大量腐食性和捕食性甲虫到达尸体，而大部分丽蝇和麻蝇幼虫是完成发育离开尸体化蛹。

（4）后腐败期：死后 10~23 天，尸体只剩下毛发、皮肤、软骨和骨。双翅目昆虫不再是尸体上主要昆虫，各种甲虫大量出现。

（5）残骸期：死后 18~90 天，尸体只剩下骨头和毛发。残骸上昆虫逐渐减少，其下土壤中可能出现大量螨类，可持续数月或数年。

埋葬的尸体因埋葬深度不同，昆虫种类会有较大差异；水中尸体昆虫种类也会因为水温的不同而有所不同；被烧焦碳化尸体可延缓蝇类的入侵，当内脏器官发生腐败时，可有蝇类侵袭。

2. 根据重要嗜尸昆虫的生物学成长规律推断死亡时间。利用嗜尸昆虫的成长发育规律推断死亡时间是目前对腐败尸体最有效的死亡时间推断方法，常见的嗜尸昆虫是双翅目的丽蝇科、麻蝇科和蝇科等14余种，它们的发育要经历卵、幼虫（蛆）、蛹和成虫4个虫态，其中幼虫又分为3个龄期（一龄、二龄、三龄）。幼虫发育完成后离开尸体，寻找合适的地方如土壤、衣服等化蛹。

在夏季，死亡后10分钟苍蝇到达尸体，1小时左右产卵，10~20小时内尸体出现蝇蛆，以后以平均每天生长0.2~0.3cm速度，于第4~5天成熟，体长达1.2cm，6日后潜入泥土成蛹，14日蛹破壳为蝇。春秋季节，蛆平均每天生长0.1cm，约2周成蛹，4周变为蝇。故在尸体上见到蛹壳，夏季死亡时间约在2周，春秋季约为4周。此外，蛹壳的颜色和脆性变化也具有一定的规律，通常1~2天的新鲜蛹壳呈红褐色，蛹壳较软，约10天呈黑褐色，15~20天呈灰黑色并塌陷变碎，30天以上蛹壳裂成碎片。

三、白骨化尸体死亡时间推断

法医学实践中，有时也需要对接近白骨化或完全白骨化尸体推断死亡时间，根据尸体白骨化现象推断死亡时间的主要内容见表2-3。此外，还可对骨骼进行形态学、化学成分分析等方法推断死亡时间。

表2-3 尸体白骨化现象与死亡时间推断参照表

白骨化现象	死亡时间
地面上尸体白骨化	新生儿几周，成人几个月到1年
土中尸体白骨化，软组织消失	3~5年
土中尸体的韧带和软骨消失	5年以上
骨骼上的脂肪消失	5~10年
骨骼开始风化	10~15年
骨组织毁坏脆弱	数十年

四、其他死亡时间推断的方法

实际上，关于死亡时间推断的研究方法远不止以上所介绍的内容和角度，随着现代检测分析技术的发展，对死亡时间推断的研究涉及死亡后尸体自身物理、化学变化，也有与尸体密切相关的生物、植物的变化规律等。如根据尸体周围被折断的植物、尸体下方被压植物、植物根系的生长发育规律等都可被用于特定案件中死亡时间的推断。

甚至，现场中其他与尸体无直接关系的物品等也可用于死亡时间推断，如现场遗留的报纸期刊、毁坏的手表、印有日期的包装袋等。总之，凡是一切可能与案发时间有关的信息均可用于推断、分析死亡时间，更重要的是参与案件的调查者亦要对死亡时间的重要性有充分认识，若现场有相关证人，对证人进行询问时，死亡时间始终是个询问得再具体也不为过的问题。

思考题：

    1. 脑死亡的概念是什么？为什么要提出脑死亡？

    2. 早期死后变化有哪些？

    3. 死亡时间推断有哪些主要方法？

机械性损伤

第一节　机械性损伤概述

致伤因素作用于机体引起组织结构破坏或功能障碍称为损伤（injury）。致伤因素包括物理性、化学性和生物性因素，其中物理性因素中除雷电损伤、高低温损伤外，以机械性损伤最为常见。机体受到机械力的作用造成机体的组织结构破坏或功能障碍，称为机械性损伤（mechanical injury）。在法医学上，造成机体发生机械性损伤的物体称为致伤物。

一、机械性损伤的形成机制

机械性损伤的过程本质是一个能量释放的过程，携带的能量与损伤的严重程度通常呈正相关。释放的方式一般有三种：①运动的物体作用于相对静止的人体，如用棍棒击打头部形成加速性损伤；②运动中的人体作用于静止的物体，如人体高坠形成的减速性损伤；③运动的人体与运动的物（人）体相互作用，如互殴等。

致伤物与人体相互作用产生的力使人体的运动状态发生改变或者使人体发生变形，当变形超过人体组织的最大弹性限度时就会发生组织的连续性和完整性被破坏，即人体器官出现各种形态的损伤。物理学中用冲量公式 $I=f(t-t_0)$ 表示能量的释放过程，式中 f 为所受力量，$t-t_0$ 是致伤物与机体的作用时间，如果一个特定质量和速度的致伤物，在与人体冲撞时与人体接触作用的时间越短，产生的冲撞力就越大，造成的损伤就越严重。

二、机械性损伤的基本形态

通常将机械性损伤按致伤物的种类分为钝器伤、锐器伤和火器伤，虽然现实中致伤物千差万别，但所形成的机械性损伤具有共同性，即通常有以下六种机械性损伤的基本形态：

（一）擦伤

擦伤（abrasion）是指致伤物仅伤及皮肤表皮层，而未伤及真皮层的一类损伤。通常由钝性致伤物与体表平行摩擦或挤压所形成，不伴有出血，可单独存在，也经常与挫伤、挫裂创及其他损伤并存。擦伤的形成与致伤物接触面的光滑程度具有密切关系，在实践中常被称为表皮剥脱。

生前擦伤呈暗红色或棕褐色，伴痂皮形成或挫伤；死后擦伤呈蜡黄或苍白色，不伴有痂皮和挫伤。由于擦伤使皮肤变薄，在死后更易形成皮革样化改变。擦伤代表暴力作用的部位；伤口边缘游离的皮瓣代表暴力的来源方向，有助于进行现场重建（如图3-1所示）；擦伤的形状可用于推断致伤物与人体接触局部的形态特征；擦伤局部的炎症反应、痂皮形成等可用于鉴别生前伤与死后伤、推断损伤时间。

图3-1　擦伤形成皮瓣与暴力方向关系图

常见擦伤根据形成方式不同，可分为以下四种类型：

1. 抓痕：是指指甲等有尖的硬物划过皮肤表面形成的擦伤，可表现为平行的沟状或连续的点状，有时可见细小的游离皮瓣存在，有时损伤起始端见指甲形成的弧形擦伤。常见于颜面、颈部、上肢前臂，性犯罪中见于乳房、外阴、大腿内侧等部位。

2. 擦痕：是指体表与粗糙物体表面或地面相摩擦所形成的擦伤，常分布于人体突出部位，广泛而表浅，擦痕的起始端较深，末端变浅，表面可附着异物。

3. 撞痕：是指致伤物几乎垂直于体表的方向撞击人体，在表皮层形成印痕，常伴有深部组织损伤。多见于交通事故，有时可反映接触轮胎表面的花纹等特征。

4. 压擦痕：是指表面粗糙的致伤物在压迫人体皮肤的同时，又以与皮肤表面相平行的方向摩擦形成的损伤。实践中绳索形成的索沟、牙齿形成的咬伤、车轮碾压等常属于压擦痕。

（二）挫伤

挫伤（contusions, bruise）是指由钝器作用造成伤及真皮浅层或（和）累及皮下组织层的一类损伤，以皮内或（和）皮下出血为主要表现。挫伤后出血仅发生在真皮层，称为皮内出血，由于真皮层致密，含有细小的分支血管，出血不易扩散，故出血量较小，范围局限，容易反映致伤物接触面形态，常见于贴近骨骼表面的皮肤受到撞击所形成。当损伤力量增加或伤及皮下组织疏松部位时，由于皮下组织血管丰富，易引起皮下组织内出血，称为皮下出血，出血量多、易扩散使得出血范围较广、颜色较深，呈片状、边界不清，通常也难以反映致伤物接触面的表面特征。

如果挫伤发生后，受伤者未立即死亡而有一段存活期，则挫伤形成的皮下出血（主要是血红蛋白）可被吸收、代谢，伴随代谢产物不同使得挫伤发生颜色变化，通常是由血肿的暗紫红色，依次变为蓝褐色、绿褐色、黄绿色和黄色，最后慢慢消退，一般情况下挫伤经一周时间完全消失，是否可依皮肤呈现的不同颜色推断损伤时间目前仍未有公认的观点。

挫伤部位也确证是致伤物作用的部位，可用于鉴别生前与死后损伤，有时可推断致伤物的接触表面形态；挫伤部位分布可协助判断行为人的意图；当全身发生大面积挫伤伴深部肌肉出血时，可因急性肾功能障碍而死亡。

（三）创

创（wound, laceration）是指机械性暴力作用于人体造成皮肤全层组织结构的连续性和完整性遭到破坏的开放性损伤。通常认为创由创口、创缘、创角、创腔、创壁、创底六部分组成：皮肤组织完整性受到破坏的裂口称创口；创口边缘的皮肤组织称创缘；两侧创缘皮肤交界处的夹角称创角；从创缘向皮肤组织深部延伸形成的组织断面称创壁；各创壁之间形成的潜在腔隙称创腔；创腔底部断裂的组织称创底。

机械性损伤中致伤物依据是否有锋利的尖或刃分为钝器创和锐器创，但这种区别只是相对的，例如骑摩托车高速行进的车手迎面碰到一根细钢丝，形成的创口可考虑为锐器创。火器是一类特殊的致伤物，是在火药爆炸后引起的损伤，具有自身特有征象。因此，依据形成创口致伤物的种类不同，将创分为钝器创、锐器创、火器创三类：

1. 钝器创。由钝性物体的撞击、挤压、牵拉、撕扯等方式形成的创，称为钝器创。其中钝性物体直接撞击、挤压有骨质衬垫的部位时，形成挫裂创；而由于过度牵拉、撕扯的暴力超过皮肤等组织的耐受力时形成撕裂创、伸展创。挫裂创常见于颅面部、肩部和四肢等，创口多呈条形、不规则形、星芒状或半月形；创角多较钝，可有多个；创缘不整齐，常伴有擦伤和挫伤；创底不平整；创腔内可有异物，如泥沙、碎玻璃等；创壁凹凸不平，创壁间有组织间桥。由于结缔组织纤维、神经纤维和血管具有韧性，在受到钝性物体打击时，常有一部分纤维或血管未发生断裂，连接于两创壁之间，这种未完全断裂并连接于创壁之间的血管、神经和结缔组织，称为组织间桥（tissue bridge）（如图 3-2 所示），是钝器伤的特征性改变。

2. 锐器创。由具有锐利尖端或刃缘的致伤物通过砍、切、刺、剪等方式造成的创称锐器创（sharp wound）。常见的锐器创有砍创、切创、刺创、剪创等。

3. 火器创。由火器致伤物对人体形成的损伤统称为火器伤（firearm injury）。由发射的枪弹造成的创称枪弹创（gunshot wound），而爆炸时形成的创称为爆炸创。

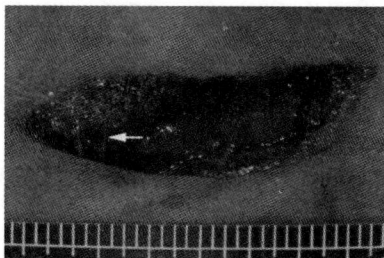

图 3-2　钝器创口内组织间桥（箭头所示）

（四）骨、关节损伤

骨折（fracture）是指骨组织结构的连续性与完整性中断，常见于四肢长骨、颅骨、肋骨、椎骨等。根据骨折处软组织是否与外界贯通，分为开放性骨折和闭合性骨折；根据骨折发生机制分为直接骨折和间接骨折，直接骨折是暴力直接作用所致，骨折部位与受伤着力点部位一致，而间接骨折是暴力间接传导所致，骨折部位与受伤着力点部位发生分离；根据骨折形态分为骨质擦痕、骨质缺损、线形骨折、凹陷骨折、孔状骨折和粉碎性骨折等。

关节损伤主要包括关节脱位和关节破坏两类：关节脱位又称脱臼，是指组成关节各骨的关节面失去正常对合关系，高位颈椎脱位致脊髓损伤可致瘫痪，甚至死亡；关节破坏是指关节结构的完整性受到破坏，多见于交通事故所致的关节韧带、关节囊及关节盘的损伤。

（五）内脏器官破裂

内脏器官破裂（visceral laceration）是指机械性暴力作用造成内脏器官组织结构的完整性和连续性中断。机械性暴力可直接打击亦可间接传导引起内脏器官破裂，实质器官更易引起破裂，如肝、脾等，空腔器官在充盈状态时可由直接暴力损伤亦可通过内容物的压力传导引起损伤。

（六）肢体离断

肢体离断（dismemberment）是指强大暴力使人体遭受广泛而严重的破坏致断离的损伤。常见于意外灾害如爆炸、飞机失事、建筑物倒塌、火车碾压等案件，少见于他杀、自杀案件。

三、机械性损伤的检验

机械性损伤的检验对推断致伤物、损伤时间、判断死亡方式都至关重要，况且每一次检验对尸体都是一种毁坏，损伤亦会随着死亡时间的延长而发生相应的死后改变，如皮革样化等，因此，任何一次检验都应尽可能地认真与详细。机械性损伤检验应遵循一定的原则，并按步骤、按顺序进行。

首先，机械性损伤的检验应按顺序全面进行，分为衣服、尸表、内部器官三个层面，既要认真观察又要各层面之间相互印证；其次，应仔细观察损伤的种类、部位、数目、大小、形态特征，当局部有多处损伤时要观察与分析各损伤之间的关系；再次，应认真观察损伤处及周围是否有异物，注意提取观察到的异物，必要时对损伤处组织取样进行镜下观察；最后，对每一处损伤原则上均应拍照并详细记录，必要时对损伤在人体的分布情况进行图示等。

第二节 钝器损伤

钝器损伤（blunt force injury/blunt instrument injury）即钝性物体作用于人体

形成的机械性损伤。钝器在自然界和日常生活中随处可见，钝器损伤也是最常见的机械性损伤，多见于他杀或意外事故。国内资料统计，钝器损伤在凶杀案件中占 65% 以上，而在活体损伤中占 80% 以上。

按是否利用工具，将钝器损伤分为徒手伤和工具伤，又按钝器的性状和形态，将工具伤分为棍棒类损伤、斧锤类损伤、砖石类损伤、高坠损伤、挤压损伤等。

一、徒手伤

徒手伤（bare-hands injury）是指行为人利用身体的某一部位作为致伤工具造成的损伤。常见于事先无准备或无工具可利用的情况下发生的案件，常用的部位为手、脚、肘、膝、牙齿和头部等。

（一）手所致损伤

用手抓、扼压、捂、抠、掐、捏、拧及掌击、拳击等方式造成多种损伤，重者可致死亡。

1. 指甲伤。指甲以不同的作用方式形成的损伤形态，如抓痕是指甲掠过并使皮肤表皮层移位而形成，可呈扇形或几条平行的沟状痕，若为扇形时，起始端较宽且深，尾端逐渐变浅变细，抓痕常见于外阴部、手腕、双乳或股内侧；若指甲垂直扼压颈部，可形成弧形、直线状擦伤，常伴有条形、点线状擦伤，扼颈时分布于颈部两侧。

2. 手指伤。手指尤其是指端以一定力量压迫身体表面一段时间，特别是颈部，受伤部位皮肤可形成局限性圆形或椭圆形皮下出血，有时前部可伴有新月状擦伤，多分布在面颊、颈前。如果是右利手者扼颈时，典型的在颈前右侧形成一个稍大的类圆形挫伤，左侧可形成 2~4 个稍小的类圆形或椭圆形挫伤；而左利手者则相反。

3. 拳击伤。是指用紧握的拳头打击人体造成的损伤，拳击时常以示、中、环、小指的第一指骨和掌指关节的背侧作为打击面。拳头类似一个外面包裹了一层柔软物的球形钝器，质地不硬而弹性好，但冲击力较大，故而拳击伤的特点是外轻内重。如拳击下颌时，打击力经下颌骨传导到脑部引起脑损伤的严重后果；拳击胸部可引起肋骨骨折、肺挫伤、心脏震荡等；拳击软组织较薄且有骨质衬垫的部位时，多形成挫裂创；若手上戴有饰品如戒指，则多形成与饰品相对应或相关的损伤。拳击伤以头面部最为多见，据统计拳击伤几乎可以形成所有的损伤类型，一般仅通过损伤表面的形态学特征难以直接认定为拳击伤。

（二）足所致损伤

1. 足踢伤。损伤性状及程度与被害人穿着及加害人脚上是否穿鞋、鞋的质地、作用力大小和作用部位等有关。部位常见于人体臀部以下等处，如双下肢、会阴部、臀部和腰腹部等。足踢伤的损伤程度多较拳击伤更重，较易造成受伤部位骨折或内脏损伤等。

2. 足踩伤。站位时脚、小腿易被踩伤，卧位时可伤及身体任何部位，轻者可致擦伤、挫伤，重者可致骨折、内脏破裂等。检验时要注意衣服、皮肤上可印有鞋底花纹。

（三）咬伤

主要是指人牙在人体体表所致的咬伤，常常是攻击和自卫行为的反映。由于人体牙弓形态、牙的排列和疏密不同，加之特有的牙修复、脱落等影响，牙的咬痕具有良好的个人识别特征。咬伤一般呈对称性的半弧形牙印构成圆形或椭圆形咬痕，由切牙、尖牙构成，主要形成擦伤、挫伤或撕裂创，其中挫伤可由咬合或吸吮所形成，擦伤、挫伤常见于面颊、乳房、肩部，撕裂创多见于头皮、下颌、鼻、耳等部位。

（四）肘、膝、头所致损伤

此类损伤在实践中很难通过损伤形态进行确认，当力量比较大时，可具有外轻内重的损伤特征。肘击伤多在受伤局部形成类圆形挫伤，重者可致肋骨、颅骨骨折；膝部顶撞多伤及会阴部和腹部，多数外表未见明显损伤，但内部可有骨折和内脏器官破裂等严重损伤；头撞击他人可形成挫伤、骨折，撞击腹部可形成内脏器官破裂。若头撞击地面、墙等，在额部形成擦伤、挫伤和挫裂创，较少造成颅骨骨折，但可发生颅内出血或脑挫伤。

二、工具伤

（一）棍棒伤

棍棒具有易获取、便于携带和挥动、打击力强的特点，是伤害案件中常见的致伤物。依棍棒外形分为：圆柱形、方柱形、不规则形；依质地不同分为：木质、金属和塑胶等。常以棍体打击为多，受伤部位以头部多见，躯干、四肢次之。

棍棒类损伤的形态多以条形为主，可以是擦伤、挫伤或挫裂创，长度通常在3~5cm以上。当打击至人体较平坦且皮下组织丰富的部位如臀部、肩背部时，容易形成中空性挫伤，中空区的宽度一般小于棍棒直径，在以往的法医学书籍中又被称为"竹打中空"或"棒打中空",国外法医学书籍中称之为铁轨样挫伤(train-line or railway bruise)(见图3-3),形成机制为打击过程中致伤物接触中心部位的皮肤迅速垂直下压,而中心部位两侧的血管因牵拉而被撕裂,当中心部位压力瞬间释放后,血液迅速进入损伤区边缘组织间隙而发生出血;当打击至头部等有骨质衬垫且血管丰富、脆性大的部位时,可形成"镶边"样挫伤带,特点是创口沿棍棒长轴呈条形,创缘两侧伴有边界较整齐的擦挫伤,创角有与受力方向相一致的撕裂,创腔内有组织的挫碎和毛发脱落。棍棒类损伤引起的骨折类型以线形骨折为主(约占70%以上),若力量较大、铁质棍棒打击时多形成舟状凹陷性骨折。

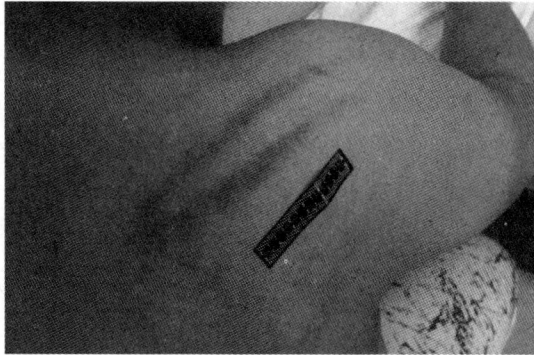

图3-3 右肩背部木棍打击所致的中空性挫伤

不同形状、不同质地的棍棒形成的损伤除上述共有特征外,还有一些特有的表现。如方柱形棍棒伤用棱边垂直打击时,形成条状擦伤、挫伤,中心部位较重,若软组织下有骨质衬垫时,可形成条状挫裂创,创口边缘平直,创缘周围出血带不明显,创腔内无组织间桥,易错判为锐器伤;若用棒端戳击时,形成三角形、方形的挫伤或骨折。

(二)砖、石伤

1. 砖、石伤的共同特点:①擦伤严重:无论是持砖石打击,还是抛掷砖石,表面粗糙的砖石在人体皮肤易形成擦伤,呈现为平行排列、方向一致并且沿力的方向擦伤由重而轻。②一击多伤:由于砖石表面凹凸不平,作用于人体组织时因受力大小及接触面的不同可引起不同的损伤,砖石面的拍击常形成多处甚至多种不同类型的损伤，如砖石凸起处形成挫裂创，而凹陷处则形成挫伤或仅有擦伤。因此，局部组织的一击多伤现象有时是鉴别砖石伤的主要依据。③不规则的挫裂创：形成极不规则挫裂创的原因是砖石的表面形态不规则所引起，甚至有时在反复打击时，创的形态可以呈现不同特点，如短条形、星芒状或直角状等，易使人误以为由多种致伤物造成。④创口内的碎屑：由于砖石表面粗糙的结构，在其搬运、使用及打击过程中因碰撞、震动受力而极易脱落。因此，砖石损伤常在创口或创腔内遗留有砖屑、附着的灰沙等成分，对于致伤物的推断和认定也具有重要价值。

2. 砖头伤：砖头的种类很多，案件中常见的是普通的黏土土砖，整砖重量约 2.5kg，主要含有氧化硅、钴、钙、铁等成分，实践中多用不完整砖块作致伤物。与石块相比，砖头具有较为固定的形态，会产生方形或类方形的损伤特征，如用砖的一端打击时，可形成较规则的条形、直角形损伤；用砖块平面垂直打击头面部，挫伤区常伴有砖粗糙面所致的点状擦痕；较大力量打击有弧度的颅骨时，头皮可形成星芒状挫裂创；打击至软组织丰满部位，也可形成长方形中空性挫伤等。

3. 石头伤：常见于野外发生的暴力性案件，致伤物以山石和鹅卵石较为多见，受伤部位以头部为主。山石与鹅卵石的最大区别是山石表面凹凸不平，有不规则的棱边和棱角，硬度不同，形成的损伤形态多样。打击头部形成的挫裂创多数为不规则形，有多个创角，创腔内见石屑，呈现出周围着力轻、中央着力重的特点，形成的颅骨骨折可以是各种形态；若是较硬山石棱角猛击头部，可形成凹陷性骨折，甚至出现伴有环状骨裂的孔状骨折等。

鹅卵石多见于河滩，呈不规则的圆形或椭圆形，表面较光滑，质地坚硬致密。打击头部可形成类圆形或椭圆形的损伤，通常中心部位出血严重，色泽较深，周边逐渐浅淡，边界不清。所致的挫裂创在创缘周围常形成范围较大的擦伤、挫伤，亦可形成各种颅骨骨折。

（三）斧锤伤

斧和锤均由体和柄两部分组成，易于获取、方便使用，是凶杀案件中的常见致伤物。虽然斧与锤种类多，但一般都由厂家生产，而自制的很少。斧体为金属，有斧刃和斧背两部分，斧刃有单刃和双刃，斧背有方形或长方形，少数为圆形。锤体多为金属（也有橡胶和木质），由锤面和锤背组成，锤面有方形、圆形和多角形，锤背有奶头状、羊角状、鸭嘴状、帽状、圆锥状等多种形态。斧、锤伤多见于头面部，其代表了小平面致伤物的基本特征。

1. 斧锤伤的共同特点：①小平面损伤为主：由于绝大多数易于挥动的斧锤类致伤物损伤的作用面较小且固定，故而形成的损伤面积一般也较小。形成的钝性损伤以斧背或锤面打击多见，损伤以方形、圆弧形为主，而且边界较清楚。②常见挫裂创：斧锤因有柄而易于挥动、金属质地、作用面小等特征，所形成的损伤往往较重，表现为挫裂创和骨折。打击头部时可形成星芒状挫裂创。③损伤形态与打击部位有关：斧背打击平坦而软组织丰富部位（肩背部、四肢等）时，可形成完整反映斧背形态的挫伤，而皮肤表面的擦伤情况取决于斧背的光滑程度；而打击具有骨质衬垫处（如颅面部）时，易形成星芒状挫裂创。④多呈凹陷性骨折：打击头部的斧锤损伤，形成的凹陷性骨折形态有时能反映出打击时接触面的形态，而当打击力量足够大时，可形成孔状骨折等。

2. 斧锤类损伤的各自特点：判断斧锤类损伤时，要考虑到打击方向或打击面的不同会引起不同的损伤形态。简言之，若是垂直方向打击较平坦部位，斧背可形成类方形的挫伤，而锤背则形成圆形、多角形挫伤；若打击面为不平坦部位则难以清楚反映致伤物的形态。实践中因人体防御行为、姿势改变等因素，斧锤打击更常见的是以倾斜的方向打击，方形斧背易形成两边夹角、三角形的损伤，而圆形锤击面则易形成弧形或半月形的损伤。

木锤锤体为圆柱状，锤击面多中央隆起，边缘较钝，由于木锤质量轻、质地软，形成损伤一般较铁质锤轻，出血范围小于锤击面的直径，常不伴有骨折，若打击力较大，可形成线形骨折或凹陷性骨折，反复打击时亦可形成范围较大的粉碎性骨折，但碎骨片一般较大，难以形成孔状骨折；橡胶锤形成的损伤与木锤大致相类似，但橡胶锤较木质沉且弹性好，形成的擦伤更轻，但体内损伤则更重。

（四）高坠伤

人体从高处以自由落体运动坠落，与地面或其他物体碰撞形成的损伤称为高坠伤（injury by fall from height）。高坠伤可见于自杀、他杀和意外事件，以自杀和灾害事故中多见，偶有用其他方法他杀后伪装成自杀或意外的报道。高坠伤严重程度的主要影响因素包含坠落高度、中间障碍物、地面情况、身体体重及着地部位等。

高坠伤有以下特点：

1. 体表损伤轻而体内损伤重。体表损伤主要是大片擦伤、挫伤，少有挫裂创，而体内器官却受到严重损伤，呈现出"外轻内重"的特点。究其原因是由于一般坠落多接触的是平面物体，只要单位面积受到的力量引起皮肤变形未超过其弹性限度时，皮肤基本结构完整性不发生破坏；同时，由于力的传导作用和人体压缩变形、体腔内压的改变等因素会导致内脏器官的严重损伤和骨折。若体表出现创口，应考虑除高坠之外是否有其他损伤可能。

2. 损伤广泛、多发骨折。高坠伤符合减速运动损伤的特点，损伤既可见于人体着地部位，也可发生于远离着地部位，一般而言坠落高度与广泛多发损伤之间成正相关，尤其是 3m 以上高度坠落。如脑右颞部着地常在对侧左颞极发生严重的对冲性损伤，而右颞部的损伤相对较轻（如图 3-4 所示）；臀部着地时，可发生颈椎骨折等；由于坠地时坠落中的人体突然停止，而内部器官由于惯性仍继续运动，使得与器官相连的系带、血管（如脾蒂、肝蒂、肠系膜、肺门）等在根部受到挫伤或撕裂伤。

3. 损伤由一次暴力所形成。虽然高坠伤具有广泛、多发的特点，但外力作用的方向或方式是一致的，可由一次暴力作用形成解释。但要排除有中间障碍物时形成的损伤以及落地后弹起形成的二次损伤等。

4. 损伤重但出血少。已发生的多发性肋骨骨折或四肢长骨骨折，甚至肢体横断，一般人为用工具打击难以形成，且长骨骨折处或内部器官破裂出血较少，易被怀疑为死后伤。

5. 损伤分布集中。皮肤损伤及骨折多集中于身体的某一侧、头顶或腰骶部等。

对高坠伤的尸体检验要全面系统，并且应当结合毒（药）物检查结果，对坠落起点处的现场勘查、生物检材的提取检查都非常有必要。对案件性质的判断除法医检验结果外，还必须要结合案情调查、现场勘验、痕迹检验等进行综合分析。高坠伤以自杀案、意外事件最为常见，他杀案中少见，但如果除高坠形成的损伤外另有其他损伤时需慎重考虑案件性质。

摔跌伤（tumbling injury）被认为是一种特殊的坠落伤，其与高坠伤的重要区别是缺乏典型的自由落体运动，但摔跌伤仍存在坠落的过程，也具有高坠伤的基本特征。此外，摔跌伤依不同部位着地形成的损伤表现各异，如头部着地易造成颅脑损伤；肩部着地易造成肩关节和锁骨骨折；臀部着地易造成股骨颈骨折与骨盆骨折。因摔跌致死的案例中，几乎均为颅脑损伤所致，多数情况下又是头部先着地，并且易发生颅骨的整体变形，引起严重的对冲性脑挫伤或颅内出血。

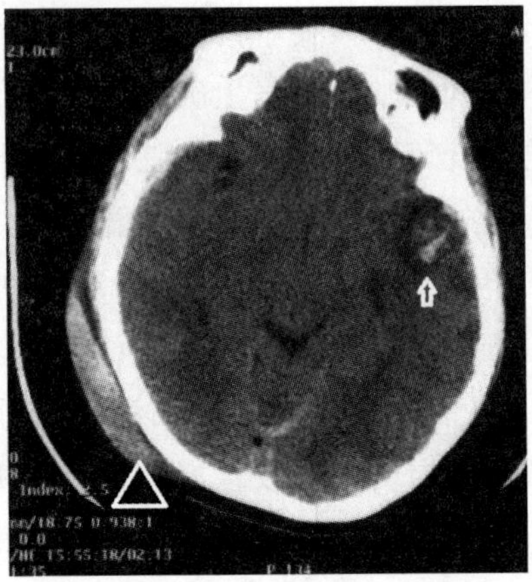

图3-4　成年女性从3米高平台坠落：右颞部头皮挫伤（如三角箭头所示）、

左颞极脑组织对冲性脑挫伤（如箭头所示）

（五）挤压伤

挤压伤（crush injury）的概念最早是由 Bywaters Beall 在二战时诊治被空袭摧毁的建筑物砸压的伤员而提出的，指的是人体肌肉丰满的部位受重物挤压一段时间后，筋膜间隔内的肌肉缺血、变性、坏死、组织间隙出血、水肿。临床表现为受压部位肿胀、感觉迟钝、运动障碍，以及肌红蛋白血症和一过性肌红蛋白尿，等等。挤压伤多出现在灾害事故中和身体软组织广泛损伤的个体身上。

挤压伤的特点是皮肤及软组织损伤广泛，类型多样，程度不一，但亦具有"外轻内重"的特点，如体表损伤多表现为擦伤、挫伤，有时能反映挤压物的外形特征。挤压伤引起死亡的原因是发展成为挤压综合征（crush syndrome）。

挤压综合征是指遭受挤压伤的个体在解除挤压后，全身出现微循环障碍，肌红蛋白等大量入血引起肾小管阻塞，继而变性、坏死，出现以肌红蛋白尿和急性肾功能衰竭为主要特征的临床综合征。尸检时在损伤区见显著出血、肿胀，有时可见红斑和张力性水疱；肾皮质肾小管上皮细胞变性肿胀、坏死、脱落，肾小管中出现较多以肌红蛋白为主要成分的蛋白管型。

第三节　锐器损伤

锐器损伤（sharp instrument injury）是指利用致伤物锐利的刃缘或（和）锋利的尖端作用于人体所形成的损伤。具有锐利刃缘或（和）锋利尖端的致伤物，称为锐器，常见的锐器有刀、斧、匕首、剪刀、玻璃、磁片等。按使用方式的不同，一般将锐器分为刺器、砍器、切器、剪器等类型，所形成的损伤又相应称为刺创、砍创、切创和剪创。需要说明的是，在现实生活中，一件致伤物可以同时既有钝器部位又有锐器部位，如斧头；而一件锐器既可以刺，也可以切，也可以一个动作中同时具备刺与切。

一、刺创

具有体长和锋利尖端，或同时有锐利刀缘的致伤物均称为刺器（stab weapon）。刺器有长有短，长者如刺刀、杀猪刀；短者如缝衣针、铁钉等；刺器可分为有刃刺器和无刃刺器，其中有刃刺器又可分为单刃刺器（如水果刀）、双刃刺器（如剑）、多刃刺器（如三棱刮刀）。刺器沿其长轴方向刺入机体形成的锐器损伤称为刺创（stab wound），因多形成较深的创道而危及生命。刺创既可常见于他杀，在自杀案件中亦时有发生，他杀形成的刺创常分布于胸、腹及背部，其次是颈部，也可见于头面部，数目常较多且分布于多个部位；自杀中的刺创多数典型刺创，以胸、腹、颈部，尤以左胸及心前区多见，自杀刺创数目少，所用刺器以小刀、剪刀和三棱刮刀较多见，一般刺器都留在现场，自杀者的衣服大多无破损。

（一）刺创的形态特征

刺创的特点是创口小而创腔深，常伤及内部器官或大血管而危及生命。刺创根据有无刺出口分为贯通创（有刺出口）和盲管创（无刺出口），此处以贯通创为例对刺创的形态特征进行介绍。

1. 刺入口。当刺器垂直方向刺入机体时，形成的刺入口能较好地对应刺器横截面的形状，并据此可用于推断刺器的类型。同时由于皮肤的自然弹性回缩，刺创口通常略小于刺器横截面。实践中，对于单刃刺器或双刃刺器，在刺的过程中常有或多或少切的动作，使得刺入口多呈梭形，创角分别表现为一钝一锐或均为锐角，钝角侧创缘有时见轻微擦挫伤；若单刃刺器的背部较宽，则刺入口钝角端的两个角向外延伸成两条条状擦挫伤或小裂创，而若背部菲薄，形成的刺创口有时酷似双刃刺器；若刺器表面粗糙，则在刺入口长轴两侧形成条状擦伤。对于三角刮刀，若刺入皮下脂肪少的部位如头部，创口呈"人"字形，而在皮肤薄皮下脂肪厚的部位如腹部，由于皮下脂肪外翻，创口常呈弧形。对刺入口检查的基本原则是应将创口合拢观察（如图3-5所示）。此外，对刺入口的检查还应结合衣服破损情况进行综合分析。

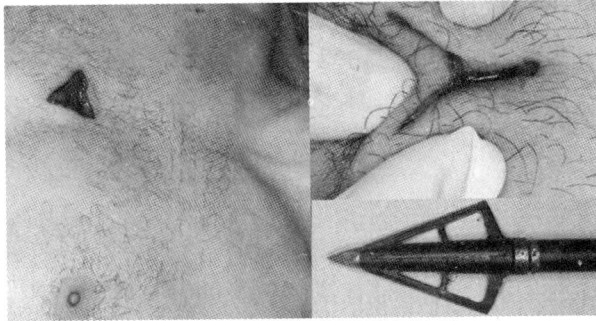

图3-5　胸前刺创合拢观察，致伤物为三角锥形箭头

2. 刺创管。刺创管是刺器在体内造成损伤的经历途径，亦称为创道。对刺创管的检查不仅可明确伤及的器官，更重要的是刺创管可反映刺器的作用力、作用方向、刺器的长度甚至形状。刺创管的长度一般应小于或等于刺器的刃长，特殊时如受伤部位的软组织弹性或收缩性较好，刺创管的长度可大于刃长；由于刺器一般为平直状，故刺创管也呈直线状，但若刺器具有一定的弧度如镰刀，则刺入口与刺创底不在同一直线，即刺创管是弯曲的。

3. 刺出口。刺出口一般位于四肢、颈部等部位，刺出口的形态学特征与刺入口类似，但反映的是刺器中贯穿部分的横截面，所以有时刺出口会很小。若在四肢相对应部位出现两个形态类似的创口，应考虑存在贯通性刺创的可能；若确定存在刺出口，则刺创管长度会使刺器刃长最小值的推断更加准确。

（二）刺创形态的影响因素

1. 刺器本身。现实中的刺器往往是多种多样的，例如有的刺器前端是双刃的而后端是单刃，如果刺入的较浅，刺入口为双刃特点，刺入的深则表现为单刃的刺入口形态，此时如果不考虑刺创管的深度就很可能认为存在两种不同类型的刺器；还有些刺器的背侧缘呈锯齿状，这样也会在刺入口的钝性创角周围产生附加挫伤或锯齿状皮瓣；有时刺器在多次刺入后产生变形，亦可引起刺创口形成发生变化。

2. 刺入部位。人体不同部位解剖结构的差异以及损伤时姿势的影响，都会产生不同的刺创形态特征。如皮肤有皱褶的部位（如乳房、大腿根部）、屈曲的四肢被刺入时，会产生一次刺入形成多个创口的表现，系刺器穿过多层皮肤所致，其特点是：多个创口距离较近、平行或较有规律地排列；创口形态可基本一致；创口大小可明显不同。

3. 刺创形成过程。刺器形成刺创的损伤过程是一个动态的过程，加害者与受害者之间的相对位置处于变化之中，刺器在刺入时和抽出时，刺器的方向、角度、深度等都会发生明显变化，这就使得实践中同一刺器所形成的刺创形态呈现多样化。因此，在刺创的法医学检验中，当多个创口形态不一致时，首先要采用典型的刺创口进行分析，认定存在两种以上刺器时要格外慎重。

若刺器斜向刺入（>30°），由于一般刺器的宽度较小，刺创口的宽度较刺器横截面稍宽，但差异不十分明显；刺伤的过程中受害人因为疼痛、反抗、躲避等，改变体位进而使刺器的角度、深度在抽出时发生变化，此时刺入口明显增宽，出现同一部位两次刺创的类似形态，或者创口其中一个创角呈现由内向外变浅的拖刀痕；若体位变化使得刺器过度刺入时，如果刺器有护柄（在刀体与刀尾之间），则在刺入口周围有护柄形成的损伤，将有助于推断刺器的形态（如图3-6所示）。

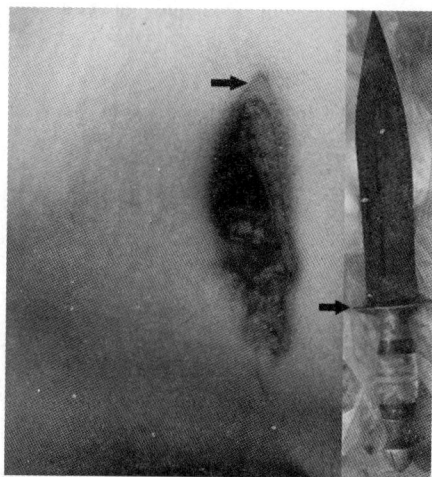

图3-6　刺入口周围有护柄形成的损伤（箭头所示）

二、切创

切器的特点是有薄而锋利的刃缘，当切器刃部下压并沿其刃缘长轴方向移动在机体上产生的损伤称为切创（incised wound）。切创是典型的锐器创，常见于自杀，而他杀少见。当切器既砍又切或既刺又切时，习惯称之为砍切创或刺切创。

（一）切创的形态学特征

切器切割常深达真皮以下而形成切创，而仅涉及表皮或真皮浅层的切割损伤称为划伤。切创多呈梭形，也可呈纺锤形、菱形和不规则形，两侧创缘合拢时常呈细线状。切创的创口长度通常与切器的刃缘长度无关，除四肢切创可较短外，躯干部、颈部的切创常在10cm以上长度，并超过切器刃口的长度，这是切创与砍创的重要不同之处。当身体突出部位如鼻、乳头、耳朵等被切断而形成切断创时，就只有创面与创缘。

切创的两个创角均尖锐细长，常有深浅之分，若属多次反复切割，则创角常有多个浅的小创角，形似鱼尾；切创的创缘平整，有时因皮肤收缩而使创缘呈波浪状，若在同一创口多次连续切割，或切割有皱褶的皮肤时，可在创缘形成多个锐角形的小皮瓣；切创的创底常不平直，多呈一侧深一侧浅的倾斜状；切创的创腔一般不深，但多有血管损伤，故而出血严重。

（二）切创的死亡性质

1. 自杀。自杀形成的切创最常见于颈部，其次是腹股沟、腕部和腹部。自杀时在致命性切创的上缘或下缘出现各自独立、与主创口平行的浅表、短小切口，多认为是自杀者的试切创（hesitation marks or hesitation wounds）。试切创的形成可能是自杀者出于矛盾心理、试探切器的锋利度或体验疼痛等目的而采用的轻微切割手段。自杀切颈者常用长刃切器如菜刀，而自杀切腕、腹股沟部位者常用短刃切器如剃须刀、手术刀片、水果刀等。有时自杀切颈也可形成创口长、大而深的切创，有的甚至在颈椎椎体前出现数条表浅切痕，这是自杀者在死亡之前短时间反复切割形成。

2. 他杀。他杀切颈少见，尤其是单纯用切颈的手段杀人者更少见，但有与其他杀人方式联合使用的情况，如先击伤或砍伤头部致昏迷后再切颈的情况。他杀时，由于受害人出于防卫的目的而接触锐器，形成的损伤称为抵抗伤（defense wounds），常分布于上肢，其中以前臂和手最多见，少数见于下肢，多系伤者处于坐或卧位时。

表 3-1 自杀、他杀切颈鉴别表

切创特征	自杀	他杀
位置	多位于颈前，喉结附近	部位不一，有时位置较低
分布	有试切创，较集中	创口分散，损伤次数少，重伤创口多
创口走向	多为左高右低，左利手者相反	方向不定
创缘	多有小皮瓣及平行浅切痕	少见或无
创角	有多个小创角及拖刀痕，有时呈鱼尾状	少见或无
创底	颈椎偶见多个浅切痕	常见深切痕
其他损伤	少见其他类型损伤	常合并其他类型损伤

三、砍创

具有一定的重量、便于挥动致伤的锐器称为砍器。一般可分为两种：一是长刃刀类，如菜刀、柴刀、铡刀等；另一类是斧类，如柴斧、肉斧等。挥动砍器，以其刃部自上而下垂直或倾斜作用于人体形成的损伤称砍创（chop wound）。砍器一般具有较重、刃缘较长、易挥动的特点，故而形成的砍创损伤严重，创腔深，常合并伤及软组织覆盖的骨或内部器官，更重者可引起肢体离断。砍创多见于他杀（包括伤害）案件，常位于头面、胸、颈部，损伤程度重，分布凌乱，受害人亦常见抵抗伤；单纯使用砍器自杀者极少见且一般不易致死，常使用刀类砍器在前额部连续砍击，但通常创腔表浅，创口呈走行一致、多条并行排列的特征。

（一）砍创的一般特征

砍创以头面部多见，其次是四肢、颈部和躯干。创口一般较宽，呈棱形、明显的哆开状，创口长度与刃长基本一致，有时形成砍切创时，创口长度可长于刃长。砍创创角特点与砍器的厚度、受伤部位面积、砍入角度有关，如：菜刀砍击面积较小的部位（指刃缘长度大于人体受伤部位长度）时，创角多为锐角；斧子砍击人体面积较大部位时，创角多为钝角，而当一端砍入时，可形成一锐一钝的创角。砍创创缘是否存在挫伤与砍器有关，若砍器薄而锐且无其他附着时，创缘多光滑；反之，若砍器厚且刃较钝，或者刃缘侧面粗糙有附着物时，常在创缘形成不同程度的挫伤。

（二）砍创的骨损伤

由于砍创创腔深，常伤及深部骨质，形成损伤的形态依作用力的大小、部位不同而有差异，以颅骨最为常见且损伤类型也较多：轻者仅形成颅骨外板局部的浅表裂开，称为砍痕，常是砍器垂直或略有倾斜砍击骨骼的结果；稍重则形成平直线状骨折或舟状凹陷骨折；更重则形成可反映砍器刃部及体部特征的孔状骨折。当骨质砍创创角两侧伴有延伸的长短不同的线状骨折时，称为砍裂创，实践中更为常见；反复砍击可致颅骨的粉碎性骨折；若砍器砍入颅骨后拔出时有转动，易形成对骨板的撬压作用而造成创缘或创角处颅骨的不光滑缺损。

四、剪创

以其两刃片刃口相向运动而夹剪致伤的锐器称为剪器（scissor）。依用途可有很多分类，如家用剪、裁衣剪、手术剪、修枝剪等。剪器可以夹剪致伤，亦可作刺器致伤形成刺创。剪创是指以剪刀的两刃铰夹人体形成的损伤。按照剪创形成方式的不同，可分为夹剪创、剪断创及刺剪创三种基本类型。剪创是较少见的锐器损伤，其中多见于他杀，自杀少见，伤及部位以胸腹部多见，其次为颈部。其中剪断创常见于乳头、鼻尖、耳朵、阴茎等，一般与性问题有关。

（一）夹剪创

夹剪创是指剪刀呈垂直方向或一定角度将两片剪刀相互铰剪切所形成的损伤。典型的夹剪创创腔常较浅，创口形状依夹剪方式不同而存在差异：①在剪刀长轴与体表垂直或近似垂直夹剪时，若两刃合拢，创口常呈直线和略带弧形，在两侧创缘的中央部常有两刃铰合形成的小皮瓣突起；若两刃未合拢，形成两个在一条直线上的短条状创口，并且两创口的创角均为锐角。②当剪刀的两刃分开，以一定角度倾斜于体表夹剪时，若两刃合拢，则形成"V"形创口，且倾斜角度愈大，其创口夹角的角度愈小；若两刃未合拢，则形成两个倒"八"字形创口，创角外圆内尖。

（二）剪断创

剪断创是指剪刀刃缘在对合夹剪致人体突出部位的组织被剪断所形成的损伤。又有完全和不完全之分，剪断创形成创面而不是创口，在身体残留创面的中央可见两刃部合拢处形成的嵴状，或是留有细长的游离皮瓣。

（三）刺剪创（或剪刺创）

刺剪创是指剪器的双刃张开刺入，或者先刺入后夹剪所形成的创口。单纯的剪器或单刃或双刃刺入，按刺创进行处理。在刺剪创中，首先，当双刃张开的剪器直接刺入机体时，形成创口的形态有两种：若双刃张开充分但刺入深度不足时，形成中间有一定间隔的两处对应创口，近中间的创角锐利，而周围的创角钝圆；若双刃张开充分且刺入足够深时，形成典型的"S"字形创口，原本中间完整的皮肤被切断，形成一个创口，两创角均呈钝圆。其次，当双刃张开的剪器刺入机体后，又有夹剪动作，形成的创口整体形状同夹剪创类似，但区别有二：一是刺剪创的外侧两创角为钝圆（剪背所致），夹剪创则为锐利（剪刃尖或边缘所致）；二是刺剪创的创口通常小而深，而夹剪创创口则宽而浅。

第四节 火器损伤

火器（firearms）是借助于爆炸物燃烧产生大量气体，从而将投射物投出的一类致伤物。由火器的发射与爆炸后，其投射物如弹片或弹头等对人体所形成的损伤，称为火器伤（firearm injury），包括枪弹损伤（gunshot injury）和爆炸损伤（explosion injury）。

一、火器基础

（一）枪械和枪弹

1. 枪械类型。按使用对象分为：军用枪、警用枪、运动枪、民用枪、自制枪。其中军用枪射程远、精度高、威力大；运动枪一般不具有杀伤力，民用枪主要是（单管或双管）霰弹枪。

按枪管内壁有无膛线（来复线）分为：滑膛枪（musket）、膛线枪（rifled barrel gun）。其中膛线是指枪管内壁数量不等，旋转方向不同的平行凹凸螺纹，不同的枪支其膛线亦各不相同。

2. 枪弹结构：枪弹一般由弹头、弹壳、发射药、底火四部分组成（如图3-7所示）。弹头一般呈长椭圆形，整个弹头外表层称为弹头外壳或披甲，主要成分为铜或铜锌合金，目的是防止生锈和减少枪管磨损，外壳内层是铅套，内包弹心（铅、铅锑或钢）。若弹头碰到坚硬物体易变形或破碎，造成不同形态的损伤。发射药主要是使弹头获得能量产生射速的化学制剂，有黑色火药、无烟火药（硝化棉+硝化甘油）等种类。底火是点燃发射药的引燃装置，呈盂状，由底火帽、起爆药、箔片组成，其中起爆药又名点火剂、击发剂，主要成分是雷汞、氯酸钾、三硫化二锑等。

3. 枪弹发射原理：枪弹在受到枪械中击针（撞针）的击发后，底火中起爆药因被击发挤压而燃烧，进而引爆发射药，瞬时爆炸产生高压气体，迫使前方弹头射出枪膛，将化学能转换为物理能，此过程称为发射，枪膛内的温度可高达2500℃~3500℃，整个发射过程持续时间只有 1~60 毫秒。

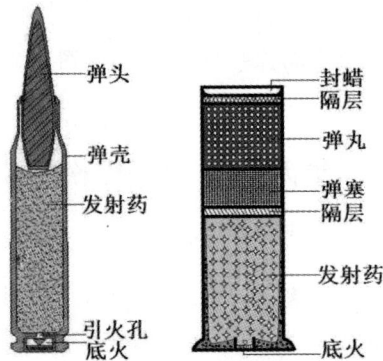

图 3-7　枪弹的构造（左：步枪弹；右：霰弹枪弹）

（二）爆炸

爆炸（explosion）是由爆炸物在极短时间内体积急剧膨胀，产生高压和巨大能量，使周围介质产生振动、破坏，是一种极为迅速的物理或化学能量释放过程，爆炸后最主要的特征就是爆炸点周围的介质中出现突然的压力剧增。

1. 爆炸类型。按爆炸物的不同，将爆炸分为三种类型：①物理性爆炸，指在一定空间中高压气体急骤释放所致的爆炸，又称为机械性爆炸，如锅炉爆炸、高压气瓶爆炸、轮胎爆炸等；②化学性爆炸，指因某些物质因发生化学反应，瞬时体积剧烈膨胀，同时产生高压、高热、强光作用所致的爆炸，较为常见，又分为粉尘（如面粉加工厂、煤矿矿井）、气体（如天然气、瓦斯）、蒸气（如乙醇、汽油）、炸药等；③核爆炸，所形成的损伤除具有化学性爆炸损伤特点外，还有核辐射性损伤。

2. 爆炸特征。爆炸时化学反应的速度称为爆速，爆速越快，危害亦越大，通常核爆炸的爆速最快，炸药其次，其他气体次之，物理性爆炸最慢。如核裂变的时间不足 1 微秒，TNT 炸药约在 60 微秒以内。爆炸时产生大量气体引起高压，研究显示：1kg 的炸药在 0℃ 爆炸时产生 600 ~ 1000L 气体，在 2800℃ 时产生 7800L 气体；炸药爆炸通常产生 10 万个大气压。爆炸时还产生高温，一般炸药爆炸后在炸点产生 3000℃ 以上高温。

二、枪弹损伤

（一）枪弹损伤机制

枪弹损伤的过程本质是投射物（弹头、弹片）将能量传递给人体组织的结果，损伤的严重程度主要取决于人体组织吸收能量的多少，而损伤的形态主要与投射物情况（速度、质量、形状、稳定性等）和受伤组织的解剖学特征有关。主要的损伤机制有以下几个方面：

1. 弹头的直接撞击作用：当高速旋转飞行的弹头侵入皮肤时，弹头前端顶入皮肤，弹头的径向力和侧向力使皮肤凹陷呈锥形拉伸变形，超过皮肤弹性极限时，造成局部皮肤缺损，然后穿透皮肤进入深层软组织，弹头对前方组织施予的压力即前冲力，沿弹道方向使组织撕裂、拉断和击穿，形成原发性弹创管，即所谓的永久性创道（permanent wound track）。

2. 瞬时空腔效应：高速飞行的弹头进入组织时形成激波，并以极大压力压缩弹道周围组织，使组织向周围膨胀扩张而发生迅速移位，形成一个比弹头大几倍至几十倍的瞬时空腔（temporary cavity）。此空腔内的压力最大可达 100 ~ 200 个大气压，持续 0.2 ~ 2ms 后空腔开始收缩。然后腔内压力再次增大，形成第二次空腔膨胀。反复如是 7 ~ 8 次，直至空腔内压与环境压力相等，最后留下永久性创道，整个过程约需 5 ~ 10ms。因此，这种弹头在机体内形成瞬时空腔而致使创道周围组织和器官受到损伤的效应，称为瞬时空腔效应（temporary cavitation effect）。富有弹性、含水份高的组织如骨骼肌产生的瞬时空腔更大，但由于组织弹性好，损伤相对要小，而对于肝、脾等实质性、弹性差的器官，损伤最为严重；脑位于颅内，膨胀空间有限，故瞬时空腔不是很大；肺组织中因含气量大，密度低，瞬时空腔小；皮质骨硬度高，瞬时空腔不明显，一般在松质中产生明显空腔。

3. 压力波的致伤作用：高速弹头侵入人体时，除形成空腔效应外，还有一部分能量以波的形式传递给创道周围组织和器官，这些能量波又在不同类型组织间的界面上发生反射、折射和叠加，进而产生不同类型强度的能量波，称为压力波（pressure wave），其可使远离创道的组织产生损伤和病理改变，称为远达效应（remote effect）。压力波对人体组织的损伤是波的传播、瞬时空腔脉动、冲击震荡以及剧烈的血液扰动等综合性物理因素作用的结果。

（二）枪弹损伤的类型

1. 按射击距离分类：

（1）接触枪弹创：整个枪口抵住体表射击所形成；

（2）半接触枪弹创：枪口部分紧压人体体表，部分离开人体体表射击所形成；

（3）近距离枪弹创：距人体约30cm以内射击所形成；

（4）中距离枪弹创：来复枪约距人体60cm以内，滑膛枪约5m以内；

（5）远距离枪弹创：距人体超过中距离的射击。

2. 按穿透人体的情况分类（如图3-8所示）：

（1）贯通性枪弹创：由射入口、射创管、射出口三部分组成；

（2）盲管性枪弹创：只由射入口、射创管组成；

（3）擦过性枪弹创：弹头以切线或极小角度擦过体表所形成的开放性条状或沟状损伤；

（4）曲折枪弹创：弹头射入人体组织后如遇硬物阻挡，改变方向后继续运行并射出体外；

（5）回旋枪弹创：弹头射入人体组织后如遇硬物阻挡，改变方向后形成曲线形的射创管，其中的弹头未能穿出人体外；

（6）反跳性枪弹创：弹头在射入人体组织之前先击中较为坚硬的物体如墙壁、石块等以后，弹头反弹变形后击中人体组织。

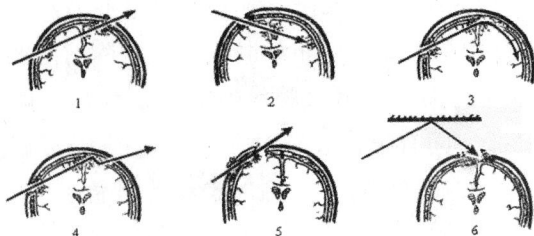

图3-8 不同类型枪弹创（引自《法医病理学》第5版，人卫出版社）

上图中：（1）贯通性枪弹创；（2）盲管性枪弹创；（3）回旋枪弹创；（4）曲折枪弹创；（5）擦过性枪弹创；（6）反跳性枪弹创

（三）典型枪弹创的形态特征

典型枪弹创是指由射入口、弹头在体内行进所形成的射创管（或称弹道）以及弹头穿出人体皮肤所形成的射出口三部分所构成的损伤。枪弹创的形态特征与发射枪支、弹头类型、射击距离、击中部位等具有密切关系。

1. 射入口。基本形态呈圆形或椭圆形，与弹头直径相似或略小，射入口最具有特征的是中心部位皮肤及创缘的改变，由中心向周边依次是（如图3-9所示）：①中央皮肤缺损，即中心为类圆形或椭圆形的皮肤缺损，创口无法合拢，这是枪弹创与刺创的根本性区别，也是射入口有别于射出口的主要特征之一。②擦拭轮，也称为污垢轮，环形、黑褐色，干燥后极明显，是在弹头旋转进入皮肤时，其表现附着的金属颗粒、油污、铁锈、火药及烟灰等成分粘附于创口边缘皮肤所致。③挫伤轮，由旋转的弹头进入皮肤瞬间，在创口周边因弹头旋转、挤压作用而形成的环形挫伤带（1~3mm），故又称为冲撞轮，新鲜时为鲜红色，皮革样化后为暗褐色。④射击残留物（gunshot residue，GSR），指射击时随弹头一起射出枪管的物质，通常是由未燃烧完全的火药颗粒、爆炸所产生的灰褐色烟晕组成。由于火药颗粒与创口周围皮肤擦挫形成点状出血或嵌入，类似于纹身，故又称之为火药斑纹。火药颗粒和烟晕的存在是近距离射击的指征，其密度与射击距离有密切关系，形态亦与射击角度有关。⑤特殊射击方式。若枪口接触皮肤进行射击可形成枪口印痕（muzzle imprint），是指发射枪支枪口处的结构特征（如枪管口径、准星等）在射入口周围皮肤上所留下的印痕（擦伤或挫伤），这是由于枪口喷出的气体在皮肤下膨胀，将皮肤向外鼓起而紧贴枪口所致。若接触射击部位的皮肤下面即为骨密质时，此时高压气体被限制在皮下，气体的膨胀力从坚硬的骨质反弹回皮肤，进而形成星芒状或十字形缺损，即"爆炸性"接触射入口。若远距离射击时，射入口仅有擦拭轮和挫伤轮，并且有时擦拭轮也随着射击距离增加而逐渐不明显。

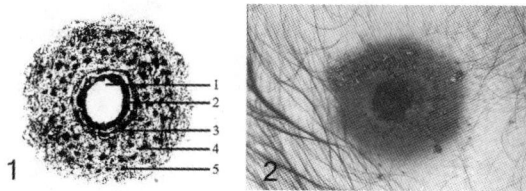

图3-9　典型射入口形态（引自《法医病理学》第5版，人卫出版社）

（1）中央皮肤缺损；（2）擦拭轮；（3）挫伤轮；（4）火药烟晕；（5）火药颗粒（斑纹）

2. 射创管，也称创道或射创道，是指射入口与射出口之间因弹头飞行造成的损伤。一般呈直管状，但在近入口处、中间部、近出口处并不等宽，实验表明，肌肉组织的射创管起始部一般为直管状，中间部扩大，出口部若弹速较低，可缩小呈管状，若弹速较高则呈喇叭口状开放。由于人体软组织具有一定的弹性，瞬时空腔效应等损伤机制产生数倍于弹头直径的损伤空腔，由坏死破碎组织和流出的血液凝块填充，故软组织中一般难以见到空腔状射创管；而只有在弹性小、密度均匀的组织（如骨骼等）才可能见到空腔状的射创管。

射创管借射入、射出口与外界相通，因此射创管内常可检见各种异物。这些异物可由弹头从外界带入，如弹头先射穿玻璃后再击中人体，将玻璃碴带入射创管；亦可在射入口组织破碎后被带入射创管，如弹头将射入口的骨碎片带入至射创管；还有弹头自身破碎的成分；等等。

3. 射出口，指弹头穿出皮肤所致的创口，一般比射入口大，且常伴有创口皮肤的撕裂，创缘皮肤向外翻，呈星芒状、十字状、圆形、椭圆形、新月形或裂隙状等多种形态。影响射出口大小和形状的因素主要有：弹头到达出口处的动能大小、弹头是否变形、是否处于翻滚状态、是否伤及骨组织、皮肤外是否有硬物衬垫等。通常射入口与射出口的鉴别见表3-2。

表3-2　典型射入口与射出口鉴别参照表

特征	射入口	射出口
创口形态	多为圆形或卵圆形	多为星芒状
创口直径	等于或略小于弹头直径	多大于弹头直径
组织缺损	有	多数无缺损
创缘	内陷	外翻
创周出血	轻	重
擦拭轮	必有	无
挫伤轮	必有	无
火药颗粒	近距离射击有	无
烟晕	近距离射击有	无

特征	射入口	射出口
枪口印痕	接触射击时有	无
骨骼贯通创	较小圆洞状缺损	较大喇叭口样缺损
衣服碎片	可有	无
骨骼碎片	无	可有

（四）颅骨枪弹损伤

头颅是涉枪案件中常见的受伤部位，准确识别颅骨的枪弹损伤特征对推断射击方向、射击顺序以及枪弹口径等均有重要价值。颅骨枪弹损伤的主要形式是骨折，枪弹所致颅骨骨折常有以下四种类型：

1. 孔状骨折。孔状骨折是由楔形骨折和骨裂块脱落所组成的缺损型骨折，是枪弹射入或射出所产生的损伤类型。由于颅骨骨板的抗压性强而抗拉性弱的力学特性，故在射入口处产生内板斜面以及在射出口处产生外板斜面，即射入口处内板缺损大于外板，呈喇叭口向内，而射出口则相反。因此，也有将孔状骨折称为带斜面的射入口或射出口。

2. 放射状骨折。放射状骨折是以孔状骨折处为中心向周围多条散射的线状骨折，亦是枪弹射入或射出所产生的损伤类型。放射状骨折是弹头作用于颅骨所产生的环形紧箍应力释放的结果，放射状骨折线的长度及哆开程度与弹头的能量成正比，故通常射入口的骨折线较射出口明显。

3. 环状隆起骨折。环状隆起骨折是由多条围绕孔状骨折的环状同心圆形骨折线所构成的。此类型骨折的发生是形成放射状骨折的环形紧箍应力释放和弹头经过颅内所产生的瞬间颅内高压相结合的结果，以后者为主要因素，其发生在放射状骨折之后并且必然同时有放射状骨折的存在（而放射状骨折可单独存在）。

4. 锁孔状骨折。因其骨折形态状如锁孔而得名，当弹头以切线或极小角度击中颅骨时，可存在三种情况：①只伤及外板而形成线状或槽状骨折；②伤及外板和内板，但弹头未进入颅腔；③伤及内、外板并进入颅内，形成锁孔状骨折。此类型骨折多在远距离射击时发生，并且在射入口或射出口均可形成，其是由于弹头在切线或极小角度射击颅骨时，产生垂直和平行的两种向量力，垂直的向量力产生了圆形或卵圆形的颅骨缺损，而水平的向量力导致类三角形的颅骨缺损

（如图 3-10 所示）。

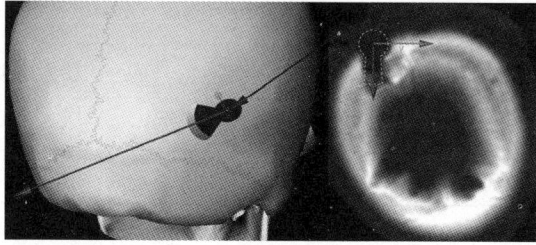

图 3-10 颅骨锁孔状骨折形态学特征（左：示意图；右：影像图）

上述前三种骨折是颅骨枪弹损伤的基本形态类型，孔状骨折是弹头直接作用的结果，被认为是原发性骨折，而放射状骨折和环状隆起骨折因其形成系由于弹头的间接作用，故又称之为继发性骨折。除孔状骨折外，放射状骨折和环状隆起骨折均好发于低速（<750m/s）的枪弹损伤时，这可能与枪弹穿越颅骨的时间较长有关。

（五）霰弹枪损伤

霰弹枪是指一次发射弹壳内装有单颗或多颗金属弹丸的枪支。霰弹枪无膛线，发射速度低，一般为 350m/s，类似于制式手枪。由于霰弹枪不产生瞬时空腔，一般亦不具有射出口，只有在射击比较薄的部位时或较近距离射击时，个别弹丸会穿出体外形成射出口；由于霰弹枪无膛线，发射后弹丸的飞行方式不旋转，加之有弹杯的保护，其射入口的擦伤轮不明显；当较远距离射击时，弹丸放散可形成多个射入口，射入人体后动能迅速下降，形成深浅不一的盲管创。

霰弹枪紧贴无骨质衬垫部位皮肤射击时，形成的射入口呈圆形或类圆形皮肤缺损，边缘整齐，直径与枪管大小基本相同或略大，创周常无烟晕，但可因发射时枪身后坐，使得创周皮肤有烟晕、烧灼伤、火药颗粒沉着；若紧贴有骨质衬垫部位皮肤射击，则形成较大的星芒状裂创，同时造成深部组织的严重崩裂，将头皮和颅骨炸开，颅骨碎片和脑组织可溅至远处。随着射击距离的增加，弹丸分布的范围不断扩大：较近距离射击，弹丸密集，形成一个较大的射入口，比枪口直径大，创口边缘锯齿状，周围有较大的火药烟晕及明显的烧灼伤区；射击距离进一步增加，不形成中心射入口，而形成许多类圆形或不规则的散在小孔状射入口。

总体而言，霰弹枪形成的损伤创口特征与射击距离呈以下关系：射击距离<2m 时，一般仅有一处较大创口；射击距离为 3~6m 时，霰弹部分进入创口，形成一个主创口（中心射入口），其周围在 5~12cm 范围内有单个弹丸所形成的小创口；射击距离>6m 时，无主创口，形成散在的单个弹丸所形成的小创口；射击距离>10m 时，单个弹丸在较大范围内形成小创口，许多弹丸仅留于皮下组织内。

（六）枪弹损伤的法医学鉴定

枪弹损伤的法医学鉴定主要涉及枪弹损伤的认定，射击方向、角度、距离的判断，损伤性质等相关问题。通常经典的枪弹损伤不存在判断难度，而对于不典型的枪弹创只有全面检验、综合分析，才能得到正确的结论。

1. 射击方向的判断。射击方向（direction of fire）指弹头击中人体时的飞行方向。法医检验通常依据枪弹损伤的特征确定射入口、射出口，解剖检验确定射创管，综合三者之间的位置关系分析判断射击方向。在判断射击方向时，射入口的认定是重点和难点，通常从以下角度认定射入口：①射入口的形态学特征。②射入口周围射击残留物检测。在排除污染的前提下，可肉眼判断射击残留物形成的烟晕和火药斑纹，实践中多用检测金属成分的方法进行鉴别，铅、锑、钡是射击残留物中的特征性元素，尤其是当三种元素同时出现时，可确证为射击残留物。研究表明通过扫描电镜能谱分析可检出 200m 远处射击形成的射击残留物。

对于直接贯通的枪弹创，确定射入口、射出口，二者之间又有平直的射创管相通，判断射击方向相对容易；而对于盲管性枪弹创，仅有射入口，则应首先利用法医影像学等方法确定弹头的位置，再进一步检查射创管，最后确定射击方向；对于远距离射击、反跳性枪弹创，因射入口不典型，须要认真鉴别射入口、射出口，避免误判。

同时，射击方向的判断一定要结合中弹当时人体的姿势、体位、空间位置等现场信息，以及中弹后体位的改变、死后是否被移尸等情况。在特定的姿势下，一次射击可在机体形成 2 个以上的射击损伤，如飞行的子弹先射入前臂，穿出后再射入胸部，形成两个射入口。总之，要结合现场血迹、组织碎块的喷溅方向、血液流注方向、弹壳位置、弹头位置和其他弹着点的痕迹等，全面分析、综合判断。

2. 射击角度的判断。射击角度（angle of fire）是指弹头击中目标瞬时的速度方向与水平面间的夹角或速度方向与目标法线之间夹角。在弹道学中，射击角度又被称为发射角度或射角。此外，与射击角度有关的另一种表示方式是命中角，是指弹着点的弹道切线与靶体面切线的夹角。实践中可有不同方法推断射击角度：射入口形态、相似三角形三角函数计算法等，在此仅简要介绍射入口形态方法。

当射击命中角度与人体垂直，即呈90°或接近90°时，射入口创缘的擦拭轮、挫伤轮、烟晕和火药斑纹的分布形态以皮肤缺损为中心呈大体对称表现；而当擦拭轮、挫伤轮的宽度不对称或烟晕与火药斑纹呈一侧分布时，常提示枪口与人体呈倾斜射击，射击角度越大，分布差异越明显。在射入口创缘，挫伤轮的特征对射击角度的判断最具稳定性和代表意义。

3. 射击距离的判断。射击距离（range of fire）是指弹头从枪口至靶体的飞行距离。射击距离通常分为接触射击（contact fire）、近距离射击（close range fire）、中距离射击（intermediate range fire）、远距离射击（distance fire）。但具体的界定仍有争议，以致于在不同书中的表述会有差异，当前根据枪弹创表现并结合实际工作要求，一般倾向按如下划分：接触射击是指0~6cm，近距离是指6~60cm，远距离是指>60cm。国外学者有更细化的划分：紧密接触射击是指0cm，相对接触射击是指1~6cm，近距离是指6~30cm，中距离是指30~60cm，远距离是指60cm~有效射程，极远距离是指>有效射程。射击距离的判断方法也有很多种，如根据射入口的形态、射入口的射击残留物、人体血和组织的回溅、公式计算法（相似三角形法、比例作图法、三角函数法等）、射击模拟实验等。

根据射入口的形态推断射击距离：接触射击（0~6cm）中会出现枪口印痕或射入口撕裂；近、远距离射击形成典型的射入口形态；超过有效射程的极远距离射击时，由于弹头的能量已显著衰减，形成不典型的损伤形态，射入口创口中心无皮肤缺损，形成创道较短的盲管创。

根据射入口的射击残留物推断射击距离：制式枪支及枪弹的品种、规格是固定的，理论上发射后形成射击残留物的分布、含量也应一致，故而射击残留物的分布情况与射击距离应具有相关性。在该领域，国内外学者针对不同枪支和枪弹开展了较多的研究，如通过火药斑纹、烟晕、射击残留物中的金属成分等推断射击距离。值得强调的是，射击残留物的分布受到一些因素的影响，如发射环境是室外或室内、风向等。

根据人体血和组织的回溅推断射击距离：回溅（backspatter）是指受害者的人体组织从射入口沿与射击方向相反的途径溅至射击者的枪支、手及衣服上的现象。回溅的形成机制有三种：①皮下热气体作用，指枪口气体在射入口皮下的膨胀作用；②瞬时空腔以及与之相关的颅内压作用，多见于颅脑枪弹损伤时；③尾溅（tail splashing），指类似高速石子投入水面，能量的传递使液体沿投射物两侧反向冲击。实验结果表明，当接触射击或近距离射击时，会产生明显的人体组织回溅，其回溅的距离一般在50cm以内，在此范围内任何物体均可能会黏附上回溅的人体组织，尤其是开枪者。

回溅现象在贯通或盲管性枪弹创时均可发生，大口径的枪弹比小口径枪弹更易形成回溅，接触射击时人体组织回溅距离较近距离射击更远。一般来说回溅现象多发生于射击头颅时，少见于胸腹部。应用回溅推断射击距离时，须特别注意排除其他可能造成人体组织在射击嫌疑者身上黏附的因素，如：①现场保护或提取不当；②环境中存在某些与人体组织成分相似的物质；③无关枪支或人体在射击当时可能正处于接近被射击者的位置；等等。

4. 枪弹损伤性质的判断。枪弹损伤的致伤方式有自杀、他杀和意外，判断的关键是认定枪击行为是自己所为还是他人所为，需要在准确鉴定射击方向、射击角度和射击距离等的基础之上进行判断。一般而言，枪弹损伤性质的判断需要从受伤部位、射击方向、射击角度与距离、射击次数以及其他相关因素等方面综合考虑。

受伤部位、射击方向、射击角度与射击距离与枪弹损伤性质密切相关，通过综合此四个枪弹损伤要素，并结合所使用的枪支、现场情况等因素分析后认为，死（伤）者可自己完成则上述三种损伤性质均有可能；反之，可排除自杀。射击角度也可协助判断损伤性质，一般自杀者采用的射击角度多是垂直，或略倾斜于受伤部位（将枪管伸入口腔自杀除外），而当弹头命中角度小于30度时，通常不是自杀，因弹头可能沿皮肤表面飞行而不进入体内。

国外目前常规检验尸体手上射击残留物鉴别自杀。一般认为至少95%的自杀者尸体手上肉眼可见有大量明显的射击残留物，约5%自杀者尸体手上肉眼未见到明显的射击残留物，其原因是特殊的武器在发射时残留物很少所致，如果采用较灵敏的检测手段，如扫描电镜能谱分析结果呈阴性，并排除冲洗、擦蹭等可能致手上射击残留物丢失的情况后，应考虑为他杀。

尸体上致命伤特别是绝对致命伤的次数，常常是分析判断损伤性质的依据之一。一般认为，当尸体上存在两处以上绝对致命伤时，应首先考虑他杀，对枪弹损伤也是如此。但在实践中却经常遇到例外的情况，据文献报道，一位72岁的老人用双筒短管手枪自己射击头部3次，现场勘查提示他受枪击后仍有行走、装弹、抛弹壳的行为能力，这种情况的发生可能与损伤的部位、伤者的心理和个体耐受差异等因素有关。

三、爆炸损伤

（一）爆炸损伤的类型

爆炸损伤主要由冲击波、高温以及爆炸投射物三个方面构成。其中最重要的是冲击波损伤，亦最具有特征性；而高温形成类烧伤；投射物形成类枪弹损伤。冲击波超压、动压、负压作用均可形成损伤，爆炸损伤的特点是伤及范围广、伤情复杂、外轻内重。通常将爆炸损伤分为原发性爆炸损伤和继发性爆炸损伤。

1. 原发性爆炸损伤。

（1）炸碎伤与炸裂伤：是指位于或接近爆炸中心时形成的损伤，前者特征是肢体离断，器官组织粉碎、缺损、飞溅他处，皮缘内卷，多呈角状、皮瓣状、多锯齿状哆开，尸体无法复原；炸碎伤外侧距中心较近处可出现炸裂伤，特征是散在分布、组织撕裂但无缺损，故可将离断的组织拼凑、复原，创缘有撕裂或离断征象。

（2）烧伤：发生在距爆炸中心较近处、面对爆炸中心的一侧，多见于头、面等裸露部位，体表广泛性Ⅰ、Ⅱ度烧伤，皮下组织肿胀成蜂窝状，烧伤区常有烟晕、火药残留物附着，其颜色与炸药种类有关，此附着情况常被用于分析爆炸时人体的体位以及与爆炸中心的位置关系；有时还出现死者的"闭眼反应"，即爆炸瞬间若面向爆炸中心，由于强烈的光线照射，反射性紧闭双眼，使得鼻根部、眉间及眼眦部的皱襞沟纹内皮肤常无烧伤或烟尘附着，在死亡肌肉松弛后，出现浅纹线，此种现象是一种生活反应，是用于区别生前被炸死亡还是死后尸体被炸的依据。

（3）冲击波伤：冲击波的致伤范围较大，远离爆炸中心也可以受伤。表现为衣服被撕裂成碎片、条索状，甚至剥离；在朝向爆炸中心侧的皮肤可形成大面积擦伤、挫裂创和皮肤撕脱伤，常见于腋窝及胸腹部；内部器官损伤，如肺挫伤、破裂，心、肝、脾等破裂，颅骨骨折、脑挫伤，鼓膜穿孔，等等。

2. 继发性爆炸损伤。

（1）投射物损伤：指爆炸所形成的投射物对人体的损伤。投射物有两种来源：一是爆炸装置本身形成的投射物，如炸弹、手榴弹等爆炸后形成的弹片；二是爆炸时周围物体碎裂后形成的投射物，如门窗玻璃、砖石碎块等。投射物损伤的特征，依据投射物的性质、速度等有较大区别，可以形成类似于钝器、锐器甚至枪弹的损伤，但以钝器损伤为主，各类损伤混杂存在。而当投射物损伤具有方向时，常是分析爆炸中心位置的重要依据。

（2）抛坠伤：又称摔伤，指爆炸后所产生的冲击波超压和动压将人体冲击或抛射后坠落而形成的损伤。其严重程度与爆炸能量、人体体重、现场环境等有较大关系，一般情况下具有与坠落伤相同的损伤特征。

（3）挤压伤：指爆炸引起建筑物或其他物体倒塌，使人体遭受长时间挤压所致的损伤，一般见于能量较大的爆炸如核爆炸。据资料统计，日本广岛、长崎原子弹爆炸后受挤压形成的损伤占全部机械性损伤的80%以上。

（二）爆炸损伤的法医学鉴定

爆炸能量大，涉及面广，常引起群体性损伤。爆炸发生后，法医学家、爆炸专家、痕迹专家等技术人员和救援人员尽快赶赴现场。爆炸案的尸体检验具体任务有以下几个方面：

1. 根据损伤确定爆炸中心。放置炸药的地点系爆炸中心（又称炸点），距爆炸中心越近的人，损伤也越严重。一方面，损伤分布密集、严重的尸体，距爆炸中心最近，而且肢体碎块可飞得最远；另一方面，炸碎伤、炸裂伤和烧灼伤均可发生在爆炸中心或较近处，形成炸碎伤的地方即是爆炸中心的位置，并且可根据炸碎伤边缘皮肤翻卷的方向确定炸点的方位，而投射物伤常发生于与爆炸中心较近处，冲击波损伤形成可远离爆炸中心。

2. 确定炸前姿态及引爆动作。面向爆炸物者爆炸伤主要在面部、胸腹部，而背对者则主要在背部。除定时和遥控引爆外，只能直接用手引爆，此时手距爆炸物最近，因而通常形成严重炸碎伤，手指、手掌或者前臂被炸碎，并且有烟熏和烧灼的痕迹。

3. 确定死亡原因。尸体检验时要注意观察是否有爆炸以外的其他损伤，并且要确定是生前伤还是死后伤，综合尸体解剖、组织学检验和毒物化验结果等，确定每名死者的死亡原因。

4. 判断爆炸装置类型。炸药爆炸若系电引爆的金属雷管或系定时装置或遥控装置引爆，则这些装置的配件碎片会形成投射物造成人体损伤，故在损伤检验时要注意在创口内发现、提取这些异物，这将有助于判断爆炸装置类型。

5. 判定案件性质。这是爆炸案检验最重要的任务。法医学家要根据尸体的损伤部位、毁坏程度以及与爆炸物的关系等，并结合现场勘查、爆炸残留物等物证检验结果，全面、综合分析案件性质。

第五节　交通事故损伤

在机械性损伤中，损伤的基本类型可由各种致伤物在机体多个部位形成，而按致伤物分成的三大类损伤又分别有各自的特征，之所以按致伤物进行分类并详细研究和阐述，是为了在实践中用于致伤物推断，因为致伤物是联系嫌疑人与现场的犯罪节点、证实犯罪的关键物证。另外，机体各部位又有各自不同的解剖结构特点，这些结构特征使得不同部位对不同暴力会产生不同的成伤机制，进而形成不同的损伤表现。身体不同部位的常见损伤将在本书法医临床部分进行介绍，此处不予重复。此外，还有一类机械性损伤——交通事故损伤，在生活中极为常见，形成的损伤有时相当复杂，并且具有特有的成伤机制，将是本节重点介绍的内容。

交通事故（traffic accident）是指交通运输工具在行驶过程中发生意外事件和灾难，造成人员伤亡、财产损失、交通运输工具破坏等后果，包括在道路、铁路、航空和水上所发生的交通意外事故。交通事故损伤（injury in traffic accident）是指因交通运输工具在运行中发生交通事故所造成的人体损伤。交通事故本质属于意外，而利用交通运输工具故意造成伤亡（又称自杀性和他杀性交通损伤）以及自然灾害致交通事故（又称交通意外损伤）不属于此范畴。

一、机动车交通事故损伤

（一）机动车交通事故的损伤机制

典型的机动车致伤过程是行驶中的车与运动或静止的人（车外）或引起人体（车内）与之相碰撞，损伤过程迅速而短暂，并在同一事故中有多个环节参与，如撞击、摔跌、拖擦和碾轧等。此外，尚有车速、撞击部位、车内车外人员的位置与状态、路面与设施等因素的参与和影响。因此，在分析道路交通事故时，必须从"人—车—路"全方位的角度进行分析。

1. 车外人员（行人）的致伤机制。

（1）碰撞三联伤：轿车、吉普车（30～40km/h）与成年行人碰撞时发生：①首次碰撞伤或者直撞伤，是由车前保险杠直接撞击人体的腿部，或发动机罩的前端撞击腰部、髋臀部所造成的损伤；②抛举性碰撞伤，因人体受撞击部位低于重心位置，加之车辆前行的部分能量传递给人体，导致人体以重心为轴心发生翻腾，上半身向车身倾倒靠拢，臀和下肢上扬，整个身体被抛起腾空，如果撞击部位不在人体的纵行中轴线上，则身体在翻腾的同时，还发生纵向旋转，随后人体落下撞击到发动机罩上，造成躯干部的第二次碰撞性挫擦伤，有时可形成皮下撕脱伤；③滑动性碰撞伤，是由于车辆向前行驶的动能与人体后移惯性力的作用，导致人体在发动机罩上滑动，使人体头部、肩部与车辆前挡风玻璃相撞，造成头、肩部的第三次碰撞损伤。人体头部碰撞挡风玻璃后，如车速够大，人体仍可继续进行翻腾，以头部为支点，直到施加给人体的翻腾回转动能与平移性动能全部转变成势能为止。若车速更快（>50~65km/h），人体在车上可呈倒立状态，甚至从车上飞过摔到车后，形成滚动式撞击；若车速<40km/h 或急刹车时，人体可从发动机罩上滑下摔到汽车侧方或前方。

儿童与越野车相撞或成人与大型卡车相撞时，因撞击部位常高于人体重心部位，此时人体上半身、头部在被撞击后会远离车身直接向前摔倒，形成摔跌伤，而后方的车辆还可碾压而形成碾压伤；而当撞击至人体重心位置时，人体可发生过度伸展，并发生和车辆运行方向一致的平行抛移。

（2）碾压伤：当车辆没有制动而正面快速碾压过人体时，轮胎花纹凹凸面交界处的皮肤组织，一方面受剪切力作用，另一方面因轮胎凸面直接挤压真皮毛细血管，血液快速流向轮胎的凹面区皮肤，导致该部位血管内的压力骤增而破裂出血，形成反映轮胎凹面特征的轮胎印痕；当轮胎凸面猛烈挤压时，还可形成凸面接触区苍白的中空性凹面皮下出血印痕。当车辆有刹车制动碾压过人体时，车轮仅有少许旋转或不再旋转，皮肤在轮胎凸面的摩擦挤压作用下，其接触部位的皮肤形成与轮胎凸面花纹一致的擦挫伤印痕。

2. 车内人员的损伤机制。车内人体的损伤相对简单，当车辆发生事故制动后，车内静止的人体因惯性向前，后又因反弹向后与车内周围其他物体相撞击，受撞击后的人体最后可摔跌在车内或车外。需要指出的是，如果人体在车内系安全带，则不仅有效防止人体移位碰撞摔跌，更重要的是可以将车内人员的整个受伤时间延长 10 倍，有效降低了形成损伤的作用力。

（二）机动车交通事故损伤的类型和特征

1. 行人损伤。

（1）撞击伤：是指车辆在行驶过程中与行人或骑车人碰撞，占交通事故损伤的 62%，是最常见的损伤类型。车辆不同部位撞击形成不同特点的损伤。

第一是保险杠损伤，一般国产小客车、轿车、吉普车前保险杠的高度为 50~

60cm，进口车略低，保险杠损伤是距地面50cm左右的人体下肢处形成横行带状撞痕、挫伤和骨折；有时皮肤表面可因穿厚衣物而不明显，但深部软组织挫伤和胫骨骨折仍很常见和严重。胫骨骨折形态常是楔形骨折，其尖端指向车辆行驶的方向。

第二是其他部位撞击伤，指汽车发动机罩、冷却器栅格、车头灯和挡风玻璃等撞击人体形成的损伤。由于位置较高，多形成躯干和下肢结合部位、肩背部、头部的撞击伤，有时在受伤部位留下车辆撞击处的形态印痕（如冷却器栅格、车头灯）。损伤的类型多是擦伤、挫伤、骨折或脱位、内脏器官损伤。如股骨上段的横行骨折；骨盆骨折多在耻骨支、骶髂关节等脆弱部位；直接撞击脊柱致脊椎骨折、半脱位，以棘突和横突骨折多见。躯干部损伤主要是与发动机罩发生的抛举性碰撞所致，以擦伤、内脏器官损伤为主，有时背部出现皮下撕脱伤，表现为体表损伤不明显，但该处皮下组织和肌肉之间有大面积的挫伤或挫碎，大量出血形成血囊，触之有波动感。若撞击胸部则有多根肋骨骨折，断端参差不齐，多呈外向型，还可引起肺、心脏的损伤；若撞击腹部，引起肝、脾、胃肠的破裂等器官损伤。头部、肩部损伤多是由于人体被车头铲起后，与车头罩、挡风玻璃等撞击形成的滑动性碰撞伤，表现为头顶、后枕、肩等突出部位出现椭圆形挫伤或皮下血肿，还可形成各类颅骨骨折、重度脑挫伤。

（2）伸展创：指皮肤组织因过度伸展而受到牵拉，当超过皮肤的弹性极限时，皮肤沿皮纹裂开形成细小的撕裂创，常见于人体四肢和躯干相连接的部位如腹股沟、腋前、颈部以及腹部、腘窝等身体屈侧部位，表现为皮肤表面多数细小撕裂群，呈断断续续、平行排列，走行方向与皮肤纹理一致，创腔很浅，创底可直视真皮而呈白色。伸展创的形成常见于两种情况：一种是汽车从背侧撞击人体重心区，身体向后过度伸长，可形成腹股沟或下腹部的伸展创，还可伴发颈椎脱位、骨折；二是受到碾压时，车轮旋转产生巨大的牵拉作用，造成受碾压前方较薄的皮肤部位形成伸展创。

（3）碾压伤：是交通事故损伤中比较严重的一种。当机动车碾压时未采取紧急制动措施，现场在尸体附近未发现刹车制动痕迹，受害人被碾压的皮肤上一般留有轮胎凹面花纹印迹，有时也可形成中空皮下出血性轮胎花纹印迹，而与地面接触一侧的相应部位，可出现轻度的皮肤挫伤伴皮下出血，多位于该侧骨骼突起处的皮肤，有学者将此种损伤称为碾压衬垫伤；而当碾压时采取了制动措施，此时现场地面上可有明确的刹车拖痕，人体倒卧在拖痕的终止处，受害者皮肤常常形成与轮胎凸面花纹一致的擦伤和挫伤印痕，与此对应的人体另一侧（即与地面接触的一侧），因在推压力作用下局部向前移动，与地面发生摩擦，形成片状和条状擦伤，此损伤又被称为对称性擦伤，亦多位于人体凸出部位。轮胎花纹印痕（tire marks）是认定碾压的重要特征，但应注意其受到多种因素的影响，如轮胎的新旧程度、车辆的重量、衣服的厚薄、碾压的部位、路面的状况、制动措施等。

人体不同部位受碾压形成的损伤也有一定差异。当碾压头部时，头颅类似于球形，可发生变形，在轮胎开始碾压接触的一侧形成轮胎花纹印痕；胸腹部的碾压伤可以引起内脏器官的破裂出血、骨折等；四肢被碾压时，车轮旋转产生强大的牵拉力，造成皮肤组织和深部肌肉筋膜之间撕脱分离，称为皮肤撕脱伤或剥皮创。剥皮创又可以分为闭合性和开放型两种：闭合性撕脱伤皮肤表面完整，但在皮下形成囊腔，充满血液，触之有波动感；开放性撕脱创又有四种类型，环状撕脱伤（肢体皮肤被完整地撕脱）、半环状撕脱伤（皮肤撕脱超过肢体周径一半）、"S"形撕脱伤（肢体皮肤呈"S"形或螺旋形的裂开，是轮胎碾压时肢体在轮胎下方转动所致）、不规则撕裂或菱形撕裂创（当肢体末端或者上肢前臂被碾压时易发生）。

（4）摔跌伤：指人体被机动车撞击抛出后，摔落于地面所造成的损伤。其形态和程度取决于路面情况、撞击力量、人体着地时的姿势与部位、衣着情况等。日常性摔伤只有人体自身重力的作用，与之不同的是，交通事故摔跌伤中人体是以一定的角度和初速度摔向地面，故损伤更严重，表现为挫擦伤及深部的挫伤出血、骨折和内脏损伤。摔跌伤常见于颅脑，表现为减速性损伤、外轻内重、颅骨的整体变形、脑组织的对冲性挫伤（此可与撞击形成的颅脑损伤相区别）；当人体与车头或车尾撞击而直接发生扑倒摔跌时，在人体被撞的一侧留下直接撞击伤，而在另一侧可见挫擦性摔跌伤；若人体受撞击发生滚动，易在体表形成多处擦挫伤。

（5）拖擦伤：指人体被车辆撞击后被车辆的某一部件刮带，在路面上拖擦形成大面积的擦伤。损伤的严重程度与车速、拖拉距离、地面状态及人体有无衣着保护有关。主要表现是大面积的擦伤，不伴或伴有挫伤；擦伤的初始端较重，而尾端较轻并呈分叉刷状，故又称为刷状擦伤（brush abrasion），具有很好的方向指示性。

（6）砸压伤与挤压伤：砸压伤是指机动车在行驶过程中，因发生翻车、坠车等事故时，人体被车辆或车上其他物体砸压造成损伤。挤压伤是指在特定情况下，车体与周围环境或车辆内部结构因突然碰撞变形等对人体挤压所形成的损伤。

2. 车内人员损伤。车内人员的伤亡以副驾驶座位上的乘员最多，其次为驾驶员、后排座位乘员，大客车乘员的损伤概率是前排大于后排。人体与车内座位周围物件撞击形成的损伤，是判断事故发生时其所处车内位置的主要依据。

（1）驾驶员损伤：在交通事故中，驾驶员自身伤亡者占总数的6%左右，驾驶员受伤的部位以头面部为主，其次是上下肢和胸腹部。形成的损伤有以下几种：①挡风玻璃或者挡风玻璃框碰撞伤，是指当机动车前方发生撞击时，在无安全带和安全气囊保护时，其臀部抬起、身体前倾，头部撞击挡风玻璃或玻璃框造成驾驶员的前额、发际部位擦伤、挫伤，以及颅骨骨折、脑挫裂伤；②挥鞭样损伤，是指机动车在追尾或碰撞时，由于突然加速（被追尾），或减速（正面碰撞），驾驶员或乘员头部骤然发生加速或减速运动，致颈椎过度伸和屈而造成损伤；③方向盘损伤（如图3-11所示），是急刹车时方向盘对驾驶员胸腹部碰撞挤压形成的特征性损伤，表现为胸部出现与方向盘形状一致的弧形擦伤和挫伤，常伴有胸骨横断骨折、多发性肋骨骨折（单侧多见），胸廓变形，肺、心脏及主动脉的挫伤和破裂，上腹部的肝、肾等器官发生比乘客更为多见的挫裂伤；④四肢反射性损伤，当碰撞等事故发生的瞬间，驾驶员双手会本能性地握紧方向盘，或用力支撑身体的避险动作，这会造成手腕和前臂尺桡骨骨折，有时骨折断端可自内向外刺破皮肤，形成骨折端刺创，其特点是创缘不伴有擦伤和挫伤，另外还常引起踝关节脱位、骨折和跟腱断裂，此外，当小腿扭转时，因脚可移动的空间狭小且相对固定，此时脚踏板可在右足的鞋底留下印痕，或者右脚滑移入油门和刹车踏板之间空隙，形成脚部的脚踏板损伤，该损伤有助于判断伤者是否为驾驶员；⑤安全带损伤，目前机动车大多采用腰带加斜垮式肩带（又称三点式）的安全带形式，安全带的伸缩性可增加制动距离和延长减速时间，有效降低减速力对人体的作用，保护头部避免撞击，防止人体被抛掷，但有时因撞击力十分巨大，或车辆发生翻滚等，束缚胸腹部的安全带因猛然收紧而挤压人体，导致安全带损伤，表现为与安全带相对应的斜行跨越胸腹环绕腹周的条带状皮肤擦挫伤，腹部受压可形成肠破裂、穿孔，或肠系膜的撕裂，肝、脾等器官破裂，腰椎的压缩性骨折，等等。

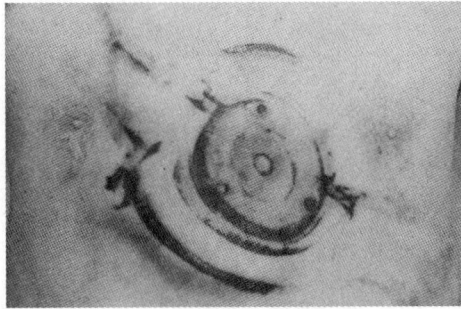

图 3-11　驾驶员胸前方向盘损伤

（2）乘员损伤：副驾驶位乘员在交通事故中最容易受到损伤，故又称此座位是"死亡之席"。对 168 例副驾驶位乘员死伤统计分析数据表明，副驾驶位乘员立即发生死亡和处于危重伤状态者占 64.3%，重伤者占 17.8%。其损伤类型与驾驶员损伤类似，但不形成方向盘挤压伤和脚踏板损伤，主要以头面部多见，其次是四肢，并且上肢多于下肢，胸腹部损伤较少。后排乘员位于车的中、后部各座位之间，后排乘员以四肢损伤多见，且下肢多于上肢；其次是头面部损伤，表现为前额和下颌部与前方座位靠背碰撞，造成前额的横行挫裂创，颅前窝或颅中窝骨折，大脑额、颞部挫伤，双下肢分腿外展式损伤，造成髋关节的骨折、脱臼和关节损伤，甚至是双侧损伤；头部碰撞伤是指站立位的成员，由于车辆碰撞、颠簸和跳动，造成头顶部与车顶相撞击，导致颅底骨折、脑出血；后排乘员的头颈部挥鞭样损伤，也多于副驾驶位乘员；有时乘员被抛起后猛烈跌落，臀部受力过大，形成腰椎的脱位、骨折、截瘫，甚至形成颅底和大脑的损伤。

（3）车内人员的其他损伤：气囊可避免人体撞击座位周边的车内装置，但当没有系安全带时，气囊对车内人体会有损伤作用，其原因在于当正面碰撞时，人体因惯性向前移动，正常情况下气囊在此之前已经打开从而保护人体，但由于没有系安全带，人体前移的速度明显加快，从而发生气囊在膨开过程中与人体直接接触导致损伤，据文献报道，气囊对未系安全带人员损伤的发生率可达到48%，几乎可发生所有的损伤类型，其中比较典型的是颈椎脱位、骨折；若被抛出车外，形成摔跌伤、砸压伤和挤压伤等；来自车外的异物，如木杆、钢管、道路护栏等，刺入人体形成盲管性或贯穿性异物穿刺创；交通事故翻车过程中，车门的开启与关闭，可造成邻近位置车内人员手脚和肢体的挤压，形成车门挤压伤，表现为局部皮肤的擦伤、挫伤、挫裂创和骨折。

（三）摩托车交通事故损伤

1. 损伤机制：当摩托车撞击行人时，成伤机制与汽车撞击行人相似，需注意的是，由于摩托车前方大多无保险杠，因此是车轮直接撞击人体。此外，车上的挡泥板、车灯、车把以及车把上的后视镜也都可以撞击人体。当摩托车被汽车碰撞时，情况与行人被汽车碰撞相似，不同的是，摩托车驾驶者双足不站在路面，不支撑体重，故小腿的损伤比较少见；其次，驾乘者处于坐位，因而下肢损伤一般比行人损伤位置略低。如果摩托车与汽车是相对逆向碰撞，则驾乘者身体上半部分的直接撞击伤严重；而若是同向运动相碰撞，则摔跌伤更加严重。

2. 摩托车损伤的特征：发生交通事故后，摩托车驾乘员形成的损伤中有些具有特异性。这主要包括：①首先是骑跨伤，由油箱和车把造成驾驶员会阴部的损伤最为常见，所穿衣服在裆部和裤腿根部撕裂展开，一般呈十字形，可附有油污、油漆碎片等，会阴、阴茎、阴囊、大腿内侧部位形成严重的擦伤，甚至撕裂，出血明显，严重者还可以引起耻骨支骨折，造成膀胱、尿道、阴道撕裂创，上述损伤被称为骑跨伤，对应的油箱部位可发现凸凹变形、擦痕以及局部油漆脱落等；②当车把、后视镜与胸部、上肢碰撞时，在受伤部位皮肤形成车把印痕和后视镜边缘印痕，带有挡风罩的摩托车发生事故，可发生挡风罩边缘切颈性损伤，即驾驶员猛撞在挡风罩边缘上，造成头颈从下颌至耳后，经过第一颈椎处离断，创缘不整齐；③摩托车乘员由于前方驾驶员阻挡，一般不发生上述特异性的撞击损伤，但如果事故发生时，有较大的侧向离心力，亦可使乘员的下肢内侧与座位等部件相互碰撞，形成挫伤和擦挫伤。

（四）道路交通事故损伤的法医学鉴定

发生道路交通事故导致人员伤亡时，需要法医专家参与案件处置，并主要解决如下问题：①具体的死亡原因；②死亡性质；③区分生前伤还是死后碾压；④根据损伤特征和交通事故痕迹，进行事故现场重建；⑤收集各类法医学物证，并为侦查提供方向；⑥区分死者身份（驾驶员、乘员、行人等）及行为状态（行走或骑车等）；⑦确认无名尸身源；等等。因此，道路交通事故尸体检验应遵守相应的操作规范，尸体检验时应重视对腰背部躯干及四肢的剖开检验，观察有无深部损伤，并与现场勘查、死者衣物检验等结果相结合进行综合分析。

1. 驾驶员的认定：一般可根据车内人数和伤亡者所处的车内位置进行确定，但当事故时死者被抛出车外，或者事故发生后存在人为更换座位的情况时，需根据驾驶员的损伤特征进行判断和认定。驾驶员绝大多数的损伤是由驾驶室内部构件所造成，如头面部的挡风玻璃损伤、胸部的方向盘挤压伤、肩胸部安全带的左上右下式损伤、双上肢前臂骨折、双下肢仪表盘架损伤、承重腿的脚踏板损伤以及胫腓骨的扭转性损伤、右足损伤及右侧鞋底的刹车板印痕等都可作为认定驾驶员身份的依据。此外，车辆部件上的血痕、组织，特别是方向盘、变速器操作杆上的指纹鉴定对确定是否为驾驶者也非常重要。

2. 乘员的认定：副驾驶座位乘员的认定，一方面是缺乏上述驾驶员特有损伤，另一方面，其肩胸部的安全带损伤呈右上左下式损伤；后排乘员的损伤以四肢为主，且下肢多于上肢，在认定后排乘员时，还要注意事故发生过程与乘员形成损伤的关系。乘员位置认定时要结合车辆碰撞的位置、车辆类型、乘员座位位置以及损伤的严重程度等因素，如车内尸体上存在绝对致命伤，则尸体所在的位置就是其生前所处的位置。

3. 多次碾压事故：多次碾压损伤通常有以下特点：人体损伤严重，肢体离断明显，存在用一次轮胎碾压难以解释的多处损伤；现场有车辆碾压后在道路上继续行驶形成的血性轮胎印痕，方向凌乱而不能用一次碾压解释，有时人体组织也被带离或喷出尸体中心位置；被害人的衣服、皮肤上往往留有多种轮胎花纹的印迹，而且不是由单一方向行驶所能形成。对尸体上的损伤主要依据损伤后生活反应鉴别生前碾压还是死后碾压，但如果前后多次碾压的时间间隔较短如数分钟或 1 小时以内，则难以进行准确鉴别。

4. 行人状态的判断：行人的姿势是指人与车接触瞬间的体位，实践中通常要解决的问题是：事故发生时人体是处于站立还是坐卧姿势。一般情况下，将人体胫骨的弯曲损伤（如保险杠损伤）和人体高位的撞击伤作为判断人体直立姿势的主要依据。也有学者认为，膝关节深部关节面的挫伤出血最具有指向站立的价值，而髋关节外向性脱位是一个卧位遭到碾压比较特异的指标。在道路交通事故中，还有一个问题需要法医判断，就是事故发生时，死者是推还是骑自行车。据统计资料显示，骑自行车者被撞击后具有抛落的距离远、摔跌伤重，会阴部、大腿内侧以及踝关节内侧易出现挫伤的特点，如果只有撞击而没有碾压，阴囊和会阴部的损伤最具指向骑车状态的价值；其次是大腿内侧、膝关节内侧、踝关节内侧损伤，其原因在于人体内侧在骑车时与自行车部件关系密切，受撞击时容易接触受伤。但遗憾的是，这些相对特异性高的损伤，其发生率并不高，若一旦发现鉴别价值较大。而推车者缺乏比较特异性的人体损伤，其鞋底的摩擦损伤和足跟部的损伤，相对来说具有一定的针对鉴别价值。

5. 交通鉴定中数字化新技术的应用：在道路交通事故鉴定中，因再现事故发生过程的复杂性和跨学科特点，数字化技术的高仿真和高计算性能，为鉴定提供了科学的理论依据，如虚拟解剖技术、现场三维扫描勘验技术、现场还原与事故重建技术等，为交通事故重建开辟了新途径。这些新技术在获取相关图像的同时，存储了海量数据，通过有限元拟合，构建仿真可视三维图像，为证据的反复检验和验证提供了基础，在一定条件下，能成为法庭采信的证据。

6. 死亡方式的判断：利用交通工具进行自杀，在实践中并不多见，常用的方式有主动撞击运行的车辆，或者钻入大型车辆的轮子下面，或者主动卧于路中接受碾压。对于前两种情况，具有交通事故损伤中行人损伤的通常特征，难以从尸体损伤角度进行死亡方式的判断。但后者具有以下特点：撞击伤、摔跌伤缺如，而碾压伤明显且严重，因驾驶员事先多无察觉，碾压时一般也没有刹车痕迹。此外，实践中可能存在他杀后伪装交通事故的情况，是将已经打晕、打死或中毒的受害者，放置在公路上让车辆碾过；或将受害者放置于驾驶位上，然后让汽车从斜坡滑落发生翻车或坠崖等事故；等等。由于是其他暴力致死后伪装交通事故，故尸体上有不符合交通事故损伤的其他损伤类型，如刺创、明显的抵抗伤、隐蔽部位或车辆部件不能到达的部位（如颈部损伤、大腿内侧损伤等）发生损伤，这些损伤还可以反映出致伤物的形态特征，且存在多次成伤的过程；而且伪装交通事故所形成的损伤，生活反应不明显，或者为死后伤，经仔细的全面尸体解剖后，还可发现存在其他的致死原因，比如说中毒、窒息、电击等。

二、其他交通事故损伤

（一）铁路交通事故损伤

铁路交通事故损伤绝大多数为机械性损伤，少数或极少数为火烧伤、溺死等，事故引起的损伤也分为：车外损伤和车内损伤。

1. 车外人员损伤。是指列车撞轧车外人体或与其他车辆相撞造成的伤亡，主要表现为撞击伤、碾轧伤和摔跌伤三种。

（1）撞击伤最多见，也往往最严重，主要是因为人员在铁路上行走，或者横穿铁路，或者坐卧在铁轨上被撞击。撞击伤的特征以挫裂创为主，同时伴有骨折和内脏器官损伤，如胫腓骨的楔形骨折可以推断人体被撞击时处于站立位，受机车的排障器（蒸汽机车高30cm，内燃机车高38cm）撞击所致；此外约1/3的人与列车接触后，在撞击部位会留有黑色污物，这为撞击点的确认提供了重要依据。

（2）碾扎伤是人体夹在列车车轮与路轨之间形成的损伤，肢体离断非常多见，分为动态碾扎伤和静态碾扎伤。动态碾扎伤常发生在穿越路轨、扒车、跳车、钻车时，受火车碾扎形成的损伤，以下肢损伤最多见，常见的有单纯横断性肢体离断、斜行肢体离断和复杂性肢体离断等；而静态碾扎伤多见于卧轨自杀，离断的躯干和四肢因肌肉痉挛（伸肌强于屈肌）形成伸展状强直姿势，并在双脚对应的路基地面上出现蹬踏痕迹，静态碾扎伤的创口对位良好，创缘整齐，创面有黑色油污附着，位于轨道中心一侧的离断肢体创面上缘，因受车轮和轮缘的作用有约 10cm 宽的挫伤带，且挫伤带边缘不整齐，可有小挫裂创，而位于铁轨外侧的离断肢体创面下缘，因受铁轨路面的作用，形成约 8cm 宽的挫伤带，其边缘整齐。此外，向前行驶的列车，可带动部分人体移位，形成拖擦伤、骨折等。

（3）摔跌伤通常在两种情况下形成：一是列车撞击人体导致的抛掷摔跌，受害者多不在铁轨旁，而在路基边，以颅脑损伤多见，头皮破裂、颅骨粉碎性骨折十分常见；二是人体从运动的列车上跳下形成摔跌伤，此时人体发生与列车同方向的翻滚，造成衣服的撕裂和体表的多发性损伤。

2. 车内乘员损伤：主要发生于两种情况：一是列车突然刹车减速，二是列车脱轨后翻滚碰撞。常见的损伤有撞击伤，多因列车突然刹车减速，人体与列车中的座椅、床铺、门窗等物件碰撞，造成减速性撞击伤；还有就是摔跌伤、挤压伤和砸压伤等。

（二）航空事故损伤

飞机在空中高速飞行具有巨大能量，坠落时产生巨大的冲力，另外飞机携带大量燃油，一旦从高空发生坠机，毁损严重程度远胜于任何其他交通事故，而严重的撞击伤、坠落伤、吸入高热气体和化学有毒气体是航空事故常见的致死原因。

航空事故损伤的特征是分布广泛、复合伤为主，其中碰撞伤、挤压伤、高坠伤、爆炸伤、烧伤等均可出现在同一具尸体上，以颅脑损伤、四肢骨折、躯干与肝脾内脏破裂居多。飞机失事所致的损伤类型和严重程度取决于多种因素，如飞行速度、坠落状态、与地面的碰撞角度、机舱内部结构、人员位置等。如果飞机以每小时数百公里的速度俯冲坠地，人体将肢体离断，器官挫碎难以辨认，甚至变成一团肉泥；当飞机以螺旋状坠地时，人体受离心力的作用撞击机舱内的物体，同时人体因受重心的作用，造成冲击力由臀部传向头部，形成外阴、骨盆、头面部巨大挫裂创；当飞机呈翻滚状态坠落时，可引起严重的颅骨骨折变形和全身的挫碎性损伤。

在航空事故中死亡的人员，经过全面的法医学检验，明确损伤类型、死亡原因，进行个人识别，并且需要根据不同死因乘员的座位分布，结合现场情况，对飞机失事经过进行重建，甚至有助于判断飞机失事的原因。如在飞机残骸中，有许多尸体靠近紧急出口处烧死常提示紧急出口舱门故障；尸体上有不同于撞击等所形成的损伤，如枪弹创、锐器创等，提示人为破坏飞机的可能；有严重爆炸伤的尸体若距飞机残骸过远（1km 以上），提示飞机空中有爆炸的可能；飞机驾驶人员手部关节的后脱位或骨折提示手握操纵杆，胫腓骨的前向性粉碎性骨折提示撞击时足仍抵触在踏板或控制板上，当然，这类损伤并非驾驶员所特有，需要结合其他情况进行判断。对飞机失事死亡的人员，明确致死原因之后，还可依据死亡人员的座位分布，推断飞机失事的经过和原因。比如，飞机在空中机舱内发生着火，则首先起火的位置，尸体烧伤更严重；而如果飞机与其他物体相撞，飞机被撞击部位的乘客因机械性损伤死亡比例居多；若是飞机正面相撞则飞机前部乘客多以机械性损伤作为死因，而后方乘客则以烧伤或化学性吸入死亡为多，原因在于前部乘客因飞机相撞直接引起机械性撞击伤，后部乘客因前部出口受阻无法逃离飞机，最终死于烧伤或化学性吸入。

（三）船舶事故损伤

船舶事故损伤（shipwreck injury）泛指水域中的船只和船上设施对人体造成的损伤。由于船舶的速度慢，撞击后形成的碰撞伤一般比较轻。更常见的是船上人员弃船落水，溺死是主要的死因。如果落水者长期得不到救援，也可发生冻伤、脱水（尤其在海水中）和饥饿死亡。当船只被雷击引起火灾或船只自燃，会造成船上人员烧伤、爆炸伤和吸入性损伤。落水人员无论是活体或尸体，如果被吸入到船只螺旋桨运转工作区，则可在人体形成螺旋桨损伤，其特征为多条相互平行、斜向、弧形、间距一致，主要表现为大面积的擦伤、胸背部弧形划擦痕以及以较小角度切削人体突出部位软组织形成的皮瓣创和以垂直角度切削人体形成的口大底小、创底中部深、两端浅的舟状创；切削人体四肢、颈部等引起的肢体离断；还可形成各种不同类型骨折；所穿的衣服受桨叶作用也常常被撕成条状、破碎缺损，或者大部分被绞光，仅剩裤带束于腰间。

沉船事故发生后，法医学家需要通过全面详细的尸体检验和现场分析，综合解决遇难者的个人识别、死亡原因、死亡方式、损伤类型等问题，并依据上述检验结果对事故发生过程、责任划分等提出相应的科学意见。

第六节　机械性损伤的法医学鉴定

机械性损伤的法医学鉴定是法医病理学的核心内容之一，在掌握机械性损伤基本形态特征以及不同类型损伤特异表现的基础之上，针对暴力性死伤案件主要解决如下问题：①致伤物的推断和认定；②机械性损伤时间的推断；③机械性损伤的死因及死亡方式；等等。通过全面系统的法医学检验，并结合案情、现场勘查结果以及其他刑事技术检验结果进行综合分析，其目的是判断案件性质，为侦查提供线索、侦查方向、刻画嫌疑人，为起诉、审判收集证据、提供科学鉴定意见。

一、致伤物的推断与认定

致伤物的推断是根据损伤形态特征、创口内遗留物检验结果等，对致伤物的类型、大小、质地、形状等特征进行分析推断的过程；而致伤物的认定则是通过将嫌疑致伤物与损伤进行比较，进而认定该嫌疑致伤物是否可形成该损伤的过程。致伤物的推断与认定通常有以下方法：

（一）根据损伤形态推断与认定致伤物

损伤的形态特征是推断致伤物的重要依据，也是目前法医学实践中推断致伤物的主要方法。各种不同类型、形状、质地的致伤物，所形成的损伤具有各自不同的形态特征，在除致伤物外其他条件类似的情况下，同一致伤物的同一部位，重复打击所造成的损伤具有相类似的形态特征，即损伤的形态可重现性是根据损伤的形态特征推断致伤物的理论基础。但另一方面也必须认识到，损伤的形态特征受到同一致伤物不同打击面、不同受伤部位以及打击的力量、速度、方向、方式等多种因素的影响，因此在实践中，通常不能肯定或认定某一处损伤是由某个特定致伤物所造成，而只能根据损伤形态对某个致伤物在一定程度上进行排除。

首先根据损伤的形态鉴别是钝器伤、锐器伤或火器伤，进而判断引起损伤的致伤物的种类。如擦伤、挫伤、挫裂创、闭合性骨折和闭合性内脏器官损伤，是钝器所致的特征性损伤；砍创、切创、刺创、剪创、开放性骨折伴切痕或砍痕等，是锐器所致的特征性损伤；创缘有火药的痕迹则只有火器才能形成；损伤表现为外轻内重、一侧性分布并一次形成、损伤程度非一般人力打击所能形成，则符合高坠伤的特点；而多个条形损伤、平行排列、舟状创口等，则多为船舶螺旋桨所致损伤。还要注意一些特殊的致伤物，如玻璃瓶在完好状态时打击形成钝性损伤，而破裂后则可形成锐性损伤；类似的还有匕首，当刀尖断掉时，也可以形成钝性损伤。

对于钝器伤致伤物的推断，擦伤、挫伤有时可反映致伤物作用面的特征。弧形、条形、半月形擦伤伴有或不伴有圆形、椭圆形的挫伤，并结合损伤的部位，如在颈部，可推断是扼压过程中形成的指端伤，若在乳房、大腿内侧等，则可推断是性犯罪过程中形成的指端伤；咬痕因具有人类特有的牙弓形态而不难判断，由于人类上颌的弧度比下颌的弧度略大，上颌中切牙较大而下颌中切牙小而紧密，据此可区分上下颌的咬痕，并确定咬伤时行为人的位置和方向；中空性皮下出血可推断是由棍棒打击所致，但一般较难判断棍棒的材料质地。印痕样挫伤可反映致伤物的特定形态，如用带金属扣的皮带打击，可留下与金属扣形状相似的挫伤；轮胎的碾压可在皮肤上遗留轮胎的印迹。方形或类方形的挫伤、挫裂创或骨折则表明致伤物应具有方形的部位如斧背、方形棍棒的末端等；头皮条状挫裂创，创缘不光滑、形状不规则，创的两侧创缘伴有对称的擦伤和挫伤带，若两侧宽度基本一致，可推断为圆柱形棍棒垂直打击所致，其中若挫伤带较宽说明棍棒的直径较大，一般是由木质棍棒打击所致，而当挫裂创的挫伤带较窄且损伤严重，一般多为金属棍棒打击所致；头皮的十字形或星芒状挫裂创，该创口形状不能反映致伤物的表面形态，是颅骨的隆起所致，若创缘有明显的挫伤带时，可推断致伤物具有一定的平面面积。

对于锐器创致伤物的推断，切创的形态特征只能推断切器所致，难以确定是何种切器，但通常情况下，体积较小的切器如剃须刀，所形成的切创一般创口短小、创底较浅，而体积大的切器或者带柄的切器如菜刀，形成的创口相对较长、创底也比较深；砍创造成的损伤比较严重，在平坦的体表有多数长度一致的创口，尤其是两个创角都呈钝角时，说明砍器全部砍入所致，创口的长度能反映砍器刃的长度，若创角为一钝一锐则说明是部分砍入所致，若创缘有明显的挫伤带，则说明砍器表面比较粗糙；刺创口的形态通常可以反映刺器的横截面特征，刺创管的深度只能说明刺器刺入部分的长度，而不能反映刺器的全长；碎尸案中断离尸体断端的皮肤创缘呈锯齿状、有尖的皮瓣形成、骨骼横断面也呈阶梯状，这是死后分尸用锯所形成的损伤特征。

对于火器伤致伤物的推断与认定，根据典型的射入口、射创管、射出口，以及爆炸损伤特点，一般不难判断火器伤。需要强调的是，对于枪弹损伤，盲管创则需要寻找弹头；在判断射入口和射出口时，要注意跳弹变形击中人体进而形成不典型的射入口，以及枪弹击中人体后发生弹头变形，形成不规则的射出口；扁平骨上的枪弹创，其圆形缺损的直径基本上与弹头的直径一致。

（二）根据创内异物推断与认定致伤物

对于钝器和锐器损伤，创内异物检验可说明致伤物的材质或附着物。我国学者对致伤物自身材质在创口内的残留可分为块状残留和颗粒残留，所谓块状残留是指致伤物在打击过程中由于碰到骨质、手术钢板等硬度较高组织或物体时，致伤物发生折断（如匕首的刀尖）而片块状残留于创口内；颗粒残留是指致伤物在打击过程中，由于接触和摩擦作用，使得致伤物本身极微小片状材质脱落于创口。对于块状残留，可采用精密分析仪器分别分析创口中块状样本与可疑致伤物的化学成分，通过两者之间的比对进行认定。如有学者对国内三种常用菜刀品牌（"阳江十八子""巧媳妇""张小泉"）中砍骨刀、切片刀、锻造刀三个刀品系列，采用电感耦合等离子光谱分析（ICP-AES）分析化学成分，研究发现对不同品牌之间、同一品牌不同刀品系列之间，化学元素成分比对能够全部进行鉴别，而对于同一品牌同一刀品系列内，其鉴别准确率近90%。对于致伤物的残留颗粒，肉眼无法发现，需要借助于扫描电子显微镜，通过联合能谱仪分析颗粒中的化学元素，可以明确鉴别是不锈钢刀还是碳素钢刀。而对于致伤物表面附着物，如创内遗留树皮、木屑，表明致伤物为木质；若创内有沙土、砖屑，则反映致伤物为砖石类；若创内有油污、油漆残片可考虑为交通事故损伤；等等。

（三）其他方法推断与认定致伤物

嫌疑致伤物上有时会附着有被害人的组织成分如血液、毛发、体液等，对这些附着的生物学物证进行遗传标记分型检验，证明其来自于被害人时，则说明该可疑致伤物为损伤被害人的致伤物。

在推断与认定致伤物时，对死者所穿衣服的痕迹检验也极重要。如交通事故时，衣服上可留有轮胎印迹；人体受到脚踢时，衣服上可留下脚印；形成刺创时，衣服形成的破口形态与刺创的创角形态相对应；形成砍创时，衣服上纽扣可能被砍断而留下整齐的断端；受到火器损伤时，损伤部位的衣着破裂，伴有火药成分沉着或（和）高温作用痕迹，则可帮助判断枪弹创。

此外，还可根据现场情况大致推断致伤物。如现场有大量喷溅状血迹，则多为锐器、火器损伤的结果；现场位于道路上或附近，则提示可能是交通事故；

等等。

综上，致伤物的推断与认定必须结合尸体损伤检验、死因检验、化学检验、痕迹检验、现场勘查等多种信息，进行综合推断与认定。

二、损伤时间推断

损伤时间（wound age），又称为伤后存活时间（survival period after wounding），是指从受到损伤到死亡所经历的时间。损伤时间推断（estimation of wound age）也是法医病理学检验中的重要内容，主要包括两方面的内容：一是生前伤与死后伤的鉴别；二是所受损伤的伤后经历时间。在暴力性伤亡案件中，当尸体有多个非同一时间不同来源的损伤时，尤其是当这些损伤都有可能参与死因构成时，就必须鉴别这些损伤的来源，主要的鉴别方法就是损伤时间。此外，损伤时间推断还有利于划定嫌疑人范围、推测嫌疑人意图、现场重建等。

当活体受到暴力作用形成损伤后，损伤局部和全身会出现一系列的防卫反应或者说启动损伤修复过程，这种反应或过程在法医学中称之为生活反应（vital reaction）。由于生活反应仅出现在存活个体，而在死亡后一般不会出现，故将其作为区别生前伤和死后伤的依据。

（一）生前伤的诊断

由于生活反应通常只出现于存活个体，故在损伤部位若能发现生活反应表现即可诊断该损伤为生前伤。生活反应的主要表现有以下几种：

1. 出血：指生前受到损伤部位血管破裂，血液流向周围组织并形成凝血的过程。虽然死后损伤也可以引起血管破裂、血液流出，但无凝血过程。

2. 组织收缩：指当暴力作用于存活机体局部组织形成创时，创缘的结缔组织、肌肉、血管等均可发生收缩，使创口哆开。创口组织收缩的程度及创口哆开的形状，与局部组织的内部结构有关，但要注意与死后早期超生反应相区别。

3. 肿胀：机体局部受到损伤后，周围区域血管充血、通透性增加，使血管中的液体成分进入损伤局部组织间隙，引起肿胀。肿胀出现的时间与损伤的类型和程度有关，钝器损伤一般较锐器损伤出现早且明显，损伤程度重者较损伤轻者出现早。

4. 痂皮形成：当暴力造成机体形成擦伤或创时，渗出的体液或流出的血液中富含纤维蛋白可逐渐凝固而形成痂皮。

5. 创口感染：各种细菌可随致伤物或开放性创口进入机体受伤局部组织内，形成感染或化脓性炎症。

6. 异物移动：指的是异物进入呼吸道、胃肠道时可作为生活反应，原因是只有存活个体才有呼吸和吞咽功能。异物通常指的是羊水、溺液、泥浆等，但以此作为生活反应时需要特别慎重：一是要注意死后人为现象，如正压呼吸机通气、人工呼吸、死后灌注等；二是注意环境压力增大情况，如水中尸体水压可使水中异物进入呼吸道或胃肠道等。

7. 组织病理学改变：指的是只能用显微镜才能观察到的生活反应，如血栓形成、栓塞、局部淋巴结被膜下淋巴窦红细胞聚集、炎症反应、创伤愈合等。

8. 生物化学改变：暴力损伤后经较长时间存活后继而死亡的人，其生前伤易于诊断，但若生前损伤后存活时间比较短（如数小时），损伤后的前述形态学改变将不明显，使得生前伤的诊断十分困难。而暴力损伤后，机体即开始启动炎症性防御反应，而此种防御反应的重要参与因子为炎症介质如血管活性胺（5-羟色胺、组织胺）、花生四烯酸代谢产物（前列腺素、白三烯）、白细胞产物、细胞因子等，因此，这些炎症介质的改变早于损伤后机体修复引起的形态学改变，将有助于诊断伤后短时间存活的生前伤，是目前法医病理学领域的研究热点之一。

在生前伤诊断中，濒死伤也是实践中经常遇到的问题。濒死伤是指死亡前短时间内形成的损伤，由于损伤后存活时间较短，并且受伤时生命活动已极微弱，生活反应通常不明显，但有时又具有轻微的生活反应，故而在生前伤诊断中，对案情的调查也非常重要。在案情调查时，除了明确死亡前受到损伤的时间、损伤类型、程度、损伤后的症状，还要详细了解死亡发生前后接受的救治过程等。详细的案情调查，将有助于生前伤的准确诊断。

（二）损伤时间推断

与生前伤诊断类似，损伤时间也可以通过组织形态学和生物化学变化两个方面进行推断。利用形态学变化推断损伤时间的优点是稳定、相对可靠，缺点是伤后出现形态学变化的时间较晚，对早期损伤时间推断（如伤后 1～3 小时以内）的应用价值有限，而利用生物化学变化推断损伤时间的优点在于伤后极短时间内（如数分钟至 1 小时）即出现改变，但缺点在于难以找到一些稳定可靠的评价指标适用于各种不同程度、类型的损伤案件。

各种组织在损伤后即开始了创伤愈合修复过程，当前研究证实，损伤后数分钟至半小时就开始出现修复参与因子的表达变化。通常情况下愈合修复过程经历三个阶段：炎症阶段、增生阶段、塑形阶段。在每一阶段都有大量的生物化学因子参与其中，并引起组织形态学的改变。通过检测损伤组织中生物化学因子的种类、性质、表达量，并结合组织形态学变化，可对损伤时间进行有效推断。但需要强调的是，目前用于推断损伤时间的生物化学因子仍处于研究阶段，尚未在实践中普遍应用，其原因在于这些因子的表达变化受个体因素、损伤性质、损伤程度、损伤时间等多种因素的影响，基因芯片、组学研究技术、生物信息学等生物检测技术的快速发展，为通过生物因子检测推断损伤时间提供了重要的方法学基础，目前此领域一直是国内外法医学者的研究重点。

损伤后不同时间组织形态学变化方面，肉眼观察可见：①擦伤伤后未超过2小时者，损伤区低于周围皮肤，局部有液体渗出显得比较湿润；伤后3~6小时，损伤表面渗出的液体开始干燥；伤后12~24小时，逐渐形成痂皮；24小时后痂皮形成并高于周围组织；3天左右，痂皮从边缘开始剥离，若伤口不大，则5~7天可完全脱落，7~12天由新生的上皮组织覆盖；儿童较小面积的擦伤3天即可被新生的上皮完全覆盖。②挫伤后，血管破裂进入组织间隙的血液经1~3天，全部氧合血红蛋白变为还原型血红蛋白和正铁血红素；3~6天转变为含铁血黄素、直接胆红素或橙色血晶；6~9天胆红素被氧化成为胆绿素而逐渐被吸收，含铁血黄素可在局部组织内停留一段时间或者被吞噬细胞运至造血器官。由于伤后血红蛋白代谢经历前述变化，使受伤皮肤及皮下组织随损伤时间的延长出现相应的颜色变化，由暗紫或者紫褐色，变为绿色、黄色，颜色的深浅取决于出血部位的深浅和出血范围的大小，但此种颜色变化受多种因素影响，国外学者统计了数千例挫伤出血者的伤处颜色变化，发现只有黄色在18小时内未出现，可作为推断损伤时间的稳定指标。③创口在伤后48小时内表现为红肿、渗出、凝血；48~72小时肉芽组织增生；4~9天创口愈合；5周左右形成新鲜瘢痕。④骨折后1~4小时骨折区血肿、周围组织水肿；5~24小时水肿达高峰；24~48小时，骨折区血凝固，肿胀减退；3~7天血块机化；7~14天，机化血块成骨样组织；14~21天纤维骨痂形成；1~2月骨性骨痂及成熟骨板开始形成；2~3月骨折断端连接愈合，骨髓腔封闭状；>3月骨质改建，骨髓腔逐渐开放。

显微镜观察可见：伤后4小时以内，损伤局部呈充血、水肿状态；伤后4~12小时，局部组织水肿，白细胞明显浸润，其中以中性粒细胞为主，可见少量单核细胞，血管内皮细胞肿胀；伤后12~24小时，白细胞进一步聚集使创伤区明显可辨，损伤中心部位的组织变性、坏死，为损伤中央带，外周以炎细胞浸润为主，为损伤外周带，其中巨噬细胞和单核细胞数量明显增多；伤后15小时左右，可见分裂的成纤维细胞，表皮开始由创缘向中央移行；伤后 48 小时，白细胞浸润达到高峰；伤后 72 小时纤维细胞开始大量增生修复缺损的组织，毛细血管多见逐渐形成肉芽组织；伤后 24~48 小时表皮开始由创口边缘逐渐向中央移行；伤后 3~6 天，胶原纤维开始形成，在坏死区可见巨细胞，出血区可见含铁血黄素等，有时 48 小时就可见含铁血黄素；伤后 10~15 天，胶原纤维、毛细血管的数量逐渐减少，仅见少量炎细胞，但弹力纤维仍然缺乏，随着时间的延长炎症反应消失，胶原纤维、弹力纤维增生，真皮乳头层逐渐重新出现。

在推断损伤时间时，还需要考虑到受害者的个人情况和重要的影响因素（见表 3-3）。对于活体，损伤时间估计应该仅依靠创口的表现，而不能被所提供的案情干扰。

表 3-3　影响损伤愈合的重要因素

局部因素	血供不良、感染、绷带过紧、离子辐射、存在外源性异物、血肿、过度运动、创口边缘对位不良
系统因素	营养不良、老年人、凝血机制紊乱性疾病（血友病、vW 因子病、XIII 因子缺乏、低纤维蛋白血症）、Werner's 综合征、血管病和脉管炎、充血性心力衰竭、淋巴水肿、慢性肾功能不全、糖尿病、库欣氏综合征、甲状腺功能亢进、肝硬化、恶性肿瘤、慢性血液系统功能紊乱类疾病、医疗因素（使用糖皮质激素、抗凝血药物、抗肿瘤药物、秋水仙碱、青霉胺等）

三、机械性损伤严重程度评价

（一）损伤严重程度评价方法

机械性损伤既可因伤及重要的生命器官而直接引起死亡，也可以因损伤出现的并发症或继发症引起死亡。因此也有学者按照损伤的性质、程度、受伤部位等将损伤分为绝对致命伤、条件致命伤。前者是指在通常情况下足以直接导致人体死亡的损伤，如首体分离；后者是指在一定的不利条件下，才可引起死亡的损伤，这种不利条件既可是外界环境条件如伤后得不到及时救治，也可以是自身因素如年老体弱等。但绝对致命伤和条件致命伤之间划分并不绝对，与受伤部位、个人身体状况、耐受性等均有密切关系。通常认为若损伤达到绝对致命伤则不需要再考虑受害者是否存在其他因素致其死亡，但如果仅是条件致命伤则需要分析其他因素在死亡中的参与作用。

目前，国际对损伤严重程度的评价普遍采用简明损伤定级标准（the abbreviated injury scale，AIS）、损伤严重度评分法（injury severity score，ISS）以及器官损伤定级标准（organ injury scale，OIS）。其中 AIS 将人体划分为头、面、颈、胸、腹和盆腔、颈椎、胸椎、腰椎、上肢、下肢、体表共 11 个部位，按部位将每处损伤按 1~6 分作为评分标准，AIS 达到 3 分为重度损伤，6 分属几乎不能救治的致死性损伤。ISS 是在 AIS 基础上提出全身多发伤的评分方法，将全身分为 6 个区域：头颈、颌面、胸、腹、四肢、体表。ISS 分值为任三处损伤最严重区域的 AIS 值平方和，若一处 AIS 为 6 时，则直接赋予分值为 75（相当于 3 个 5 的平方和）。OIS 是 20 世纪 90 年代由美国创伤外科学会制订，评估范围几乎全面包括了胸腹各重要器官，也涉及周围血管损伤。需要指出的是，还有其他不同的损伤评分方法，而每种评分方法各有利弊。

（二）致命伤后行为能力

致命伤是指在死亡案例中直接引起死亡的绝对致命损伤；此处的行为能力是指死者有意识的行动能力。虽然致命伤通常能够导致人体死亡，但极个别情况下，遭到致命伤的受害人仍具有一段时间的行为能力。如何评估致命伤后伤者的行为能力是一个复杂的过程，受到多种因素的影响。

能够引起人体在极短时间内死亡的损伤，绝大多数属于心脏和脑组织的严重损伤，而报道资料显示心脏致命伤后的行为能力发生率（2%~20%）较颅脑损伤（0.2%~0.8%）明显为高。心脏损伤具体部位与伤后行为能力之间无明显关系，但颅脑损伤则具有明显位置关系。如发生在颅前窝和额叶的损伤，在不伴有脑干、间脑或小脑实质损伤时，可引起颅内出血、颅内压升高等继发改变，进而发展至最终因危及生命中枢而致死，有时该过程需要一定时间，少则数分钟，多则数小时不等。机体的代偿能力对致命伤后行为能力具有重要作用，如心脏刺创后通过创口收缩变小、创口处凝血以及血液流出心包外达到减压等途径发挥代偿作用，可保持机体的生存时间和具有不同的行为能力；精神心理因素亦会使机体的应激代偿作用充分发挥，如实践中发生格斗中心脏被刺破后仍坚持奔跑数十米的案例；此外，致命伤后行为能力亦具有明显的个体差异。

四、常见致死原因

机械性损伤的死亡原因分为原发性和继发性两大类：原发性死因（primary cause of death）是指机械性损伤直接致命，伤后迅速死亡，无其他因素参与的死亡；继发性死因（secondary cause of death）是指机械性损伤未直接致命，但在损伤进展过程中引起其他并发症或继发症，由于继发性死因中常有其他因素参与死亡，往往分析和判断死因比较困难。

原发性死因主要包括：①严重损伤重要生命器官，表现为心、脑（尤其是脑干）、肺、肝、肾等重要生命器官受损使得生理功能出现明显障碍，如各种损伤引起心脏破裂、坠落或交通事故使得颅脑崩裂等。②出血，损伤伤及重要的储血器官如肝、脾破裂，或大血管，引起迅速大量失血，失血量达30%以上时（20～25ml/kg）可危及生命。损伤后发生明显失血，则必须考虑出血量与损伤程度是否相符，若明显不符，应考虑有无其他因素参与如凝血功能障碍等。因大量失血引起死亡者，尸体呈现失血的表现：皮肤及黏膜、甲床苍白，尸斑浅淡、内脏贫血、肝脾包膜皱缩、心及大血管空虚、左心室内膜下细条状出血斑等。③外伤性神经源性休克：指体表或内脏的外周传入神经受到强烈机械性刺激，引起交感或副交感神经反射功能异常，导致生命重要器官微循环障碍乃至死亡。如颈动脉窦、上腹部、外阴、精索等神经细胞末梢丰富的部位受到打击所引起的原发性休克或死亡。

继发性死因主要包括：①窒息，指损伤引起呼吸功能受损进而危及生命的情形。如胸部损伤引起气胸、颈部大量出血引起误吸等。②栓塞，多种损伤均有可能引起栓塞，常见的栓子类型有脂肪栓塞、空气栓塞、血栓栓塞等。③继发性休克，休克是机械性损伤等多种原因所致机体微循环严重受阻，造成全身组织、器官氧合血液灌流不足和细胞缺氧而发生重要器官功能障碍的综合症候群。当受到严重损伤、大量出血时将使机体处于继发性休克状态，危及生命。④感染，感染是损伤后最常见的并发症，引起感染的原因有：损伤直接引起感染（如胃肠损伤引起急性弥漫性腹膜炎等）、损伤致抵抗力降低而继发感染（如肝内血肿引起感染、伤后长期卧床引起肺炎等）、损伤后伤口感染（如开放性骨折引起感染等）。

五、机械性损伤解释

实践中，对于损伤几乎每个人都可以发表个人观点，有些解释来自于日常生活经验，有些需要专业知识，还有些则需要有经验的专家进行分析与解释。例如在刑事案件中，初审法官当看到损伤照片时，就可以发表观点认为"不需要专家，我就知道她背上的损伤不可能是其本人所致"；上诉法官也可以认为"基于所拍摄的照片，我认为其所经受的痛苦难以想象"。"每张照片都是一个故事"这句话完全正确，但究竟这个故事是一个事实还是一个虚构故事？照片中的损伤是否被法官正确解释？是真的"不可能由本人所致""痛苦难以想象"吗？

生活中，每个人都有曾受到损伤的经历，或多或少，或轻或重，以及看到其家人、朋友、同事受到损伤的过程，所以关于损伤每个人都有自我的生活经验。但实际上，损伤的解释是非常困难的，或许其本身就是一门不确定的科学。在对损伤进行分析和解释时，每个人都会犯错包括法医学专家在内，一个错误的损伤解释有时可以让无辜者定罪，有时会使真正的罪犯逍遥法外。

（一）正确解释损伤

导致损伤解释错误的原因有很多，包括不完整或不可靠的案情信息、损伤描述、模糊或达不到要求的有缺陷的照片、未能直接看到损伤、未能认识到其他可能的情况、不扎实的医学与法医学理论、为了达到某种目的等。在正确解释损伤时有四种关键因素：

1. 损伤的观察与评估：包括直接的观察与检验、清晰与准确的描述或有提供足够信息的照片、摄像等；

2. 掌握损伤机制知识：要对各种不同类型损伤及其形成机制知识深入了解和掌握；

3. 临床知识与经验：要对正常人体解剖知识以及不同的解剖变异、病理学、损伤的发展和治愈过程、常用治疗损伤的方法等知识有深入了解和掌握；

4. 解释的有限性和偏差：要认识到损伤解释的内容是有限度、有边界的，知道如何防范可能出现的偏差。

这里并未将有关损伤的案情作为关键因素，是因为在大多数案件中，判断损伤的性质并不需要案情信息，主要还是通过观察与检验进行分析和判断，只是在某些案件中，案情信息可有助于判断所获得的损伤描述是否清晰、完整和准确。而通常当损伤性质明确后，案情只是用来判断是否和观察检验的损伤一致，所以案情不是分析损伤的关键要素。伊斯坦布尔协定为解释损伤提供了一个有用的分级评价标准：

（1）不一致：受害者的表现不是由所描述的损伤引起；

（2）一致：受害者的表现可能是由所描述的损伤引起，但具有非特异性，也存在其他很多引起其损害的原因；

（3）高度一致：受害者的表现应该是由所描述的损伤引起，其他可能性很小；

（4）典型表现：受害者的表现绝大多数情况下是由所描述的损伤引起；

（5）诊断：受害者的表现就是由所描述的损伤引起，不存在其他可能的情况。

（二）损伤的观察

正确判断损伤的特征或类型是解释损伤的基础，只有通过直接观察或通过一个清晰准确的描述及照片等才有可能作出正确的判断。损伤的观察检验也需要一个合适的环境，环境中应有自然光或者白光源照明，观察检验同时要详细记录，不仅是文字还要照相、录像。损伤的书写记录应包括损伤位置（可在解剖图中标注或用标准的解剖术语描述）、大小（长、宽、深度，准确至毫米级）、创口形态（规则、不规则、圆形、卵圆形、三角形、V 字形等）、创角形态（锐或钝）、创缘情况（规则、不规则、擦伤、挫伤）、颜色、创内异物（外源性物质或其他物质等）、创壁情况（光滑或粗糙或不平整等）以及创口愈合的情况等。法医学损伤术语使用应前后一致，如果有不确定损伤类型的情况，要进行更完整的描述。

但有时并不能直接观察到损伤，或者说观察到的损伤已发生愈合（活体）、死后变化（尸体），法医学家也会常常需要审阅相应的损伤记录、观察所拍摄的照片或影像视频资料。对损伤的描述看似简单，但真正做到准确、清晰地描述仍需要专业的培训和锻炼，并不是所有的临床急救医生能够做到，往往所见到的是医生非常简单的医学描述，提供的信息不足以对损伤进行充分的了解。

（三）损伤解释的有限性和偏差

解释损伤的人或者专家必须具备有关损伤的知识和成伤机制理论，这不仅仅是一个经验问题，而是要掌握包括基础解剖学、生理学、病理学以及临床法医学、证据学在内的多个学科理论。为了满足法律的需求、达到客观公正的目的，任何对损伤的解释都是有条件的，有限度的。本质上而言，有限性解释就代表着肯定性结论，损伤的解释受到太多因素的干扰：提供损伤评价的材料的质量或描述的准确性、损伤多久后开始检验、损伤的特征（大小、类型、位置等）、所接受的医疗措施、是否存在并发症、受害者的年龄及身体条件、专家的知识和经验水平等。在解释损伤时，法医学家经常面临来自不同方面的压力，要求对该损伤做出明确的结论，或者说是倾向于某一方。尽管如此，法医学家仍应坚持损伤的解释具有有限性的这种理念；同时应该清楚认识到法医学的任务是为法律服务，提供客观公正的科学证据，而不是为某一方的当事人服务。在对损伤进行解释时，经常会有一定程度的不确定性存在其中，但即便如此，这种解释也应被法律所认可。

每个法医专家都会出现解释偏差，这种偏差也是因人而异，与其所掌握的知识、经验息息相关。尽管法医学科经历了漫长的发展历程，但和其他医学学科相比，法医学的历史仍然是较短的，有些问题仍缺乏认真深入地研究，教科书中的一些内容甚至还有个人观点。

（四）如何避免解释错误或出现偏差

1. 解释观点：对于一个特定的案件，要结合检验结果、临床经验和法庭科学专业知识，对受害者的损伤，作出相应的解释观点。这个观点应该具有以下特征：

（1）清晰、明确，并表明检验事实和解释观点；

（2）客观性；

（3）逻辑合理性；

（4）基于用认可的方法所进行的科学检验；

（5）避免偏差；

（6）解释观点应在鉴定人的职业范围内。

理想的情况下，对于一个特定损伤的解释观点应该是唯一的，或者说相对唯一的，而与这个观点出自于某一方的立场无关。

2. 出现错误或偏差解释的原因：

（1）这些解释错误往往是法医学家在工作中无意所犯。

（2）法医学家有时会不加怀疑地支持某种特定的理论。例如，一个年轻的、相对缺乏经验的法医学家更有可能会听取资深的、富有经验的同行的意见，而不对其观点所依据的科学基础进行进一步的探讨，如果这位资深同行提供的观点不正确时，就会发生错误。并且资深同行的错误观点还会得到潜在的传播，间接地影响其他年轻同行。

（3）一些法医从业者缺乏适当的独立性，从而会产生观点的偏差。当法医人员进行案件检验时，往往会面临来自于警察、案件当事人及其他办案机关的压力，因为他们都希望案件能有利于各自的立场，在这种境况下一些法医检验人员可能会作一定的屈服，给出一些具有偏差的解释观点。然而，从法医专业自身角度而言，需要中立性或公正性。

（4）偏差另一个来源就是应用与案情有关的术语，如"受害者""幸存者""施暴方"等。这些术语的应用会暗示"侵犯已经发生"。实际上，法医学家在对损伤进行解释时，与任何一方的有罪或无罪不存在因果关系，所以在报告中应该避免使用这些不恰当的带有感情色彩的术语。

（5）只听取某一方的案情陈述。法医人员在检验前通常会简要了解案情，但如果只听某一方的陈述，往往所得到的案情具有倾向性，这些案情的内容会潜在影响检验发现，有些法医人员可能会考虑其发现是否能和了解的案情相一致。

（6）法医人员缺乏相应的学习和训练。尽管每个人都可以对损伤作出相应的判断，但真正客观、准确的分析和解释，是需要专门的法医学知识和检验方法训练，而不是基于个人经验。

3. 如何防范出现错误或偏差的解释。首先，生活在现实中的我们都不会怀疑这样一个观点：脑部手术应该由专业的外科医生或者说脑外科医生来完成。同样的理念也应该适用于法医学损伤的检验工作，也就是说进行损伤检验的鉴定人员应该是受到专业培训并通过资格认证，反观目前的司法鉴定管理水平，仍存在于相对粗犷的层面，而缺乏更加细化的管理。其次，要加大对法庭科学技术的研究投入，使得目前的法医学理论有更坚实的科学基础。在没有认识到我们所犯错误的时候，也同样认识不到我们所掌握知识的局限性。只有通过更全面的研究和实践总结，不断地发现和纠正既往案件中所犯的错误，增强认知水平，才能更有效地防范。最后，在2003年一项世界范围内的回顾性分析研究中，发现各国法医人员的实际检验方法缺乏一致性，也就是说缺乏相应的统一标准。只有制定严格的操作标准，并对检验人员进行培训和认可，才能有效地规范检验行为，得到相对合理、统一的解释观点。

思考题：

1. 为什么机械性损伤通常按致伤物进行分类和介绍？
2. 钝器伤和锐器伤的主要区别是什么？
3. 机械性损伤鉴定主要解决哪些问题呢？
4. 损伤时间推断有何价值？

第四章 机械性窒息

第一节 机械性窒息概述

人体细胞有氧代谢时需要摄取氧气、排出二氧化碳，机体与外界环境的此种气体交换过程，称为呼吸。参与呼吸功能的一系列器官总称为呼吸系统，主要包括：鼻、咽、喉、气管、支气管及由大量肺泡、血管、淋巴管、神经构成的肺以及胸膜等组织。临床上常将鼻、咽、喉称为上呼吸道，气管以下的气体通道（包括肺内各级支气管）部分称为下呼吸道。

整个呼吸的过程有三个环节组成：一是外呼吸，包括肺通气（肺与外界空气之间的气体交换过程）和肺换气（肺泡与肺毛细血管之间的气体交换过程）；二是气体在血液中的运输（血红蛋白参与）；三是内呼吸，包括血液与组织、细胞之间的气体交换过程以及细胞内的氧化过程。上述任何一个环节出现功能障碍或异常，都将会导致组织、细胞处于缺氧状态、二氧化碳潴留等代谢异常，使得机体器官、系统功能紊乱和形态结构损害，整个过程称为窒息（asphyxia）。与内、外呼吸功能障碍分别对应的是内窒息和外窒息，前者主要是由于气体交换过程出现异常如一氧化碳中毒、严重贫血等所致，后者主要是由于各种原因致气道堵塞所致。在法医学中，因窒息发生的死亡称为窒息死（asphyxial death）。

根据引起窒息的原因、机制和病理过程，通常将窒息分为五类：

1. 机械性窒息（mechanical asphyxia）：因机械性暴力作用引起的呼吸障碍所致的窒息，如捂压口鼻、压迫颈部和胸腹部、异物阻塞呼吸道等引起的窒息，肋间肌及膈肌运动受到机械性阻碍等也可引起机械性窒息。

2. 电性窒息（electrical asphyxia）：指电流作用于人体，使呼吸肌或呼吸中枢功能麻痹而引起的窒息。

3. 中毒性窒息（toxic asphyxia）：因中毒使血红蛋白功能障碍或使细胞内氧化酶功能降低、消失或改变细胞膜的通透性等，引起红细胞的携氧能力降低以及组织细胞对氧的摄取和利用障碍而产生的窒息。

4. 环境缺氧性窒息（asphyxia due to ambient hypoxia）：指空气中氧气不足而引起的窒息，如身处高原地区、被关进密闭的柜子、被困于塌方的矿道或坑道。

5. 病理性窒息（pathological asphyxia）：指由疾病引起的窒息，如过敏所致的喉头水肿，呼吸道疾病、血液病等疾病引起的窒息，颈部或颌面外科手术引起颈部血肿压迫呼吸道致窒息。分娩过程中，因脐带受压、胎盘早剥等导致的宫内窒息，以及新生儿羊水吸入性肺炎等所致的窒息，也应归属于病理性窒息。

在上述各类窒息中，由于机械性窒息常被用于他杀、自杀和他杀后伪装为自杀的手段，在法医学实践中较常见，本章主要介绍机械性窒息。

一、机械性窒息概念及分类

机械性窒息（mechanical asphyxia）是指机械性暴力作用引起呼吸障碍所导致的窒息。通常根据暴力作用的方式和部位不同，分为以下六类（如图 4-1 所示）：

1. 压迫颈部所致的窒息，包括缢颈、勒颈、扼颈而引起的窒息。

2. 闭塞呼吸道入口所致的窒息，包括用手或柔软物体同时压闭口和鼻孔引起的窒息。

3. 异物阻塞呼吸道内部所致的窒息，如各种固体或有形异物阻塞咽喉或气管、支气管而引起的窒息；胃内容物反流误吸入呼吸道而引起的窒息。

4. 液体吸入呼吸道所致的窒息，因水、酒类、油类、血液等液体被吸入呼吸道和肺泡内引起的窒息。

5. 压迫胸腹部所致的窒息，如人体被挤压在坍塌的建筑物中或者被埋在砂土中或者被拥挤的人群挤压或踩踏等引起的窒息。

6. 异常体位所致的窒息，异常或限制性体位导致的体位性窒息。

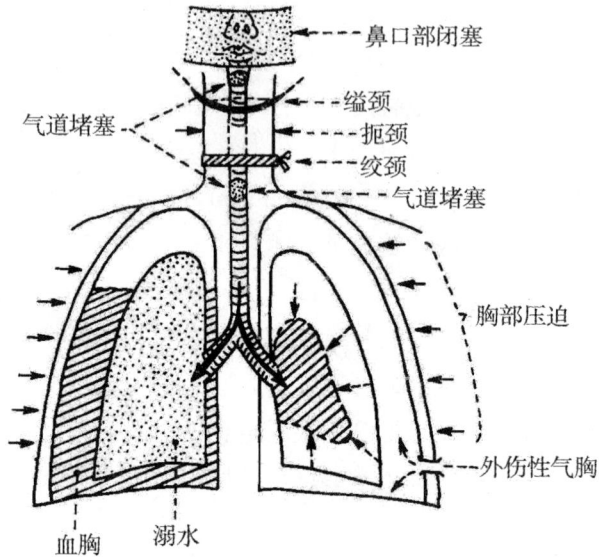

图 4-1　机械性窒息暴力作用方式

二、机械性窒息的病理生理过程

机械性窒息致人体处于缺氧状态，进而发生一系列的病理生理异常和形态学改变。从窒息开始至死亡，一般为 5~6 分钟，为急性窒息死亡；若有时气道未完全闭塞，即仍可呼吸少量空气，或气道短时间闭塞后又缓解、恢复呼吸后再度闭塞等反复过程，使得窒息死亡的时间发生延长，称为亚急性窒息死亡；若窒息后未立即死亡，而存活一段时间后又因并发症而死亡者，称为迟发性窒息死亡。因窒息而引起的一系列变化，包括呼吸系统、神经系统、循环系统、运动系统等，其中以及呼吸系统表现最为明显。

呼吸系统因窒息而致功能障碍，是一个连续的过程，根据其不同表现，分为六个阶段：①窒息前期，此时由于体内尚有剩余的氧气可供组织细胞利用，也由于机体的代偿作用，可不表现出任何症状，持续约 0.5 分钟；②吸气性呼吸困难期，由于体内缺氧和二氧化碳潴留刺激延髓呼吸中枢，使呼吸加深、频率加快、吸气强于呼气，同时心率增加、血压升高，一般持续 1~1.5 分钟；③呼气性呼吸困难期，由于体内二氧化碳持续增多，刺激迷走神经，反射性的加剧呼吸运动，呼气强于吸气，全身骨骼肌痉挛由阵发性，逐渐转变为强制性，甚至出现角弓反张，一般不超过 1 分钟；④呼吸暂停期，呼吸中枢因严重缺氧而深度抑制，呼吸浅而慢，最后停止，此过程持续 1~2 分钟；⑤终末呼吸期，呼吸中枢已近衰竭，出现潮式呼吸，呈间歇性张口呼吸，鼻翼扇动，持续一至数分钟；⑥呼吸停止期，呼吸已停止，但仍有微弱的心搏，持续数分钟至十几分钟，最后心跳停止而死亡。

中枢神经系统中脑的平均重量仅占体重的 2%~2.2%，但其血流量占全身的15%，耗氧量占全身总耗氧量的 20%。脑组织中耗氧量最多的大脑皮质，对缺氧也最为敏感，皮质中又以神经元对缺氧最为敏感，神经细胞突触的耗氧量又大于神经细胞体，脑本身几乎没有功能物质的储存，高度依赖稳定而丰富的血液供应。脑血流完全阻断 5 秒钟，即可导致意识丧失；阻断 5~8 分钟，可导致难以恢复的损害，甚至脑死亡。在吸气性呼吸困难期因剧烈的吸气运动，颈静脉怒张，颜面肿胀、发绀，心跳变慢，大静脉高度淤血；而在呼气性呼吸困难期，血压上升，胸腔器官如肺、心可因毛细血管破裂而发生出血，被膜下见瘀点性出血。心肌对缺氧也相当敏感（仅次于中枢神经系统），心肌缺血可致心律失常、细胞不可逆性缺氧性损害等改变。

三、机械性窒息死亡的一般征象

（一）尸体体表征象

1. 颜面部淤血发绀、肿胀：当勒颈、扼颈、压迫胸腹部而死亡时，头面部的静脉回流受阻，血液淤滞严重，又因缺氧使血液中还原型血红蛋白含量增多，导致颜面部的发绀、肿胀明显，以面部、口唇、耳廓等处最明显。

2. 瘀点性出血：颜面部和球睑结膜常可见圆形、针尖大小的出血点，可孤立存在或聚集融合，严重者呈斑片状，特别是头部呈低位状态时更易形成。瘀点性出血的发生与小静脉淤血、窒息缺氧所致的血管通透性增强、毛细血管破裂、应激时肾上腺素分泌增多、血压升高等因素有关。

3. 尸斑出现较早且显著、分布广泛：由于缺氧使末梢血管扩张、通透性增强且血液不凝呈流动性，而且还原型血红蛋白含量升高，因此，死后不久便可出现弥漫而显著的尸斑，呈暗紫红色，在尸斑显著部位还可伴有点状出血。

4. 尸冷缓慢：窒息过程中，机体因缺氧常发生惊厥，使产热增加致体温升高，故而尸冷过程也相应延缓。

5. 牙齿浸染：死者的牙齿在牙颈表面可出现玫瑰红色或淡棕红色，经酒精浸泡后，色泽更加鲜艳，称其为玫瑰齿，形成原因可能是因为缺氧所致的牙龈黏膜毛细血管出血浸染牙齿所致。但此特征并非是窒息的特异性征象，尸体腐败时也可产生此种现象。

6. 其他改变：因窒息惊厥者，平滑肌收缩和痉挛，死者可有大小便失禁、精液排出的现象，还可有口涎、鼻涕流出（有时可染有血色），有时可见眼球突出、舌上有咬痕等。

（二）尸体内部征象

1. 内部器官淤血：在机械性窒息过程中，因胸腔内负压急骤增加，使肺、右心房、右心室及全身的静脉系统淤血，而脾常呈贫血状，体积缩小、包膜皱缩。其机制可能是窒息时因缺氧，脾代偿性收缩，脾内大量红细胞进入血液循环，以增加输氧能力。

2. 器官被膜下、黏膜瘀点性出血：内部器官常见于肺（包括叶间裂）、心、主动脉起始部、甲状腺颌下腺、睾丸、婴儿胸腺被膜下以及蛛网膜等处见出血点，其次为口腔、咽喉、气管、胃肠、膀胱、子宫外口等处的黏膜也可见出血点。此种现象最早在 19 世纪由法国警察外科医生 A. A. Tardieu 首先描述，故称之为 Tardieu 斑，其形成机制与前述的体表瘀点性出血相同。需要注意的是，内部器官瘀点性出血并非是机械性窒息死亡的特有征象，在各种原因所致的猝死、败血症、某些毒物中毒（如磷、砷、酒精中毒）等尸体中也可见到。

3. 肺气肿、肺水肿：机械性窒息过程中，胸腔内负压增高致肺泡显著扩张而呈肺气肿，甚至肺被膜破裂发生气胸；窒息过程中，因肺严重淤血，可产生淤血性肺水肿，或伴有肺泡内出血。如果窒息过程持续时间较长，肺内水肿液与呼吸道内的黏液及空气相混合形成泡沫，经气管涌出，附着在口鼻孔处，若肺内细支气管粘膜表面血管破裂，泡沫可呈淡红色。

4. 胰腺出血：部分案例中见胰腺被膜下和/或实质内片灶性出血，也可能伴有腺泡细胞或脂肪坏死，但无炎症细胞浸润，不能将其误认为急性出血性坏死性胰腺炎。

5. 血液呈暗红色流动状：但这并非是机械性窒息死亡的特有征象。

四、机械性窒息的法医学鉴定

在法医学实践中，机械性窒息死亡案例是常见类型，而引起机械性窒息的方法或手段有时复杂、多样，甚至不易发觉。因此，在所有的尸体解剖案例中，必须时刻注意是否存在机械性窒息的情况。通常而言，机械性窒息死亡者法医学鉴定一般遵循以下原则：首先，通过案情怀疑是机械性窒息死亡的案例，应采用相应的解剖规范对尸体进行检验，要重点观察尸体表面和内部器官是否存在窒息的一般征象；其次，若发现存在窒息征象时，应重点寻找引起窒息的原因，并且由于前述一般征象并非机械性窒息的特有征象，因此，仍应进行全面系统地解剖，并对各重要生命器官进行病理组织学检查，以及进行药物、毒物检测等工作；最后，根据机械性窒息的一般征象及特征，结合引起窒息的原因，并排除产生窒息一般征象的其他因素后，综合分析、判断死亡是否系因某种机械性窒息所致以及死亡方式。

第二节　缢死

缢死（death from hanging），俗称的吊死，是利用自身全部或部分体重，使套在颈部的绳索或其他类似物，压迫颈部而引起的死亡。

一、缢索、缢套和结扣

用于缢颈的绳索或类似物，称为缢索，根据缢索的质地通常分为三种：①软缢索，如床单、围巾、塑料绳等；②硬缢索，如电线、钢丝绳、链条等；③半坚硬缢索，如麻绳、棕绳、尼龙绳、皮带等。

将缢索打结做成索套，称为缢套。根据缢套周径是否可变动，将缢套分为固定型索套（又状态称死套）、滑动型索套（又称活套）；又可根据缢套的圈数，分为单套、双套、三套和多套等，以单套和双套较常见；根据缢套周径大小以及与颈部接触范围，可分为开放式索套和闭锁式索套，前者周径较大、但仅颈部受压部位与缢索接触、索套呈"U"形，后者周径相对小、但缢索全周径与颈部相接触、索套呈"O"形，滑动性缢套常形成闭锁式索套。

绳结（knot）是缢索上所系的结扣，一般用软缢索或半坚硬缢索时常有绳结。绳结的种类较多，包括活结、死结、帆布结、瓶口结、领带结、外科结等，绳结的式样和打结的方法常能反映作案人的职业习惯，可为侦查提供方向指引，是重要的法医学物证。因此，在法医学检验时，必须保留绳结的原状而不能解开。

二、缢死的体位与缢型

缢死可完全悬立即双足离地，也可有蹲、跪、坐、卧等任何体位，体位不同则颈部所承受的压力自然也不相同。实验表明，颈部各血管受压闭塞只需要十几千克的力即可。一般认为，完全悬立缢吊颈部承受体重100%的压力，立位和蹲位者颈部承受压力为体重的 70%～80%，坐位时为体重的 15%～20%，而卧位者占体重的 15%～40%，这些体位缢吊时都可以使颈部血管或气道压闭而引起窒息死亡。又根据体位的不同，将双足离地的悬吊缢颈者称为完全性缢颈，其他体位则称为不完全性缢颈。

按照颈部受压迫部位的不同，将缢型分为典型和非典型两种：典型缢型，又称为前位缢型；非典型缢型，又分为侧位缢型和后位缢型。前位缢型缢颈时，缢索最大着力点在颈前部，一般位于舌骨与甲状软骨之间，向两侧绕行，经双侧下颌角、耳后越过乳突，斜向后上方延伸悬吊，头向前倾垂；侧位缢型缢索的最大着力点在颈的左侧或右侧，相当于甲状软骨上、下水平，分别绕颈前和项部后向后上方延伸；后位缢型缢索的受力点在项部，缢索由项部向两侧绕行，分别经两侧下颌角后悬吊，头向后倾斜。（如图 4-2 所示）

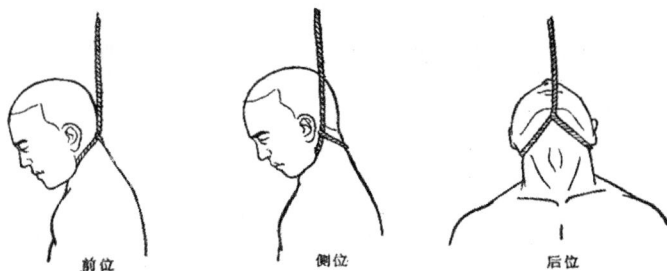

图 4-2　各类缢型示意图

三、缢死的死亡机制

根据缢型的不同，缢死的死亡机制包括以下几种因素协同作用：

（一）呼吸道受压、闭塞

实验表明，只需要 15 千克的压力即可压闭呼吸道。前位缢型缢吊时，舌根被推向后上方并紧贴咽喉壁，闭塞咽腔，同时舌骨大角和甲状软骨上角被压向椎体，使会厌盖住喉头而闭塞呼吸道；侧位缢型缢吊时，缢索可直接压迫喉头或气管而闭塞呼吸道；后位缢型时，缢索压迫颈部，使椎体向前突出，间接压迫呼吸道。

（二）颈部血管受压致脑缺血

有研究表明，颈部受到 2 千克的压力即可压闭颈静脉，5 千克的压力可压闭颈动脉，16.6 千克的压力可压闭椎动脉。因此，一般认为颈部只要受到 17 千克的压力即可完全压闭颈部所有动脉，阻断脑组织供血，而无论是悬位或其他体位缢颈者，其颈部受到的缢索压力几乎均超过 17 千克。

（三）颈部神经受压引起反射性心跳、呼吸骤停

缢吊过程中，缢索压迫迷走神经或颈动脉窦，引起反射性心搏变慢及至停止；同时，压迫迷走神经或喉上神经引起反射性呼吸骤停。

（四）颈椎和颈髓损伤

一般缢颈时不常见到此种损伤，多见于绞刑处死或身体突然坠落悬空缢吊时，因颈部突然受到缢索的剧烈牵拉，导致寰枕关节脱位而挫压颈髓。

四、缢死的法医学检验

（一）缢沟检验

缢沟是缢索压迫颈部，在颈部皮肤上形成的缢索印痕，缢沟可反映缢索的性质、缢索和缢套的形态、颈部受力部位和缢型的种类。颈部着力处缢沟最深，然后向两侧斜向上走行并逐渐变浅，最后消失；一般两端不相交、无缢沟处，称为提空，又可描述为"八字不交"。

1. 缢型与缢沟。使用对于固定型开放式或者闭锁式索套缢颈时，均存在提空现象，提空的位置通常位于着力点的相对侧。对于前位缢型，着力点一般在甲状软骨和舌骨之间，提空则在枕外隆突的两侧；对于侧位缢型，着力点在颈部左侧或右侧，相当于甲状软骨水平，提空在对侧耳部下方或耳后形成；后位缢型时着力点在项部，在颈前形成提空现象。使用滑动型缢套缢颈时，无论是典型或者非典型缢型，缢沟常呈闭合性，只是在上提处变浅，但无完全提空现象，缢沟两侧相接成角，在相接处常留有绳结的压痕。

2. 缢沟的数目。缢沟的数目只与受体重牵引而直接压迫颈部的缢索匝数有关，一条缢沟常由单缢套形成，双缢套时，如果两条缢索平行受力压迫颈部可形成两条缢沟。实践中缢沟数目以一条缢沟者常见，两条以上缢沟的平行、分离、交叉印痕等，也表明直接作用于颈部的缢索的平行、分离或交叉状态，但不能单纯根据缢沟的数目认定缢索的匝数，如缢吊过程中，缢索在颈部有滑动时，一条缢索也可形成轻重不同的两条缢沟。

3. 缢沟的宽度和深度。一般缢沟的宽度与缢索的粗细相仿或略窄，其深度与缢索的软硬、粗细和缢型、体重以及缢吊的时间长短有关。软而宽的缢索形成的缢沟浅而宽，缢沟初期常呈苍白色，逐渐变为淡褐色，缢沟处的擦伤缺如或较

轻，称之为软缢沟；质硬而细或表面粗糙的缢索形成的缢沟窄而深，常伴有缢沟局部擦伤，缢沟边缘皮肤挫伤出血，呈黄褐色或暗红褐色，干燥后形成皮革样外观，称之为硬缢沟。如果缢索与颈部之间有衬垫物，如衣领、毛巾等，此处缢沟浅、不明显，或者缺如。缢沟的深浅与缢索对颈项部压迫力量的大小以及时间有关，如完全性缢吊者的缢沟比不完全性缢吊者深、肥胖者缢沟比瘦弱者深、悬吊时间长者缢沟较深。缢沟处皮肤受缢索的压迫，在缢沟上下缘两侧，血浆渗出毛细血管，聚集在表皮下形成粟粒大小的水泡，内含淡黄色或血性液体；双股缢索同时平行压迫时，缢索间皮肤常呈嵴样突起，伴有点状出血。

4. 缢沟的印痕与附着物。缢沟处皮肤常能留下能反映缢索表面纹理的花纹样印痕（如图 4-3 所示），悬吊时间越长，印痕越清晰，但如果悬吊在短时间内解除，此时皮肤尚有弹性，印痕可逐渐变得不明显，甚至消失。因此，应及早检验缢沟印痕。缢索印痕检验可验证现场的缢索与缢沟是否相符。有时缢索上附着的异物，如沙砾、纤维等，可遗留在缢沟内的皮肤表面；有时缢索上也附着有皮肤组织成分。这种缢索与缢沟皮肤之间的附着物检验与比对，对查找或认定缢索具有重要意义。

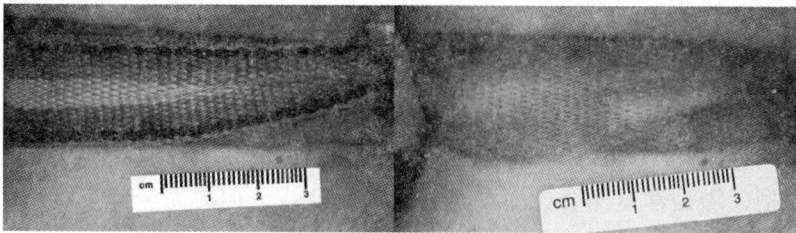

图 4-3　尼龙皮带缢死时颈部缢沟见皮带印痕

（二）颈深组织检验

1. 颈部肌肉损伤。因颈部压迫于缢索，特别是硬质缢索，可使胸锁乳突肌、胸骨舌骨肌、甲状舌骨肌和肩胛舌骨肌出现相应的压痕，称为内部缢沟，常伴有局限性出血，但罕见有断裂；宽软缢沟缢颈时，内部缢沟处肌群压痕不明显，有时在胸锁乳突肌的起始部和锁骨附着处见出血点，缢沟周边组织中的血管和神经周围见局灶性出血。

2. 颈部淋巴结出血。缢颈可引起颈浅淋巴结挫伤出血和沿颈内静脉排列的颈深淋巴结出血，在缢沟下方的淋巴结出血较明显。

3. 颈动脉损伤。老年缢死者多见颈总动脉的颈内和颈外动脉分支处下方内膜有 1~2 条横向裂纹，并伴有局部内膜下出血，主要是颈动脉受颈索的牵拉所致，如果牵拉力比较大，颈动脉中膜也可发生破裂。

4. 舌骨大角、甲状软骨骨折。缢索可推压舌骨大角和甲状软骨至颈椎而发生单侧性或双侧性骨折，并伴有出血。舌骨骨折的发生在前位缢型者中约占 60%，在侧位和后位缢型者中，约有 30%；若缢索强力压迫舌骨和甲状软骨之间的韧带，舌骨大角和甲状软骨上角还可同时发生骨折。此外，骨折的发生与年龄因素也有密切关系，骨折多见于 40 岁以上缢死者，此系由于舌骨关节硬化、甲状软骨骨化进而骨质易折的缘故。

（三）其他部位检验

1. 颜面部。缢死者的面色取决于颈部动、静脉是否受压和压闭的程度。前位缢型者，颈部动、静脉完全被压闭，头面部呈缺血状态，面色苍白，俗称"白缢死"；侧位缢型者，仅缢索压迫侧的颈部血管被压闭，而对侧一般仅压闭静脉，头面部的血液回流受阻，但仍有部分动脉供血，颜面部淤血肿胀，而呈青紫色，俗称"青缢死"；后位缢型者，因双侧静脉被压闭，而动脉尚有血液供应，其面色与侧位缢型者相似。

缢死者因下颌受压迫而刺激颌下腺，使之分泌增多，常出现口腔及鼻腔涎涎流注，死后短时间内缢死者，也可出现此现象。如果缢索着力点位于喉结上方，舌头可抵牙而不伸出，若着力点在喉结下方，因舌根被推向上方，舌体推向前上方，舌尖可外露于齿裂 1~2cm，舌尖上可见牙齿压痕。

2. 体表与手足损伤。如果缢吊过程中发生阵发性全身痉挛，可能与周围物体如墙壁、家具等发生碰撞，进而在体表和手足出现擦伤、挫伤，此时应注意与他杀相鉴别。

3. 尸斑与尸僵。缢死的尸体由于体位的原因，通常在前臂、手足、小腿等部位出现尸斑，或伴有散在瘀点性出血。在腰带压迫处周围皮肤，出现围腰带性尸斑，但腰带压迫处呈带状苍白区。完全性缢死者，在缢颈时两足离地，死后足尖下垂，尸僵出现后仍保持下垂状态。需要提醒的是，他杀后立即伪装自缢悬吊的尸体，其尸斑分布和尸僵特点与自缢者相似。

4. 内部器官检验。心、肺、肝、肾及胃肠淤血以及浆膜下瘀点性出血、脑组织因缢型不同而有差异。前位缢型时，脑组织常呈贫血状；而后位和侧位缢型者，脑组织有不同程度的淤血，实质内可见稀疏点状出血。

五、缢死的法医学鉴定

缢死多为自杀，大多数为成年人，少数为儿童。他杀者少见，往往是利用被害人处于醉酒、昏迷或失去抵抗能力的前提下，被他人缢死。意外性缢死多见于儿童，如不慎被绳索缠绕颈部、跌落至婴儿床与四周围栏之间的空隙等而导致缢死。

缢死的法医学鉴定，首先要区分缢死与死后悬尸，因为后者死亡性质应是他杀。①观察死者的尸斑分布等死后变化是否与现场中姿势相符，但鉴于尸斑出现具有数小时滞后性，对于死后不久即被悬挂的尸体亦可出现与现场姿势相符的尸斑变化。②观察尸体是否具有窒息死亡的一般征象，虽然窒息死亡征象的特异性不高，但可通过全面检验排除其他死因进而判断窒息死亡。③对颈部进行认真详细观察与检验，尤其是通过生前缢沟的特征鉴别缢死。生前缢沟周缘多见擦伤，缢沟间皮肤可有出血点，颈部深层组织的内部缢沟处，可见肌肉出血，颈浅、深淋巴结出血，舌骨大角骨折伴出血等改变，有时合并甲状软骨上角骨折，死后悬尸者无上述缢沟的生活反应。也有研究认为，还可通过生物化学方法进行鉴别，如测定生前缢沟皮肤组织中 5-羟色胺和组氨的含量明显升高。

其次是对缢死的死亡性质判断。由于缢死者常见于自杀，自缢者多为成年人，可一人或多人一起自缢，常有自杀的原因和动机。死者衣装整洁，现场平静、无搏斗迹象，门窗多闭锁，室外自缢者现场仅有死者的脚印。一般以前位缢型多见，选用容易得到的软性绳索，悬吊地点选择方便之处，如室内屋梁、管道、门框等。自缢者的尸体，除缢死改变外，无其他致命性损伤。若缢吊过程中出现身体强直性痉挛，可在手足或身体突出部位形成挫伤或擦伤；若系因虐待折磨而自缢，则尸体上有新旧不一的损伤；若是在自刎、割腕、服毒自杀未成功后再自缢者，则有相应的自杀性损伤，现场也可遗留有其他用于自杀的工具或毒药包装瓶等；也有精神病患者自缢死亡的报道。尸检中对常规毒物的筛查通常为阴性。此外，还要将现场尸体发现时的姿势或体位与尸体周围的物品结合后综合判断，是否能由一个人独自完成缢吊过程，如足底有无衬垫物、衬垫物的高度、缢索悬吊处是否有剧烈晃动摩擦而形成的痕迹等。

他杀缢死可见于被害人无力抵抗的情况如昏迷、醉酒或是儿童，此时应重点检测被害者体内是否摄入可使其丧失抵抗的毒（药）物，如酒精、镇静类药物等，他杀缢死的现场凌乱，有激烈的搏斗痕迹。

第三节 勒死

勒死（ligature strangulation）又称绞死，是用绳索类物缠绕颈项部，由自身体重以外的力量作用，使绳索类物勒紧并压迫颈项部而导致的窒息死亡。

一、勒索与勒死方式

绞勒颈部时所用的绳索类物称为勒索，一般是软质或半坚硬的绳索类，常见的有电线、尼龙绳、领带等。在他杀案件中，由于加害人意在迅速控制被害人使其失去反抗，勒索的匝数以一匝或两匝者居多；而在自杀案件中，勒索绕颈的匝数比较多。结扣的形式也因人而异，也有多匝勒索并无结扣者，若有结扣，他杀死亡者多在颈部一侧或项部，而自杀勒颈者多在颈前或一侧。

最常见的勒颈方式是将勒索的两端交叉后，用力拉紧勒索或打结压迫颈项部。有些自勒者，先用勒索缠绕颈部打结后，再用木棒等穿入勒套扭转以达到压迫颈部窒息死亡的目的。还有一些少见的勒颈方式，如将勒索的两端分别系一重物，压迫颈部；或一端固定后，另一端用脚收紧绞勒颈部；等等。

二、勒死的法医学检验

（一）勒沟检验

勒索压迫颈部所形成的沟状痕迹，称为勒沟。典型的勒沟多位于喉头的下方，水平环绕颈项部，呈闭锁状态，但也可见于颈部其他位置。若勒索与颈部之间有衬垫物，如围巾、手指等，勒沟可出现中断。以 1~2 条勒沟多见，多条勒沟少见，勒沟的数目不能完全反映出勒索绕颈的圈数。勒沟的宽度，一般与勒索的粗细相当，但各部位勒沟深度比较一致，无变浅或提空现象。用宽软布勒颈时，如果死后很快移除勒索，则勒沟不明显；细而硬的勒索勒颈时，勒沟窄而深，常伴有擦伤，干燥后呈暗褐色、皮革样化改变。勒沟上、下缘，可见散在点状出血，当被害人挣扎抵抗时，勒沟处皮肤有明显的擦伤，勒沟边缘亦不整齐，颈部还可有其他形态的擦伤和挫伤。勒沟表面的花纹印痕可反映勒索的纹理结构，打结处可在皮肤形成结扣的印痕，若勒索与颈部之间有衬垫物，在相应部位也可遗留衬垫物的印痕。

（二）颈深部组织检验

颈深部组织的损伤与缢沟相似，但损伤更明显，颈部皮下组织和深部肌肉群常有出血，甲状腺、喉头粘膜、咽部粘膜、扁桃体、舌根部等可有明显的淤血和灶状出血，甲状软骨可发生骨折。当勒索位于甲状软骨以上时，舌骨大角可发生骨折；而当勒索在甲状软骨以下时，可伴发气管软骨骨折，有时因较大暴力勒颈时，还可伴发颈椎棘突的骨折。

（三）其他部位检验

因勒颈使颈静脉回流受阻，而颈动脉和椎动脉未能完全闭塞，窒息过程较长，故而颜面部常淤血、肿胀明显，呈青紫色，眼睑结膜、颈部勒沟以上部位的皮肤、颜面部常可出现瘀点性出血，有时融合成片状，可伴有结膜水肿、外耳道和鼻腔出血，有时口、鼻部有血性泡沫性液体。

他杀勒颈时，由于受害人强烈地挣扎反抗，使头面部、手足和其他突出部位，常有机械性损伤形成，以擦伤和挫伤为常见。

内部器官如脑、肝、肾、心、肺等器官淤血明显，有时气管、支气管、喉头及声门等部位水肿出血。

三、勒死的法医学鉴定

勒死的法医学鉴定中，死亡原因的确定主要依据窒息死亡的一般征象，并结合颈部检验结果，排除其他死因后，通常不难做出判断，但应注意勒死与缢死的鉴别（见表4-1）。而死亡性质的判断则需要鉴别他勒和自勒（见表4-2），勒死者多为他杀，自勒少见，偶见意外性勒死。

他勒死亡时，现场常有搏斗痕迹和物品凌乱，并留有他人足迹。死者衣着不整，常有破损，唇黏膜及口周皮肤常有擦伤和皮下出血，是勒颈过程中为防止被害人呼喊而用力捂嘴或向口腔内填塞异物所致。勒索的来源可非死者所有，若打结，可有特殊结扣、重复打结、越打越紧的情况，结扣多位于项部及颈侧部。在勒索与颈部之间，可夹杂有衣领、杂草、手指，甚至死者的下颌、耳朵等也被勒于其中。勒沟明显、较深，颈深部软组织损伤广泛而且明显，常伴有甲状软骨、舌骨骨折，甚至气管环状软骨骨折。勒死不久后，勒索即被移除，勒沟可表现不明显，但经详细检查仍能发现颈深部组织损伤，如肌肉出血、骨折等。有时被害人四肢可呈被捆绑状态，头面部和肢体常有抵抗伤，死者手中可抓有加害人的衣服碎片、指甲内可有表皮组织残片及血迹等。他勒致死者，一般窒息征象较为明显，但如果被害人在勒颈前已经昏迷或失去抵抗能力，或体质较弱则窒息征象可不明显。

自勒现场多位于室内，现场平静无打斗和破坏痕迹，常有自杀的迹象（如动机）或遗书等。自勒者多呈仰卧位，颈部结扣较少，若为重复打结，则第二结较松，结扣多位于颈前，少见于侧方。自勒者采用勒颈的方式多种多样，如自勒者可保持两手拉住勒索，或勒索绕手拉紧的姿势，将柔软物衬垫与勒索与颈部之间，常提示为自勒。少数自勒者，因初期采用其他自杀方式（如割腕、刎颈等）未达到目的而后自勒，尸体上可留有勒颈前自杀所致的损伤。自勒者勒沟较浅，可为数匝。自勒者因窒息过程较长，窒息征象常比他勒明显。自勒者的四肢上无搏斗与抵抗伤。

意外勒死较为罕见，偶有受害者头颈部披着的围巾、头巾或上衣等，被转动的机器或齿轮绞转，或被机动车拖拉导致颈部被勒而死亡，也有不慎被车床皮带卷住勒死的报道。

表 4-1　缢死与勒死的鉴别参照表

内容	缢死	勒死
索沟形成	缢索因重力作用压迫颈部而形成	勒索因除重力外之力量压迫颈部而形成
索沟位置	多在舌骨与甲状软骨之间	多在甲状软骨或其下方
索沟走向	典型呈非闭锁状，有提空现象	典型呈闭锁环状
索沟深度	着力部最深，向两侧逐渐变浅	深度均匀，结扣处有压痕
索沟出血	上下缘和缢沟间隆起处有出血点	勒沟多出血，颜色较深
颈深部组织损伤	肌肉多无出血，颈动脉分叉内膜可有横向裂伤，舌骨大角、甲状软骨上角可骨折	肌肉常出血，颈动脉内膜多无裂伤，甲状软骨、环状软骨骨折
颅脑瘀血	典型缢死者脑瘀血明显，非典型者不明显	脑组织及脑膜瘀血明显，伴点状出血
舌尖外露	可外露	多外露
颜面征象	典型缢死者颜面苍白，非典型缢死者颜面瘀血肿胀，眼结膜可有出血点	颜面青紫、肿胀，勒沟以上颈部、面部皮肤及眼结膜可见出血点

表 4-2 自勒与他勒的鉴别参照表

内容	自勒	他勒
现场	多在室内，现场安静无搏斗痕迹，必有勒索	多混乱，有搏斗痕迹，勒索较少留在现场
勒沟	较浅，损伤轻微，边缘整齐，常为完整环形	较深，损伤较重，边缘不整齐，可有间断
衬垫物	有时可衬垫有毛巾等物	多为死者衣领或其他异物
勒索	留在颈部，环绕颈项，结扣多位于颈前	多不留在颈部；留时，结扣多在项部或颈侧面
尸体姿态	常为仰卧，两臂屈曲，两手上举，手握勒索端	体位不定
损伤	四肢多无抵抗伤，勒沟处损伤轻微，多无骨折	四肢常有抵抗伤，甲状软骨、舌骨骨折多见，勒沟下软组织损伤较重
其他	勒套内可有棒状物用于辅助绞勒	口周皮肤及口腔黏膜可有损伤，手中抓有加害者的毛发、衣物碎片等

第四节 扼死

扼死（manual strangulation）是用单手或双手、上肢等扼压颈部而引起的窒息死亡，又称掐死（throttling）。与勒死相似，扼死的机制主要有颈部气管、血管受压及颈部神经受刺激等。

扼死均为他杀。扼颈的方式有很多种，包括正面的单手扼颈以及正面或背面的双手扼颈、采用手肘部或前臂扼颈、利用工具扼颈等，还有其他少见的扼颈方式，如用脚踩在被害人的颈部，使其抵住墙壁或地面，造成颈部受压而死亡。在扼死的案件中，由于扼压力量相对较小，加害人害怕呼救，故常在被害人的口腔黏膜、口周围皮肤存在因捂压而产生损伤，同时，口中可堵塞有如毛巾、衣服、手帕之类的柔软物，有的加害人先诱骗被害人误服安眠药、麻醉剂等镇静药物，待其昏迷后将其扼死，或将被害人先击伤、击昏后，再扼颈致死。

一、扼死的法医学检验

扼压颈部时，加害人的手指、指甲、虎口、手掌、肘部及前臂压迫被害人颈部所形成的具有一定特征性的损伤，称为扼痕（throttling marks）。

（一）扼痕检验

从下颌下缘到锁骨上缘之间的颈部可留下扼痕，一般多分布于喉头两侧或颈部一侧，少见于项部。用右手扼压颈部时，可在左侧颈部皮肤上留有 3~4 个扼痕，右侧有一个，若用左手则位置相反；若用双手扼压时，颈部两侧可各有 3~4 个扼痕。但扼痕的部位、数目可因被害人挣扎抵抗及扼压动作的改变而出现变化，形态亦不典型。指端扼压颈部可形成圆形或椭圆形的皮肤擦伤和挫伤（指压痕）；指甲可形成新月形或短线状的擦伤（指甲痕）；单手扼颈时会在颈正中部位形成横形的皮下出血；肘背或脚压颈会在颈部形成圆形的不规则皮下出血；前臂桡侧扼颈会在颈部形成长圆形或梭形的不规则的皮下出血。

（二）颈深部组织检验

扼痕部位的颈深部组织出血常见皮下组织及深部肌层（包括胸锁乳突肌、胸骨舌骨肌和肩胛舌骨肌等）出血，甲状腺、颌下腺、扁桃体以及颈部淋巴结等也可见有灶性出血。

当颈部受到强力扼压时，也可发生甲状软骨、环状软骨、舌骨的骨折，以甲状软骨上角多见，舌骨大角多为内向性骨折，一般多见于 30 岁以上的受害者。

（三）其他部位检验

扼颈时一般只造成颈部静脉的闭塞，而动脉仍能持续供血，因此，被害人颜面部窒息征象较明显，发绀而肿胀，呈青紫色。眼结膜和口腔黏膜可见散在点状出血。扼颈时常有捂嘴动作，还可造成口周皮肤与口腔黏膜的损伤、出血。而对于年幼体弱者，因抵抗力差，窒息过程短，也可使得窒息征象可不明显。

因受害者常挣扎反抗，在其胸部、背部和四肢等部位常见有擦伤和挫伤。在强奸案件中，加害人在扼颈时或同时实施强奸行为，造成被害人会阴部及大腿内侧损伤；若被害人在被扼颈前头部遭受打击，还可见其他部位的机械性损伤；被害人因抵抗而常在手中抓有加害人的毛发、纽扣等，指甲内也可有加害人的皮肉、血痕等。

内脏器官以淤血为主，脑膜及脑实质内有淤血、水肿及点灶性出血，肺表面及叶间裂浆膜面见瘀点状出血、肺气肿、水肿及灶性出血。

二、扼死的法医学鉴定

扼死案件均为他杀，因而扼死的法医学鉴定重点是确定死因。原则上而言，同其他机械性窒息死亡相似，死亡原因的判断是在全面系统检验尸体的基础上，具有窒息死亡的一般征象，同时又有特定的扼压颈部表现，结合案情、排除其他致死原因后，即可作出扼死的判断结论。但需要注意以下问题：

1. 现场一般具有搏斗痕迹，被害人所穿衣物不整，尸体多处于异常体位和姿态，手足呈挣扎抵抗姿态，口中有时被毛巾、衣片或纸团等异物堵塞；若系女性死者，还要注意现场有无被强奸迹象。

2. 尸体检验时，应详细检查颈前部和颈侧面任何一种可疑痕迹和扼痕，应检查扼痕的部位、大小、排列、方向、形状，并可以此推断加害人是单手或是双手扼颈、是用右手或是左手扼颈、确定作案时的方位等，当扼痕不典型或不明显时，要注意扼压颈部有衬垫物的可能。若扼压同时，加害人用膝部顶住受害人的胸部，可造成肋骨骨折，甚至肺损伤；若扼颈前被击昏、击伤，则会有其他损伤存在。被害人的四肢多见抵抗伤，尤其是双手和前臂，而年老体弱者或失去意识者等无反抗能力者可无抵抗伤。

3. 尸体检验应提取血液、胃内容物等样本进行毒（药）物筛查，以判断是否有中毒或服药可能性。发现嫌疑人应尽早检查，特别要检查其裸露部位有无抓伤、咬伤等痕迹，并提取嫌疑人的生物学样本进行检验，与现场被害人手指提取样本进行比对。

4. 扼颈时由于被害人的反抗、挣扎，一般窒息时间较长，如被害人未被扼死，抢救及时，尚有复苏的可能。复苏者常有结膜出血和逆行性遗忘症、失音症、吞咽障碍等。如果大脑缺氧时间较长，则可形成植物人状态；因被害人受到强烈的精神刺激，也可遗留痉挛、神经过敏、恐怖性精神病等后遗症。

第五节　溺死

由于溺液阻塞呼吸道及肺泡，阻碍气体交换，造成体内缺氧及二氧化碳潴留所发生的窒息死亡，称为溺死（drowning），俗称淹死。导致溺死的液体称为溺液，其种类较多常见的有水（淡水、海水）、油、尿液、羊水、血液等，通常认为只要口鼻浸没于溺液中，阻塞呼吸道即可引起溺死。有报道成年人饮酒后游泳出现昏迷，在 120cm 水深游泳池内溺死的案例。溺死常见于自杀、意外，但也有他杀后抛尸入水的情况。

一、溺死的死亡机制

1. 缺氧。缺氧是溺死的主要死亡机制，由于大量溺液进入呼吸道及肺泡，影响肺脏内的气体交换过程，进而导致机体组织细胞缺氧和二氧化碳潴留，发生窒息死亡。这属于典型的溺死过程，约占 85%~90%。

2. 心力衰竭、心搏骤停。当溺液为淡水时，由于淡水具有低渗性特点，大量吸入的溺液能够快速穿过肺泡表面毛细血管进入循环系统，使得血容量急剧增加，心脏负荷增加，室性心率加快；另一方面，大量低渗性液体进入循环系统引起溶血，释放大量钾离子，使外周血钾离子浓度升高，导致电解质紊乱，出现心室纤颤。以上血容量增加和钾离子浓度升高，均可导致急性心力衰竭或心搏骤停。

3. 呼吸功能衰竭，当溺液为海水时，由于海水具有高渗性特点，吸入肺泡后使得肺泡毛细血管内大量低渗性血浆成分渗入肺泡内，引起严重的肺水肿，影响肺脏内气体交换导致呼吸功能衰竭。

4. 迷走神经兴奋，入水后，皮肤或喉头黏膜受冷水刺激，使迷走神经兴奋，反射性导致心搏骤停和原发性休克导致死亡。此时由于死亡发生极迅速，溺液尚未能进入呼吸道，故而尸检时无典型的溺死表现，称之为干溺死（dry drowning），约占溺死的 15%。

二、溺死的法医学检验

由于溺液种类较多，而水中溺死发生率最高，故而此处以水中溺死为典型进行介绍：

（一）尸表征象

1. 尸温低、皮肤苍白。通常水中温度远较体温低，水中尸体尸温比陆地死亡低；同时，由于水中浸泡使血液被稀释，并且机体入水后由于皮肤血管收缩，使得皮肤苍白。

2. 尸斑浅淡、出现慢。尸体于水中常漂浮、翻滚，姿势难以固定，尸斑不易形成，又由于水浸泡和皮肤血管收缩之缘故，使得尸斑出现缓慢而不明显。此外，由于水温低血液中的氧合血红蛋白不易分解，同时，水中氧气可渗入血管，于血液内形成氧合血红蛋白，透过皮肤使尸斑呈淡红色或粉红色。

3. 尸僵出现早。由于水温低且在溺死过程中挣扎、抽搐，肌肉剧烈运动使得能量（ATP）消耗较多，无氧代谢使得乳酸生成增多，因此尸僵发生一般较早。

4. 口、鼻部蕈样泡沫。冷的溺液进入呼吸道，刺激呼吸道黏膜，分泌大量黏液，空气、溺液、黏液经剧烈的呼吸运动而相互混合，产生大量细小均匀的白色泡沫，这些泡沫随呼吸运动溢出，附着在口、鼻孔及其周围，宛若白色棉花团堵塞呼吸道，称之为蕈样泡沫或蟹样泡沫（如图4-4所示），其因为富含黏液而极为稳定，不易消失，抹去后按压胸腹部或翻动尸体仍可溢出。若支气管黏膜或肺泡壁由于压力增加而引起小血管破裂出血，则泡沫呈浅粉红色。蕈样泡沫是一种生活反应，对确认溺死具有重要意义。但也偶见于有机磷农药中毒、勒死、癫痫、电击死等，须注意鉴别。蕈样泡沫夏季可保持1~2天，春秋季保持2~3天，冬季保持3~5天，泡沫干燥后，在口鼻部皮肤可形成淡褐色痂皮样残留物。

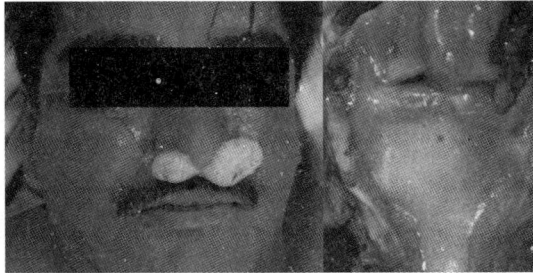

图4-4　鼻腔周围（左）以及呼吸道内（右）蕈样泡沫

5. 皮肤鸡皮样改变。皮肤受冷水刺激后，立毛肌收缩、毛囊隆起、毛根竖立，皮肤呈鸡皮样改变或称鹅皮样改变（goose skin），一般以两臂和两腿外侧较为明显，但要注意，死后不久抛尸入水的尸体也可见到此征象。

6. 手及指甲内异物。溺死者在水中挣扎时，往往手中抓有水草、树枝、泥沙或其他异物，指甲缝内也可嵌有泥沙，这对确认生前溺死有重要意义。

7. 洗衣妇手。尸体浸泡于水中，皮肤角质层浸软、变白、膨胀、皱褶，以手和足最为明显，称为皮肤浸软，又称为洗衣妇样皮肤。其形成时间受水温、季节的影响，通常在水中浸泡数小时至半天，手指及足趾即可见到；浸泡一天，扩展至手掌面和足掌面；浸泡二天，手、足部皮肤可全部累及。

8. 其他改变。如冷水刺激可使男性阴囊和阴茎皱缩，女性阴唇和乳房因肌肉收缩而变强僵状态；溺水者入水后常与水中漂浮物、岸边石块等相互碰撞，以及被船只的螺旋桨击中，故而在尸体表面可形成生前损伤、濒死期损伤和死后损伤等各种类型损伤，法医检验时应注意鉴别。

（二）内部征象

1. 上呼吸道内有溺液、泡沫和异物。溺死者在气管和支气管腔内，充满与蕈样泡沫性质相同的白色泡沫状液体，是诊断生前溺死的重要证据之一。若由于溺死过程中发生剧烈呛咳，喉头、气管、支气管的黏膜上皮肿胀充血和出血，呼吸道内也可出现淡粉红色泡沫状液体。有时呼吸道内可发现随同溺液一起被吸入的异物，如泥沙、水草及植物碎片等。

2. 水性肺气肿。是诊断生前溺死的重要证据之一。肉眼观：肺体积膨大，重量明显增加，约为正常肺的两倍左右；肺表面有肋骨压痕，边缘钝圆，触之有揉面感，指压凹陷；肺表面湿润，呈浅灰色，其中可夹杂淡红色的出血斑块，浅灰色是肺泡缺血区，淡红色是出血区，此系由于肺内压升高，肺泡壁破裂出血并溶血所形成的溺死斑，称为 Paltauf spots，多见于叶间裂及肺下叶；肺切面可流出大量泡沫状暗红色液体。水性肺气肿是因为溺死过程中呼吸困难，肺泡腔因肺泡隔断裂而融合呈气肿样改变，并且溺液吸入肺泡后不易呼出，而形成水性肺气肿，实质上属于一种生活反应。在溺死尸体中，水性肺气肿约占80%，以青壮年较为明显。光镜下观察：部分肺泡腔和细小支气管腔内有异物颗粒，如泥沙、水草、植物碎片、呕吐物的残渣、浮游生物等，这也是诊断生前溺死证据之一，国内也有学者通过观察和分析肺中的异物元素成分诊断溺死。

3. 胃及十二指肠内有溺液与异物。溺水后，人的吞咽动作可使大量溺液进入胃肠道。因此，对于生前入水者，一般在胃和十二指肠内可有溺液和水中异物，这是诊断生前溺死的证据之一。死后抛尸入水的尸体可由于水压及水流的冲击力，将少量溺液压入胃和直肠，但小肠内无溺液和水中异物，借此可鉴别生前溺死和死后抛尸入水。但若溺死过程非常迅速，小肠内也可无溺液，如干性溺水死等。法医学检验时应将溺液与现场采集水样分别进行化验和镜检，确定是否为同一种液体以协助判断入水地点。

4. 内脏器官中浮游生物。与溺死相关的浮游生物主要是硅藻，生前溺水者肺内吸入大量溺液，其中的硅藻可进入肺毛细血管，经肺循环、体循环而分布于全身，因此，内脏器官中可检见硅藻成分，其中以肺、肝、肾、心血多见，其次为脾、骨髓、牙齿等。硅藻检验对鉴定生前溺死有重要的诊断价值。

5. 其他非典型性表现。左、右心腔血液成分有差异，淡水中溺死者，左心腔的血液成分较右心腔稀释，而海水中溺死者，则左心腔血液浓缩，但这种差异在死后10小时后逐步消失；颞骨锥体出血即岩部出血、乳突小房内充满红细胞，原因可能是溺液的压力和剧烈的呼吸运动使溺液自口鼻腔，经咽鼓管进入中耳或者自外耳道经鼓膜（溺死者鼓膜多破裂）进入中耳，导致颞骨锥体受压，发生淤血或出血，也可能是因为在溺死过程中窒息缺氧所造成；水中尸体因头部较重而下沉，血液向头部聚集，造成眼面部肿胀、发绀；溺水过程中，若有剧烈挣扎和痉挛，可致呼吸辅助肌群出血；脾脏多数为贫血状态，交感神经兴奋使脾脏收缩，挤出血液供应全身，脾切面呈高度贫血状态。

三、溺死的实验室检验

（一）硅藻检验

硅藻（diatom）亦称矽藻，有15 000余种，在自然界广泛分布，淡水、海水、空气及食物中都有存在。硅藻细胞由上、下两个半壳套叠而成，上、下两面称壳面，上、下两个半壳侧面相互套合的部分，称壳环。硅藻的共同特征是细胞壁由无结晶的不易破坏的含水硅酸盐（$SiO_2 \cdot H_2O$）构成（也有认为由二硅酸钠（Na_2SiO_2）构成），其细胞壁质地的强弱，因含硅量的多少而有差别。根据壳面上花纹的排列特征，硅藻可分为中心目和羽纹目，中心目呈圆形，少数呈三角形、多边形、椭圆形和卵圆形等，羽纹目一般呈线形、舟形、新月形、S型和棒形等。因为硅藻细胞壁不易被破坏，即使用浓硫酸、浓硝酸煮沸，甚至高温烧灼也不被破坏，因此，在尸体高度腐败时，也可保持原形从而有利于溺死的诊断。

由于硅藻的广泛分布，使得法医学硅藻检验成功的关键就是检验过程中防止污染，采取的措施有：①取材所用的器械和试剂等均应无硅藻；②解剖顺序先腹腔后胸腔，防止肺脏污染其他内脏器官；③取出待检器官后勿用水冲洗而直接取样、封装保存并不加任何防腐剂，送至实验室后再去除器官外层被膜；④牙齿以取完整的上中切牙或磨牙为佳，肺应取肺叶边缘的组织，若遇肢解尸体，也可取骨髓作检验；⑤一个器官取样后更换器械，再处理另一个器官；等等。硅藻检验的具体方法很多，如常用的化学消化法、浸渍法、硅胶梯度离心法、酶消化法等。

结果评价：

（1）阳性结果：原则是肺检出硅藻阳性，肝、肾、牙齿和骨髓等器官也有硅藻；并且上述所检见硅藻种类与现场水样一致，通常可诊断为溺死。国内也有学者认为，只有在肺、心、肝、肾、骨髓和牙齿等同时发现硅藻，才具有诊断溺死的价值。因此，目前硅藻检验存在的问题是在一个器官中究竟发现多少量的硅藻作为阳性的诊断标准，而又在多少个器官中同时出现阳性结果时方可诊断溺死，虽然关于此方面尚无统一共识，但至少在只有 1~2 个器官中发现硅藻时，诊断溺死须特别慎重。

（2）阴性结果：并非所有的溺死，在尸体内部器官均可检出硅藻，即出现阴性检验结果时也存在溺死的可能性，这是由于影响硅藻检验的因素较多，常见的有：①所选用检验方法和操作对样本中的硅藻产生大量破坏，使得结果呈假阴性；②检材的提取量不够充足；③体内溺液含量少；④溺死水域由于季节、地域等因素使得水中硅藻含量少。综上可见，硅藻检验虽然是诊断溺死的重要参照方法，但并非确定性标准，仍要结合全面系统的尸体检验、现场勘查进行综合判断。

（二）其他检验

由于水中硅藻、甲藻及绿藻等藻类中都含有大量的叶绿素 a，而其又是强荧光物质，在荧光显微镜下可产生淡红色的荧光，因此，可应用荧光显微镜通过观察此种荧光检见浮游生物。研究证实，在溺死者的肺中可呈荧光阳性，而在死后入水者中绝大多数为阴性；除浮游生物之外，水中花粉亦可被检验用于诊断溺死；等等。虽然这些方法对诊断溺死具有或高或低的特异性，但仍只是一个用于参照的检验结果。

四、溺死的法医学鉴定

溺死的法医学鉴定中首要问题即是鉴别生前入水的溺死与死后抛尸入水（见表 4-3），其实质是解决死因问题。因此，仍需要在全面系统检验尸体的基础上，辅助浮游生物等检查，并排除其他死因后，综合分析判断最终死亡原因。需要注意的是，无论是溺死还是死后入水，均应筛查常规毒（药）物，因为毒（药）物检验不仅有助于确定死因，而且即便是在溺死时，亦可帮助分析入水时的状态。还应注意的是干性溺死者其溺死征象不明显。对于溺死，实践中有时比较难以确定死因，如正在游泳的人突然因冠心病急性发作而死亡，其究竟是因为冠心病而死亡还是因为溺死，并不易分辨清楚。

水中尸体可发现各种损伤，包括生前伤、濒死期损伤和死后伤，对这些损伤的检验和判断原则一般按照机械性损伤鉴定方法处置即可。如生前伤有明显的生活反应，损伤的性质根据不同类型损伤的特点进行分析；濒死期损伤主要是由于在溺死的濒死阶段，机体撞击水中漂浮物、岸边木桩、堤坝、桥墩等所致，可有轻微的生活反应，但通常亦不明显；死后伤多是由于死后水中生物、交通工具以及与水中有形物体撞击所致。需要注意的是，水中尸体的生前损伤可由于在水中浸泡较久而变得不明显，需要认真观察鉴别。'

个人识别是水中尸体法医学鉴定中另一重要内容，由于尸体发现地往往不是其入水地，甚至入水地与发现地相距甚远，另一方面是水中尸体长期浸泡且在湖泊或夏季易发生腐败，面容不易辨认，而只能通过其服饰、随身携带物品、尸体个体特征（性别、身高、年龄等）和特殊标记（如纹身、义齿、染发、疤痕）等达到个人识别的目的。

溺死的性质通常是自杀或意外，他杀溺死的少见，常是趁人不备或在丧失反抗时，推或抛入水中。自杀溺死者多有自杀动机，女性多于男性，尸体上无其他致命伤，有时也会有自己捆绑自己后再跳入水中的案例，但此时捆绑方式简单，多捆住两手腕、脚踝和膝部等；意外或灾害亦常可致溺死，如游泳、洪水、失足落水、疾病突然发作落水，尤其是酒后失足落水等，通过全面的尸体检验、详细的案情调查等常可得到正确结论。他杀溺死者机体常有其他致死性损伤，要详细检验和鉴别，且应注意他杀后伪造自杀溺死的情况。

水中尸体死亡时间的推断更显困难，难以形成相对一致的方法，除了受到季节、环境、个体因素影响外，还受到水的特征（流动水或静止水、水质酸或碱等）、尸体在水中的深度、尸体是否被破坏等因素的影响。入水地的判断可从水流速度（同时结合死亡时间）、机体内生物的种类（如硅藻）、异物特异的化学成分（如肺内异物中发现为特殊的矿物质等）、尸体佩戴的服饰、包裹尸体的材料等多方面进行分析。

表 4-3　溺死与死后抛尸鉴别参照表

内容	溺死	死后抛尸
手	可抓有异物（如泥沙、水草等）	无
口鼻部	蕈样泡沫	无
呼吸道	各级支气管和肺泡内有溺液、泡沫和异物	仅上呼吸道有少量液体和异物，水压较大时可达下呼吸道，但无泡沫

续表

内容	溺死	死后抛尸
肺	水性肺气肿表现	无
心	（淡水溺死）左心血液比右心稀薄，各成分减少	左、右心血液浓度、成分相同
胃肠	均可有溺液、水草、泥沙等异物	胃内可能存在，但一般不进入小肠
内脏器官	多个器官明显淤血，但脾呈贫血状	淤血可有可无
硅藻检验	肺、体循环各器官、骨骼、牙齿中均可检出	有时仅在肺中检出少量，其他器官阴性

第六节　体位性窒息

体位性窒息（positional asphyxia）是指因身体长时间被限制于某种异常体位，使呼吸运动和静脉回流受阻而引起的窒息死亡。早在 19 世纪中后叶，对被羁押人员或被限制自由人员（如犯罪或违法嫌疑人、看守所拘留人员、监狱服刑犯、甚至还包括偷渡人员）等在抓捕、执法、看押及运输过程中发生的意外死亡，鉴于当时的技术手段，即使通过尸体解剖和毒物检验往往也无法明确死亡原因。因此，当时称此类死亡为"羁押人员猝死综合征"（Sudden in-custody death syndrome，SICDS），用于解释涉及被限制自由人员和警察的不明死亡案例。随后，法医病理学家开始对 SICDS 的原因及其相关因素进行深入研究，发现在这些死亡案例中，最常见的死亡原因是窒息，并且在特定体位捆绑时容易发生，所以又将此类死亡称之为"体位性窒息"。目前，法医学实践中现场多见于审讯场所、居室，也可见于车内、医院病房等。

一、体位性窒息的常见方式

常见引起体位性窒息的限制性体位有双上肢或腕部被捆绑后悬吊于高处；双上肢或腕部于胸前捆绑，合并一侧下肢或双下肢捆绑后悬挂；四肢捆绑于背部，并使身体处于俯卧位；双上肢捆绑于背部，处于长时间坐位；双上肢固定于背部，胸背部长时间受挤压；等等。这些特殊体位使得胸廓呼吸运动明显受限，肺换气功能障碍。也可见于成人醉酒后或瘫痪、昏迷者身体坠落于狭小空间内；睡眠中儿童头部卡在床头与床垫之间，使头部向胸前过度屈曲或向背侧过伸；等等。此时过屈或过伸均可使气道不畅，长期处于此体位将影响呼吸功能。

二、体位性窒息的死亡机制

尽管体位性窒息的死亡机制研究报道并不少见，但其确切的死亡机制却不十分清楚，主要涉及以下三个方面：

1. 呼吸功能障碍。主要是特殊体位使得呼吸道一定程度受阻，如颈部处于过屈或过伸时；此外，就是胸腹过度屈曲受压，使得胸廓和膈肌活动受限，如双上肢或双下肢被同时捆绑于背侧，或被捆绑后悬挂状态，由于重力作用而使呼吸肌运动受限。当长时间处于上述体位时，会出现呼吸肌疲劳，导致缺氧和二氧化碳潴留等引起窒息。

2. 心功能障碍。当呼吸功能受损后，常继发电解质紊乱、高钾血症等，引起心肌缺氧、心电活动异常，出现多种心律失常，如窦性心动过缓、窦性停搏、房室传导阻滞、室颤等，进而使得心脏泵血功能障碍。

3. 中枢神经系统功能障碍。长时间呼吸功能障碍可致高碳酸血症，出现多种神经系统功能异常，早期症状如头痛、不安、焦虑，随后出现震颤、精神错乱、嗜睡、甚至昏迷等，临床上称之为肺性脑病。

三、体位性窒息的检验与鉴定

体位性窒息死亡者除一般窒息死亡征象外，机体常有长期捆绑、固定体位所形成的擦伤和挫伤，处于特殊体位死亡后形成的尸斑亦可反映当时的身体姿势。但如果死亡后短期被发现并解除特殊体位时，尸斑可发生转移，在法医学检验时应注意甄别。经全面系统尸体检验后，应筛查常规毒（药）物，排除其他致死原因后，应结合检验结果、现场勘查、案情等进行综合判断。

第七节　性窒息

性窒息（sexual asphyxia）是性心理和性行为变态者独自在极为隐蔽的场所用某种特殊方式，引起一定程度的缺氧以刺激其性欲，增强其性快感而进行的一种性行为活动。常由于所用的措施失误或过度，意外地导致窒息性死亡。国外也称为自淫性窒息（autoerotic asphyxia）或自淫性死亡（autoerotic death）。实践中，有时性窒息死亡者常被误认为是自杀或他杀。

一、性窒息的法医学检验

性窒息的场所多为寂静、隐蔽之处，如单人居室、厕所、密林深处、仓库等，现场均无搏斗痕迹，部分现场中可发现各种与性活动或刺激性欲有关的物品，如色情画报、书刊、淫秽小说以及女性用品如鞋袜、发套、化妆用品等，如果死者先被其家人发现，这些物品可能被隐匿而在勘验现场时无法见到。性窒息者常穿着、打扮奇特，并梳妆打扮似女性，有时会被误认为是女性死亡而报案。现场还可发现死者以往多次进行性窒息活动时所遗留的痕迹，如绳索摩擦床头、屋梁的痕迹等。

性窒息者以男性为主，女性极少见，可发生在青少年、壮年和老年群体中，以青少年为主。性窒息者大多具有一定文化，其性格多属内向型，不善于接触异性，也有少部分属外向型性格。绝大多数性窒息者都有不同程度的异装癖、恋物癖、淫物癖和自淫虐症等变态性行为的表现。

性窒息的方式多种多样，最常见是使用各种绳索、长尼龙袜、围巾、头巾等缢颈或勒颈；有时用塑料袋套在头部、用软物捂住口鼻；个别性窒息者还进行自我捆绑，其方式也比较奇特，如五花大绑或多道绳索捆绑身体，此时初看捆绑结实，易被误认为是他杀，但仔细检查后，可见捆绑较为宽松且其本人可以做到。当达到性满足后，若得以迅速解脱则可避免死亡，而如果解脱措施失灵，则可因窒息而导致死亡。故性窒息的死亡机制与缢死或勒死基本相同，性窒息者除了所采用的窒息方式和尸体的姿势较为奇特外，其尸体损伤及死后改变与一般机械性窒息死亡者的征象相类似。

二、性窒息的法医学鉴定

通常在怀疑性窒息死亡的案件中，经过全面系统尸体检验，结合性窒息者的特点、毒（药）物检测、现场勘查结果等，不难作出性窒息死亡的鉴定意见。有时性窒息者死在自己家中，被家人发现后羞于启齿，常竭力掩盖并移走现场内的淫秽物品、女性物品等，且家人或亲属提不出任何其他与死亡有关的异常情况或线索，此时给现场勘查和案件性质的确定带来一定困难。因此，在对可疑为性窒息案件的鉴定中，要深入调查，了解死者生前的习惯和爱好，仔细勘查现场，认真检验尸体，观察、分析绳套和绳结是否能由一人完成，最后根据性窒息的特点作出鉴定意见。

第八节 其他类型机械性窒息

除前述机械性窒息类型之外，在法医学实践中，还可见其他类型的机械性窒息，如压迫胸腹部引起的窒息、捂死、闷死、哽死等，这些死亡方式常见于意外或灾害，在本书中只作简要介绍。

一、压迫胸腹部所致窒息

此类窒息死亡在意外性或灾害性事故中最为常见，如房屋倒塌、矿井塌陷、交通事故车辆颠覆、山体滑坡、雪崩、人群挤压使胸腹部受到压迫等，也有熟睡的婴儿胸腹部受压导致窒息死亡的案例报道。

压迫胸腹部致窒息死亡的机制主要是胸腹部受压使肋骨不能上举，膈肌不能下降，严重影响呼吸运动，致人体长时间缺氧窒息死亡。一般成年人在胸腹部受到40~50公斤，健壮者在胸腹部受到80~100公斤的压力时可导致死亡，一侧胸廓受压经30~50分钟后即可引起窒息死亡。尸体检验时，如果是被质地柔软的物品压迫，体表可无明显压痕，若是被硬而重的物体压迫，特别是突然挤压或坠落，压迫在胸腹部时，受压部位可发现各种损伤如擦伤、挫伤、创等；体表的窒息征象较为明显，如颜面部、颈部瘀血、肿胀、发绀，颜面部、球睑结膜可见瘀点性出血；解剖时内脏器官明显淤血，发生肺水肿、心肺浆膜层可见瘀点性出血，严重时可见肋骨骨折、心肺肝等内脏器官损伤。

在法医学鉴定时，要注意死者身体各部位所受到的损伤是否符合挤压伤的形态特征，现场情况是否与挤压损伤的特点相符合，死者有无抵抗伤，有无伪装现场现象，进行生前伤和死后伤的鉴别，以及要进行常规毒（药）物筛查，等等。

二、捂死和闷死

捂死（smothering）是以手或借助其他柔软物同时捂压口、鼻，阻塞呼吸道引起窒息死亡。捂死是他杀的一种方式，常见的柔软物有毛巾、手帕、被褥、枕头、塑料袋等。闷死（suffocation）是由于局部环境缺氧所发生的窒息性死亡。闷死常见于意外或灾害，如儿童玩耍时躲进密封性较好箱柜、矿井坍塌致人员被困于狭小空间内等。

由于捂死是由单纯的缺氧所致死亡，因此，其死亡过程通常比缢死、勒死更长，尸体上出现的窒息征象更明显和典型。此外，捂压口、鼻部时，由于被害人的强烈挣扎反抗，常可在受压部位形成擦伤、挫伤，伴有指甲的抓痕、口鼻歪斜或压扁的迹象等，口唇及口腔黏膜、牙龈处可有挫伤出血，严重者伴有牙齿松动或脱落。若用于捂压的柔软物中有泥沙等异物，则也会遗留在口鼻部周围。由于捂死的死亡过程相对较长，因此，他杀案件中被害人常是儿童、老年人、瘦弱者等反抗力相对较差的人。有时捂死也可见于意外事件，多见于冬季婴幼儿在睡眠中被衣物覆盖过严、儿童玩耍时不小心将塑料袋套在头部等。

闷死的死亡过程一般发生速度较快，死前常无挣扎抵抗等剧烈运动，尸体体表及内部器官多缺乏典型的窒息死亡征象。闷死多见于意外，需要根据案情、现场勘查、尸体检验及常规毒（药）物筛查等综合判断作出鉴定意见。

三、哽死

哽死（choking）是指由于各种原因致在呼吸道内部出现阻塞，影响气体交换过程导致的窒息性死亡。实践中引起阻塞的异物有食物（如花生米、果冻、香蕉等）、非食物（如硬币、笔帽、药片、瓶盖等）以及来自于人体本身的呕吐物、炎性脓包、凝血块等。

通常哽死者具有窒息死亡的征象，但有时若死亡过程进展迅速，则窒息死亡征象可不明显。哽死常见于意外，体表多无其他机械性损伤，但在少数他杀案例中，由于异物被强行塞入口腔，在口周围、牙龈、口腔或咽喉部等皮肤或黏膜处见擦伤、出血等，被害人的其他体表部位可见抵抗伤。仔细地进行法医学尸体检验可在咽喉、气管、支气管，甚至肺细小支气管中发现异物。肺表现为肺淤血、水肿、出血等，若因胃内容物误吸而死亡者，在肺脏内可见食物中的植物或动物肌肉纤维，如果在误吸后仍具有一段存活时间，肺内异物周围可见明显的炎细胞浸润或呈化脓性改变。但如果系死后解剖过程中或濒死期抢救措施致胃内容物误入呼吸道，则其位置仅在气管或左、右支气管中，而且也无相应的组织学反应（生活反应）。

思考题：

1. 呼吸的过程与分类有哪些？
2. 机械性窒息的外部、内部征象有哪些？
3. 勒死与缢死的区别有哪些？
4. 生前入水溺死与死后抛尸入水的鉴别要点有哪些？
5. 硅藻检验的意义有哪些？
6. 机械性窒息的解剖顺序是什么？为什么？

第
五
章

高温与低温损伤

　　广义的烧伤包括高温物体接触人体造成的损伤、化学物质接触人体皮肤或黏膜产生高温引起的化学物质烧伤、电火花引起的电烧伤、X 射线和紫外线等引起的放射性烧伤等，狭义的烧伤概念是指高温的物质（气体、液体、固体）接触人体引起的损伤。一般习惯上又将火焰所致损伤称为烧伤（burn），高温液体所致损伤称为烫伤（scalding），高温固体引起的损伤称为灼伤。烧伤致死称为烧死，这些热作用损伤引起的局部组织病理学改变、机体病理生理改变大致相同。因此，本章以火焰引起的烧伤为代表作介绍。

　　低温导致人体局部的损伤称为冻伤（frostbite）。人体长时间或突然受到寒冷侵袭，散热量大于产热量，超过人体体温调节限度，使得新陈代谢和生理功能发生障碍而引起的死亡，称为冻死（death from cold）。

第一节　烧伤与烧死

　　在生活中，引起烧伤的原因很多，常见的有火灾（故意或意外）、交通事故（如车辆自燃、事故后燃烧等）、爆炸、医疗意外（如高压氧舱失火）、生活意外（如高压锅蒸汽）等，此外，法医学实践中还有纵火杀人、杀人后放火焚尸等的案例。

一、烧伤程度评定

（一）烧伤的深度分级及病理学改变

　　烧伤的深度与面积是进行烧伤严重程度评定的两个主要方面。而烧伤深度主要与烧伤的温度、时间成正比，临床中目前普遍采用三度四分法进行评定，而法医学中还常出现尸体炭化的情况，故在法医学中采用四度法评定。

1. Ⅰ度烧伤。又称红斑性烧伤，烧伤的程度最轻，一般40℃~50℃热源短时间作用于人体即可发生，损伤局限在皮肤表皮层（如角质层、透明层、颗粒层），有时可损伤及棘状层，但皮肤表皮基底层仍健在，是故皮肤再生能力强，一般3~7天能自行恢复，不留疤痕，有时会有色素沉着，但能在短期内恢复至正常肤色。肉眼表现为局部皮肤红肿、干燥，此种皮肤红斑表现是生前受到热作用的反应，但并非是生前热反应的可靠证据，如死后1~4小时，接触50℃~60℃热源仍可引起表皮层小血管扩张。

2. Ⅱ度烧伤。又称水疱性烧伤，根据损伤伤及皮肤结构的深浅分为两类：

（1）浅Ⅱ度：较高温度（如50℃~70℃）或较低温度长时间作用，可发生浅Ⅱ度烧伤，甚至强烈的日光照射也可引起浅Ⅱ度烧伤。烧伤累及包括基底层在内的表皮全层，有时伤及真皮浅层（乳头层）。热作用引起皮肤细胞坏死，小动脉和毛细血管内皮细胞的变性坏死，血管通透性升高，大量血浆液体渗出进入组织间隙，使表皮层与真皮层相分离而形成水疱。肉眼观察可见：局部皮肤红肿明显，有大小不一的水疱，内含淡黄色或淡红色澄清液体，或含有蛋白质的胶状物，若将水疱剪破揭开后，创面显露红润而潮湿的真皮层，质地较软，并可见扩张充血的毛细血管网，呈颗粒状或脉络状，伤后1~2天后更明显。光镜观察可见：水疱位于表皮与真皮之间或表皮内部，其顶部为坏死的表皮，底部为真皮乳头层，血管充血，伤后存活4~8小时可见炎性细胞（主要是中性粒细胞）浸润。若水疱内容物无继发感染，1~2周水疱可被吸收痊愈而不留疤痕，有时存在较长时间的色素沉着。死后不久的尸体受热作用后，也可导致水疱形成，但通常渗出液较少且无炎症反应。

（2）深Ⅱ度：伤及真皮乳头层以下的真皮深层，但真皮深层及其中的皮肤附件结构仍部分保存。肉眼观察可见：局部皮肤苍白或形成半透明痂皮，痂皮下创面潮湿，并可见多个小血管充血而形成的散在红点，水疱可有可无。光镜观察可见：表皮全层及真皮大部分组织呈凝固性坏死，结构消失，真皮深层仍可见皮肤附件（皮脂腺、汗腺、毛发等），坏死组织周围血管扩张充血，若存活时间超过数小时，在坏死区和存活组织之间有带状分布的炎性细胞（如中性粒细胞）浸润，烧伤区周边皮肤表皮层和真皮层的细胞和细胞核变细长。由于仍有部分完好的真皮深层，故仍可再生上皮，创面可自行愈合，但容易因发生感染而遗留瘢痕且瘢痕组织增生的机会增多。如无感染，一般需3~4周愈合；若继发感染，愈合时间不仅延长，严重时还需植皮愈合。

3. Ⅲ度烧伤：又称焦痂性烧伤，热源温度在50℃～70℃及以上时可发生，伤及皮肤全层（包括附件），甚至可伤及皮下脂肪、肌肉和骨骼。肉眼观察可见：烧伤处皮肤凝固变薄，形成半透明的褐色焦痂，硬如皮革，透过焦痂可见粗大血管网，为皮下郁滞或栓塞的血管，其间有些小血管与之相连，烧伤的肌肉呈半透明状、深红色，烧伤的骨骼呈褐色，骨板结构模糊。光镜观察可见：皮肤各层附件结构和皮下脂肪均发生凝固性坏死而呈均质化，痂下组织内血管充血、血栓形成，交界区有明显的炎性细胞浸润；烧伤的肌肉纹理消失而互相融合，呈均质化或肌浆溶解；烧伤的骨骼骨细胞消失而只留下卵圆形空隙，呈一片蓝色物质。

4. Ⅳ度烧伤：又称炭化性烧伤，因火焰长时间烧灼，组织中水分丧失、蛋白凝固、收缩变硬，外观呈黑色，称为炭化（charring）。若组织继续燃烧，则由炭化转为灰化。体表局部炭化尚可生存，若几乎全部体表炭化则仅见于尸体。根据炭化尸体的焚毁程度可分为五级：①尸表炭化、毛发全失、四肢完整；②皮肤表面缺失、四肢末端脱落、骨骼暴露、腹腔破裂、器官外露；③皮肤完全缺失，四肢脱落，腹壁大部分烧毁缺失，器官表面炭化皱缩；④头颅、四肢烧毁脱落，内部器官焚毁；⑤尸骸灰化，仅留一堆骨残渣。

（二）烧伤面积估算

一般认为烧伤面积比烧伤深度对人体的影响更为明显，当Ⅱ度烧伤面积超过1/2体表面积或Ⅲ度烧伤面积超过1/3体表面积时即可引起死亡。目前，估计烧伤面积采用较多的是中国九分法和手掌法。

1. 中国九分法（表5-1）：中国九分法系1961年根据中国男女青少年的实测结果简化后得出。成人体表面积：头颈部9%（1个9%），双上肢18%（2个9%），躯干27%（3个9%，其中含会阴部1%），双下肢46%（5个9%，其中含双臀5%，另加1%），共为：11×9%+1%=100%。儿童（12岁以下）的躯干和双上肢的体表面积所占百分比与成人相似，儿童体表面积的特点是头大、下肢小，并随着年龄的增长比例有所差异，可按下列简易公式计算：头颈部体表面积（%）=9%+（12-年龄）%；双下肢体表面积（%）=46%-（12-年龄）%。

表 5-1 成年人体表面积中国九分法计算表

部位		成人体表面积（%）	
头颈	发部	3	9
	面部	3	
	颈部	3	
上肢	双上臂	7	18＝9×2
	双前臂	6	
	双手	3	
躯干	躯干前	13	27＝9×3
	躯干后	13	
	会阴	1	
下肢	双臀	5*	46＝9×5+1
	双大腿	21	
	双小腿	13	
	双足	7*	

注：*成年女性的臀部和双足各占 6%。

2. 手掌法。无论成人或小孩，从上表可算出，一手（手掌和手背）的面积占总体表面积的 2.5%，掌测占 1.25%，如果五指并拢，一掌面积约等于体表面积的 1%，此方法可用于小面积烧伤的估计或辅助九分法的不足。

烧伤严重程度与死亡率有关，国内目前采用的是 1970 年全国烧伤会议拟定的标准（表 5-2）。

表 5-2 临床烧伤严重程度分级标准

严重程度	成人		儿童	
	烧伤总面积（%）	或Ⅲ度烧伤面积（%）	烧伤总面积（%）	或Ⅲ度烧伤面积（%）
轻	<10	0	<5	0

严重程度	成人		儿童	
	烧伤总面积（%）	或Ⅲ度烧伤面积（%）	烧伤总面积（%）	或Ⅲ度烧伤面积（%）
中	11～30	<10	5～15	<5
重*	31～50	11～20	16～25	<10
特重	>50	>20	>25	>10

注：成人体表烧伤面积不足31%（或Ⅲ度烧伤面积不足11%）或儿童烧伤面积不足16%（或Ⅲ度烧伤面积不足6%），但有下列情况之一者仍属重度烧伤范围：全身情况较重或已有休克；复合伤或中毒；中、重度吸入性损伤；婴儿头部烧伤超过5%。

二、烧死尸体的一般征象

（一）烧死尸表征象

1. 衣物残片：在火势不太严重的火场，死者的衣物会留有残片，衣服口袋内也可有不易燃烧的物品，这都是认定死者身份的重要物证。同时，残存衣物覆盖部位的皮肤热损伤较轻，这对判断烧伤者当时的体位很有帮助。

2. 尸斑鲜红、尸表油腻：由于烧死者血液中的碳氧血红蛋白（与一氧化碳相结合的血红蛋白）含量较高，因此尸斑常呈鲜红色；皮下组织中的脂肪在高温作用下渗出到皮肤表面，使得尸表油腻，即便在完全炭化的尸体，尸表油腻也很明显。

3. 各种类型烧伤：皮肤上可存在前述不同程度的烧伤，典型的生前烧伤均伴有明显的出血、水肿、炎症反应和坏死改变，在有毛发的部位，毛发受热皱缩、卷曲，尖端呈黑褐色，触之易碎。

4. 眼部征象：生前烧死者由于热、光、烟雾的刺激，受害人常反射性紧闭双眼，故在外眼角出现因形成皱褶而未被烟雾熏黑的"鹅爪状"改变，称为外眼角皱褶；其角膜和结膜囊内无烟灰和碳末沉着；睫毛仅尖端被烧焦，根部保留，称为睫毛征。这些表现均是生前烧死的征象。

5. 拳斗姿势：当全身处于火场时，肌肉遇高热发生凝固性收缩，由于机体屈肌较伸肌发达，故四肢常呈屈曲状态，类似打拳中的防守姿态，故称为拳斗姿势。拳斗姿势在死后焚尸也可形成。

6. 假裂创：环境高温使皮肤组织因水分蒸发而干燥变脆，并且皮肤凝固收缩，使得发生沿皮纹的裂开，形成梭形创口，酷似切创，称为假裂创。在法医学尸体检验过程中，要注意将假裂创和生前形成的机械性损伤相区别：假裂创的特点是伤口浅，一般仅伤及皮肤层，若累及肌层，则皮下组织可从裂口中翻出；肌层裂开是平行于肌束走行，而垂直于肌束走行的裂口，外伤形成的可能性较大；由于皮肤和肌肉收缩程度不同，创壁常不在同一平面上，创腔内也没有出血；假裂创可发生在任何部位，多见于四肢伸侧及肘、膝关节和头部。

7. 尸体重量减轻、身长缩短：多见于严重烧伤及炭化的尸体，高温使组织器官内水分丧失，组织坏死、炭化，造成尸体重量明显减轻，身长挛缩短小，四肢末端甚至缺失。两岁以下的婴幼儿尸体可完全烧毁，仅留下少量骨灰。

8. 骨破裂：高温破坏骨的有机质成分，使骨变得松脆，亦可在颅骨及长骨骨髓腔内产生气泡造成骨破裂，易发生于上肢的腕部和下肢的踝部。焚烧后的骨质呈灰白色，骨皮质表面见多处骨折样破裂，头面部被焚烧时，软组织较容易损毁致颅骨暴露，颅骨表面呈大量星芒状、裂隙状骨折线，严重者颅盖骨完全毁坏，脑组织暴露。

9. 其他改变：当胸腹部受热时，胸腹腔内产生的气体，引起胸腹壁破裂，内脏器官脱出，此时，极易被误认为系生前的机械性损伤，在实际案例中鉴别较困难，需要结合其他因素综合判断。

（二）烧死内部器官改变

1. 呼吸系统：在火场高温环境中，即使躯体未与火焰发生直接接触，现场灼热的火焰空气、蒸汽、烟雾或其他有害气体，也会随呼吸进入呼吸道和肺引起损伤。呼吸道粘膜表面可见烟灰、炭尘沉积，有时与粘液混合形成黑色线条状黏痰（如图5-1）；会厌、喉头、气管、支气管等粘膜充血水肿、出血坏死，有时可形成水疱，严重者上述部位形成白喉样假膜，容易剥离，假膜主要由纤维蛋白、坏死的黏膜、黏液及以中性粒细胞为主的炎细胞成分等组成，上述改变称为热作用呼吸道综合征（heat induced respiratory tract syndrome），该综合征是表明受害人为生前烧死的确切证据，但在火场中有些因有害气体中毒死亡者，可不出现此综合征。肺广泛性充血、出血、水肿、气肿或塌陷，质地变实，切面呈鲜红色，严重的肺水肿有时会导致口鼻出现蕈样泡沫。若死者胸壁炭化则肺组织会发生凝固性坏死。

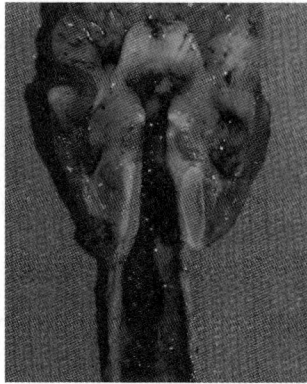

图 5-1　烧死者呼吸道内烟灰沉积

2. 心脏及血液：火灾现场产生大量一氧化碳，与血液中的血红蛋白结合形成碳氧血红蛋白（carboxyhemoglobin，HbCO），所以生前烧死者内脏器官多呈鲜红色或樱红色，心血多成流动状，心外膜下、左心室内膜下可见出血点，心肌光泽减退，呈灰红色或土黄色。

3. 消化道：若食管、胃等消化道内见有炭末，说明死者在火场中有吞咽行为，此征象比呼吸道的炭末沉积对生前烧死更具有证明价值。多数烧死者均有不同程度的消化道病变，如粘膜充血、出血、水肿、糜烂或溃疡，其中迟发性死亡者发生较多的改变是胃、十二指肠溃疡的形成，机制是由于身处火场时，机体处于应激状态，体内肾上腺素、肾上腺皮质激素分泌显著增多，胃酸分泌亢进致胃、十二指肠出现糜烂或溃疡。

4. 颅脑：常有脑水肿、小脑扁桃体疝形成，有时可见海马沟回疝，蛛网膜、脑实质充血水肿，血管壁血浆浸润。焚烧而致的颅骨骨折，一般呈星芒状或裂隙状，骨折片向外翻，系由于同时受热的脑组织内压力增高，导致骨折片外翻所致，应注意与外伤性颅骨骨折相鉴别。脑及脑膜受热凝固收缩，与颅骨内板分离形成间隙，由于硬脑膜血管及颅骨板障的血管破裂，流出的血液聚集于该间隙中，形成血肿即硬膜外热血肿（extradural heat hematoma），血肿多呈砖红色或巧克力色；血肿外周部分血液凝固，中心部分可呈液态或半流体状，形似黏土；有时血肿内可形成许多大小不一的空泡，形似蜂窝状；血肿形成处的颅骨多被烧成焦炭状，软组织缺失，该血肿需要与外伤性硬膜外血肿相鉴别（见表 5-3）。但应注意的是，当机械性暴力与高温共同作用于头部时，两者鉴别较为困难，而一且出现硬脑膜下血肿，则由外伤所致。

表 5-3　烧死中硬膜外热血肿与外伤性硬膜外血肿鉴别参照表

内容	硬膜外热血肿	外伤性硬膜外血肿
形成原因	死后高温作用所致	生前暴力所致
血肿部位	多在颅顶部	暴力打击处，以双颞部多见
范围	较大，重可达 100g 以上	血肿常局限
形态	新月形，边缘锐利	多为纺锤形
血肿颜色	砖红色或暗红色	均为暗红色
血肿结构	松软，内含脂肪及气泡，蜂窝状	血肿致密而坚硬
与颅骨关系	相贴于颅骨，与硬脑膜粘连不紧密	血肿挤压颅骨，与硬脑膜紧密粘连
血肿 HbCO	升高	无
伴发情况	头部无外伤，颅骨有烧焦、炭化，颅骨骨折为外凸裂隙状或星芒状	头部相应部位有外伤痕迹，常伴有颅骨骨折

三、火场尸体的法医学鉴定

火场中的尸体进行法医学鉴定，需要解决的主要问题有：明确死亡原因（包含生前烧死与死后焚尸的鉴别）、分析死亡性质及尸体的个人识别等。

（一）明确死亡原因

在火场中，有的人死于现场，有的人被救离后不久发生死亡，有的人可在烧伤数天、数周后死于并发症，因此有人按发生时间长短，将源于火场的死亡分为早发性死亡和迟发性死亡，前者一般是指火场中的尸体，是法医学家主要的研究对象。火场中死亡者除了火焰热作用导致死亡外，很大部分是因中毒而致死亡，而其他则因机械性损伤而死亡，或由于多种原因共同作用致死。

1. 烧死：烧死的主要机制有烧伤引起剧烈疼痛，反射性中枢神经系统功能障碍，导致原发性休克；大面积烧伤致血管通透性增加，大量血浆、组织液丢失，导致低血容量性休克；细胞被破坏而大量释放出钾离子，高钾血症也可引起心功能障碍或心搏骤停。

2. 中毒：火场中常产生大量一氧化碳，常致急性一氧化碳中毒而死亡，血液中碳氧血红蛋白浓度常在 40% 以上，但有时也会在 40% 以下。此外，火场中含氮物质燃烧（如硝化纤维素膜），还可释放出二氧化氮、四氧化氮、氰化氢等剧毒气体；羊毛和丝制品燃烧时，会产生硫化氢和硫的氧化物等。吸入这些有毒气体后，也会导致中毒死亡。

3. 窒息：火场中由于吸入热的空气火焰、烟雾或刺激性气体，引起急性喉头水肿、支气管痉挛、分泌物堵塞呼吸道、急性肺水肿。还有火场中氧气大量消耗致空气中缺氧，这些因素都导致受害者在短时间内窒息死亡。

4. 机械性损伤：建筑中的钢筋、混凝土，在高温时（650℃以上）就会软化崩塌，导致建筑物倒塌，砸压火场中人员形成致死性损伤；火场中受害者慌不择路，从高处坠落或奔跑中碰撞其他物体，也可引起严重损伤而导致死亡。这些机械性损伤极易被误认为是他人故意所为，鉴定时须特别慎重。

5. 其他原因：迟发性死亡者常在烧伤后数小时、数天，甚至数周后，因烧伤的并发症而死亡，主要的并发症是继发性低血容量性休克，心、脑、肾、肾上腺功能衰竭以及感染性休克，等等。

6. 生前烧死与死后焚尸的鉴别：只要是火场中发现的尸体均需鉴别生前烧死还是死后焚尸，主要依据是尸体上有无局部或全身的生活反应。

表 5-4　生前烧死和死后焚尸的鉴别参照表

内容	生前烧死	死后焚尸
皮肤	烧伤伴有生活反应	烧伤一般无生活反应
眼睛	有"鹅爪状改变""睫毛征"，结膜囊无碳末和烟灰	无此表现
呼吸道	热作用呼吸道综合征	烟灰、碳末仅在口鼻部，呼吸道无高温作用的改变
胃	胃内见碳末	胃内无碳末
肺脂肪栓塞	有	无
HbCO	通常血液中高浓度的 HbCO	无或含量极低
死亡原因	烧死、中毒、机械性损伤	其他死因

除表 5-4 之外，仍需注意碳氧血红蛋白明显增多是烧死的重要证据，应取心

血或大血管内的血液进行测定，而避免用外周血进行测定；死于火场中的健康成人碳氧血红蛋白含量可达 50%～70%，幼儿及老人含量可稍低，吸烟者的碳氧血红蛋白含量平时即可有 8%～10%，故遇血中碳氧血红蛋白饱和度低者鉴定时应谨慎。一般情况下，鉴别生前烧死与死后焚尸并不困难，但由于生前烧死呼吸道黏膜不一定都有烟灰、碳末沉着，肺血管不一定都发生脂肪栓塞，心及大血管的血液不一定都有高浓度的碳氧血红蛋白，因此，在有些特殊情况下，尤其是濒死伤，鉴别烧死和死后焚尸是一件复杂而又艰巨的工作，应当系统全面地检验尸体，结合现场勘查、案情调查及其他刑事技术检验结果对案件进行综合分析判断，才能得出正确的结论。

（二）分析死亡性质

烧死多数属于意外或灾害，自杀和他杀较少见，但是利用燃烧而焚尸灭迹以掩盖其杀人罪行者则较常见。

意外或灾害性烧死者最多见，常见的意外情况是老人、儿童、体弱无力者、癫痫发作者、醉酒状态者等，因无能力将火扑灭或逃离火场而被烧死。灾害性烧死常引起群体性死亡，案情明显，如房屋、船只、飞机、森林着火，油库燃烧，等等。尸体检验常可发现典型的生前烧死征象，现场勘查可找到起火原因。

自焚者往往自己将助燃剂自上而下向身体浇洒，然后点火自焚。多由于某种迷信、邪教、陋习，或出于某种政治目的，也有精神状态异常者自焚，此时常在公开场合进行。自焚者的特点是：可见不同程度的烧伤，身体上半身较下半身烧伤程度严重；心血中碳氧血红蛋白浓度多数不高（一般低于 30%），原因系自焚的环境常较开阔致燃烧充分；自焚者也可合并其他损伤或中毒，如割腕、刎颈等，服毒者现场可找到遗留的毒物容器或用具。

单纯利用烧死进行他杀较少见，而利用燃烧进行焚尸灭迹、掩盖杀人罪行较多见。单纯以燃烧为手段杀人，仅靠尸体检验无法认定，只有结合案情调查、现场勘查、实验室检查等综合分析，才能得出准确的结论。他杀后焚尸灭迹时常留有他杀的痕迹，如机械性损伤、机械性窒息、中毒等，尸体检验时认真观察可发现，在现场，尸体周围燃烧的程度常最严重，现场多经过伪装，尸体解剖无生前烧死的征象，并可发现其他死亡原因。

（三）个人识别

烧毁的尸体需要确定死者身份，尤其是火灾现场可造成多人遇难，均需进行个人识别，以便善后处理。

严重炭化尸体的身长可缩短数厘米或数十厘米，体重可减轻一半以上，所以不能依据身长、体重进行个人识别；高温作用还可引起皮肤外形改变，原来的皮肤个人识别特征，如黑痣、纹身、瘢痕等，常因被破坏而无法用于个人识别。而骨骼、牙齿和牙齿修复材料一般比较耐焚烧、能保留，是个人识别最好的依据。当燃烧不严重时，尸体衣服残片、口袋中的耐热物品也可用于个人识别。

第二节　中暑死

一、体温调节与中暑

正常人体温一般恒定在 37℃ 左右，是通过人体下丘脑体温调节中枢的作用，使产热与散热之间达到动态平衡，以适应不同的环境，保持体温恒定。人体产热除主要来自于体内氧化代谢过程中产生的基础热量外，肌肉收缩产生的热量亦是主要来源。外界环境在通常温度时（15℃~25℃），人体主要依靠辐射、传导、对流、出汗蒸发、排泄等途径散热，其中辐射散热最多（60%），其次是蒸发（25%）和对流（12%），少量为传导（3%）。而当环境温度高于皮肤温度时，人体散热只能靠出汗及皮肤和肺泡表面的蒸发、大小便排泄。人体的散热还通过循环血流将深部组织的热量带至皮下组织，通过扩张的皮肤血管散热，因此，皮肤血管扩张和经皮肤血管的血流越多，散热越快。儿童的体温调节能力相对较弱，伴随年龄增长，其汗腺数量逐渐增加；婴儿不会出现寒颤，伴随着神经系统的发育成熟其体温调节能力才逐渐完善。人体于 60 岁后，体温调节能力开始下降，主要表现在出汗、血管反应、寒颤、交感神经的功能下降，同时基础代谢率也开始下降。这些因素使得婴幼儿、老年人对环境温度变化更敏感。

当机体的产热大于散热或散热受阻时，体内有过量的热蓄积，将导致机体损伤。中暑（heat illness）是指由高温（或伴有高湿）环境引起的，以体温调节中枢功能障碍、汗腺功能障碍、电解质丢失过多为特点的疾病。临床实践中常分为热射病、日射病、热痉挛和热衰竭四种，其中热射病是在高温高湿环境中，特别是在有热辐射物体的环境（如冶炼车间）中劳动时，常因通风不良、防暑降温措施不当而引起；日射病是在夏季，因烈日暴晒、阳光直射时间过长所致。一般当所处环境温度超过 30℃ 且达到一定时间即可发生中暑，温度大于 35℃ 时更易发生；空气中的湿度对热射病的发生影响亦较大，如环境温度 32℃、湿度达到

100%时，环境温度 32℃、湿度在 90%以上时，环境温度 45.5℃、湿度在 40%以上时容易发生中暑。此外，中暑的发生与个体体质也有密切关系，年老体弱、疲劳过度、肥胖、饮酒、饥饿、脱水、失盐、穿着不透风以及患有发热、甲状腺功能亢进、糖尿病、先天性汗腺缺乏等疾病，服用阿托品及其他抗胆碱能药物而影响汗腺分泌的患者，对高温的耐受性差，易发生中暑。

热射病大多发病突然，无前驱症状。患者突然虚脱，意识丧失，典型的表现为高热（40℃以上）、颜面灼热潮红、皮肤干燥无汗、昏迷。日射病表现为剧烈头痛、头晕、眼花、耳鸣、剧烈呕吐、烦躁不安，严重时意识障碍、昏迷、惊厥，体温正常或稍高。

二、中暑死亡的尸体征象及法医学鉴定

由于尸体热量散发慢，故尸冷发生迟缓；尸斑出现早而显著，呈暗红色；腐败出现早，并易波及全尸，但有明显脱水者除外。

皮肤发红，触之温度较高且干燥，有时可见出血点。内部器官显著淤血、水肿，多个器官如脑、脑膜、肺、心包膜及心内膜等见广泛性点状出血。光镜下主要表现为神经细胞坏死，主要在大脑、小脑皮质，特别是小脑浦肯野氏细胞消失。

严重中暑致突然死亡时，可能被怀疑存在机械性暴力，需要法医学进行鉴定，明确死亡原因。但中暑死亡者的尸体检验又缺乏较特征性的病理学改变，故应详细询问案情、调查现场环境条件、死亡前的气候以及其他同伴的情况等，结合死亡前临床表现和尸体检验结果，并同时排除其他死亡原因（如机械性损伤、毒物等）后，进行综合分析判断。

第三节 冻伤与冻死

低温所致体表局部损伤称为冻伤（frostbite）。人体长时间处于寒冷环境中，机体保暖不足，散热量远超过产热量，超过体温调节生理限度后，引起新陈代谢和生理功能发生障碍导致死亡，称为冻死（death from cold）。冻死与冻伤多见于我国北方冬春季节。

一、冻伤程度评定

（一）冻伤的深度及病理学改变

冻伤经常出现在耳廓、鼻尖、面颊及四肢末端等血液循环不足的部位，冻伤采用三度四分法。

1. Ⅰ度冻伤（红斑）：主要伤及皮肤表皮层，局部红肿充血，发热瘙痒、疼痛；光镜观察见真皮层血管充血，有轻度炎细胞浸润反应。经过 7 ~ 10 天可痊愈。

2. Ⅱ度冻伤（水疱）：伤及皮肤全层，局部明显红肿伴有大小不等的水疱，内含血清样或血性液体，局部疼痛加剧，感觉迟钝；光镜观察见表皮与真皮分离，水疱内有渗出的纤维蛋白及炎症细胞，组织学不能与高温损伤的水疱相区别。经过 1~2 天，水疱内液体可吸收形成痂皮；2~3 周后，痂皮脱落痊愈。

3. Ⅲ度冻伤（坏死）：主要伤及皮肤、皮下组织、肌肉和骨骼，根据坏死程度，可分为：①重度冻伤，皮肤全层坏死，逐渐由苍白色变成紫褐色，最后为黑褐色，周围形成炎症分界线；②特重度冻伤，深达肌肉、骨骼，多呈干性坏疽，坏死肢体干燥、枯萎、变黑，最后分离脱落，造成肢体残缺。也可继发感染，成为湿性坏疽，引起严重的全身反应，甚至可因败血症而死亡。

（二）冻伤的面积

体表面积计算方法同烧伤计算方法。

二、冻伤的死亡机制与过程

冻伤的发生与地理、环境因素和个人身体因素具有密切关系。气温寒冷是冻伤或冻死的主要条件，冻死常发生在寒冷地区或冬、春低温季节，必须注意的是，有时气温在 0℃ 以上，但御寒衣物不足时，暴露时间过长也会导致冻死；风可以加速热的散失，风速与体温下降成正比关系；由于水的导热能力是干燥空气的 25 倍，水中散热比同样温度的干燥空气中散热明显加快，正常人浸在 0℃ 的水中，只要半小时即可冻死，但在同样温度的空气中可生存数小时。

婴幼儿（特别是早产儿）、老年人易发生冻伤或冻死；低温环境使得机体的新陈代谢和产热活动比较旺盛，饥饿和疲劳是促进冻伤和冻死的重要因素；慢性疾病（如糖尿病）和严重外伤后（特别是失血后），机体对寒冷的抵抗力降低，容易发生冻死；过量饮酒时，皮肤血管扩张、血流增加，产生温暖感，实际上体热更快散失，体温反而逐渐降低，深度醉酒者，体温调节中枢被酒精麻醉以致不能通过寒颤增加热量，所以体温迅速下降易于冻死；还有服用巴比妥类或氯丙嗪类药物，均可使体温调节功能下降，加速冻死发生。

机体受低温作用表现为下列过程：①兴奋增强期，体温下降初期出现寒颤，体温降至35℃时尤为剧烈，心跳、呼吸增快，血压升高，代谢加快，以适应低温的环境变化；②兴奋减弱期，体温继续下降，血压开始降低，呼吸、脉搏减慢，意识障碍，出现幻觉，运动能力低下；③抑制期，体温在30℃~26℃，对外界刺激反应迟钝，意识朦胧，可出现反常热感，发生反常脱衣现象；④完全麻痹期，体温降至25℃以下，体温调节中枢功能衰竭，心跳、呼吸抑制，血压直线下降，各种反射消失，最终因循环、呼吸中枢麻痹而死亡。

三、冻死的法医学检验

（一）冻死尸表征象

1. 衣着情况：冻死者经常衣着单薄，尸体呈蜷曲状，但也有冻死前反而脱去衣服，全身裸露或将衣服翻起暴露胸部，或仅穿内衣裤，称为反常脱衣现象（paradoxical undressing），原因可能是由于低温作用下体温调节中枢麻痹存在幻觉热感，此时易误认为是强奸和抢劫案现场。

2. 面容与皮肤：面容表情似笑非笑，称为苦笑面容，全身皮肤苍白或粉红，肢体外露部分皮肤呈鸡皮状，阴囊、阴茎、乳头明显缩小。未被衣物遮盖部分可有轻度、中度冻伤，呈紫红色或青紫色肿胀，与衣物遮盖部分有明显界限，其间可见水疱形成。

3. 尸体变化：尸斑呈鲜红色或淡红色，而内脏器官呈暗红色。尸体放置室温过夜解冻后，尸斑可由鲜红色变为暗红色，其原因在于低温环境时，氧气可透过皮肤弥散进入浅表血管，使血管中氧合血红蛋白浓度升高所致，而且其他原因所致死亡的尸体，暴露在寒冷环境中或冰库冷藏后，尸斑亦可呈鲜红色，说明死后也可形成这一现象。在低温环境中迅速冻死者，尸体全身冻僵。任何尸体长时间在0℃以下都会发生冻僵，冻僵尸体解冻后，还可再次发生尸僵，但尸体解冻后，腐败即迅速发生。

4. 体表轻微损伤：因迷途受冻惊慌跌倒，或因醉酒摔跌，致肢体及头面突出部位形成多处轻微擦伤和挫伤。

（二）冻死内部器官改变

1. 颅脑：由于颅内内容物冻结、容积膨胀，可致颅骨骨缝裂开，但尸体冰冻后，也可发生此类情形，故颅骨骨缝裂开并非冻死所特有，更不要误认为是头部外伤。

2. 心脏：心外膜下点状出血，左心室血液呈鲜红色，右心室呈暗红色，此征象具有一定的冻死特征性。

3. 消化道：食管粘膜糜烂或坏死脱落，胃粘膜下有弥漫性斑点状出血，沿血管排列，颜色暗红、红褐色或深褐色，其形成原因可能是低温下小血管或毛细血管应激性出血所致。这种胃粘膜下出血斑，首先由学者维希涅夫斯基报道，故称为维希涅夫斯基斑（Wischnevsky gastric lesions）（如图5-2所示），特别在老年人及应激时间延长的情况下发生率较高。十二指肠、回肠及结肠也可发生同样性质的出血或溃疡。

4. 其他器官改变：髂腰肌出血是冻死者相对特异的生活反应，气管及支气管内有淡红色泡沫，肺脏切面常呈鲜红色，肝细胞空泡变性与脂肪变性，常出现急性胰腺炎、肾小管上皮变性坏死、甲状腺充血、滤泡内胶质吸收等。

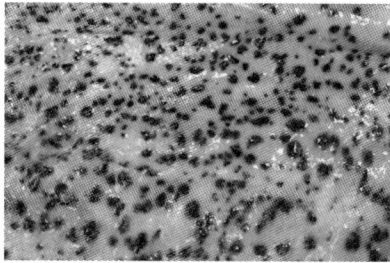

图5-2　冻死者胃粘膜见弥漫性斑点状出血（维希涅夫斯基斑）

四、冻死的法医学鉴定

与高温致死的法医学鉴定原则类似，冻死的法医学鉴定也应该在进行全面系统尸体检验、毒物检测，并排除机械性损伤、中毒、疾病死亡后，结合地域、环境、气候，以及案情、个体情况等因素进行综合分析判断。

冻死一般发生在寒冷地区及高原地带，常见于冬春季节。勘查现场时，应详细调查当时的气象资料，记录现场温度与湿度。还有就是长时间被关在冷冻库中的人也可被冻死。冻死者表现出的苦笑面容、反常脱衣现象、鲜红色尸斑、冻伤、胃黏膜出血斑及髂腰肌出血等，对确定冻死具有一定的参考价值。

冻死大多数是意外事件，他杀少见，冻死作为自杀手段极为罕见。作为他杀手段常见于受虐待或被遗弃的老人、儿童，不给吃饱穿暖而发生冻死，也有精神病患者、流浪者、醉酒者等在户外意外冻死，但要注意排除抛尸伪装冻死的可能性。

思考题：

1. 你知道火场中的尸体都有哪些死亡机制呢？
2. 烧死与死后焚尸的鉴别要点有哪些？有关的历史故事你知道吗？
3. 如何避免中暑、冻伤呢？
4. 烧死与冻死有哪些特征性改变？法医学鉴定时需要注意什么？

第六章 雷电损伤

第一节 电击伤与电击死

在日常生活和工作中，由电流引起的损伤或死亡较多见，多为意外或灾害事故，也常见于自杀和他杀。电流通过人体引起可感知的物理效应，称为电击；电流通过人体引起皮肤及其他组织器官的损伤及功能障碍，称为电流损伤或电击伤（electric injury）；因电流作用导致人体死亡称为电击死（electric death）。人体触电后，轻者发生头晕、心悸、四肢软弱、全身乏力、面色苍白、肌肉收缩；重者出现休克、昏迷、持续抽搐、四肢厥冷、心室纤颤，甚至因心跳和呼吸停止而死亡。

一、电流对人体的损伤作用

触电引起死亡的过程并不完全相同：可在几乎不发生任何声音时就立即死亡；有时触电后意识立刻丧失，随后恢复并可说话、行走，但仅能维持较短时间，之后又发生死亡；还有少数人触电后当时意识清楚，尚能说话，然后倒地死亡；有的表现为延迟性（数分钟或数小时后）死亡，或死于晚期并发症。此外，电击后由于强大电流致延髓中枢高度抑制或呼吸肌持续痉挛，常发生"假死"，表现为呼吸、心跳处于极度微弱状态，并呈现出窒息征象，若及时抢救仍有可能复苏。

（一）电流对人体的损伤种类

电流对人体的损伤程度与电流密度的平方和通电时间成正比。低电压（110~220V）时，可直接引起触电死亡，仅有约 1/5 的患者能够存活；而大于650V 的电压可以引起电休克，约有 3/5 的患者可能复苏成功。电流对人体的损伤作用可分为直接的局部作用和间接的全身作用。前者是指电能对电流传导路径上的组织细胞的直接损伤作用，又分为真性电流损伤和电烧伤；后者是指触电后通过神经反射、体液因素和组织遭破坏后产生的毒素等引起的间接损伤。电流对人体的损伤机制尚不完全清楚，但总体上包括电烧伤和电流损伤两个类型：

1. 电烧伤。电流通过皮肤进入机体，因皮肤电阻较高产生热能而致电烧伤，尤其是高压电引起的组织烧伤最严重。临床检查电烧伤患者时，通常区分三种因素造成的烧伤：接触性电烧伤、火花烧伤、触电后易燃物燃烧造成的火焰烧伤。只有接触性电烧伤才是真正的电烧伤，因为此时除了电流的高温作用外，还存在电流的电离和机械作用所引起的损伤，故不能单从体表皮肤损伤的范围估计电烧伤的范围和程度；而后两种系单纯的高温热烧伤作用所致。

2. 电流损伤。电流经过皮肤进入体内，常损害血管壁全层，使受损血管痉挛、血液凝滞、血栓形成或完全栓塞，进而肌肉等组织发生变性和渐进性缺血坏死。有些电流损伤患者，早期临床上并未见到组织形态学改变即已失去肢体神经和肌肉功能，这正是电流损伤与热力损伤的主要区别。致死性电流损伤主要是电流侵犯脑、脑干、颈段脊髓或侵犯心脏，导致呼吸和心跳停止进而引起死亡。

（二）影响电流损伤的因素

多种因素影响电流损伤的严重程度，如电流的类型与强度、电压、皮肤电阻、接触部位、作用时间、通过人体的途径和人体所处的环境等。

1. 电流类型与强度：在500V以下电压范围，人体对交流电比对直流电的敏感度升高4~6倍，如70~80mA交流电可引起人体心室纤颤，乃至呼吸、心跳停止，但人体却可以耐受250mA直流电。就交流电而言，对人体最具危险性的频率是25~300Hz（尤其是50~60Hz），而我国常用的交流电频率恰好是50~60Hz的交流电。此频率最具危险性是因为处于该频率范围的交流电可引起细胞最强烈的破坏，并且该频率与生物电节律相符，通过心脏时使心肌兴奋性发生变化，引起心肌纤维颤动，还可致骨骼肌发生强直性收缩，以至于触电者手握住电源不放，延长电流通过时间，造成严重损伤或死亡。电流强度是指单位时间内通过已知截面的电量，它也是影响电流损伤最重要的因素，电流强度越大，引起的损害越严重。虽然对电流的敏感度存在个体差异，但多数人能耐受的最大电流值约为30mA，在达40mA时常可致意识丧失。通常交流电电流强度达到70~80mA，或者直流电电流强度达到100mA时，对人体就具有致命性。

2. 电压：法医学实践中，以100~250V交流电造成触电的机会最多，1000V

以上的高压电造成电击伤亡的概率反而较少，这是由于高压电选择性地作用于神经系统，抑制呼吸、循环中枢，可通过人工呼吸等复苏措施治愈。高压电的危险实际在于皮肤与电源之间形成电弧，产生的焦耳热可高达4000℃，能使机体严重烧伤而死亡；相反低压电则主要作用于心脏的传导系统，引起致命性的心室纤颤。

100V以下电压触电致死的案例报道较少，国际电工委员会规定接触电压（安全电压）的限定值为50V，我国规定为36V，但不能认为这些电压为绝对安全，如果人体因出汗、皮肤损伤、长时间接触电源等原因，即使很低的电压也具有危险性。比如，当人体电阻降低至300~500Ω时，一个9V的电源便使通过人体的电流达到18~30mA即能产生危险，若造成不能摆脱电源、呼吸困难、心律不齐等也可以致死。有报道使用20V和24V电针刺入胸前皮肤致死的案例。

3. 皮肤电阻：人体各种组织的电阻均不相同，皮肤、骨、软骨、毛发的电阻最大，脂肪、神经、肌腱、肌肉、淋巴管、血管的电阻次之，心、脑、体液的电阻最小。人体组织中，血液的电阻最小。一般皮肤电阻为5000~10 000Ω/cm²；干燥的手掌、脚掌角质层较厚，电阻可达100万~200万Ω，甚至更大；而出汗使皮肤电阻锐减至25 000~30 000Ω；水或盐水浸湿的皮肤电阻可降低至1000~1500Ω；皮肤裂开或破损时，电阻可低至300~500Ω。当皮肤电阻为1200Ω时，110V的交流电即可引起死亡；而当降低为350Ω时，35V电源即可引起致死性损伤。

4. 电流作用时间：电流作用于机体的持续时间越长，通过的电流量越大，则损伤后果越严重。如高压电流作用于机体的时间小于0.1秒时不引起死亡；心脏除颤器的电压为3000V，电流为30A，由于接触时间极短（仅50毫秒），故不但不会引起电击性室颤，反而可使原有的颤动停止而达到治疗的目的，若作用为1秒钟时即可引起死亡。据估计，不引起人体心室纤颤的最大电流是$116/t^{1/2}$mA，其中t是电击持续时间（秒），若t为1秒，则安全电流为116mA，如果t为4秒，则安全电流为58mA。通电小于25毫秒，一般不至于造成电击伤。

5. 通过人体途径：电流进入人体的部位为电流入口，通常是接触电源部位；而离开人体处即电流出口，通常为人体接触地面部位；电流的入口与出口之间即为电流通路。电流在人体组织内一般纵向传导，很少横行跨越。通常认为电流在人体内总是沿直线最短距离和电阻最小的通路进行传导，电流通过脑、心、肺是最危险的路径，可导致呼吸肌麻痹、心室纤颤、心脏停搏、昏迷和瘫痪；电流从上肢至上肢，或由上肢至下肢，特别是由左上肢经过心脏区域至右下肢、由胸腹部至腰背部、由头颅部至手或足等均因传导通路通过心脏而有致命危险；电流由下肢至下肢，由于未通过心脏、脑，故危险性相对较小；电源两极间距很近时，如电源插头、电警棍等接触人体，由于电流回路很短，或离心、脑、肺较远（如仅作用于四肢或腹部），一般不至于引起电击死。

6. 其他因素：电源导体与皮肤紧密接触时，两者间的电阻就减小，通过的电流则增大，产热更显著，可引起明显的触电部位烧伤；受热、受冷、疲劳、创伤、失血、兴奋、恐惧、过敏体质等，使机体对电刺激敏感性增高，而睡眠、麻醉、休克等，却使机体敏感性降低；老人、儿童和体弱者较健康青壮年更敏感；潮湿的环境也易于发生意外触电伤亡事故；等等。

二、电击死的死亡机制

（一）心室纤颤与心搏骤停

当电流刺激信号通过神经纤维传导至肌肉时，肌肉即产生收缩反应。正常引起心肌收缩的电信号起源于窦房结，沿心脏传导系统神经通路，按一定的顺序和时间依次传导至心房、房室结、左右束支及心室，并引起相应部位的心肌收缩。这个电信号的平均电压为 $1 \sim 1.6 \text{mV}$，心脏的一个搏动周期约为 0.75 秒。而当一定强度的电流通过心脏，使心肌细胞兴奋性增高，此时在心肌内形成许多异位起搏点，心肌便不能按正常的顺序进行强有力的收缩，而出现心肌颤动。心室心肌出现颤动即为心室纤颤，发生后心脏失去正常的泵血功能，因此心室纤颤是电击死亡的主要原因，此时最有效的急救措施是电除颤。低压交流电（尤其是家用电源 220V）所致的电击伤特别容易导致心室纤颤而引起死亡。引起心室纤颤与电流强度有关，当 2A 以上电流通过心脏时，可直接引起心搏骤停。

（二）呼吸停止与窒息

电流通过颈段脊髓上部或脑干时，可引起呼吸中枢麻痹，伤者立即昏迷、瞳孔散大或固定、呼吸与心搏骤停。高压电（特别是 1000V 以上）较易直接抑制延髓中枢；而低压电电击时，电流可作用于呼吸肌，使之发生强直性或痉挛性收缩，甚至角弓反张，造成呼吸衰竭、窒息而死亡。电流引起呼吸麻痹后，心跳、呼吸极其微弱，甚至暂时停止，处于假死状态，即所谓"电流性昏睡"（electric lethargy），此时瞳孔散大、固定，但并不代表死亡，若及时给予有效的复苏措施，可望触电者复苏，因而不可轻易放弃抢救。实践中有经抢救 8~9 小时而获心、肺、脑全复苏的案例。

（三）其他

主要是指电击时未立即死亡，但最终由于各种并发症而死亡的情形。如高压电造成的电烧伤相似于普通烧伤，易发生继发性休克、感染、栓塞、多器官功能衰竭等而死亡。

三、电击死的法医学检验

（一）电击死尸表征象

电流进入人体时电能可转变为热能，在电流入口处造成烧伤。通常的触电部位多见于手指、手掌、手背、手腕，也可见于全身其他部位，甚至是隐蔽之处。对于电击伤（死）的法医学检验常根据体表皮肤形成的特征性损伤进行判断，体表皮肤电流损伤可形成电流入口（电流斑）及电流出口、皮肤金属化、电烧伤等形态学改变。

1. 电流斑（electric mark）：又称电流印迹，系电流入口，其形成是由于带电导体与皮肤接触，电流通过完整皮肤时，在接触处产生的焦耳热及电解作用所致的特征性损伤。皮肤角质层较厚的部位电阻大，电流通过时产热多，易形成电流斑；而在电压低、环境潮湿、出汗或赤足、赤膊接触地面或带电物体，或浸泡在带电的水中时，可因皮肤电阻明显降低、导体接触面大、接触时间短等因素，而不能形成典型电流斑，甚至不出现电流斑。

典型电流斑（如图6-1所示）呈圆形或椭圆形，直径5~10mm，灰色或灰黄色，质硬、干燥、中央凹陷，周围稍隆起，形似火山口状，外周可见充血环，与周围组织分界清楚，电流斑底部平坦或有裂隙；有时附有灰烬和溶解的金属碎屑；有时见管状孔道，管壁周围炭化；有时电流斑处见水疱，易破裂以致表皮松解或呈片状剥离；有时电流斑周围还可发生电流性水肿，水肿区皮肤呈苍白色，甚至整个肢体发生电流性水肿。

法医学实践中，电流斑形态常多种多样，大小不一，小的似针头，大的直径有数厘米或更大；形状可呈犁沟状、条状、弧状或不规则形，其可反映与人体相接触之电源导体部分的形状，故借此可推导导体接触面的形状。如接触电线的长轴则电流斑呈线状或沟状；接触电线的末端则电流斑呈小圆形，接触时间延长，则进一步形成小空洞；接触电插头则形成成对的损伤。但有时与导体接触不完全时，电流斑的形态也难与接触导体的形状相符合。

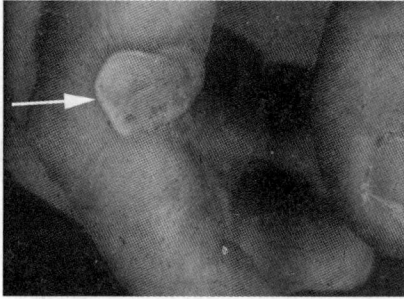

图 6-1　典型电流斑

　　光镜观察：电流斑中心表皮细胞融合变薄、致密，热作用强时，中心部位表皮广泛坏死、脱落缺失，保留的表皮变厚，创面常有金属碎屑沉积。电击伤处，特别是损伤中心，基底层细胞及细胞核染色较深、纵向伸长或扭曲变形，排列紧密呈栅栏状、旋涡状、螺旋状、圆圈状，或伸长似钉样插入真皮中，此种细胞及细胞核极性化形态犹如水流样，称之为核流（streaming of nuclei），皮脂腺、毛囊、汗腺与毛细血管内皮细胞也可呈此种极性化改变。这种细胞长轴与电流方向一致，是由于电流的极性作用所致。但需强调的是，这种细胞核伸长现象并非电流斑所特有，也可见于皮肤烧伤边缘部、钝器损伤处、皮肤干燥处以及冻伤引起的水疱周围，不过伸长程度远不如电流损伤显著（如图 6-2 所示）。此外，电流斑在角质层内或者边缘隆起部分表皮角质层内可见空泡形成，许多空泡可汇集呈蜂窝状。

　　尸体检验时，应全面完整地提取皮肤检材，包括典型电流斑和可疑皮肤电流损伤处，后者可表现为擦伤、皮肤空泡等。取材时，也应垂直于体表提取损伤和正常皮肤交界处的皮肤，并作连续切片进行观察。

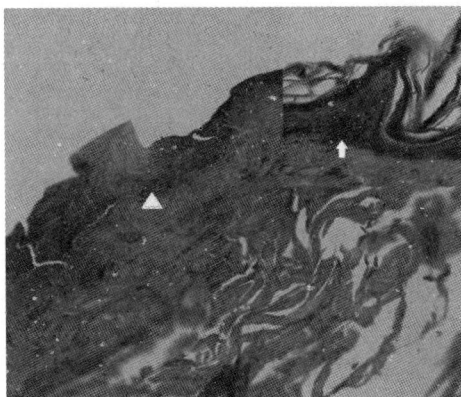

图 6-2　电流斑皮肤层细胞核呈"核流"

（三角箭头所示），而烧伤处皮肤层细胞核轻度拉伸（右上角箭头所示）

2. 皮肤金属化（electric metallization of skin）：又称金属异物沉积，系因金属导体在高温下融化或者挥发，金属颗粒在电场作用下沉积于接触皮肤的表面及深部，沉积的金属可呈纯态或化合状态（氯化物或其他金属盐类）。接触不同金属种类的导体，且金属颗粒沉积量较大时，接触部位的皮肤可呈不同的颜色，如接触铜导体呈淡绿色或黄褐色、接触铁导体呈灰褐色、接触铝导体呈灰白色。皮肤金属化现象在高压电击时尤为明显，是证明电击伤和电流入口较特异的征象；而接触220V或低压交流电时，金属化现象往往需要放大镜或显微镜才能观察。当金属化现象不明显时，可采用多种分析技术进行检测，如元素化学分析方法、扫描电镜 X 射线能谱检测、中子活化分析等。

3. 电烧伤（electric burns）：多发生在高压电击损伤时，由于局部皮肤与高压电源之间形成电弧、电火花或高温使衣服燃烧，温度可达 3000～7000℃时引起严重电烧伤，使得电流斑呈黄色或黄褐色，甚至炭化；因此时死亡过程较快，电烧伤病变区与周围正常组织间的界限清晰，通常看不到一般烧伤所具有的过渡区，烧伤深度不等，可达皮下组织、肌肉，有时深达骨质，若电流作用时间较长，即使低压电流也可引起皮肤及组织的烘干、炭化。

4. 电流出口：电流出口系因电流的轻微爆炸作用使组织发生破裂，或由于电火花穿凿而发生小炭化孔。出口形态多样，可呈圆形、椭圆形、线形或者不规则形，最常见于足部，也可见于上臂、下肢及腹部等处，电流出口与入口形态有相似之处，但组织缺损、损伤更严重，受损组织呈明显的蜂窝状结构，也具有隆起的边缘，但无皮肤金属化现象，出口部位之衣物、鞋袜，也可被电流击穿。

5. 电击纹：高压电击时，由于皮下血管麻痹扩张、充血或出血，皮肤表面可出现树枝状花纹。称为电击纹。若无出血，电击纹存在的时间较短，容易消失。

（二）电击死尸体内部征象

电击死者常表现为窒息死亡的一般征象，如颜面部发绀、指甲青紫、尸斑呈暗红色、尸僵出现早，皮下、浆膜下和黏膜下点状出血，心血不凝固、暗红色、流动性，有时可见心肌间质血管壁细胞核拉长呈栅栏状排列，内部器官淤血及肺水肿，等等。

严重的神经损伤，可引起该神经支配的组织坏死、肢体坏疽而致截肢，尤其是高压电损伤时截肢率较高；可引起急性胰腺炎、消化道的应激性溃疡出血与穿孔；电流直接刺激肌肉可引起强烈收缩，同时作用于伸肌和屈肌，由于屈肌收缩力强于伸肌，可导致手指弯曲紧握导体，使之不能摆脱电源，延长了接触时间；电击尤其是高压电击时，引起肌肉剧烈收缩，可导致骨折、脱臼，特别容易发生在老年人群体中，骨折多发生在肌肉附着的骨结节处，如肩胛骨、上肢骨最易骨折，下肢多发生股骨颈骨折，脊椎多发生棘突骨折；高压电击时，骨骼遭受电流热效应产生的焦耳热而发生坏死、胶原破坏和无机物熔化，熔化的特殊产物即所谓的骨珍珠（osseous pearls），由碳酸钙融合形成，其状如珍珠，呈灰白色，内有空腔，多在受损骨的表面，被认为是电流作用的一个指征。

四、电击死的法医学鉴定

电击死的法医学鉴定主要涉及电击死的死亡原因确定和死亡性质的分析和判断。由于电击死时，电流斑和电流出口并非在每一个案件中都会出现，而电击死内部器官的征象表现缺乏特异性。因此，对怀疑电击死尸体要进行全面、系统的法医学检验，排除其他机械性损伤、中毒、疾病引起的死亡，并结合现场勘查、其他刑事技术检验结果等进行综合判断。电击死多属意外，但在自杀案中或他杀案中电击也时有发生。电击死亡方式的判定应根据案情调查、现场勘查，结合现场中尸体的位置、姿势、电流斑的形状以及电流斑与电烧伤的部位是否与电源位置、导体形状相符合等情况进行综合分析和判断。

（一）明确死亡原因

判断电击死的前提是现场具备电击的条件，故而对于怀疑电击死亡案例，案情调查和现场勘查极为重要。重点调查的是电击过程目击者、同时触电而未死亡者、明确的触电现场或有形成电击的条件等，如果发现可疑的带电物体已不再带电，不能轻易否定电击死的可能；在他杀案例中，现场常被破坏，如电源工具被隐藏或伪装成意外事故等，应注意鉴别。现场勘查最主要的目的是判定死者是否在死亡前构成电流通路的组成部分之一，现场勘查时要检验接通电路的部位、是否有防护措施，查明信号系统是否正常、环境干湿度情况等。

电流斑是诊断电击伤的重要依据，600V 以上电压电击时，几乎所有案例均可发现电流斑，120V 或更低电压的电击死者中仅约 1/3 出现电流斑。实践中电流斑的形态多种多样，有时不易与擦伤、挫伤、烧伤相区别，应仔细检查尸体，遭电击还是重点观察四肢（尤其是手和足）、头颈部和身体隐蔽部位，皮肤颜色改变以及特殊的损伤形态部位都有可能是电流斑，运用组织病理学、组织化学染色和扫描电镜检测等多种手段，对所有怀疑电流斑的部位都需要进行检验并进行综合判断。无论是生前遭电击还是死后遭电击，电流损伤引起的组织坏死大多数为不规则形，呈树枝状伸向周边及基底部未损伤组织，边界不清，坏死组织表现为刚果红（Congo red）染色阳性，而阿辛蓝（Alcian blue）染色阴性；而单纯热损伤引起的组织坏死呈盘状，与周围组织分界比较清楚。

对于未发现电流斑的案例，还要根据电源接触案情、周围环境、详细而完整的尸体解剖检验，并排除其他死因后进行综合判断。需要注意的是，生前与死后的电流斑鉴别比较困难，两者形态比较类似，对于电击当场死亡者，要通过案情调查、尸体检验结果等进行全面分析。

除电流斑之外，皮肤金属化、电烧伤、电击纹、骨珍珠以及内部器官窒息征象等，都可以作为判断电击死的参考依据。还要详细检查死者的衣物是否损坏、鞋底是否被击穿、身上携带的金属物品有无熔化等。有时与电流损伤伴随的是严重烧伤，死者究竟是被电击死或是被烧死，鉴别的关键是烧死时是否已经死亡，即是否存在生前烧死的征象；有时当电击合并其他致死性疾病时，也很难分清究竟孰先孰后，如合并存在严重冠心病病理改变时，难以分清究竟是冠心病发作跌倒导致的电击，还是电击后引发冠心病发作，还是电击直接导致死亡。

（二）分析死亡性质

电击死多数属意外事件，但有时将电击手段用于自杀或他杀的案例。应重视电击死的现场勘查，重点要结合尸体位置、姿势以及电流斑形状、部位，还需结合电源位置、导体形状等因素，判断电击是否可以发生、电流斑与电源导体形状是否相符等情况。

1. 意外电击死：家庭生活中意外触电常由手触摸老化、磨损的电线所致，损坏的部位也常在电线进、出电器的连接处，其他如插头、电器装置损坏或电器绝缘不良等均可引起意外电击死。夜间遗尿或昏迷患者在使用电热毯时，更易发生触电事故；沐浴时较容易发生触电或一氧化碳中毒死亡。工业意外触电多见于违反操作规程、设备装配不良或电线老化等情形中。意外电击死者较易形成电流斑，多数发生在四肢或身体外露部位。

2. 电击自杀死：多见于男性及精神病患者，自杀现场多在室内，电击工具遗留现场，个人调查有自杀动机，现场一般保持原始电击现场和特殊设计的电路，所用电极多为金属物品，如铜片、铁条、硬币等，偶见利用高压电自杀者。少数自杀的电击方式，可能比较特殊，常引起亲属对死亡性质的怀疑，有时电击方式越特殊，越复杂，自杀的可能性却也越大。

3. 电击他杀死：现场常被破坏，电击工具被带离现场，多数是趁被害人不备或睡眠中突然电击，或先用其他方法致被害人昏迷后再实施电击，现场往往被伪装成意外现场或者其他自杀现场，如缢死、溺死、服毒等。因此，对电击他杀死者，要注意检查身体隐蔽部位有无电流斑或其他暴力痕迹；有时为达到他杀目的，而实施多次反复电击，从而造成身体多处电击损伤；也有故意制造漏电达到杀人目的的案例报道，如故意损坏电器入口处电线，造成电线老化意外触电死亡的假象。此时应注意检查触电部位损坏的新旧痕迹。

第二节　雷击死

雷电是由于云层与云层之间、云层与周围空气之间或云层与地面间的电位差急剧增大，在极短的时间内产生巨大放电的自然现象。雷电其实质属超高压直流电，电压可高达10^9V，产生电流为数万至数十万安培，此外，雷电可导致极高的温度（20 000~30 000℃）。受雷击而造成的死亡称为雷击死（death from lighting），遭雷击者约半数会当场死亡。但若雷击人群时，可仅出现个别人伤亡，大多数却幸免于难，这与雷电作用时间极为短暂、点状放电有关。

一、雷击死的法医学检验

雷击放电对人体损伤机制是电流的直接作用、超热作用及空气膨胀导致的机械性损伤，其中电流的直接作用危害最大。

（一）雷击死尸表征象

雷击造成人体体表损伤的差异很大，可表现为广泛性损伤，也可没有任何损伤征象。多数雷击死者体表可发现烧伤，如毛发灼伤乃至炭化。也可有电流入口及出口，入口表现为表皮的破裂、穿孔，有时可见小孔状且边缘被烧焦的皮肤损伤，此时容易被误认为是枪弹射入口，接触金属物体处的皮肤可发生电流斑；出口则常见于手足，以足部最为常见，出口处皮肤、肌肉洞穿、炸裂，甚至伴有烧伤。雷击死特征性的尸表征象有以下几种：

1. 雷电击纹：雷电击中人体后，在皮肤上遗留红色树枝状或燕尾状斑纹，称为雷击纹（lightning mark）或树枝状纹（arborescent marking or dendritic pattern），这是由于遭雷击时强大电流通过局部皮肤引起轻度烧伤及皮下血管麻痹扩张所致。多位于颈、胸部，也可见于肩背部、腹侧和前臂；腹股沟及腋窝等处皮肤因潮湿，也容易出现雷电击纹。雷电击纹对诊断雷击损伤具有较大的特异性，但常常迅速褪色或消失，有时在死后 24 小时内即消失，雷击后存活者雷电击纹最多可保持数日。

2. 雷电烧伤：由于雷击时间短，电流通过体表的面积大，在体表通常很少见到雷击直接引起的严重烧伤，若携带的金属物品（如项链、硬币等）接触部位的皮肤，由于焦耳热效应或电弧效应，在局部产生的高热可造成接触部位皮肤烧伤印迹，但这种烧伤表浅，不累及皮下组织。金属物品也可发生熔化。

3. 衣物及随身金属物品损坏：雷击死者衣服可被撕裂成碎片，有的被完整剥去，甚至抛离尸体一段距离；雷击入、出口处的手套鞋袜，可出现圆形、界限明确的孔洞或被烧焦；随身的金属物品被熔化，铁制品可被磁化。

（二）雷击死的内部器官改变

雷电死者内部器官可有多种损伤类型，有时是比较严重的损伤，如骨折、器官挫伤、破裂等。雷击死常击中头部，引起帽状腱膜下血肿、颅骨骨折、硬脑膜下和蛛网膜下腔出血，脑组织（尤其是延髓）见弥漫性点状出血。这些损伤可能是电流的直接作用，也可能是空气冲击波所引起的机械性损伤所致。胸腹腔器官多表现为一般的急性窒息征象：器官淤血、出血，浆膜下和黏膜下瘀点状出血，有时可见器官破裂或其他较为复杂的损伤。

二、雷击死的法医学鉴定

主要涉及的问题依然是雷击死死亡原因和死亡性质的分析与判断。由于雷击死是需具备特定雷击条件才能引起的死亡，因此，对于怀疑雷击死的案例，除认真细致地进行现场勘查、尸体检验之外，还要详细调查死亡发生当时案发地的气候条件、现场地点是否具备发生雷击的条件、是否伴随其他物品损害等情况。

尸体检验时，要注重观察死者所穿衣物破碎或烧焦的形态，尤其是手套、鞋袜等这些电流出口常见部位的形态；寻找随身携带的金属物品，是否存在被熔化或被磁化的现象；观察发现雷击后特殊的皮肤改变，如雷电击纹、电流入口与出口等，但若未发现雷电击纹，并不能完全排除雷击死，还要同时排查有无其他特殊形态的机械性损伤，并排除中毒等其他死因。

雷击死属意外死亡，多发生在夏季七八月间的雷雨季节，常见于旷野、农田或室内电器旁，由于雷击破坏力巨大，常同时伴随有树木、房屋被摧毁或牲畜死伤。由于雷击可同时造成机械性损伤，加之死者衣物破碎，甚至剥离，若现场无目击者或尸体发现时已经腐败，雷击死可能会被误认为是其他性质的死亡，甚至怀疑为他杀。

思考题：

1. 电流损伤的影响因素有哪些？如何避免电流损伤？

2. 电流损伤的尸体有何种征象？

3. 如何避免被雷击？

4. 电流损伤与雷击死亡案例中，如何判断死亡性质？

第
七
章

猝 死

第一节 猝死总论

猝死（sudden unexpected death）是指貌似健康的人，在明显或不明显诱因作用下，因机体潜在的致死性疾病或重要器官急性功能障碍，导致意外的非暴力性死亡。流行病学资料显示，任何年龄均可发生猝死，常见于 35～50 岁以及小于 6 个月的婴儿；男性多于女性（男女性别比为 4.5：1）；从时间上看，1 月、5 月、7 月和 11 月是心源性猝死发生率较高的月份。

急骤性、疾病潜在性和意外性是猝死者的三大特征。急骤性是指猝死的过程非常短暂，一般规定猝死为从症状发作至死亡间隔 24 小时以内的死亡；疾病潜在性指生前正常生活时未表现出明显症状和体征，并能够从事日常工作和劳动，或症状较轻微而未被引起重视；意外性是指死亡让死者亲友感到意外并难以理解和接受。

由于猝死者的疾病潜在性使得其能按照普通人工作与生活，若突然发生快速死亡，尤其是当无目击人时，亲友容易对其死亡原因产生怀疑，需要通过法医学检验明确死亡原因。但须注意的是，有一类猝死尸检未能发现明确病变，推测属于生命重要器官急性功能障碍所致，具体死因尚未能明确，故称之为猝死综合征（sudden death syndrome）。

一、猝死的原因

引起猝死者死亡的潜在致死性疾病、个体特殊体质是猝死的内因，而诱发其潜在疾病急性发作的外部原因，属于猝死的外因。有资料表明，半数以上猝死者无明显的诱因，只有少部分猝死有可查证的诱因。研究分析引起猝死发生的内在因素与外在因素，不仅具有法医学意义，对预防猝死的发生亦具有重要意义。

（一）猝死发生的内在因素

体内重要器官存在的潜在性、致命性的疾病或重要器官急性功能障碍以及特殊体质，均可构成猝死发生的内在因素。

1. 潜在性疾病：几乎全身各个系统的疾病均有引起猝死的可能性，只是发生率有较大差异。大量的统计数据显示，在成人猝死的案例中，心血管系统疾病占首位，呼吸系统或神经系统疾病次之，而消化系统、泌尿生殖系统和内分泌系统疾病引起的猝死相对较少见。在心血管系统疾病中，发生猝死的疾病依次为冠心病、风湿性心脏病、心肌炎、心肌纤维化、高血压心脏病、心肌病、克山病、脂肪心、心包膜病等；在生殖系统疾病引起的猝死中，女性多于男性（6.3∶1），羊水栓塞症、产后大出血是青壮年孕产妇最常见的死因。

2. 种族与特殊体质：东南亚地区（如泰国、菲律宾、中国等）的人群以及在欧美的东南亚裔好发青壮年猝死综合征。还有学者认为，颈动脉体异常、染色体异常、肾上腺皮质功能低下、甲状腺发育异常、胸腺肥大等这些特殊体质的个体，在受到某些诱因时可突发生命器官功能障碍，甚至在没有诱因时（如睡眠中）也可产生危及生命的后果，但这些问题仍需进一步的研究与探讨。

（二）猝死发生的外在因素

常见的外在诱发因素有：

1. 精神、心理因素：争吵、情绪激动、狂喜、悲伤、愤怒、焦虑、恐惧、惊吓等因素，是引起猝死的常见诱因。如冠心病患者因琐事与人争吵后，当场倒地，经复苏急救于 2 小时后发生死亡。

2. 过度疲劳：剧烈运动或过度疲劳都可使心脏负荷突然增加，如快跑、登高、游泳、斗殴、搬抬重物等，可诱发急性心肌缺血、心室纤颤、心脏骤停。

3. 热冷变化：气温较高和相对湿度低时，尤其是在气压高、干燥的条件下，体内血细胞比容和全血黏度都会增高，特别是患高血压和动脉硬化的老年人，容易诱发脑出血或脑血管栓塞；而气温骤冷、冷水浴等使得末梢小动脉收缩、血压升高、心脏负荷突然增大而引发猝死。季节更替、天气突然变化时易诱发猝死，如我国北方地区猝死以冬季为高发季节，而南方则以夏季为高发季节。

4. 轻微外伤：外伤只有在损伤程度轻微，其本身不足以构成直接死因时，才可考虑其作为诱因；其次，外伤后与猝死发生之间间隔时间较短，一般不超过24 小时。

5. 其他因素：暴饮暴食可诱发急性出血坏死性胰腺炎导致死亡；吸烟、过度饮酒可诱发冠心病、高血压病患者猝死；性交可诱发脑动脉瘤破裂而死亡等。

二、猝死的法医学鉴定

猝死者因为死亡发生突然且出人意料，易被怀疑为中毒或其他暴力性死亡，特别是案情复杂、同时存在机械性损伤或有他杀嫌疑时，查明死亡原因、判断死亡性质显得更加重要。因此，对各种原因引起猝死者的法医学鉴定都需要在全面系统地尸体检验、实验室检查、常规毒（药）物筛查的基础之上，必要时还要进行家系调查、基因诊断，结合案情调查、现场勘查等进行综合分析与判断。

如果存在机械性损伤，则要分别评价损伤和疾病的严重程度，分清孰轻孰重；若损伤较轻且不足以作为死因时，而疾病是死亡主要原因时，轻微损伤可构成疾病急性发作的诱因。对于排除机械性损伤、中毒致死的情况，内脏器官的病理学改变程度足够严重以解释死亡原因时，如多支冠状动脉粥样硬化管腔狭窄达 IV 级、夹层动脉壁破裂等，结合案情能明确猝死的原因，但有时还可附加其他因素参与，如输液过快诱发冠心病急性发作等。

有部分猝死案例（占 5% ~ 10%），虽经全面系统的尸体检验、实验室检查、毒（药）物筛查等，虽可排除因机械性损伤、中毒、窒息等其他原因引起死亡，但却难以明确究竟是何种疾病或原因而导致的死亡，此时需要特别慎重作出"综合征"的结论，如婴幼儿猝死综合征、青壮年猝死综合征。

第二节 心血管系统疾病引起的猝死

因心血管系统疾病（含脑血管疾病）导致猝死在成年人猝死中占居首位，在我国，因心血管系统疾病引起的猝死占 50% ~ 60%。研究显示，我国心源性猝死发病率为 41.84/10 万，男性高于女性。心血管系统疾病的高危因素为高血压、吸烟、血脂异常、糖尿病、超重与肥胖、身体活动不足、不合理膳食、代谢综合征、大气污染等。本节将介绍引起猝死的常见心血管系统疾病。

一、冠状动脉粥样硬化性心脏病

冠状动脉粥样硬化性心脏病（coronary atherosclerotic heart disease），简称冠心病（coronary heart disease，CHD），是心血管系统疾病中对生命健康危害最大的疾病，同时也是心血管疾病中引起猝死最常见的一种疾病。流行病学资料显示，脑力劳动者的冠心病患病率与猝死率明显高于体力劳动者，城市明显高于农村，可能与精神压力大、生活节奏快、生活方式、饮食习惯等多种因素有关。冠心病猝死多发生于35~60岁，但近年来猝死年龄有年轻化的趋势。大约20%的冠心病猝死患者，平时可无任何征兆或无明显异常感觉而突发死亡。

（一）病理学改变

1. 冠状动脉粥样硬化：冠状动脉是为心脏供给血液的动脉（如图7-1所示），分左右两支分别起始于主动脉根部主动脉窦内，行于心脏表面，其中左冠脉主干向左前方行3~5mm后，即分为左前降支和左旋支。冠状动脉粥样硬化的主要病理改变是在动脉管腔内形成粥样硬化斑块，造成动脉管腔狭窄，导致心肌血供不足。斑块分布的规律是左心多于右心，近端多于远端，各冠脉分支按检出率高低排序依次为：左前降支、右主干、左主干、左旋支和后降支。早期斑块呈小点状、散在或节段性分布，随着病情的进展，相邻斑块融合、增厚扩大，使得动脉内膜向管腔内隆起，多呈半月形，严重影响管腔通畅或阻塞管腔。根据粥样斑块突向管腔的程度，可将管腔狭窄分为四级：Ⅰ级管腔狭窄程度<25%，Ⅱ级为26%~50%，Ⅲ级为51%~75%，Ⅳ级为>76%。

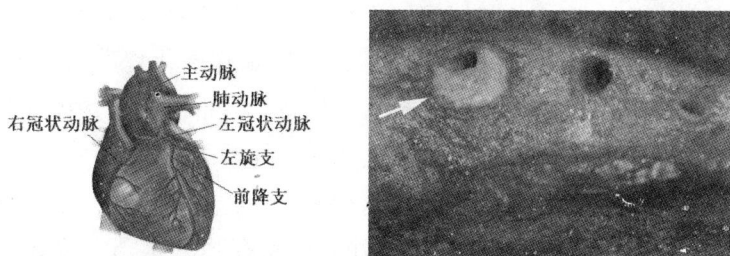

图7-1　冠状动脉解剖结构图（左）及冠状动脉狭窄（右，箭头所示，Ⅳ级）

2. 心肌梗死（cardiac infarction）：冠状动脉急性、持续性缺血缺氧所引起的心肌坏死称为心肌梗死。其主要是由于冠状动脉粥样硬化引起管腔明显狭窄，甚至阻塞所致。如粥样硬化斑块破裂、出血，引起血管内皮损伤、血栓形成，阻塞血管腔等。少数患者则是由冠状动脉痉挛引起冠脉供血不足导致心肌梗死。常见的病变部位位于左前降支供血区（约占50%），主要有左心室前壁、心尖部和室间隔前2/3心肌。心肌梗死发生后，还会形成严重的并发症：①心脏破裂，这是心肌梗死最严重、最常见的并发症，多发生在梗死后一周内，尤其是3天之内；

②室壁瘤，此为左室前壁梗死常见的并发症；③乳头肌断裂，多以二尖瓣乳头肌断裂为主，引起严重的瓣膜关闭不全、血液返流，导致急性心源性休克而死亡；④附壁血栓形成，当梗死累及心内膜时，可引起附壁血栓形成，血栓一旦脱落，就再次发生血管栓塞，有时也可导致猝死。

（二）引起猝死的机制

由于冠状动脉粥样硬化使得血管腔狭窄，减少了对其供血区心肌的血供，对心脏功能的影响程度，除了与受累冠脉的位置、血流量减少的程度有关之外，还与冠脉侧支循环代偿能力、心肌耗氧量、神经内分泌功能、心肌细胞功能状态等密切相关。对于冠心病引起的猝死可存在以下几种机制：

1. 心律失常：冠心病致心梗后，可引发不同类型的心律失常，常见的致死性心律失常有房室传导阻滞、室性期前收缩、心房纤颤、心室纤颤等，可使心肌梗死患者短时间内发生猝死。引发心律失常的原因可能与心肌损伤所致的应急阈值变化和心脏传导系统功能障碍有关。

2. 急性循环障碍：当发生大面积心梗时，心脏收缩功能将严重受损，直接引起心力衰竭并使得冠状动脉灌注量进一步降低，最终引起猝死。

3. 室壁瘤形成和破裂：当大面积心梗时可并发室壁瘤，影响心脏的泵血功能；当室壁瘤破裂时，造成心包填塞，引起急性心源性猝死。

4. 冠状动脉痉挛：部分冠心病猝死者的冠脉粥样硬化程度只有中度和轻度，尸体解剖也未见其他致命性的疾病与损伤，故有学者推测，此系因冠状动脉痉挛引起心肌缺血、心律失常而导致的猝死，为一种异常的血管神经反应现象，在冠状动脉粥样硬化病基础上更容易发生冠状动脉痉挛。

5. 自主神经功能障碍：近年来发现睡眠中或在休息状态下猝死的冠心病患者中约20%生前无任何症状和诱因，有的猝死复苏者追述，曾有轻微非特异的先兆疲劳感、情绪改变等，这类猝死的机制可能与自主神经系统功能障碍有关，如睡眠中迷走神经兴奋性增高，产生低血压和心动过缓，导致冠脉灌注量明显下降，在原有冠心病基础上，心肌发生严重缺血，继而导致心源性猝死。

（三）法医学鉴定

由于冠状动脉粥样硬化的发生、发展是一个过程，因此对怀疑冠心病猝死的案例，应详细调查其既往史和家族史，如既往的体检记录、服药种类与剂量等。尸体检验时对心脏冠脉各分支应认真切开检验，通常冠心病猝死者存在冠脉管腔狭窄Ⅲ级以上病理改变；对容易发生心梗的常见部位，要仔细观察是否具有心肌缺血性病理变化。同时，还要排除暴力性损伤、中毒死亡或其他致死性疾病等其他常见死亡原因。

二、先天性冠状动脉畸形

先天性冠状动脉畸形（congenital coronary anomalies，CAA）是一类包括多种冠状动脉走行异常的先天性心脏病，其中有些类型可导致心肌梗死、恶性心律失常、心力衰竭，甚至猝死。先天性冠状动脉畸形的病因及发病机制目前尚未明确。

（一）病理学改变

根据解剖学特征，将先天性冠状动脉畸形分为以下类型：①冠脉起源和分布异常，包括左主干缺如、冠脉开口位置异常和单支冠脉；②冠状动脉终止异常，包括冠脉瘘、远端小动脉或分支数目减少；③冠脉结构异常，包括先天性狭窄、闭锁、扩张或动脉瘤、发育不良、壁内冠脉（心肌桥）和分支异常等；④冠脉间异常交通。其中冠状动脉开口处狭窄是冠脉结构异常的常见病理类型，多见于左侧冠脉开口处，亦可见于左、右冠脉开口同时狭窄，表现为冠脉开口处血管内膜光滑，但开口直径<2mm，而正常成年人左冠脉开口漏斗底部直径为 3.5～6mm，右冠脉开口处直径为 3～5.5mm。此外，引起冠脉开口狭窄的病因还有冠脉开口处的粥样硬化、梅毒性动脉炎等。

（二）法医学鉴定

先天性冠状动脉畸形、冠脉开口的内径过于狭窄使得血管灌注量明显减少，多在诱因作用下，导致心脏负荷加重，诱发致命性心律失常而猝死。

在法医学尸体检验中，须细致观察冠状动脉的开口位置、大小，并沿冠脉各主要分支走行分段切开、观察管腔狭窄程度；判断冠脉开口狭窄时，还应考虑到个体差异，如成人与儿童、男性与女性、身材高矮等因素；轻度冠状动脉畸形时，引发猝死多有明显诱因。此外，还要排除其他暴力性损伤、中毒或致死性疾病引起的死亡。

三、主动脉窦瘤、主动脉瘤和主动脉夹层

主动脉是体循环动脉的主干，参与体循环的各级动脉均直接或间接由主动脉发出。主动脉自左心室起始，先向前上右侧上升至右侧第 2 肋软骨处，转向左后上方达第 4 胸椎体下缘的左侧转向下，沿脊柱前面向下走行，经膈的主动脉裂孔至腹腔，至第 4 腰椎体前面分为左、右髂总动脉。主动脉按走行位置可分为升主动脉、主动脉弓和降主动脉，其中降主动脉又以膈的主动脉裂孔为界，分为主动

脉胸部（胸主动脉）和主动脉腹部（腹主动脉）。主动脉是心脏向人体组织器官供血的必经之路，并且管腔内血液压力较大，一旦发生病变，常危及生命。

（一）主动脉窦瘤

主动脉窦（又称为瓦氏窦）是主动脉瓣膜与主动脉壁之间的内腔，可分为左窦、右窦和后窦。冠状动脉一般开口于主动脉窦，左、右冠状动脉分别开口于左窦和右窦内，由于主动脉窦的上缘为弧形，冠状动脉开口又接近窦的上界，因而主动脉管腔开放时不易阻塞冠状动脉开口。主动脉窦区的主动脉壁最薄，在患有某些疾病（如梅毒心内膜炎、动脉硬化等）时可能形成主动脉窦动脉瘤。

主动脉左、右、后三个窦均可发生动脉瘤，其中以右窦动脉瘤最多见（69%~87.9%），后窦次之，左窦少见。主动脉窦瘤多位于主动脉窦的下部，向外呈锥形突出，囊壁由主动脉内膜和退化的中膜组成，结构薄弱而极易发生破裂引起死亡，此外，主动脉窦瘤形成后，瘤体常向右侧心内突出并逐渐增大，造成右心室流出道狭窄，导致房室传导阻滞、冠状动脉受压等病理改变，同时瓣环口扩大可引起主动脉瓣关闭不全、窦瘤破裂导致舒张期主动脉瓣血液反流，引起左心衰竭而死亡。

（二）主动脉瘤

主动脉瘤是主动脉壁局部异常扩张，使得管腔直径比正常或邻近动脉扩大50%以上，并压迫周围的器官，引起相应的症状。流行病学资料表明，主动脉瘤患者5年内自然死亡率为50%~75%。临床根据瘤体结构将主动脉瘤分为两种类型：一是真性动脉瘤，其囊壁由主动脉壁的一层或多层构成；二是假性动脉瘤，其囊壁是由外伤或感染等原因导致的主动脉血溢出后形成的血块机化物、相邻近的组织结构与动脉壁一起构成，并有纤维组织包裹。主动脉瘤的形成可能与主动脉粥样硬化、家族遗传原因、弹性蛋白减少有关。

（三）主动脉夹层

主动脉夹层（aortic dissection）是主动脉瘤中的一种特殊类型，以往被称为主动脉夹层动脉瘤，现简称为主动脉夹层，通常是指主动脉的血流通过主动脉内膜破口，进入主动脉壁的中层，形成中层内血肿，血肿在血流压力作用下，沿着主动脉壁不断向两侧延伸，并向外隆起形成夹层动脉瘤。主动脉夹层常因缺乏明显的临床症状及体征而突然破裂致人死亡，是主动脉疾病中最危险的心血管急症。多好发于50~70岁年龄，男性明显高于女性（2∶1），多数主动脉夹层分离病例，在发生夹层外膜破裂后数小时或数天内死亡，若血肿破裂入心包者可快速致死，法医学实践中常见突然死亡者。

1. 病理学改变：主动脉夹层形成的两个基本条件是主动脉中层的变性和动脉内高压，所以其病理学改变主要是主动脉中膜层的变性、坏死、弹力纤维断裂，基质有黏液样变性和囊肿，在中膜层逐渐向周围延伸，形成动脉壁分离，血液进入中层形成假腔，局部主动脉扩大成梭形的囊袋状。多数主动脉夹层的动脉内膜可见一个或多个破裂口，而外膜破裂口大小不等、位置不定，并且外膜疏松不光滑，破裂口不易发现。有少数主动脉夹层的形成无内膜裂口，可能是中膜层退行性变病灶内的滋养血管破裂引起血管壁内出血所致。临床上将主动脉夹层分为三型：I 型，起自升主动脉，并延伸至降主动脉；II 型，局限于升主动脉；III 型，起自降主动脉，并向远端延伸。

2. 法医学鉴定：因主动脉夹层破裂而发生的猝死，死亡过程急骤，破裂前常有剧烈撕裂样胸背疼痛、休克等症状，常有高血压病史；法医学检验时可发现胸、腹腔大量积血，或心包腔填塞，通过对主动脉走行的认真检查，常不难诊断主动脉夹层。但需要结合案情排除外伤性主动脉夹层，后者通常有一个明确的钝性外伤史，如交通事故损伤、坠落伤、挤压伤等。若在主动脉夹层破裂前受到外伤，应根据外伤程度、发生时间、外伤后表现等，分析外伤与主动脉夹层破裂之间的关系。

四、病毒性心肌炎

病毒性心肌炎（viral myocarditis，VMC）是由病毒感染累及心肌所致。据尸检资料，在青年人猝死者中，病毒性心肌炎的检出率为 8.6%～12%，在 40 岁以下猝死者中因病毒性心肌炎猝死者约占 20%，并有逐年上升的趋势，已逐步成为儿童和青少年猝死的一个重要原因。儿童患病毒性心肌炎，预后较差，尤其是婴儿病死率较高。

病毒感染可引起心包、心肌、心外膜以及心内膜炎症，其中以心肌炎最多见且危害最大，感染的病毒种类很多，其中以柯萨奇 B 组病毒最为常见，临床症状常以上呼吸道感染或腹痛、腹泻为临床表现，当感染累及心脏传导系统时，可引起致死性心律失常，是猝死的常见原因。病毒性心肌炎确切的发病机制至今尚未阐明，有研究认为病毒性心肌炎与扩张型心肌病的关系密切，病毒性心肌炎痊愈后仍可能发展为隐匿型心肌病。

病毒性心肌炎的心脏表现具有明显的个体差异，肉眼观察心脏增大、重量增加、质地较软、心腔扩张，合并心包炎或心内膜炎时，可见心包渗液与心内膜、心瓣膜炎性赘生物或附壁血栓形成；光镜观察见局灶性或弥漫性心肌细胞水肿，心肌纤维溶解、坏死，间质内有以淋巴细胞、单核细胞为主的炎症细胞浸润。

法医学鉴定时，以死亡过程符合心源性猝死的急骤变化过程、心脏病理改变符合病毒性心肌炎为前提，结合病毒感染病史，同时，排除其他机械性损伤、窒息、中毒等死亡原因后，作出相应的鉴定意见。

五、心肌病

心肌病（cardiomyopathy）是心肌结构和功能异常并伴有心功能障碍的一组疾病。可分为原发性和继发性心肌病，原发性心肌病主要有五种病理类型：①扩张型心肌病；②肥厚型心肌病；③限制型心肌病；④致心律失常型右室心肌病；⑤未分类型心肌病。继发性心肌病则是全身病变在心脏中的反映，如糖尿病性心肌病等。在心源性猝死中，因心肌病猝死者占 5.9% ~ 6.2%。

（一）病理学分类

1. 扩张型心肌病（dilated cardiomyopathy，DCM），约占心肌病的 72%，常见表现是心脏体积增大、重量增加、四个心腔扩大，以两侧心室腔扩大为著，有时心室心内膜见瘢痕形成。组织学改变以心肌缺血性损伤为主。

2. 肥厚型心肌病（hypertrophic cardiomyopathy，HCM），指在不存在导致心肌异常的负荷因素（如高血压、瓣膜疾病）而发生的心室壁增厚或质量增加。以非对称性室间隔肥厚、心室腔变小、左心室腔充盈受阻以及舒张期顺应性下降为特征，常伴有流出道狭窄（如图 7-2 所示）。家族性肥厚性心肌病（约占 76%）为常染色体显性遗传病，由编码心肌肌节蛋白的一组基因突变所致。根据左心室流出道有无梗阻又分为梗阻性肥厚型心肌病和非梗阻性肥厚型心肌病。肥厚型心肌病程度严重者可引发心律失常，甚至早年猝死。

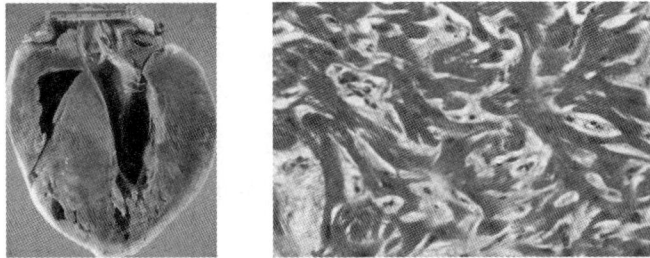

图 7-2　肥厚性心肌病（左、右心室壁明显增厚，心室腔变小）；
显微镜下心肌细胞显著肥大，排列紊乱呈旋涡状或簇状

3. 限制型心肌病（restrictive cardiomyopathy，RCM），此型心肌病以心室充盈受限、舒张期容量减少为特点，主要表现为心室内膜下心肌纤维化，心肌僵硬致左心室压力显著升高，而心室容积仅轻度增加，由于心室难以舒张，致使心室腔充盈受限。限制型心肌病的病因包括特发性、家族性和全身系统性疾病，家族性限制型心肌病通常为常染色体显性遗传。

4. 致心律失常型右室心肌病（arrhythmogenic right ventricular cardiomyopathy，ARVC），又称为右心室发育不良，或右心室心肌病。是指右心室功能障碍（局部或整体），伴或不伴有左心室疾病，其典型形态学改变是右心室心肌大部分被脂肪取代，同时伴有散在残留的心肌细胞和纤维组织，局部有单核细胞浸润，右心室室间隔处有局灶性间质纤维化等改变，病变主要累及右心室前壁漏斗部、心尖部及后下壁。此型心肌病多数为常染色体显性遗传，但也有一些病例为常染色体隐性遗传，男女均可发病，常以心律失常原因就诊。

5. 未分类型心肌病（unclassified cardiomyopathy）是近年来学者提出的一种有别于上述四种类型的心肌病，本型心肌病的病变轻微，不引起明显的血流动力学改变，但常表现为心律失常或心绞痛，临床诊断较为困难，部分患者以猝死为首发症状。

（二）法医学鉴定

对心肌病引起的猝死案例进行法医学鉴定，首先要排除暴力性死亡如机械性损伤、窒息及中毒，还要排除心脏其他疾病引起的死亡，然后再根据不同类型心肌病各自的病理学特征进行法医学鉴定，同时还要详细调查猝死者的家族性遗传史以及既往病史、用药种类与剂量等情况，最后进行综合诊断。

六、克山病

克山病（keshan disease）是在我国境内发生的以心肌损伤为主要特征的地方病，多见于东北、内蒙古、陕、甘、川、晋等省区，本病因最初在黑龙江省克山县被报道而得名，病因尚不清楚。该病发病有一定的季节性，东北和西北地区多见于冬季发病，西南地区多见于夏季发病；各种年龄均可患病，以妇女和儿童多见，起病急骤，常伴发心源性休克和严重的心律失常进而猝死。

克山病患者心脏的主要表现为严重的心肌变性、坏死和瘢痕形成，心脏体积比正常大 2~3 倍，少部分重量可超过 500g，心室壁一般不增厚，有时甚至变薄，切面见广泛的灰黄或灰白色坏死区，部分病例还可见星状、条索状纤维瘢痕。光镜观察心肌细胞肌原纤维溶解性坏死，呈灶状或带状分布，病灶之间仍存正常心肌，病灶区心肌细胞坏死后，有胶原组织增生形成纤维瘢痕。

法医学鉴定时，要注重调查猝死者既往是否在发病地区居住过，根据心脏病理学表现进行诊断，同时要排除暴力性损伤、窒息、中毒，以及心脏其他疾病引起的死亡。

七、结核性心肌炎

结核病可侵犯人体各器官，最常见的是肺结核。结核性心肌炎是结核病的心脏表现，常与其他器官结核病并存。结核性心肌炎占尸检总数的 0.25% ~ 0.28%，它可引起致死性的心律失常。

结核性心肌炎分为结节型、粟粒型和弥漫型，其中以结节型最为多见且病灶多位于右心房。肉眼可观察到灰黄色结节，质地坚实，并有不同程度的纤维包裹，直径 1~7mm；光镜下心肌实质内见典型的结核结节病理改变，心肌纤维变性、坏死。弥漫型结核性心肌炎，光镜观察见心肌实质内广泛的肉芽肿性增生改变，周围可见类上皮细胞、淋巴细胞和多核巨细胞等。由于结核结节是具有特征性的病理学改变，结核性心肌炎一般不难诊断，尸体检验时应注意观察其他器官有无结核病灶，同时还要排除暴力性损伤、窒息、中毒和其他疾病所致的死亡。

八、Marfan 综合征

Marfan 综合征又被称为马方综合征或马凡综合征，是一种累及结缔组织的遗传性疾病，最早由一名法国儿科医生 Antoine Marfan 报道而得名，属常染色体显性遗传病。现以明确本病是由于构成结缔组织主要成分的细胞外基质蛋白 fibrillin-1 的编码基因 FBN1（位于 15 号染色体）发生突变所致。也有研究报道该病 15% 呈散发性特征，而 85% 的患者中其父母亲中一方患病，因该基因的变异程度不同，临床表现也呈现多样化。

Marfan 综合征的主要病理学表现在三个方面：①骨骼发育异常，骨骼发育不协调，表现为身材较高，四肢细长，当上肢平伸时，两侧指端间距大于身高长度；上半身长度较下半身长；手指与脚趾特长，呈蜘蛛样外观；窄面，高腭弓等特征性外观，有时还有脊柱侧弯、漏斗胸、鸡胸等。②眼部病变，眼部晶状体结缔组织软弱无力，故常出现晶状体脱位、虹膜震颤、角膜炎、青光眼等眼部疾病，导致视物模糊、高度近视、视网膜脱离、白内障等。③心血管疾病，易引起心脏增大、重量增加、心腔扩张以及主动脉进行性扩张，导致二尖瓣关闭不全和主动脉瓣关闭不全，尸检见二尖瓣黏液变性引起瓣膜过长、松弛、二尖瓣脱垂，还可同时合并其他心血管畸形。主动脉可形成主动脉瘤和主动脉夹层，多见于升主动脉，成人患者中约92%死于心血管疾病。

典型的Marfan综合征诊断并不困难，患者一般有：①先天性心血管系统发育异常；②眼部疾病；③特殊的骨骼发育异常；④家族疾病史。四项中具备任三项即可诊断，前三项中具备任两项可诊断为不典型的Marfan综合征。同时，还要排除暴力性损伤、窒息、中毒和其他疾病所致的死亡。

九、肺动脉栓塞

肺动脉栓塞（pulmonary embolism，PE）是指内源性或外源性栓子堵塞肺动脉及其分支引起肺循环障碍的临床和病理生理综合征。PE是具有高发病率和高死亡率（50%）的疾病，其中最主要、最常见的种类为肺动脉血栓栓塞（pulmonary thromboembolism，PTE），绝大多数栓子来源于下肢和盆腔的深静脉，少数来自于上肢静脉和心脏的附壁血栓。

肺动脉血栓栓塞的部位可在肺动脉主干及分支处、肺门以及肺实质内细小动脉，若栓塞部位是肺动脉主干及左、右分支处，则发病急骤，突发胸痛、呼吸困难、胸闷、发绀，快速引起死亡；若栓塞部位是细小分支动脉，则临床表现似心绞痛，有吸气时加重的突发胸痛、颜面苍白、血压下降等症状。容易引起肺动脉血栓栓塞的病因与血栓形成三要素（血流缓慢、血液高凝、血管壁受损）有密切关系，如创伤后长期卧床、静脉曲张、糖尿病、肥胖、避孕药、妊娠、分娩、肿瘤等。

当较大栓子阻塞肺动脉主干及其分支时，使得近心端肺动脉压力骤然升高，引起急性右心衰；同时，肺循环血液完全或不完全中断，左心室回心血量骤降，搏出量明显不足，引起冠状动脉及其他器官血液灌注明显不足，最终导致猝死。有研究证实，发生肺栓塞时通过肺—心迷走神经反射引起肺动脉、冠状动脉和支气管的严重痉挛，加重心力衰竭、窒息等病理状态。法医学鉴定时，案情调查应重点关注是否有前述引起血栓形成的危险因素，解剖检验时，注意打开心包腔、切开右室流出道后，原位观察肺动脉主干及分支处是否有血栓；取下两肺时，在肺门处观察是否有血栓；还要对下肢、盆腔深静脉进行检查；光镜下观察肺实质内细小动脉是否有血栓及分布情况；同时，结合死亡过程是否符合心源性猝死的特征，在排除机械性损伤、窒息、中毒等其他致死性原因后，可作出相应判断。

十、心脏传导系统疾病

心脏传导系统（cardiac conduction system，CCS）是一种能够形成并传导冲动

（产生心肌收缩的电刺激信号）的特殊心肌组织，由窦房结、结间束、房室结、希氏束、左右束支和浦肯野纤维组成。冲动在窦房结内形成，通过结间束抵达房室结及左心房，再通过希氏束传导至浦肯野细胞使心室肌激动（即收缩），完成一次心传导周期。CCS 同时还接受到副交感（迷走神经，使心率减慢）和交感神经（使心率增快）支配。当 CCS 发生病变时可引起猝死，如炎症、纤维化、出血、脂肪浸润、发育异常、代谢障碍、肿瘤等。

　　法医学鉴定时，一方面要首先排除机械性损伤、窒息、中毒以及其他致死性疾病等死亡原因；另一方面，心脏无其他致死性病理改变且 CCS 有严重的病理学表现，而当并存其他心脏疾病时，要评估该病变的严重程度，尤其是在死者生前无心律失常等临床资料时，需要慎重作出 CSS 疾病致死的鉴定意见。

　　十一、高血压

　　高血压（hypertension）是一种常见病，据《中国心血管病报告 2017》推算，目前我国约有 2.7 亿患者，并以 350 万/年速度增加病患。单纯高血压并不引起猝死，但其导致的继发疾病常引起猝死。

　　高血压的主要表现为全身细小血管管壁玻璃样变，小动脉压力持续增高致弹力纤维增生、内弹力板断裂，管壁增厚并逐渐使动脉变细管腔变窄。继发病理学改变主要有：①心脏变化。由于血压增高，心脏后负荷明显加重，心肌代偿性肥大、心腔扩张，称为高血压性心脏病，表现为心脏重量增加、心肌细胞肥大、纤维组织增生，当心脏失代偿后可出现急性心力衰竭或严重心律失常，引起猝死。②肾脏变化。细小动脉管壁病理改变累及肾脏后，相应的肾小球因缺血而萎缩、消失，间质纤维增生和淋巴细胞浸润，而病变相对较轻的肾小球代偿性肥大，肉眼可见肾脏对称性缩小，质地变硬，肾表面凸凹不平呈细颗粒状，此时的肾脏称为原发性颗粒固缩肾。③脑变化。脑出血多位于内囊区，是最严重的并发症，出血为大片状，出血区脑组织完全被破坏，脑出血使得颅内压急剧升高，压迫脑干引起呼吸、循环中枢衰竭而猝死。

第三节　呼吸系统疾病引起的猝死

　　呼吸系统疾病引起猝死较常见，在成人猝死原因中占第二位，在小儿猝死中第一位。引起猝死常见的呼吸系统疾病有急性咽喉炎、肺炎、支气管哮喘、肺气肿、自发性气胸、肺结核等，但以各类型肺炎最为常见。

一、急性喉阻塞

上呼吸道内各种病变引起喉腔狭窄甚至闭塞而产生呼吸困难，称为急性喉阻塞（acute laryngemphraxis），又称为急性喉梗阻。此症多见于婴幼儿，也可见于成人，多在短时间内出现严重的呼吸困难，重者数分钟内即引起窒息而危及生命。

（一）病因

引起喉阻塞的原因很多，主要的原因有：①咽喉炎症，如急性咽喉炎、急性会咽炎、咽喉壁脓肿、咽喉周围炎等炎症性水肿使得声门或喉腔狭窄，此类疾病常伴有感染性疾病的，一般表现如发热、炎细胞升高，还有咽喉疼痛、声音嘶哑等症状；②变态反应及某些全身性疾病，如药物过敏、血管神经性水肿，此类疾病起病急骤、病情凶险；③吸入性损伤，吸入热气、有毒或刺激性气体，还有喉气管异物的刺激（儿童意外性吸入花生粒等），引起咽喉粘膜损伤、水肿；④肿瘤，喉部恶性、良性肿瘤均可引起喉阻塞而出现呼吸困难，声带息肉可突然嵌顿于声门处，引起危及生命的急性喉阻塞，但通常喉部肿瘤起病慢，呈渐进性发展；⑤喉痉挛，如破伤风、低钙所致的手足抽搐症等，都可引起喉痉挛而致喉阻塞；⑥其他，少见的有先天性畸形，如先天性喉软骨畸形、喉蹼等。

（二）病理学改变

喉阻塞引起猝死的死亡机制通常是窒息死亡，因此，因喉阻塞发生猝死者全身及内部器官表现为窒息死亡的征象。喉部表现最常见的是喉头水肿、喉头痉挛、声门狭窄等，其中喉头水肿见喉头黏膜苍白、肿胀，声门裂因水肿而狭窄或闭塞；喉头痉挛见喉头黏膜呈收缩状态，喉腔狭窄。

（三）法医学鉴定

因急性喉阻塞而猝死者，全身表现为窒息死亡的死后改变，并结合病因学、喉部的特征性病理学改变，在排除其他暴力性死亡和疾病所致死亡后，通常能够作出相应的判断。但需要注意的是，喉头痉挛、喉头水肿等病理学改变在死亡后随着腐败的进展而出现缓解或减轻，需要仔细检验；同时，法医学检验时应原位检查声门的狭窄和阻塞情况，并完整取出喉部以及其周围的咽、气管组织，以便取证和认真检验。

二、肺炎

肺炎是呼吸系统的常见病、多发病，据 WHO 调查，肺炎死亡率占呼吸系统急性感染死亡率的75%，某些类型的肺炎在小儿、年弱者群体中可发生猝死。肺炎的种类有很多，根据病因不同，可将肺炎分为感染性肺炎（如细菌、病毒、支原体、衣原体、真菌、寄生虫等）、理化性肺炎（如放射性肺炎）和变态反应性肺炎（如过敏性和风湿性肺炎等）；根据病变部位不同，又可分为大叶性肺炎、小叶性肺炎和间质性肺炎；按病变性质又可分为浆液性、纤维素性、化脓性、出血性、干酪性、肉芽肿性和机化性肺炎等。在法医学鉴定实践中，常根据病变部位和病变性质，对肺炎进行分类。

（一）大叶性肺炎（lobar pneumonia）

大叶性肺炎主要由肺炎双球菌感染所致，以肺泡腔内弥漫性纤维素渗出为主，病变常累及某个肺叶的全部或大部，并多见于青壮年，特征为起病急骤、寒战高热、胸痛、咳嗽、咳铁锈色痰、呼吸困难、肺实变及白细胞计数增高等。

1. 病理学改变：典型的大叶性肺炎病程可分为四期：

（1）充血水肿期：发病的第1~2天，病变肺叶肿胀，呈暗红色，肺泡壁毛细血管扩张充血，肺泡腔内有多量浆液性渗出，渗出液中含少量红细胞、中性粒细胞和巨噬细胞；

（2）红色肝样变期：发病第3~4天，肺叶充血呈暗红色，质地由软变实，切面灰红色，类似肝样色泽外观，肺泡腔内见大量红细胞和纤维素，其间有少量中性粒细胞和巨噬细胞，渗出的纤维素连接成网，并通过肺泡间孔（cohn孔）与相邻肺泡内的纤维素网相连接；

（3）灰色肝样变期：发病后第5~6天，肺叶充血消退，但肺实变仍明显，外观呈灰白色或灰黄色，肺腔内红细胞显著减少，而中性粒细胞明显增多；

（4）溶解消散期：发病后的1周左右，肺泡腔内渗出的中性粒细胞变性、崩解，单核细胞增多，渗出物逐渐被溶解吸收，肺也开始变软。

目前，由于抗菌素的普遍应用，大叶性肺炎的典型的病理分期已比较少见。

2. 法医学鉴定：大叶性肺炎引起猝死的机制主要是感染性休克，又称为休克型肺炎或中毒性肺炎，具有较高死亡率，猝死者病变多在灰色或红色肝样变期。法医学鉴定时应遵循一般猝死的鉴定原则，即在排除暴力性损伤、窒息、中毒及其他致死性疾病基础上，根据大叶性肺炎的病史、死亡过程、尸体解剖与组织病理学检查结果，还要考虑死者的个体年龄、健康等情况，以及病变的严重程度进行综合分析、作出判断，必要时，亦可采用肺剖面细小支气管腔内的炎性渗出物及病变组织进行涂片或培养。

（二）小叶性肺炎

小叶性肺炎（lobular pneumonia），又称支气管肺炎，主要由化脓性细菌感染所致。凡能引起上呼吸道感染的病原体均可诱发支气管肺炎，但以细菌和病毒为主，其中肺炎链球菌、流感嗜血杆菌、呼吸道合胞病毒最为常见。多见于儿童（尤其是婴幼儿）、年老体弱者，本病既可以是原发，也可以是某些疾病或损伤的并发症。

小叶性肺炎引起婴幼儿猝死时，约有半数患者死前无任何症状；部分病例死前出现咳嗽、喷嚏、流涕等轻微上呼吸道感染症状；或出现吐奶、轻度腹泻等轻微消化道不适症状；还有部分发病急骤时，表现高热、气促、发绀、烦躁不安，数小时发生惊厥、昏迷、呼吸困难而死亡。

1. 病理学改变：病变多位于双肺下叶及背侧，呈灶性分布。病灶呈暗红色或灰黄色，大小不一，形状不规则，质地稍实。光镜下以细支气管为中心的肺的化脓性炎症，病灶中支气管、细支气管腔内见脓性渗出物，周围的肺泡腔内充满中性粒细胞、少数红细胞和脱落的肺泡上皮细胞，纤维素一般较少；周围肺组织浆液渗出，部分残存肺泡扩张、融合。病变严重时，多个病灶可互相融合成片，支气管和周围肺组织呈完全化脓性炎症改变，肺泡壁遭到破坏。

2. 法医学鉴定：由于小叶性肺炎常见于婴幼儿和年老体弱者，并且属于化脓性炎症常致肺组织结构破坏，预后大多不良，可由于呼吸衰竭、心力衰竭、脓毒败血症等发生猝死。婴幼儿因病情变化快，有时尽管病情较轻，亦可致猝死，而在成人则须考虑病变的严重程度，若仅是轻微病变，可能是死亡前长期卧床所致。法医学鉴定主要依据的是病史、死亡过程、尸体解剖与组织病理学检查结果。

（三）间质性肺炎

所谓"间质"是指充斥在细胞、器官、血管之间的软组织，主要由牢固的胶原蛋白、有弹性的弹性蛋白以及糖胺聚糖类结缔组织蛋白构成，间质液分布其中，其功能是传递和储存营养成分、信号介质等。当前，有学者提出人体中"间质组织"是一个整体，在肿瘤转移中具有重要作用，可作为人体的另一器官（第80个）。间质性肺炎（interstitial pneumonia）主要由病毒和支原体感染，病变的部位主要位于肺泡之间的间质组织中，常见的感染病毒有腺病毒、呼吸道合胞病毒、流感病毒、副流感病毒、巨细胞性病毒、麻疹病毒等。急性间质性肺炎多见于小儿，并易引起婴儿及小儿猝死，有时亦可见于青壮年，猝死发生前可无明显症状或仅有轻微症状。

1. 病理学改变：主要为肺泡壁毛细血管充血，肺泡壁之间的肺间质组织水肿、充满炎症细胞（淋巴、单核细胞）致肺泡隔明显增宽，达正常状态的 2~4 倍。肺泡腔内炎性渗出不明显，有时见少量纤维蛋白、单核细胞渗出。某些病毒性肺炎肺泡腔渗出较明显，渗出物凝结成一层红染的膜样物，贴附于肺泡内表面形成透明膜，严重影响气体交换而产生低氧血症、窒息；支气管上皮、肺泡上皮增生，并出现多核巨细胞，在这些细胞的胞浆和胞核内可见病毒包涵体。

2. 法医学鉴定：间质性肺炎致肺泡隔明显增宽、透明膜形成，使得毛细血管血液与肺泡腔中气体交换效率明显下降，严重影响气体交换，可致急性呼吸衰竭而导致猝死。此外，病原体的毒素入血液循环引起毒血症，可致中毒性心肌炎，加之肺动脉压升高，右心负荷增加可致急性心力衰竭而死亡。法医学鉴定主要依据的是病史、死亡过程、尸体解剖与组织病理学检验结果。

（四）肺结核

结核病是由结核杆菌引起的慢性传染病，可侵及许多器官，其中以肺部结核感染最为常见。同时，由于感染病程较长，可形成不同类型的肺结核，其中与猝死有关的多为慢性空洞型肺结核，其次是急性全身粟粒性结核病、干酪样肺炎。

1. 慢性纤维空洞型肺结核：此型肺结核多系由于机体抵抗力下降或治疗不彻底等原因进一步发展的结果。各型肺结核中的干酪样坏死物质溶解液化，通过支气管咳出而形成空洞；结核性空洞多位于肺上叶，可单个也可多个，小者如黄豆，大者可占据整个肺叶，呈圆形、椭圆形或不规则形，有时数个空洞相互沟通；较大的空洞腔内见纤维组织条索、血管和支气管通过，血管内可有血栓形成，也可形成动脉瘤，一旦破裂可引起致命性的大咯血；空洞内排出的干酪样物质也可被重新吸入其他支气管而形成干酪样肺炎，有时也会因吸入支气管内引起呼吸道阻塞死亡；当结核性空洞靠近肺表面而且结核病又处于活动期时，空洞壁发生坏死容易发生空洞破裂引起自发性气胸；此型肺结核反复坏死和纤维组织增生，引起肺广泛纤维化，导致肺动脉高压，右心负担加重，也可因心力衰竭而死亡。

2. 急性粟粒性肺结核：常是全身急性粟粒性结核病的肺部表现，可是原发性肺结核病，也可是继发性肺结核病血源播散所致。在未及时诊断前可出现迅速死亡，多见于幼儿或儿童，偶见于成人。肉眼见双肺充血，重量增加，肺切面暗红色，有灰白或灰黄色粟粒大小的结节密布，微隆起于切面或胸膜表面；结核结节为小干酪样坏死灶。可因结核性毒血症或败血症而发生猝死，儿童也可因合并结核性胸膜炎猝死。

3. 干酪样肺炎：干酪样肺炎常发生在机体抵抗力极差、对结核杆菌敏感性极高的病人。按病变范围可分为小叶性和大叶性干酪样肺炎。肉眼见肺叶肿大、变实，切面见黄色干酪样坏死物；可因坏死物质液化而形成急性空洞，与慢性纤维空洞型肺结核不同的是，本病空洞壁薄或形成无壁空洞，肺泡腔内有大量浆液、纤维素性渗出，内含以巨噬细胞为主的炎性细胞，并见广泛的干酪样坏死物质。可因吸收这些坏死崩解物致严重感染中毒性休克而猝死，也可因干酪样坏死物质堵塞较大支气管而猝死。

（五）军团菌肺炎

军团菌肺炎是指由嗜肺军团杆菌感染引起的急性纤维素性化脓性炎症。该病因 1976 年首次暴发流行于参加美国费城退伍军团会议的人员而得名。军团菌肺炎起病急、病情重，未经有效治疗死亡率可高达 45%，常见于孕妇、老年免疫功能低下者。

早期病变局限于单个肺叶，晚期可累及多个肺叶，严重病例还可见肺脓肿形成。早期病变以大量纤维素和中性粒细胞渗出为主，常伴有肺组织和细支气管的坏死，在崩解的组织及细胞碎片中，常见较多的单核细胞和巨噬细胞；晚期主要表现为渗出物及坏死组织的机化和间质纤维化。军团菌感染系全身性疾病，有多种临床表现，重者可出现心包炎、心肌炎、心内膜炎、急性肾衰竭、休克和 DIC 等并发症，可因急性心力衰竭、肾衰竭、感染、中毒性休克而猝死。

（六）高致病性人禽流感病毒肺炎

人禽流行性感冒是禽甲型流感病毒某些亚型中的一些毒株引起的急性呼吸道传染病，可引起肺炎和多器官功能障碍。近些年来，高致病性禽流感病毒 H5N1 跨越物种屏障，引起多人发病和死亡。WHO 已宣告高致病性禽流感可能是人类潜在威胁最大的疾病之一。禽流感一年四季均可发生，但冬、春季节多暴发流行。人群普遍易感，青少年为高危人群。流行病学接触史，包括发病前一周内：①曾到过疫区；②与病死、被感染的禽及其分泌物、排泄物等有密切接触史；③与禽流感患者有密切接触史。

轻者仅有上呼吸道卡他性炎症变化，黏膜充血、水肿。重者有严重的弥漫性肺泡损害，主要表现为肺泡充满纤维蛋白性渗出物和红细胞，肺透明膜形成，肺间质血管充血、淋巴细胞浸润和反应性成纤维细胞增生；另外，肺泡膜表面活性物质减少、肺顺应性下降和肺容量减小，容易导致急性呼吸窘迫综合征等严重并发症。本病潜伏期 1~7 天，主要症状为发热（39℃以上），伴有流涕、鼻塞、咳嗽、头疼、肌肉酸痛和全身不适，有时患者可有恶心、腹痛、腹泻等消化道症状，重症患者出现高热不退，迅速出现多种严重并发症，短期内发生死亡。可通过病原学检查和血清学检查确定本病诊断。

三、支气管哮喘

支气管哮喘（bronchial asthma）是一种由呼吸道过敏引起的，以支气管可逆性发作性痉挛为特征的慢性阻塞性炎症性疾病。患者大多具有特异性变态反应体质，临床表现为反复发作的伴有哮鸣音的呼气性呼吸困难、咳嗽、胸闷等症状。本病可在任何年龄段发生，诱发哮喘的过敏原种类较多，如花粉、尘螨、动物毛屑、真菌、某些食品和药品等，目前引起支气管哮喘的发病机制仍不清楚。近年来，由于环境污染加重，本病发生率、病死率不断上升，部分患者可因病情骤变而猝死。

支气管哮喘猝死者肺体积明显膨大、色浅呈粉红色，肺切面见支气管壁增厚、管壁狭窄，中小支气管腔内充满粘液、脱落的黏膜上皮细胞、嗜酸性粒细胞，支气管黏膜水肿，管壁各层有嗜酸性粒细胞、单核细胞、淋巴细胞和浆细胞浸润，有时见气管平滑肌处于痉挛样收缩状态，呈花边状；肺泡壁充血，肺泡腔含气量增大或肺大泡形成，部分可有肺水肿。

支气管哮喘发生猝死的重要原因，是急性发作时呼吸道平滑肌强烈收缩引起气道狭窄，加之黏液堵塞引起通气障碍而导致窒息；哮喘反复发作往往有严重的缺氧、电解质紊乱及低血钾症状，常可导致心律失常、心室纤颤或心搏骤停而猝死；哮喘急性发作时，也可因输液过多、过快，引起急性心力衰竭而死亡；因为本病患者具有变态反应体质，也可因药物过敏而发生过敏性猝死；哮喘发作期也可以并发气胸、纵隔气肿等，容易发生误诊、漏诊，并延误治疗，造成死亡。

四、肺气肿和气胸

肺气肿（pulmonary emphysema）是指呼吸性细支气管、肺泡管、肺泡囊和肺泡因过度充气呈持久性扩张，并伴有肺泡间隔破坏、肺组织弹性降低且容积增大的一种病理状态。患者容易在情绪波动、过度体力活动时，或并发自发性气胸时发生猝死。

肺气肿者双肺体积明显增大，表面可见肋骨压痕，前缘钝圆，并有大小不等的囊泡突出于肺表面，压之下陷并不易复原，肺切面呈海绵状或蜂窝状，囊腔大小不一，大者达数毫米，甚至超过 1 厘米。光镜下见肺泡扩张、肺泡壁极薄，或肺泡壁断裂相邻肺泡融合，肺间质小血管壁肌层增厚、管腔狭窄，小支气管和细支气管壁可见慢性炎症改变。肺气肿常并发肺源性心脏病，可引起右心室肥大和右心扩张，并发气胸时，患侧肺明显萎缩，当并发间质性肺气肿时可在颈部、胸部皮下及纵隔检见气肿。

肺气肿因通气、换气功能障碍，可引起缺氧和二氧化碳潴留，导致呼吸性酸中毒、急性呼吸衰竭、电解质紊乱而死亡；肺气肿者合并肺源性心脏病，也可因急性右心衰竭而猝死；肺气肿在肺表面形成肺大泡，又可因肺大泡破裂，引起自发性气胸而猝死。在法医学鉴定时，应详细调查肺气肿的病史、严重程度、用药治疗情况等，尸体检验时如果怀疑发生气胸，可提前应用法医影像学或采取气胸试验进行检查，通过详细的尸体检验、结合案情进行判断。

第四节　中枢神经系统疾病引起的猝死

中枢神经系统疾病致猝死占猝死总数的 12%~18%，其中最常见的是脑血管疾病。根据《中国卫生和计划生育统计年鉴（2016）》统计数据，2015 年我国城市居民脑血管病死亡率为 128.23/10 万，其中脑出血 52.09/10 万，脑梗死 41.82/10 万；农村居民脑血管病死亡率为 153.63/10 万，其中脑出血 72.26/10 万，脑梗死 46.99/10 万。脑血管病死亡率男性均高于女性，并随年龄增长呈指数递增，男性从 50 岁、女性从 60 岁之后开始成倍增长。

一、脑血管疾病

在我国，脑血管疾病已成为危害中老年人身体健康和生命的主要疾病，脑血管疾病中最常见的是脑动脉硬化，其次是动脉瘤和脑血管畸形。脑血管疾病是常见病、多发病，其病死率和致残率都比较高。

（一）病理学改变

1. 脑出血（cerebral vascular disease）：指原发性脑实质出血，又称为自发性脑出血，系指脑内血管病变破裂而引起的出血。在所有脑血管疾病中，脑出血占 20%~30%，其中约 80% 的脑出血位于大脑半球，20% 在脑干和小脑，绝大多数自发性脑出血是由于高血压所致脑小动脉破裂出血，少部分则是由其他原因所致，如先天性脑血管畸形、动脉瘤、血液病、脑动脉炎、颅内肿瘤等。脑出血的危险程度与出血量、速度、出血位置以及个体情况等多种因素有关，若脑干及其周围蛛网膜下腔出血时，可直接影响呼吸、循环中枢而引起猝死；若脑皮层少量出血一般不具有生命危险，但如果短时间出血量较大则引起颅内压明显升高，可继发脑疝引起死亡，但如果是脑萎缩比较明显的高龄患者，则同样出血量其颅内压升高或并不明显。

（1）高血压脑出血：好发于内囊区附近，其次是脑皮质、脑干和小脑，光镜观察见脑内动脉明显的硬化、玻璃样变。出血向外可穿破脑皮质，进入蛛网膜下腔；也可以穿破实质深部进入侧脑室，引起侧脑室和第三脑室的积血；脑桥、小脑的出血可破入第四脑室，甚至经中脑导水管逆行进入侧脑室。脑出血多为单灶性，偶见多灶性，出血灶周围脑组织出现水肿、坏死、变形和再次出血，脑出血后可继发明显脑水肿而引起脑疝。

（2）脑血管畸形：是指脑血管发育障碍而引起的脑局部血管数量和结构异常，是一种先天性、非肿瘤性发育异常。包含有动静脉畸形、毛细血管扩张症、海绵状血管瘤和静脉性血管瘤四种类型，其中以动静脉畸形导致脑出血为多见，占脑血管畸形的90%以上。动静脉畸形大小悬殊，光镜下见血管壁宽窄不一、厚薄不均，动脉壁、静脉壁结构位于同一血管断面，常在静脉结构薄弱处发生破裂出血。基底动脉环畸形类型多样，其中后交通动脉是脑血管畸形的多发部位。

（3）脑动脉瘤：动脉瘤多因动脉壁向外膨出呈囊状、管状或梭形，多为单发，也有多发，瘤体直径为0.5~2cm，也有小于0.2cm的微小动脉瘤。先天性动脉瘤多因动脉管壁中层发育不良，弹力纤维薄弱或缺失，血流冲击而形成。硬化性动脉瘤主要与内膜病变累及中层有关，多发生在基底动脉环周围，因血管壁变薄，易致出血（如图7-3所示）。

（4）自发性蛛网膜下腔出血：蛛网膜下腔出血分为外伤性和自发性两种，自发性蛛网膜下腔出血是中枢神经系统疾病引起猝死的重要原因之一（约占25%），多发生在20~60岁间，尤以40~60岁为多。出血来源包括：由蛛网膜下腔内紧贴软脑膜的血管破裂（原发性出血），和脑实质内出血穿破脑皮质进入蛛网膜下腔或穿入脑室再到蛛网膜下腔（继发性出血）。出血原因主要是动脉瘤和动静脉畸形（约占57%~95%）。局灶性蛛网膜下腔出血一般不引起死亡，即使弥漫多发的局灶性出血也不一定死亡，但若出血量多且弥漫分布，则可致脑血管痉挛、脑水肿，引起猝死。

2. 脑梗死（cerebral infarction）：又称为缺血性卒中，是局部脑组织的血供发生障碍后由于缺血、缺氧引起的脑组织坏死、软化。据统计，脑动脉血栓的发生率依次为：大脑中动脉 43%、颈内动脉 29%、大脑后动脉 9%、基底动脉 7%、椎动脉 7%、大脑前动脉 5%。引起脑梗死的原因分为血栓形成性、栓塞性及动脉痉挛三类。引起脑血栓形成的主要原因有：动脉粥样硬化、高血压病、脑血管炎、血液病等，而引起脑栓塞的原因有：心源性栓子（如风湿性心脏病、先天性心脏病、房颤等）、非心源性栓子（如来自于主动脉、无名动脉、颈动脉、锁骨下动脉、肺静脉等处栓子）。

脑梗死最常见的原因是动脉硬化，肉眼见血管有节段性黄白色的斑块。梗死6 小时以内者，常规切片在光镜下观察难以发现明显的形态学改变；经过 8～48 小时后，梗死灶中心部位才开始软化，梗死灶周围脑组织肿胀、变软，灰质、白质界线不清；梗死 7～14 天后，脑组织开始液化，病变区明显变软，神经细胞消失；3～4 周后，坏死液化的脑组织被胶质细胞吞噬，并逐渐形成胶质瘢痕。

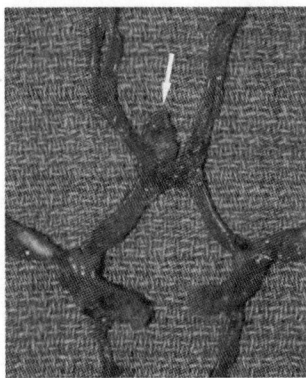

图 7-3 脑前交通支动脉瘤（箭头所示）破裂导致猝死

（二）法医学鉴定

在法医学实践中，颅内出血较常见，由于猝死者死后血液不凝固或凝固后因纤溶酶释放出现再溶，是故死后血液呈流动状态，为尸体检验时应用脑血管造影技术观察颅内血管病变提供可行性，不仅可明确出血部位和病变性质，还可为死亡原因确定提供可靠依据。死后血管造影检查最好在死后 36 小时内进行。

对怀疑脑出血引起的猝死案例，解剖检验时应注意观察出血的位置、评估出血量、寻找出血血管，但出血形成凝血后有时不易找到确切的出血血管。通过既往病史调查、脑出血的病理变化特征，对外伤性脑出血和自发性脑出血相区别，并在排除机械性损伤、窒息、中毒等以及其他致死性疾病等死亡原因后，才能综合做出判断。有时，当脑外伤与脑血管疾病致脑出血并存时，应分别评价各自的严重程度，慎重作出分析与权衡判断。

二、颅内感染性疾病

（一）病毒性脑炎

随着大多数细菌感染获得控制，病毒感染日益受到重视，迄今发现有 300 多种病毒能感染中枢神经系统，主要有脊髓灰质炎病毒、柯萨奇病毒、单纯疱疹病毒、巨细胞病毒、乙型脑炎病毒、狂犬病病毒等。

病毒性脑炎的基本特点：病变广泛，可累及大脑、脑干、小脑、脊髓及脑膜，一般灰质比白质严重；病灶区水肿、脱髓鞘、软化、坏死，以及弥漫性胶质细胞增生；血管周围见单核及淋巴细胞围管性浸润；神经元变性、水肿、尼氏体消失，细胞核深染、破碎和融解，出现嗜神经元现象和卫星现象，有的神经元及胶质细胞见包涵体，如核内包涵体（如疱疹病毒、巨细胞病毒等）、胞浆内包涵体（如狂犬病的 Negri 氏小体）。

（二）流行性脑（脊髓）膜炎（epidemic cerebrospinal meningitis）

简称流脑，是由脑膜炎双球菌所引起脑脊髓膜的化脓性炎症，在流行期和散发期均可发生猝死。流脑主要经呼吸道传播，2~4 月是发病高峰，若抢救不及时常在短时间内死亡，是脑膜炎中最为严重的一种。多见于 5 岁以下儿童，其次为青年。临床经过（普通型）通常为潜伏期、上呼吸道感染期（细菌大量繁殖）、败血症期（大量内毒素进入循环系统）、脑膜脑炎期、恢复期。临床特征为起病急、发热头痛、皮肤瘀斑、呕吐及脑膜刺激征（头痛、呕吐、颈强直等），脑脊液呈化脓性改变等。脑膜炎双球菌能产生毒力较强的内毒素，引起血管内皮细胞损伤，发生栓塞或微循环障碍，病变严重的发生败血症及沃—佛综合征（Waterhouse-Friderichsen syndrome），以败血症和中毒性休克为主要表现。

引起的主要病变在中枢神经系统，软脑膜和蛛网膜均呈化脓性改变，可见大量炎症细胞浸润；败血症期由于大量细菌内毒素引起血管内皮细胞损伤，导致弥漫性血管内凝血（DIC），皮肤、黏膜及浆膜下广泛出血点或斑；脑脊液呈黄绿色混浊脓性，脑实质水肿，可伴有脑疝形成；并发沃—佛综合征时，有肾上腺皮质出血等改变。

败血症、中毒性休克及 DIC 可直接引起猝死，亦可由于双侧肾上腺皮质出血致肾上腺功能急性衰竭而猝死；炎症累及室管膜及脑实质如脑干时，可直接引起猝死，并发严重脑水肿，继发脑疝，可至脑干受压而死亡。

（三）法医学鉴定

在排除机械性损伤、窒息、中毒以及其他致死性疾病等死亡原因的前提下，通常根据病史、解剖及组织学检验中发现的颅内感染疾病的病理学表现，即可作出相应的诊断，必要时须借助辅助检查帮助判断，如脓性渗出物涂片查找病原体、脑脊液检查等。

三、常见颅内肿瘤

颅内肿瘤包括起源于颅内的原发性肿瘤和由其他部位转移到颅腔的肿瘤两大类，约占全身肿瘤的 1.5%~2%，死亡率为 1.4/10 万。在成人与儿童均为幕上瘤多见，成人（以江苏省人民医院近十年数据参考）主要以脑膜瘤（28.05%）、蝶鞍区肿瘤（25.98%）、弥漫性星形细胞和少突胶质细胞肿瘤（18.52%）为主，儿童（以西北地区数据参考）则以弥漫性星形细胞和少突胶质细胞肿瘤（32.5%）、蝶鞍区肿瘤（15.9%）、胚胎源性肿瘤（12.9%）、生殖细胞肿瘤（10.5%）为主。颅内能引起猝死的肿瘤多位于小脑和接近延髓处。

引起猝死的颅内肿瘤位于幕下多于幕上，随着颅内肿瘤的增长，将导致颅内肿瘤压迫相应部位的脑组织，尤其是小脑幕下肿瘤会压迫脑干，累及生命中枢引起猝死；若肿瘤侵犯脑室或阻塞导水管和室间孔，引起脑脊液循环障碍，颅内压将急剧增高引起脑疝导致猝死；若颅内恶性肿瘤分化程度低、快速增长，常导致肿瘤瘤体内出血，可引起类似脑出血的严重后果。

对于怀疑因颅内肿瘤引起的猝死，在排除机械性损伤、窒息、中毒等以及其他致死性疾病等死亡原因的前提下，仍应重视调查既往病史、解剖及组织学检验中发现的颅内肿瘤病灶，必要时请临床神经病理学家对肿瘤进行诊断和分化程度评价，作出相应的诊断。

四、癫痫

癫痫（epilepsy）是中枢神经细胞异常兴奋引起放电产生的阵发性大脑功能紊乱导致的临床症候群。癫痫可分为原发性和继发性两种，其中原发性癫痫的病因不明，可能与遗传有关，而继发性癫痫主要与脑部器质性障碍或代谢机能异常有关，如颅内肿瘤、感染、损伤等。癫痫发作具有突发性、一时性、反复性三个特点，一般不引起死亡，但有时在大发作或持续状态时、发作后也可引起猝死。据相关报道，癫痫引起猝死的发生率为 12%~15%。

原发性癫痫常无明显的病理学改变，反复大发作或过长时间抽搐可造成脑细胞的缺血缺氧性损害。有时可见大脑颞叶海马回有硬化病变区，表现为神经细胞数目明显减少或消失，有胶质细胞和胶质纤维增生；有时见大脑皮质边缘硬化，皮质有灶性变性坏死和胶质细胞丧生形成的胶质小结，皮质局部有胶质细胞和胶质纤维增生。此外，小脑皮质、齿状核、丘脑、豆状核、橄榄核等见变性、坏死、萎缩改变，并可形成胶质小结。

由于癫痫发作时可能存在机械性损伤，甚至出现坠落、溺死等各种意外情况，因此，在作出癫痫猝死诊断之前，应首先排除机械性损伤、窒息、中毒以及其他致死性疾病等死亡原因；其次，由于癫痫患者多无明显脑内器质性疾病，即便存在亦往往缺乏诊断特异性，所以应重点调查死者生前所患癫痫的种类、发作次数及类型、药物控制情况等内容；最后，如果无目击者，或癫痫病史不明确时，或者即便有目击者，但由于癫痫发作类型多种多样有时也并不易被识别，应慎重作出癫痫致猝死的诊断。

第五节　消化系统疾病引起的猝死

消化系统疾病一般病程较长，死亡前常有显著的消化系统症状，如恶心、呕吐、腹泻及脱水等，易被误认为中毒所致；急性消化道出血引起的呕血死亡者，又常被疑为外伤致死。

一、急性消化道出血

急性消化道出血是多因食管、胃及十二指肠病变而发生的临床急症，一般症状为呕血、便血或黑便（柏油便），并伴有血容量减少的急性周围循环衰竭。常见于胃十二指肠溃疡病、肝硬化，并发食道下段静脉曲张、急性胃肠粘膜糜烂、胃粘膜脱垂、贲门部胃黏膜裂伤及溃疡性胃癌等，因常发生大量呕血或便血，现场可有大量血迹，易被怀疑为他杀。

（一）病理学改变

1. 胃或十二指肠溃疡出血：慢性溃疡者常有慢性胃或十二指肠溃疡病史，而急性溃疡则常由外伤、物理或化学性刺激所致。胃溃疡大多位于为胃小弯和胃后壁，且多在幽门附近，常为单个，呈圆形或椭圆形、大小不等、深浅不一，深者可达肌层；十二指肠溃疡大多在十二指肠球部，溃疡引起出血多是由于溃疡底部大血管被侵蚀后破裂所致。慢性溃疡一般比较大，边界不清，呈火山口状，溃疡较浅，底部凸凹不平，溃疡周围粘膜皱襞中断，呈结节状肥厚，慢性溃疡周围血管常有动脉炎和闭塞性内膜炎。光镜下胃、十二指肠溃疡的底部大致由坏死层、炎症层、肉芽组织层、纤维瘢痕层等四层组织构成；而发生急性溃疡时，则没有典型的四层结构，并且溃疡较表浅，仅累及黏膜层。

2. 肝硬化并发食管下端静脉曲张破裂：常有长期的肝硬化病史和肝硬化的明显病变，严重肝硬化发生后，门静脉系统受阻，引起食管周围侧支循环形成，导致食管下端静脉丛曲张，曲张的静脉因压力增高，易被食物摩擦、划破而导致消化道大出血。

3. 应急相关胃黏膜损伤：又称糜烂性胃炎（erosive gastritis），或应激性溃疡（stress ulcer），占消化道出血病例的5%。一般均有外伤史或物理、化学等刺激为诱因，可因酗酒、服用非甾体抗炎药物、大手术、严重烧伤、休克或严重颅脑损伤、甚至精神心理因素所引起，其特征为多发性、表浅、大小不等的胃黏膜糜烂。

4. 食管贲门黏膜撕裂综合征：又称 Mallory-Weiss 综合征，常因剧烈呕吐、大量酗酒及酒精中毒所致，临床上较少见，一旦发生，出血量常较大且难以控制，病变主要位于食管下段或胃贲门区的黏膜。

（二）法医学鉴定

急性消化道出血导致猝死，原因主要是大量出血导致失血性休克而死亡。尸体检验时，应注意观察失血性休克的尸体征象，如尸斑浅淡、内脏器官颜色变浅等，并仔细观察出血部位、出血的病因、估计出血量，查明原发病变及严重程度，当存在其他疾病、外伤时，还要分析这些因素在死亡中的参与作用。

二、急性出血性坏死性胰腺炎

急性出血性坏死性胰腺炎（acute hemorrhagic necrotic pancreatitis，AHNP）是猝死的常见原因之一，死亡发生率为15%~25%。本病好发于中年男性，暴饮暴食、酗酒、胆道疾病等是本病的常见诱因，临床表现以突然发作的上腹部剧烈疼痛（并向腰背部放散）为主要症状，病情发展迅速，很快因休克而死亡。

（一）病理学改变

胰腺作为消化器官之一，分泌多种消化酶参与消化过程，胰蛋白酶是其中重要的一种。正常情况下，分泌的胰蛋白酶原无生物学活性，当受到胆汁和肠液中肠酶的激活作用后成为有活性的胰蛋白酶，然后又可激活其他消化酶，当发生急性出血性坏死性胰腺炎时，多种消化酶因细胞破裂而进入组织间隙，对胰腺及周围组织产生消化作用。

胰腺肉眼可见体积增大、质软，呈暗红色，轻者胰腺实质内呈灶性出血、坏死，重者呈弥漫性出血，切面见大片状出血、坏死，胰腺小叶结构模糊；周围大网膜、肠系膜、结肠脂肪垂等处见多处散在混浊的黄白色斑点状脂肪钙化灶（脂肪坏死），是由于溢出的胰液中脂酶将脂肪分解成甘油和脂肪酸，后者与间质中的钙离子结合形成钙皂所致；腹膜腔中常见少量血性、咖啡色的渗出液，其中淀粉酶升高。光镜下见胰腺组织有大片凝固性坏死，细胞结构模糊不清；坏死灶边缘有中性粒细胞、单核细胞浸润；胰腺小叶内及间质见片状出血；周围坏死的脂肪组织中可见脂肪酸结晶；间质小血管中可见血栓形成。

（二）法医学鉴定

急性出血性坏死性胰腺炎引起猝死的机制是休克，如胰液外溢入腹腔，刺激腹膜、腹腔神经丛，引起剧烈疼痛进而导致神经源性休克；还可引起激肽等神经活性物质释放，血管扩张，以及发作时持续呕吐、腹腔大量渗出等，出现低血容量性休克；胰酶消化周围组织、蛋白分解产物吸收入血可引起中毒性休克等。

急性出血性坏死性胰腺炎一般有典型的临床症状和体征，腹痛剧烈、血清及尿中淀粉酶升高。由于死亡后胰腺常自溶较快，故应尽早（死后24小时内）进行解剖检验，必要时取心血检测淀粉酶活性，但酶活性可随死亡时间延长而明显下降；解剖打开腹腔后应原位观察胰腺及周围组织，检查胰腺时注意观察胆道、胰管及十二指肠壶腹开口处，注意结石、寄生虫等查明病因；注意调查既往健康情况，是否存在胰腺炎病史；通常根据肉眼观察、组织病理学检查可诊断急性出血性坏死性胰腺炎，但需注意是否存在全身严重感染，此时胰腺有时可有轻度炎症表现，而中毒、窒息、电击死亡等多种原因可引起胰腺单纯性出血。因此，仍应通过案情、现场勘查、全面详细尸体检验及排除损伤、窒息、中毒、电击后，综合分析与判断。

三、急性腹膜炎

急性腹膜炎一般因出现明显腹部症状被及时就诊而不发生死亡，但在特定情况下，如年老体弱者患病时，常常由于临床症状不明显而被忽视，发现时已发展为急性弥漫性腹膜炎，则可发生猝死。急性腹膜炎的表现主要有突然剧烈腹痛、呕吐、腹泻、虚脱、腹膜刺激征（压痛、反跳痛、腹肌紧张）等，有时被怀疑为中毒。

引起急性腹膜炎的原因可分为原发性和继发性两类，以后者多见，如各种原因引起胃肠道穿孔（外伤、溃疡、结核、寄生虫、吸毒、手术等）、实质器官脓肿破裂（肝、脾脓肿等）、器官炎症扩散（急性出血性坏死性胰腺炎、阑尾炎、坏疽性胆囊炎、盆腔感染等）、急性肠梗阻或肠套叠或疝所致肠壁坏死等；而原发性急性腹膜炎主要是细菌通过血液播散所致。急性腹膜炎主要因为大量细菌感染致感染中毒性休克致死。

尸体检验时，急性弥漫性腹膜炎见腹膜充血、水肿和炎性渗出，腹膜及胃肠等器官表面见渗出的纤维素附着，腹腔中可见大量混浊的脓性渗出物，其成分主要是坏死组织、纤维素、中性粒细胞及细菌等。法医学鉴定时，通过调查病史、结合尸体改变，即可作出诊断。

四、急性胃扩张及胃破裂

急性胃扩张（acute dilatation of stomach）具有起病急、发展快的特点，虽然少见，但死亡率较高，常因胃极度扩张或自发性胃破裂而发生猝死。引起急性胃扩张的原因有暴饮暴食、外科手术、腹部创伤、洗胃不当，也可因幽门梗阻引起。

急性胃扩张发生猝死者，可见口鼻部有棕色液体溢出，腹部膨隆；胃高度扩张，占腹腔大部；胃内有大量气体、液体或食物；胃壁变薄呈苍白色；胃黏膜皱襞消失，伴有坏死时呈黑褐色；胃破裂者见腹腔内有胃内容物。法医学鉴定时主要根据尸检有急性胃扩张，或伴有胃破裂的病理改变，案情、发病过程及临床表现符合急性胃扩张特点，在排除其他死亡原因后即作出诊断，但要注意与死后尸体腐败、胃内腐败气体积聚引起的胃破裂相鉴别。

第六节 生殖系统疾病引起的猝死

生殖系统疾病引起猝死的案例比较常见，且几乎都发生在女性，以孕产妇多见，主要有以下几种：

一、异位妊娠

异位妊娠（ectopic pregnancy）是指受精卵在子宫体腔以外着床并生长发育的过程，习惯上又称宫外孕（extrauterine pregnancy），包括输卵管妊娠、卵巢妊娠、腹腔妊娠、阔韧带妊娠、宫颈妊娠等，以输卵管妊娠最为常见（异位妊娠中约占 95%）。异位妊娠若发生自发性破裂，可引起剧烈腹痛和腹腔内大出血，快速导致失血性休克而猝死。

（一）病理学改变

异位妊娠破裂猝死者，腹腔有大量流动性血液或伴有凝血块，仔细检查盆腔、内生殖器（输卵管、卵巢、子宫等），输卵管、卵巢增粗变大，并见破裂出血口，切开输卵管可见管腔内充满凝血块，有时凝血块内可找到胚胎，组织病理学检查输卵管或卵巢破裂处见胚胎组织或绒毛及蜕膜细胞；腹腔妊娠破裂猝死者，胚胎和胎盘常位于肠管或肠系膜处；此外，异位妊娠时子宫可见增大，内膜呈典型的蜕膜反应，但子宫腔找不到胚胎和绒毛。

（二）法医学鉴定

因异位妊娠致猝死者通常有明确的妊娠史，但有时也有无明确的自觉症状而突发猝死者。法医学鉴定时，应详细调查死者个人停经、怀孕过程等生理情况，猝死者应该有停经史、腹痛、阴道出血的症状，并很快出现休克而猝死。尸检发现腹腔内有大出血，以及子宫腔以外找到出血部位，胚胎组织或绒毛等即可确诊。

二、羊水栓塞

羊水栓塞（amniotic fluid embolism，AFE）是指在分娩过程中，羊水进入母体血液循环后引起肺栓塞，进而发生休克、弥漫性血管内凝血等一系列严重的并发症，最终导致孕产妇猝死。羊水是充满于羊膜腔内的液体，胚胎悬浮于羊水中，羊水的来源、量和成分随孕周不同而有所变化。妊娠初期羊水主要是母体血清通过胎盘进入羊膜腔的透析液，少量从胎盘表面和脐带表面渗出。分娩时常因宫颈撕裂、胎盘剥离等情况，使得羊水经宫颈粘膜静脉、子宫下段静脉、子宫损伤及胎盘附着处的静脉窦进入母体循环，羊水成分随着血液回流入右心室，进入肺脏引起肺栓塞。有研究显示羊水栓塞的发生率为 1.9/10 万~6.9/10 万，病死率高达 70%~80%。

猝死者常在分娩过程中或产后短时间内（32 小时内）出现胸闷、气短、烦躁不安、呼吸困难、发绀等缺氧、窒息表现，或者突然出现寒战、恶心、呕吐、烦躁不安、气急等症状，继而心率加快、血压下降、四肢厥冷等，有时伴有抽搐、昏迷，也有仅表现为产中或产后出现不明原因的子宫、阴道出血不止，甚至全身性出血。因羊水栓塞猝死者，其中 1/3 发生于数分钟或半小时以内，还有部分案例因凝血功能发生障碍、肾衰竭而在数小时后发生死亡的情况。引起羊水栓塞的危险因素见表7-1。羊水栓塞发生后，羊水成分可引起母体过敏，导致类似于过敏性休克的表现，如血压下降或消失等，常于数分钟内死亡；另外，羊水成分引起广泛性肺动脉栓塞，羊水中的促凝物质引起母体发生弥漫性血管内凝血等，导致肺动脉高压、肺水肿，进而急性右心衰竭、呼吸衰竭；母体发生凝血功能异常后，还可引起产后大出血致失血性休克而死亡。

表7-1　羊水栓塞危险因素[1]

羊水栓塞危险因素	胎儿因素	男性、前置胎盘、胎盘植入、胎盘早剥、胎儿窘迫、羊水过多、巨大胎儿、胎膜早破、宫内死亡
	母体因素	高龄产妇>35岁、经产妇、糖尿病
	产科因素	剖宫产、宫颈裂伤、引产术、器械辅助：产钳和真空吸引器、子宫破裂、子痫、使用催产素

（一）病理学改变

尸检可发现，尸血不凝，皮肤、黏膜、内部器官出血，双肺淤血水肿等；光镜下见肺小动脉、肺泡壁毛细血管管腔有羊水有形成分，并伴有不同程度的炎症反应，有时甚至在心、肾、脑血管内有羊水有形成分，约有50%病例在子宫或阔韧带血管内检见羊水有形成分。羊水有形成分主要是指羊水中的角化鳞状上皮细胞、毳毛、胎粪、黏蛋白等。

羊水栓塞辅助检查中的简便方法是从死者血液中检查羊水有形成分。抢救过程中或死后不久取心血或下腔静脉血10ml，离心后可分三层：底层为红细胞，中间层为白细胞，最上层絮状沉淀为羊水有形成分。取上层絮状物涂片进行染色后，光镜检查可发现羊水有形成分。此外，还有其他辅助方法用于诊断羊水栓塞，如对类胰蛋白酶、角蛋白-16、CK10和CD31等蛋白分子的免疫组织化学染色等。

（二）法医学鉴定

因羊水栓塞猝死的产妇通常有明确的怀孕、分娩过程，以及分娩过程中或产后有明显的羊水栓塞症状和体征。法医学鉴定的主要依据是肺细小血管和毛细血管以及其他内部器官如心、肾、脑等间质血管内见羊水的有形成分。但需要注意的是，应对进入猝死者血液循环中羊水成分的多少以及对机体的影响程度进行评价，并需要判断猝死者的临床表现是否与羊水栓塞相符合。根据尸体解剖与组织病理学检验结果，结合案情、辅助检查结果，通常可作出诊断。

第七节　内分泌系统疾病引起的猝死

内分泌系统疾病引起猝死的发生率较低，常见的能引起猝死的内分泌疾病有糖尿病、低血糖症、肾上腺皮质萎缩、肾上腺髓质嗜铬细胞瘤、毒性甲状腺肿等。内分泌系统疾病常因新陈代谢功能障碍引起猝死，可不同时伴有形态学改变，故诊断因内分泌系统疾病而猝死常缺少临床及实验室检查资料，尸体检验时，除常规进行肉眼观察和组织学检查外，必要时，应进行死后化学检验。

一、低血糖症

低血糖症（hypoglycemia）是指血糖浓度过低所引起的临床并发症。正常成人空腹血糖参考值为 $3.9 \sim 6.1 mmol/L$，一般认为成人血糖低于 $2.8 mmol/L$ 是血糖过低。严重低血糖可引起昏迷，处理不当可致猝死。多种原因均可引起低血糖，常见的有：服用降糖药物、中青年妇女胰岛素分泌过多所致餐后低血糖、严重肝病性低血糖、胰岛素 B 细胞瘤等引起的低血糖等。

低血糖症引起猝死的机制主要是低血糖昏迷。葡萄糖是脑组织的主要能量来源，并且在脑细胞中储量较少，仅能维持数分钟，一旦发生低血糖，则大脑皮质、皮质下中枢、中脑、延髓等发生功能障碍，引起昏迷、血压下降、休克，严重者可致死亡。法医学鉴定除常规尸体检验、注意排除其他死因之外，应收集血液、脑脊液、眼球玻璃体液测定葡萄糖浓度，玻璃体液中葡萄糖比血糖值相对稳定，适宜判断血糖过高或过低。由于死后糖酵解过程继续引起血糖下降，使得生前血糖受到死后糖酵解、死亡时间、生前抢救措施、死亡过程、个体因素等多种因素的明显影响，有学者指出，虽然玻璃体液可被作为检测血糖的首选样本，但只能用于诊断高血糖，却不适用于判断低血糖。

二、嗜铬细胞瘤

嗜铬细胞是构成肾上腺髓质的分泌细胞，是一种大多角形细胞，嗜铬细胞因胞浆内有大量嗜铬颗粒而得名，这些颗粒可被二铬酸钾染成棕黄色（嗜铬反应）。嗜铬细胞瘤（pheochromocytoma）起源于肾上腺髓质、交感神经节或其他部位的嗜铬组织，瘤组织能持续或间断释放大量儿茶酚胺类激素（主要是肾上腺素、去甲肾上腺素、多巴胺等），引起持续性或阵发性高血压、多器官功能紊乱及代谢紊乱。嗜铬细胞瘤临床表现复杂多样，具有起病急骤、病情凶险，多以严重的心脑血管病为首发症状，可在发病后短时期间内引起死亡，或生前未获诊断而直接发生猝死。

嗜铬细胞瘤多位于一侧肾上腺（80%~90%），少数位于腹主动脉旁或肾门、肝门区等处，肿瘤大多为良性、有包膜，直径大小不等，圆形或椭圆形，表面光滑，切面灰白色或粉红色，福尔马林固定后呈棕红色或棕黄色；光镜下肿瘤细胞呈三角形，形成细胞索或细胞巢，铬盐染色颗粒呈棕色或黄色，免疫组织化学染色对嗜铬蛋白 A（chromogranin protein A）和神经微丝蛋白（neurofilament protein）表达阳性。

嗜铬细胞瘤大多同时分泌肾上腺素和去甲肾上腺素，少数只分泌去甲肾上腺素。临床表现为阵发性或持续性高血压，患者可因高血压脑出血、急性心力衰竭而猝死；亦可因肿瘤突然发生坏死出血，引起血容量减少发生低血压休克而死亡；此外，儿茶酚胺类激素对心肌有直接作用，可引起严重的心律失常或急性心力衰竭而猝死。

法医学鉴定时，应详细了解案情和死前症状，在全面系统尸体解剖和组织病理学检验后，根据病理学改变、死亡过程进行诊断，并须同时排除其他原因所致死亡。

三、原发性慢性肾上腺皮质功能减退症

肾上腺是人体相当重要的内分泌器官，由于位于两侧肾脏的上方，故名肾上腺。腺体分肾上腺皮质、髓质两部分，两者在发生、结构与功能上均不相同，实际上是两种内分泌腺，肾上腺皮质分泌糖皮质激素、盐皮质激素以及少量性激素，髓质则分泌儿茶酚胺类激素。原发性慢性肾上腺皮质功能减退症（又称为Addison病），是因各种原因引起双侧肾上腺损害，使得皮质激素分泌不足所致。多见于中青年，病情较轻时，患者可长期生存而无明显症状，但其中部分患者在应激状态下，如高温、寒冷、创伤、感染、精神紧张等，可因诱发肾上腺危象而猝死。

引起本病的病因可以是特发性肾上腺皮质萎缩、肾上腺结核、恶性肿瘤、真菌感染、血管栓塞、双侧肾上腺切除以及长期应用肾上腺酶系抑制药物等，肾上

腺皮质功能减退引起猝死的机制主要是病情急剧恶化发生肾上腺皮质危象而猝死，各种原因引起的应激状态是其常见诱因。法医学鉴定时，应详细了解发病和死亡过程，全面系统地尸体解剖和组织病理学检验，对肾上腺皮质破坏、萎缩或伴有其他疾病的诊断是鉴定依据，但同时应排除其他致死性原因。

第八节　其他猝死

一、过敏性猝死

过敏性猝死（sudden death from anaphylaxis）是指过敏体质者在接触过敏原后，短时间内发生过敏性休克而引起死亡。过敏反应发生涉及两个方面：抗原物质的刺激和机体的反应性。前者是诱导机体产生过敏反应的先决条件，其中诱发过敏反应的物质称为过敏原或变应原。仅有少数人对某些特定的抗原物质存在高度敏感，接触后可发生 I 型超敏反应（IgE 介导），临床上称之为过敏体质者，即使接触很小剂量的过敏原，过敏体质者也可以发生严重的过敏反应。过敏体质具有遗传倾向。

过敏性休克通常在接触过敏原后数分钟或半小时内发生，主要表现有循环衰竭症状，如出冷汗、面色苍白、发绀、烦躁不安、脉搏细弱、血压下降、休克、大小便失禁等；部分患者由于喉头和气管黏膜水肿、痉挛以及肺水肿，而出现呼吸道梗阻症状，如胸闷、气喘、呼吸困难等；还有部分患者出现口干、头晕、鼻塞、打喷嚏、荨麻疹、流泪，继而很快出现抽搐、昏迷、死亡。过敏反应导致死亡多系过敏性休克所致，部分是由于喉头水肿、痉挛或支气管痉挛而窒息死亡。

过敏性猝死者常缺乏特殊的病理改变，仅见一般的猝死征象，如各器官淤血、黏膜和浆膜下点状出血、肺脏与心脏水肿；有的患者见咽喉、气管淤血、水肿；有的患者在咽喉、气管、脾脏、肺脏、心脏等部位出现嗜酸性粒细胞明显增多、浸润，此可作为过敏性猝死的特征性病理学改变。但值得注意的是，若仅见胃肠等消化道系统管壁有嗜酸性粒细胞浸润，则不能单独作为诊断过敏性猝死的依据。此外，过敏性猝死还可结合一些特异性的辅助检查如 IgE、肥大细胞类胰蛋白酶（tryptase），这些指标在过敏性猝死时均明显升高。

过敏性猝死通常根据典型的死亡发生过程、咽喉部的黏膜水肿或全身多个器官内多量嗜酸性粒细胞浸润、辅助检查 IgE 及类胰蛋白酶升高等，在排除其他致死原因后即可作出相应的诊断。

二、青壮年猝死综合征

青壮年猝死综合征（sudden manhood death syndrome，SMDS）是一种发生在青壮年的原因不明的猝死。1915年首次在菲律宾马尼拉报道并以"Bangungut"命名，也有人将之命名为"原因不明的猝死综合征（sudden unexplained death syndrome，SUDS）""夜间猝死综合征（sudden unexpected nocturnal death syndrome，SUNDS）"，1974年渡边富雄建议命名为"青壮年猝死综合征"。SMDS流行于泰国、中国、日本、菲律宾、越南等东南亚地区，或好发于亚裔男性青壮年。由于SMDS多在睡眠中发生死亡，尸体检验通常不能发现明确死因即所谓"阴性解剖"，所以容易引起怀疑和纠纷。

青壮年猝死综合征的特点：①青壮年是好发人群，年龄分布在20~49岁多见；②男性多见，男女之比为11~13.3∶1；③既往体健，发育正常，营养良好；④多死于夜间睡眠中，尤以凌晨2~4时为多，偶尔发生于午睡中；⑤死前睡眠中常有呻吟、打鼾、惊叫或有呼吸困难、口吐白沫、四肢抽搐等症状，有时被人发现但不易叫醒，或被叫醒后继之入睡后死亡；⑥系统尸体检验及实验室检查未能发现致死性的病理改变及其他死因证据。

由于青壮年猝死综合征的死亡原因并不清楚，尸体解剖也仅见到一些非特异性的猝死死亡征象，如尸斑显著、尸血不凝、口唇及指（趾）甲发绀、各内部器官淤血或少量瘀点性出血等。在法医学鉴定时，诊断青壮年猝死综合征必须极慎重，首先要排除常见的致死原因如各类损伤、窒息、致死性疾病、中毒等，其次要详细调查死者生前的健康状况、家族史、工作及接触史情况等案情，最后现场勘查以及运用其他刑事技术进行检验。

三、婴儿猝死综合征

婴儿猝死综合征（sudden infant death syndrome，SIDS）是指婴儿原因不明的突然、意外死亡。常见于1个月至1岁的婴儿，且大多在摇篮里或小床上死亡，故还有一些国家称之为"摇篮死（crib death）""摇床死（cot death）"。直到1969年的第二届国际婴幼儿猝死原因会议正式提出"SIDS"。

SIDS的特点：①猝死婴儿发育未见明显畸形，但多见于低体重早产儿、新生儿、双胞胎、多胞胎；②年龄多在1岁以内，2~4个月龄为发病高峰；③男婴稍多于女婴；④多在安静状态下发生死亡；⑤相关调查、尸体检验不能明确死亡原因；⑥有调查表明，多发于12月至次年2月份冬春寒冷季节，与婴儿俯卧位睡眠有相关性，还与母亲孕产期间存在吸烟过多、药物滥用、营养不良、贫血等因素有关。

虽经全面系统的尸体检验，通常亦不能明确致死性的法医病理学改变和表现。大量案例报道和实验研究 SIDS，但大多是一些不具有特异性的表现，缺乏较高的诊断价值，直到目前引起 SIDS 的机制仍不清楚。法医学鉴定时，也是在通过全面系统、细致的尸体检验及必要辅助检查后，结合案情、现场勘查及其他刑事技术检验结果，排除其他死亡原因后，慎重作出 SIDS 诊断。

四、抑制死

抑制死（death from inhibition）是指由于身体某些部位受到对正常人不足以构成死亡的刺激或轻微外力，通过神经反射在短时间内（通常不超过 2 分钟）引起心搏骤停而死亡。抑制死常在受到某种因素刺激后，突然出现面色苍白，迅速昏厥或神志丧失，数秒钟或两分钟内心搏骤停而死亡。目前对抑制死的诊断仍存在较多争议。

常见引起抑制死的刺激因素有：①轻微打击胸部、上腹部、会阴部、喉头；②颈动脉窦或眼球突然受到压迫或颈部过度伸展；③声门、喉头等部位受到冷水刺激；④胸腹腔的浆膜突然受到牵拉刺激，如腹腔手术、胸腹腔穿刺等；⑤扩张尿道、扩张宫颈或肛周脓肿切开引流等；⑥极度惊吓、恐惧、悲哀、疼痛等精神刺激。

抑制死法医学鉴定必须慎重，法医学鉴定一般依据以下几点：①死亡突然、迅速，常迅速继发于某种刺激或诱因后，一般不超过数分钟；②死亡与刺激之间存在因果关系，并有目击证人对整个过程进行证实；③通过全面系统的尸体检验，排除其他已知的致死性原因。

思考题：

1. 如何防止猝死？
2. 猝死的法医学鉴定要点是什么？
3. 通过本章学习，你所掌握常见的猝死疾病有哪些？
4. 关于 SMDS 和 SIDS，你了解多少相关案例和知识？

第八章 虚拟解剖

第一节　虚拟解剖概述

　　"Autopsy（尸体解剖）"这个单词起源于古希腊语，由 auto（自我）和 opso-mi（看见）这两个词根组成，本义是"看见自我"。法医学尸检有很多目的，包括确定生前疾病、死亡原因、死亡性质、鉴定准确的死亡时间及个人识别等。常规的法医学检验方法包括三方面的内容：尸体外部检验或尸表检验（External examination）、尸体解剖检验、组织病理学检验。其中尸体解剖检验通常是按照顺序、分层解剖，打开颅腔、胸腔、腹腔、盆腔以及其他疑似受到损伤的部位，肉眼直接观察体腔内各重要器官、各管道系统（如血管、胆管）等的状态，并提取相应检材进行组织病理学检验或其他相关辅助检查的过程。

　　不可否认，随着病理学、分子生物学、毒理学和影像学的发展，常规尸体检验技术得到了较大程度的辅助和提高，但其在解释血管内、外气体以及一些骨骼病变方面仍受到限制；同时，尽管在一些特殊辅助技术的帮助下，通过常规尸体检验可以对某些疾病进行诊断，但有时这些辅助技术却不具备应用的条件，例如：腐烂或炭化尸体中血管内或外的气体（如气胸、纵隔气肿、肺大泡破裂、气体栓塞、气腹等）、各种骨骼创伤（颈椎骨折，如横断性骨折、棘突骨折或椎弓根骨折；面部或肢体的复杂骨折）、骨髓损伤和弹道伤口等；另外有时常规尸体解剖也会因宗教或文化原因受到限制而难以实施。

一、虚拟解剖概念与特点

　　应用先进的现代断层扫描成像与重建技术（CT、MRI 等），对尸体进行外部、内部的非侵入性检验，辅助实现法医学解剖目的的方法，称之为虚拟解剖

（virtopsy），virtopsy 是由 virtual 和 autopsy 两个词根所组成。

虚拟解剖技术主要有以下优点：

1. 获得客观数据的同时不损坏尸体，尤其适用于二次解剖、发掘尸体以及灾害中被掩埋的尸体；

2. 可提供与实际器官大小相同的数据，并能提供三维信息；

3. 比常规解剖更节省时间；

4. 可进行远程影像诊断和通过互联网进行信息传递。

当然，虚拟解剖也有缺点，即成本高、有限的组织分辨率、不能获得可视化色彩信息等。

二、虚拟解剖技术

目前，虚拟解剖的主要技术包括 X 线成像技术、计算机体层成像技术（X-ray computed tomography，CT）及磁共振成像（magnetic resonance imaging，MRI）。除此之外，虚拟解剖技术还包括微观放射线扫描技术、3D 面扫描技术以及体素描成像技术等。

X 线成像技术是利用人体不同组织间因密度和厚度的不同，当 X 线穿过时吸收的程度亦不同，转换成图像时可形成高密度影（白影）和低密度影（黑影），进而判断机体内部器官的病理状态。目前主要应用的是数字 X 线成像技术（digital radiography，DR），其是将摄影装置与计算机联合构建更清晰的数字影像。

CT 是运用 X 线束对人体层面进行扫描后经计算机处理而获得该层面重建图像的技术，CT 图像是由一定数目但具有不同灰度的像素按矩阵排列所构成的灰阶图像，而在 CT 中利用组织对 X 线吸收的系数来表示密度，将该系数换算便是 CT 值，单位为 Hu。

MRI 是利用人体中氢原子核在磁场中受到射频脉冲信号的激励而发生磁共振现象所产生磁共振信号，经计算机处理而重建断层图像。

三、虚拟解剖地位

法医学尸检向来是确定死亡原因的可靠方法。虚拟解剖目前必须被视为一种补充，而不是替代方法。在一项小样本调查中，虚拟解剖对死因诊断的准确率只有 68%。在另一项相对大样本的调查研究中，对 193 个生前临床诊断，虚拟解剖可识别诊断出 173 项（88%），而常规解剖可诊断 183 项（93%）。

另一方面，将虚拟解剖与常规解剖相结合或者采取穿刺取样进行组织病理学检验的方法，则既可以充分利用虚拟解剖的优点，又可以弥补其不能得到形态学检验结果的不足。虚拟解剖可用于如下情况：直接和间接损伤、虐待（儿童和老人）、枪伤、溺水、炭化与腐烂的尸体、无名尸体；同时，虚拟解剖还可应用于灾害事故等突发多数人死亡的案例。

然而，我们还要看到目前全球的常规尸体解剖比例都在下降，以死后影像学检验为主要特征的虚拟解剖很可能将成为未来替代常规解剖的技术，尽管其本身还无法进行组织病理学和微生物学检验。但虚拟解剖的用途也会远远超出法医学研究的领域，如因其在骨骼和牙齿重建中的优点，而应用于古生物病理学（palaopathology），用于诊断关节病、感染、口腔疾病、创伤、肿瘤等。

第二节 虚拟解剖具体应用

一、早期和晚期死后变化

很多疾病的死后影像学表现与临床影像相似，但必须考虑到人体死亡后发生的早期死后变化的干扰。因此，法医放射学家必须熟悉各种早期死后变化对死后影像学诊断的影响。早期死后变化如尸斑、尸僵、尸绿及皮革样化等，虚拟解剖技术目前还不能很好反映，但对内部器官的改变，尤其是血液坠积情况可较好地反映。

死后早期尸体脑实质的影像表现与脑死亡患者类似，白质和灰质分辨度降低，并伴有脑组织的水肿和脑整体肿胀，在影像上表现为均匀的脑实质（图8-1），腐败过程中产生的气体初期在血管内，后期存在血管外的组织中（图8-2）。

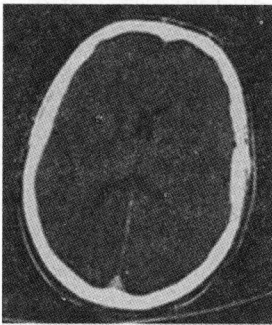

图8-1 早期尸体脑组织 CT 图   图8-2 脑组织和血管内因腐败产生的气体

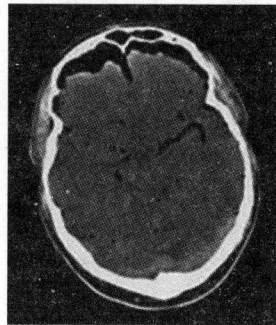

死亡后如果可在周边肺组织中见到肺动脉分支，双肺呈弥漫性毛玻璃样外观，这说明肺处于淤血状态，而气管和主支气管通常呈充气状态，肺的血液坠积图像分析很重要，因为具有重力依赖性可帮助确定死亡后死者的体位。如果在细支气管肺泡中填充有腐败成分，则会呈现"假肺炎"表现，此时很难与真正的传染性肺炎实变相区别（图8-3、图8-4）。

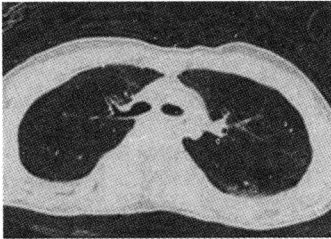

图8-3　死后早期肺组织CT图

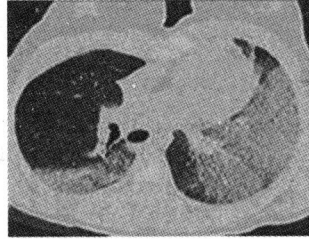

图8-4　右侧肺表明死亡时呈仰卧位，左侧肺是死后数天后的"假肺炎"表现

二、创伤性死亡

机械性损伤的机体死后影像表现显示出死后法医影像学诊断的潜力，主要用途是对机体损伤进行诊断，如尸体骨折的表现与临床影像相同，CT对损伤的诊断能力要优于X线成像技术，还可以对面部以及其他在常规尸检不易接触到的解剖部位（如鼻窦、下颌骨等）进行检查；如CT可以很轻松地诊断眶底骨折、鼻骨骨折，而常规尸检若进行相应的检查则必须进行毁容性的解剖方法；死后影像学检验也可以发现皮下出血或血肿以及肌肉间的血肿；对多发性骨折、颅骨或颅底骨的交叉性骨折，CT检验将有助于理解骨折的发生顺序，这在枪弹损伤和多次打击伤害案件中特别有帮助。

虚拟解剖不仅可判断脑实质以外出血，包括硬膜外、硬膜下血肿以及蛛网膜下腔出血（图8-5），而且还可诊断脑实质内部出血，包括皮质挫伤和脑、脑室出血。

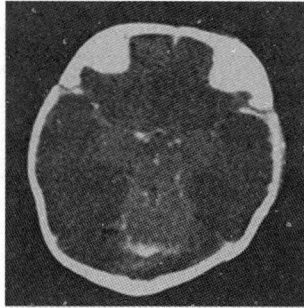

图8-5 摇晃婴儿综合征：蛛网膜下腔出血、脑干和小脑区密度较其他脑实质增高

CT 对血管外气体的发现亦很敏感，而常规尸检则很容易遗漏一些轻微程度的气胸。但 CT 对死后尸体内部器官的对比性显现较差，所以器官病变（如肝或肾挫伤和血肿）并非很容易被发现，此时 MRI 则更为敏感。对于膈肌破裂和其他内部器官破裂的间接表现，如腹腔积液等，CT 仍可以发现。

基于枪弹伤表现出的损伤特征，CT 根据骨缺损特征确定射入口或射出口，还能确定全身各个部位的骨折以及子弹在脑实质中的飞行路径、器官损伤、骨碎片和射击残留物（gunshot residue，GSR），以及重要的伤后反应，如血液吸入或气体栓塞（如图8-6所示）。

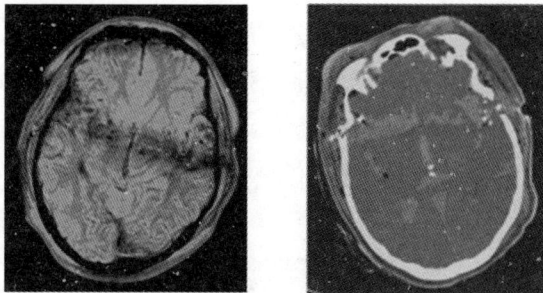

图8-6 弹道从左到右（左，MRI）；颅内骨和枪弹碎片、颅内血肿、脑室内出血（右，CT）

法医学中的一个基本原则就是，对于炭化或高度腐败尸体必须在解剖前进行法医影像学检查，以确定是否存在骨折、高密度异物（枪弹）等。在火灾中暴露 20 分钟后会出现颅盖骨骨折，45 分钟~60 分钟后则会出现颅底骨折，但当我们发现颅底骨折时，要考虑是外伤性还是热力性所致。胸部 CT 还可观察到支气管内的填充情况，还可在烧死的尸体中观察到常见的硬膜外热血肿。此外，对于

腐败尸体，CT 还可以帮助确定死者身份。

在溺死案例中，CT 可显示鼻旁窦内的气-液平面（这在常规尸检中不易发现），同时还经常发现食管、气管、支气管液体填充情况；此外，在 60% 的溺水者中，无论是尸检还是 CT 检查，在低灌注和高灌注区之间存在一个连续的马赛克镶嵌征象（如图 8-7、图 8-8 所示）。

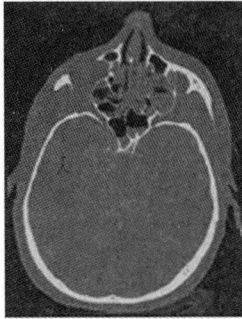 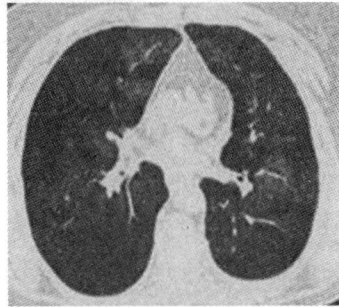

图 8-7　溺死者蝶窦、鼻旁窦　　图 8-8　溺死者肺小叶间、小叶内的
　　　　内气-液平面（CT）　　　　　　　　马赛克镶嵌征象（CT）

三、猝死

在猝死案例中，大约 90% 与心脏疾病有关，动脉粥样硬化是根本原因，约 75%～90% 的心源性猝死患者均伴有动脉粥样硬化。CT 能较好地显示冠状动脉硬化和瓣膜钙化（如图 8-9 所示），但无法评估心肌组织的临界改变；MRI 则被用于评估心肌变化，可根据 MRI 影像将心肌梗死分为急性、亚急性、慢性梗死。

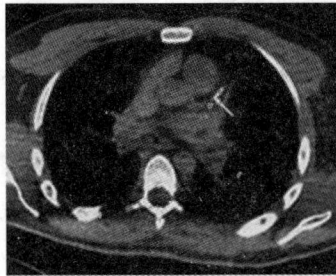

图 8-9　心脏前降支冠状动脉硬化（箭头所示，CT）

微计算机断层扫描技术（micro computed tomography，Micro-CT），又称为微型 CT、显微 CT，是一种无创性的 3D 成像技术，可在不破坏样本的情况下清楚了解样本内部显微结构，它与普通临床所用 CT 的最大差别在于分辨率极高，可达 um 级别。因此，micro-CT 可用于对小体积样本的解剖检验，如胎儿心脏等，研究显示采用 18um 分辨率 micro-CT 即可显示<13 周胎儿原位或分离后心脏所有结构信息，而对于>13 周胎儿心脏则可提供比常规解剖更多的结构信息用于诊断，但目前关于 micro-CT 的应用还缺乏相应的统一诊断标准。

四、其他应用

（一）个人识别

在法医学领域只有三种相对可靠的技术被应用于个人识别：DNA、指纹、死前和死后的牙科数据。在司法实践中，尤其是在一些灾难现场、高度腐败、严重烧伤、碎尸的案例中，其他方法如亲属识别、个人的身体特征识别（纹身、穿孔、疤痕等）、个人财物识别等都缺乏相应的可靠性，经常出现差错。而具有个体特征的骨骼可作为个人识别的有效手段，如骨骼的先天畸形、发育异常或截肢等，以及骨骼的病理改变（如内生骨疣、骨性赘生物、甚至是骨小梁的纹理等）都可用于个人识别。此外，还可通过曾接受的医疗措施进行个人识别，如义齿、冠状动脉支架置入等。对一个身份不明的尸体进行 CT 扫描采集数据是有效且可靠的个人识别手段，CT 显然比 X 线成像技术对显示异物有更大的优势（如图 8-10 所示），并且这些死后影像学资料还可与死者生前治疗资料进行比较与核对。

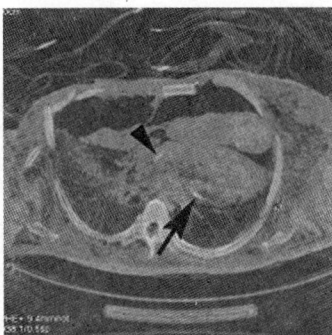

图 8-10 灾难现场建筑物倒塌致死案例
（死者肋骨和胸骨骨折、心脏左冠脉钙化、右冠支架置入）

（二）医疗评估

无论是由于创伤或是自然疾病，接受急救的患者可能在现场或医院进行心肺复苏，此时会使用各种导管和辅助性医疗设备，如静脉输液、胸腔导管、气管内插管或鼻气管插管、鼻胃管、气管切开术以及一些不常见的骨髓腔内置管等。当周围静脉或中心静脉导管无法实施时，如休克引起心脏停搏等，此时就需要进行骨髓腔内置管，常用的是胫骨、胸骨骨髓腔。

有时法医病理学家会被要求评估这些医疗措施的治疗效果，此时首先就要对这些医疗设备的位置是否正确进行检查，通过位置信息也可侧面提示所实施的医疗措施是否能达到相应的效果。这种情况下，虚拟解剖可以提供二维或三维的图像，在常规解剖前即可提供所需的位置信息，但需要提醒的是，必须要排除在搬运过程中发生的位置移动（如图8-11所示）。

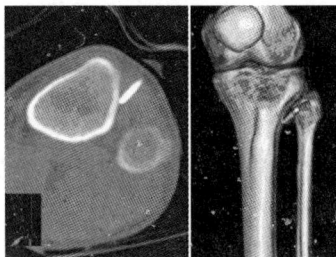

图8-11　胫骨骨髓腔内不正确位置导管（左侧是横断面，右侧是三维重建像，CT），导管尖端未进入骨髓腔，而是存在于胫骨的侧面

（三）尸体血管造影术

传统的尸体解剖对血管的检验存在盲区，主要检验大血管以及浅表的中小血管，而对于细小血管以及位置较深的血管检验非常困难，原因在于一方面血管走行复杂多变，另一方面深部血管常规检验会严重毁坏尸体且检验过程中也极易损坏血管。对于颅脑、心脏、肺脏等血管易发生病变且一旦存在严重血管病症即具有致死性的器官，有必要对这些器官的血管进行常规检验。虽然可采用CT、MRI等对血管信息进行采集，但存在图像分别率不高，对深部血管、细小血管显影效果不明显等缺陷，而尸体血管造影术可动态直观、清晰显示这些血管的走行及病变异常情况。

血管造影是将不透射X线的造影剂注射入血管，并结合X线照射进行血管显影成像，目前常用的尸体血管造影剂是硫酸钡和硅胶对比剂，CT 技术比 X 线、MRI 技术更常用于血管造影术。

思考题

1. 虚拟解剖的概念和优点是什么？
2. 虚拟解剖的具体应用还有哪些？

第
九
章

法医临床学

第一节　法医临床学概述

一、法医临床学的概念及特点

法医临床学（Forensic clinical medicine）是法医学的一门重要分支学科，是应用法医学和临床医学的知识和技能，研究并解决法律上有关活体个人特征、伤害情况以及生理、病理状态的一门学科。法医临床学的"临床"在这里主要是指活体，其研究和解决的问题是法律上有关活体医学方面的问题。

法医临床学虽然运用临床医学理论和技能研究解决法律上有关活体医学问题，但并不等同临床医学，两者之间存在明显的不同：一是研究的目的不同，临床医学的目的是预防、诊断和治疗疾病，而法医临床学的目的是为法律提供医学证据。二是被研究的对象身份不同，法医临床学和临床医学虽然面对的都是活体，但临床医学的对象身份是患者，而法医临床学的对象身份是被鉴定人；在被鉴定人中不仅有通常的患者，还有部分诈病、诈伤与造作病、造作伤者。三是工作的思维方式不同，法医临床学鉴定的思维方式侧重于损伤情况（成伤方式、损伤机制、损伤程度、损伤时间等）与生理、病理状态等。比如，对于临床医学的重点是诊断和治疗，而法医临床学除损伤诊断外，主要着重于新鲜与陈旧损伤的鉴别，损伤与疾病的判断、损伤机制和致伤物推断等。

二、法医临床学的任务

在我国法医临床学的实际应用更为广泛，最基本的任务是为法律服务，为侦查、诉讼和司法审判提供科学证据。具体包括以下几个方面：

（一）为刑事案件提供科学证据

对刑事案件中的被鉴定人进行检验、检查，确定损伤原因、损伤性质、损伤程度和致伤物种类等，为刑侦提供线索和方向，确定案件的性质，以及为在刑事责任中的定罪与量刑提供科学的依据。

（二）为正确处理民事纠纷提供科学证据

在民事案件中经常涉及生理功能、残疾程度、劳动能力丧失、护理依赖程度、误工期限、护理期限和营养期限等问题，需要通过法医临床学鉴定予以明确，为正确处理民事纠纷提供科学依据。

（三）为行政案件处理提供科学证据

对于工伤事故、医疗纠纷等行政案件，有时需要通过法医临床学鉴定，分析损伤原因、判断诊疗过程中有无不当或过错、评定伤残等级等，为行政部门处理工伤事故和医疗纠纷提供科学依据。

（四）为不适合羁押人员监外执行提供科学证据

因各种原因被羁押或者将要被羁押的人员，存在严重疾病的情况下，是否适合羁押，需要依据法医临床学鉴定进行科学判断，为相关部门对不适合羁押的人员采取监外执行或者保外就医的决定提供科学证据。

（五）为人身保险理赔提供科学证据

人身保险是以人的寿命和身体作为保险标的的保险。通过对被保险人患病程度、患病原因、患病时限、损伤原因和伤残等级等的评定，为人身保险理赔提供科学依据。

（六）研究并制定法医临床学鉴定的有关法规和标准

法医临床学不仅仅为司法提供医学方面的证据，而且还需要研究法医临床学鉴定有关标准，为相关法律、法规的修订及适用提供建议或意见。

三、法医临床学的工作内容

法医临床学最重要的工作就是法医临床学鉴定，与鉴定相关的工作内容主要包括下面几个方面：

（一）现场勘验

法医临床学的现场勘验主要是通过了解案件现场的情况、环境，帮助分析致伤方式、成伤机制，推断致伤物，甄别嫌疑人。

（二）活体检查

根据我们国家有关法律规定，为了确定受害人、被告人的某些特征、伤害情况、生理或病理状态，应对其人身进行检查。活体检查是法医临床学的重要工作内容。

（三）物证检验

主要指与法医临床学鉴定有关的物证的检验，比如，对影像学资料的审阅、对可疑致伤物的检验和比对等。

（四）书证审查

是指对法医临床学检验与鉴定所涉及的书面材料的审查，包括临床病志、鉴定相关的证明材料、当事人及证人的陈述，还有书面鉴定。对于书证材料，法医临床学鉴定人主要是通过专业知识来判定书证材料的相关性、合法性和真实性以及原鉴定结论是否科学与准确。

（五）出具鉴定意见书以及检验报告书

根据委托事项，鉴定人依据鉴定资料，并在必要的检查、检验的基础上，研究分析形成最终意见，并以鉴定意见书以及检验报告书的形式呈现。

（六）出庭作证

鉴定人在出具鉴定意见书以及检验报告书后，如果人民法院依法通知，鉴定人应当出庭作证，回答与鉴定事项有关的问题。出庭作证是鉴定人员应当履行的义务。有时法医临床学专家还可以应庭审的需要作为"有专门知识的人"参与到诉讼活动中，向法庭提供专家意见，支持诉讼活动。

第二节　损伤总论

一、损伤的概念

损伤的研究在法医临床学领域占有核心地位，主要的研究与鉴定工作往往都是围绕损伤展开。损伤（injury）是指机体受到外界因素作用所造成的组织器官结构破坏和功能障碍。所谓活体损伤主要是指外界因素与机体之间的相互作用，包括外界因素造成机体的损害、机体对损害的反应以及机体修复、再生及转归的整个过程与临床表现。法医临床学研究损伤的重点在于通过研究损伤的特征、损伤的临床表现，来分析判断损伤的原因、损伤的性质、损伤的时间、损伤的程度和损伤的后果等。

在理解损伤概念时需要注意的是，首先，这里所说的外界因素涵盖外界的物理因素、化学因素和生物学因素，而非自身的内在因素。其次，组织器官结构破坏和功能障碍是外界因素作用的结果，同时也是损伤的表现形式。每一个损伤都有组织器官结构破坏和功能障碍，但不同的损伤所表现的具体形式和程度是不同的，有的以组织器官结构破坏为主，有的以功能障碍为主，有些损伤是可逆性的损伤，有些是不可逆性的损伤。同时，组织器官结构破坏又可以分为微观和宏观两个层面，有的仅表现为微观结构破坏，有的则表现为宏观结构破坏。例如"脑震荡""脊髓震荡"在微观结构上可能见到一些改变，但在宏观结构上却无异常所见，主要表现为中枢神经系统一过性的功能障碍。

在法医临床学实践中还有一种特殊情况，被鉴定人主要因精神刺激诱发的所谓"精神损伤"，如：反应性精神病、癔症等。此种情况，由于不存在外界因素直接作用所致的器质性损害的病理基础，并且临床表现的程度往往与损害的程度之间缺乏明确关联性，因此，这种非器质性的"精神损伤"与法医临床学中定义的损伤前提完全不同，所以，在现行损伤程度鉴定以及伤残程度鉴定标准中，将此类情况视为内源性疾病，并明确规定不宜评定损伤程度和伤残程度。

在有关损伤的研究中经常会涉及参与度的概念，参与度源于日文"寄与度"，首先由渡边富雄早在 1983 年提出。寄与度是用以确定后果与交通事故等关系的一个指标。已有某种疾病的人于交通事故后死亡，依据交通事故对死亡寄与何种程度的关系来判断肇事者应负责任的程度。寄与度从 0 到 100% 共分 11 个等级，相邻等级间相差 10%。在我国，损伤参与度作为一种评价方法，经常会在损伤和疾病共存的案例的损伤程度评定和伤残程度评定中体现。损伤参与度（participation degree of injuries）是描述损伤在损伤后出现的后果中所起作用大小的一种专业技术层面的评价方式。其目的是，据此有助于办案人员从法律层面判断行为人对被害人出现的后果应负责任的程度。

二、损伤的分类

在法医临床学中将损伤进行分类，不同分类方法的目的是从不同的角度来理解损伤，下面介绍几种在实践中比较常用的分类方法：

（一）根据外界因素作用的性质

1. 物理性损伤（physical injury）。是指物理因素所造成的损伤，主要有机械、高低温、电流和放射线损伤。其中，机械性损伤是日常生活中最常见的损伤，也是法医临床学鉴定中最常见的损伤。

2. 化学性损伤（chemical injury）。是指化学因素所造成的损伤，包括无机和有机化学物质所造成的损伤。

3. 生物性损伤（biological injury）。是指生物因素所造成的损伤，主要有植物、动物、病原微生物等造成的损伤。这类损伤的特点是有毒素或病原微生物侵入，如毒蛇咬伤。病原微生物的侵入应为非自然状态下的进入，否则应属于疾病范畴。

4. 复合性损伤（combined injury）。由两种或两种以上不同性质外界因素作用所造成的损伤，比如物理因素和化学因素同时导致的损伤。

（二）根据损伤的部位

一般分为头部损伤（颅脑损伤、眼损伤、耳鼻喉损伤、口腔颌面部损伤）、脊柱脊髓损伤、颈部损伤、胸部损伤、腹部损伤、四肢损伤等，由于各个部位的组织器官不同，其损伤的临床表现也各具特点。如果损伤分布于身体不同部位，称多发性损伤。如肋骨骨折同时还合并四肢骨折等。现行《人体损伤程度鉴定标准》及《人体损伤致残程度分级》均采用此种损伤分类方法。

（三）根据损伤的组织器官

1. 软组织损伤（soft tissue injury）。软组织损伤一般指人体皮肤以及皮下的肌肉、脂肪、筋膜、肌腱、韧带、滑膜、关节囊、周围神经、血管等组织的损伤。软组织损伤根据损伤的组织结构是否完整又可以分为开放性损伤和闭合性损伤。

2. 骨损伤（bone injury）。骨由骨膜、骨组织与骨髓等构成。骨损伤分为骨挫伤和骨折。骨挫伤是指骨膜的水肿、出血，MRI 可以清楚显示骨挫伤的部位、范围等。骨折是指骨的连续性或完整性的中断，影像学检查可以确定骨折的部位、骨折的形态。骨损伤在法医临床学中占有非常重要的地位。

发生骨折的主要原因有三种情况：一是直接暴力，暴力直接作用于骨骼某一部位，致使暴力所直接接触部位发生骨折，常伴不同程度软组织损伤。如车辆撞击小腿，于撞击处发生胫腓骨的骨干骨折，同时伴有局部软组织损伤。二是间接暴力，间接暴力作用是通过纵向传导、杠杆或扭转等作用形式，使暴力作用最终表现为直接接触部位以外的部位发生骨折，如从高处跌落足部着地时，躯干因重力关系急剧向前屈曲，胸腰脊柱交界处的椎体发生压缩性或爆裂骨折。三是积累性劳损，长期、反复、轻微的直接或间接损伤可致使肢体某一特定部位骨折，又称疲劳骨折，如远距离行走易致第二、三跖骨及腓骨下段骨干骨折。

根据骨折的不同表现和实际需要，临床存在不同的分类方法，常见分类介绍如下：

依据骨折的程度可分为：①完全性骨折，骨的完整性或连续性全部中断，管状骨骨折后形成远、近两个或两个以上的骨折段。如：横形、斜形、螺旋形及粉碎性骨折均属完全性骨折。②不完全性骨折，骨的完整性或连续性仅有部分中断，如：颅骨、肩胛骨及长骨的裂纹骨折，儿童的青枝骨折等均属不完全性骨折。完全性骨折与不完全性骨折在法医临床学鉴定中有时意义不同，在引用鉴定条款时需要注意。比如《人体损伤程度鉴定标准》附则第 6.7 条规定"骨皮质的砍（刺）痕或者轻微撕脱性骨折（无功能障碍）的，不构成本标准所指的轻伤。"

　　依据骨折是否和外界相通可分为：①开放性骨折，骨折附近的皮肤和粘膜破裂，骨折处与外界相通，此类骨折容易受到污染。②闭合性骨折，骨折处皮肤或粘膜完整，不与外界相通，此类骨折没有污染。

　　依据骨折的形态可分为：①横形、斜形及螺旋形骨折，多发生在骨干部。粉碎性骨折，骨碎裂成两块以上，骨折线呈"T"形或"Y"形时，又称"T"形骨折或"Y"形骨折。②压缩骨折，骨组织因整体或局部压缩而变形，如椎体和跟骨。③凹陷骨折，如颅骨因外力使之发生部分凹陷。④嵌入骨折，发生在长管骨干骺端皮质骨和松质骨交界处，骨折后，骨皮质嵌插入松质骨内，可发生在股骨颈和肱骨外科颈等处。⑤裂纹骨折，如长骨干或颅骨伤后可有骨折线，但未通过全部骨质。青枝骨折，多发生在小儿，骨质部分断裂，骨膜及部分骨质未断。⑥骨骺（epiphysis）分离，骨骺是骨在发育过程中，骨两端的软骨中出现的骨化点。一般见于长骨两端、扁骨缘、结节、粗隆及突起等处。骨骺大部分骨化后，只在与骨干相邻部位留有一层软骨板，即骺软骨。通过软骨细胞的分裂增殖、骨化，使骨不断加长。全身各骨的骺软骨依一定的年龄次序停止增殖而骨化，骺软骨随之逐渐消失，从此长骨不再增长，不规则骨或扁骨不再扩大。成年后，骺软骨骨化，骨干与骨骺融合一体，在骺软骨留有线状遗迹，称骺线。骨折线通过骨骺时，骨骺的断面可带有数量不等的骨组织，骨骺损伤容易发生骨骺闭合，继而影响骨发育。骨折的形态表现的特异性对分析成伤机制有重要意义。比如，前臂、小腿的双骨折，如果骨折处于同一水平，意味着横向直接暴力所致，如果骨折处于不同的水平，意味着间接传导暴力所致。

　　依据骨折前骨组织是否正常可分为：①外伤性骨折。骨结构正常，因暴力引起的骨折，称之为外伤性骨折。②病理性骨折。病理性骨折不同于一般的外伤性骨折，其特点是在发生骨折以前，骨本身即已存在着影响其结构坚固性的内在因素，这些内在因素使骨结构变得薄弱，在不足以引起正常骨骼发生骨折的轻微外力作用下，即可造成骨折。对外伤性骨折与病理性骨折的鉴别在鉴定工作中意义重大，往往会直接影响到法律责任的承担问题。

依据骨折稳定程度可分为：①稳定性骨折。骨折复位后经适当的外固定不易发生再移位者称稳定性骨折，如裂缝骨折、青枝骨折、嵌插骨折、长骨横形骨折等。②不稳定性骨折。骨折复位后易于发生再移位者称不稳定性骨折，如斜形骨折，螺旋骨折，粉碎性骨折。稳定性骨折与不稳定性骨折在医学临床处理的方式方法上会有所不同，预后情况亦会存在差异。

依据骨折后的时间可分为：①新鲜骨折，2~3 周以内的骨折，新发生的骨折和尚未充分地纤维修复连接，临床仍存在再次复位的可能。②陈旧性骨折，伤后3 周以上的骨折，但 3 周的时限并非恒定，例如儿童肘部骨折，超过 10 天就很难整复。新鲜骨折与陈旧性骨折的判断是认定伤害事件和骨折之间是否存在因果关系的重要依据。判断新鲜骨折与陈旧性骨折通常是通过影像学检查来分析，一般有两种方法：一是观察骨折早期是否存在急性损伤表现，如骨折断端是否锐利、有无骨皮质硬化、有无骨痂形成，以及骨折部位周围软组织是否存在粘膜水肿、软组织肿胀、局部积血或积气等；二是通过损伤后不同阶段影像学资料，观察是否存在骨折愈合、软组织修复的动态变化等，如果存在动态变化就支持新鲜骨折，否则不支持新鲜骨折。

3. 器官损伤（organ injury）。器官是指颅腔、胸腔、腹腔和盆腔等身体内部功能器官，一般根据器官的解剖和形态特点分为：实质性器官、空腔性器官。

（1）器质性损伤和功能性损伤：由于不同的损伤所表现出组织器官结构破坏和功能障碍程度有所不同，因此，根据损伤后果表现形式的不同，分为器质性损伤（structure damage）和功能性损伤（function damage）。对于有明显组织器官结构破坏的器官损伤称之为器质性损伤，如脑挫裂伤和肝、脾破裂等。对于没有明显组织器官结构破坏，而主要表现为功能障碍的器官损伤称之为功能性损伤，如脑震荡、脊髓震荡等。

（2）开放性损伤和闭合性损伤：根据损伤的组织器官是否与外界相通，还分为开放性损伤（open injury）和闭合性损伤（closed injury）。开放性损伤是指损伤的组织器官与外界相通，如肝的刺创；闭合性损伤是指损伤的器官与外界不相通。

（四）根据损伤的病理基础和机制

1. 原发性损伤（primary damage）。损伤直接所致的机体组织结构的破坏或功能障碍，如骨折、脑挫裂伤等。

2. 继发性损伤（sequential damage）和并发性损伤（concurrent injury）。损伤后继发或并发的组织结构破坏或功能障碍，如出血、感染、栓塞等。继发性损伤是源于原发性损伤，在原发性损伤迁延修复过程中出现的独立的、新的损伤，在发生时间上两者是前后关系，如开放性颅脑损伤后继发颅内感染；并发性损伤通常是与原发性损伤同时发生的独立的损伤，可以是不同组织结构的损伤，也可以是不同性质的损伤，在程度上往往两者有主次之分，如颅底骨折并发脑脊液耳漏。

3. 迟发性损伤（delayed damage）。损伤早期无明显组织结构破坏或功能障碍的临床表现，而在伤后经过一段时间才出现原发性损伤或继发性损伤的临床表现，其本质仍属原发性损伤，只是临床表现出现的时间明显延迟，如迟发性颅内血肿。

三、损伤的表现

损伤的临床表现是我们认识和了解损伤的基础，一般分为局部表现和全身表现。

（一）局部表现

1. 损伤早期。损伤局部主要表现为肿胀、疼痛和功能障碍，局部皮肤可见表皮剥脱、皮下出血以及创等。

（1）表皮剥脱（epidermis exfoliation）：皮肤的表皮层与真皮损伤剥离，使得真皮外露，可伴有真皮下血管破裂。表皮剥脱时可伴有透明的组织液渗出，经过一段时间，表皮剥脱处可形成黄色或黄褐色的痂皮，痂皮一般 7~12 天脱落而痊愈，不留瘢痕。

（2）皮下出血（subcutaneous hemorrhage）：皮下组织血管破裂，血液聚积在皮下组织内，皮下组织疏松的部位容易形成皮下出血。皮下出血的颜色，由于血红蛋白分解而呈现一系列变化。通常早期皮下出血为红色，1~3 天由红色转变青紫色，3~9 天从青紫色转成绿色，之后逐渐呈黄褐色，经过 2~3 周颜色才完全消退。但球结膜下出血始终保持红色。

（3）创（wound）：指黏膜、皮肤或被膜的破裂，可伴有神经、血管、肌肉、肌腱等损伤或断裂。

（4）骨损伤（bone injury）：骨组织是坚硬而有一定韧性的结缔组织，由有机物和无机物组成，具有运动、支持和保护身体、制造红细胞和白细胞、储藏矿物质等功能。人在不同年龄，骨的有机物与无机物的比例不同。儿童及少年骨有机物的含量比无机物为多，所以骨的柔韧度及可塑性比较高；老年人的骨无机物的含量比有机物为多，因此骨的脆性增加、易折断。

（5）关节损伤（joint injury）：关节由关节面、关节囊、关节腔、关节软骨四个部分组成。骨与骨之间相接触的面，称为关节面，关节面上被覆关节软骨，可缓冲运动时的震荡。关节囊附着于关节周围，由内外两层密闭构成关节腔，外层为致密的纤维层，内层为滑膜层，分泌滑液于关节腔中，可以减少关节运动时的摩擦。有的关节还有一些辅助结构，如膝关节内有韧带及半月板等，其作用为增强关节的稳定性和增大关节的活动范围，减少关节软骨面的磨损。

关节损伤包括关节脱位、关节面破坏、关节囊及其韧带的损伤。关节脱位是指外力作用于关节，使关节生理解剖位置发生改变，关节脱位必然伴有关节囊及其相关的韧带与肌腱的损伤。X 线、CT、MRI 和关节镜等检查有助于判断关节的损伤类型和损伤程度。

（6）内脏器官的挫伤与破裂：内脏器官的挫伤主要表现为局部充血、出血、疼痛和功能障碍，内脏器官的破裂主要为损伤器官的组织结构和完整性的破坏，超声、CT 和 MRI 等影像学检查有助于内脏器官损伤的确定。

2. 损伤晚期。局部创口或破损的组织表面可形成瘢痕。有的受损组织与器官可以通过再生恢复功能；有的组织与器官不能再生或不能完全再生，愈后遗有功能完全障碍或部分障碍。

（二）全身表现

损伤的全身表现主要取决于损伤的严重程度和机体的应急反应，损伤轻微，仅为损伤的局部表现。损伤越严重全身反应越明显，可出现多种损伤并发症，表现为神经系统、循环系统、呼吸系统、泌尿系统等功能严重障碍。损伤的全身表现往往会随着时间的迁延而趋于稳定和缓解。

四、损伤的修复

损伤的修复取决于受伤组织的再生能力，如人体的皮肤、黏膜和多数腺细胞的增殖能力强，损伤可完全再生；肌细胞等增殖能力弱，只能通过肉芽组织最终形成纤维瘢痕修复。损伤修复从炎症开始，一般需要经历炎症渗出、细胞增殖和组织再成型三个阶段。

（一）闭合性损伤的修复

闭合性损伤的修复基本属于结缔组织修复，细胞增殖与瘢痕形成约 1～2 周，随后将瘢痕分解、吸收,进行再成型,一般需 3~12 个月才能恢复原有形态。损伤组织中的神经、血管一旦断裂,如无神经纤维再生和血管再通将丧失其功能。肌腱、韧带的断裂依靠瘢痕连接,虽然功能有所恢复,但一般不能完全恢复。

(二) 开放性损伤的修复

开放性损伤通过结缔组织修复,伤口收缩和上皮再生达到愈合。如创面不大,一般 1~2 周即能将创面覆盖。创口修复中形成瘢痕愈少,局部功能愈好,如损伤较重或炎症反应强烈(如存在感染、异物等因素),会使胶原纤维生成增多,形成明显瘢痕。少数人因个人的体质关系,可形成瘢痕疙瘩。

瘢痕根据其形态特点一般分为浅表性瘢痕、增殖性瘢痕、萎缩性瘢痕、凹陷性瘢痕和瘢痕疙瘩等五种类型。

1. 浅表性瘢痕(superficial scar)。瘢痕浅表,局部平软,与皮下组织无粘连。

2. 增殖性瘢痕(hypertrophic scar)。瘢痕肥厚,质地较硬,常突出皮肤表面。多因伤口感染或异物刺激,肉芽组织生长过多所致。

3. 萎缩性瘢痕(atrophic scar)。瘢痕菲薄,表面平坦,易发生磨损破溃,与深部肌肉、肌腱、神经、血管连接紧密,具有一定的收缩性。常见于皮肤大面积缺损,特别是创面深达皮下脂肪层的损伤。

4. 凹陷性瘢痕(depressed scar)。瘢痕低于皮肤表面,瘢痕与周围的肌肉、神经、血管,甚至骨膜相粘连。常见于皮下深部组织缺损的严重损伤。

5. 瘢痕疙瘩(keloid)。瘢痕质地较硬,边缘隆起,增生明显,并超出原有的创面,向周围正常皮肤扩张,多与瘢痕体质有关。

由于不同性质的损伤所形成的瘢痕也不完全相同,因此根据瘢痕特点可以大致判断损伤的性质和致伤物的种类。但在法医临床学鉴定中,要特别注意损伤治疗过程中是否进行清创处理,因为清创处理后创口修复瘢痕形态可出现明显变化。

另外,通过瘢痕的颜色还可以大致推断损伤的时间。瘢痕早期(1~6 个月),由于肉芽组织中新生毛细血管数目较多,颜色较红;中期(6~18 个月),随着纤维结缔组织增多,毛细血管数目减少,瘢痕颜色逐渐变成棕色;晚期(超过 18 个月),随着纤维结缔组织进一步增多,毛细血管数目进一步减少,瘢痕一般呈白色。

五、影响损伤修复的因素

1. 组织分化程度。分化程度低的组织再生能力强。结缔组织、造血组织、周围神经、表皮黏膜等再生能力较强。已分化和功能复杂的组织再生能力弱，甚至无再生能力，如横纹肌、平滑肌等再生能力弱，神经元细胞和心肌纤维无再生能力。

2. 机体的状态。年龄、营养、局部血液循环等影响损伤的修复。一般来说，年龄小，营养状态良、局部血液循环好，修复得比较快。

3. 组织的再生能力。不同组织的再生能力是不一样的，有些组织再生能力强，有些组织再生能力弱，甚至不能再生。

（1）结缔组织：再生能力强，创伤的愈合都有结缔组织再生过程。

（2）血管：主要是毛细血管和小动静脉的再生。

（3）脂肪组织：再生能力较强，可以完全再生。

（4）骨组织：骨组织的再生分为膜外成骨和膜内成骨两种形式。扁骨与不规则骨主要为膜内成骨，骨折愈合时间长，骨痂形成不明显。管状骨主要为膜外成骨，约在骨折后 2 周，骨母细胞性肉芽组织即构成骨痂，断端接合后逐渐形成骨性骨痂。

（5）肌组织：分为骨骼肌、平滑肌和心肌，其中心肌无再生能力、平滑肌与骨骼肌轻微的损伤通过再生可以恢复。严重损伤后形成瘢痕，一定程度上影响收缩能力。

（6）神经组织：脑与脊髓中枢的神经元细胞基本无再生能力。受损伤后，多由周围神经胶质细胞充填，形成神经胶质性瘢痕。周围神经纤维损伤，通过神经元的轴芽可以再生。神经纤维断裂通过手术吻合神经鞘可以防止神经纤维瘤形成，有助于神经轴突生长。

（7）皮肤与黏膜上皮细胞：皮肤与黏膜上皮细胞再生能力很强，但皮肤附件一般不能再生，损伤到真皮，则以肉芽组织修复形成瘢痕。

六、损伤的转归

损伤的预后主要与损伤具体情形有关（如损伤因素性质、损伤部位、损伤类型、损伤程度、损伤范围等），还与损伤修复过程（如治疗状况、环境因素等）以及个体因素（如年龄、营养状态等）相关。

1. 完全康复。损伤的组织或器官通过局部组织再生与修复，在组织器官功能上和组织细胞代谢上完全恢复正常，在临床上又称为痊愈。

2. 不完全康复。损伤的组织或器官由于局部破坏严重、范围比较广泛，组织和器官不能完全再生，只能由结缔组织充填，由于瘢痕挛缩，进而导致肢体或器官的功能障碍。

在住院病历中，特别是出院小结上常常会看到"临床治愈"的字样，对于"临床治愈"如何理解，往往会引起双方当事人的争执。所谓临床治愈，是指就诊时的主要症状或体征消失，不等同于痊愈。

3. 死亡。由于损伤严重，机体功能不能恢复反而进一步恶化直至停止。

第三节　损伤的并发症

损伤并发症（injury complication）是指一种损伤引起另一种疾病或综合征的发生，或合并发生了几种疾病或综合征。损伤的并发症与原发损伤在损伤程度与伤残程度鉴定中具有同样重要的意义。

一、休克

休克（shock）是由于各种原因引起的有效循环血量急剧减少，致全身微循环障碍，生命重要器官（脑、心、肺、肾、肝）严重缺血、缺氧而引起的代谢障碍、功能减退与细胞损害的病理状态。所谓有效循环血量是指单位时间内通过心血管系统进行循环的血量，但不包括贮存于肝、脾和淋巴血窦或停滞于毛细血管中的血量。

（一）休克分类

1. 低血容量性休克。是指有效循环血容量不足。急性失血超过全身血容量的20%（成人约800ml）即发生休克，超过40%（约1600ml）濒于死亡。低血容量性休克包括：①失血性休克（如血管破裂）；②失血浆性休克（如烧伤所致的组织液的丢失）；③失水性休克（如严重腹泻、呕吐）。当大量体液丢失或血管通透性增加时，可导致血容量急剧减少，静脉回流不足，心排出量减少和血压下降。

2. 创伤性休克。多因严重损伤，导致血浆或全血丧失至体外，同时由于损伤部位严重水肿，大量渗出到组织间隙的体液不能参与循环，使有效循环血量明显减少。又因受伤组织逐渐坏死或分解，产生具有血管抑制作用的蛋白分解产物，如组织胺、蛋白酶等，引起微血管扩张和管壁通透性增加，使有效血量进一步减少，加重组织缺血、缺氧。

3. 感染性休克。严重感染，特别是革兰阴性细菌感染常可引起感染性休克。在革兰阴性细菌引起的休克中，细菌的内毒素起着重要的作用。内毒素与体内的补体、抗体或其他成分结合后，可刺激交感神经引起血管痉挛并损伤血管内皮细胞。同时，内毒素可促使组胺、激肽、前列腺素及溶酶体酶等炎症介质释放，引起全身性炎症反应，结果导致微循环障碍、代谢紊乱及器官功能不全等，故感染性休克亦称中毒性休克（toxic shock）。

4. 神经源性休克。由于创伤可引起剧烈疼痛，神经系统特定部位的损伤以及过度悲伤、愤怒、恐惧等强烈的精神刺激，反射性引起血管舒缩中枢抑制，失去对周围血管的调节作用，从而使周围血管扩张，血液淤积于扩张的微血管中，造成有效循环血量突然减少而导致休克。神经源性休克通常为一过性，并无有效循环血量的显著不足。在法医学鉴定中，经常涉及颈部、阴部等敏感部位受到外力作用而引起的神经源性反射休克。

5. 过敏性休克。具有过敏体质的人注射或接触某些药物（如青霉素）、血清制剂、疫苗以及一些致敏原而引起的休克。当过敏原进入机体后，可刺激机体产生抗体 lgE，随后引起靶细胞脱颗粒反应，释放大量组胺、5-羟色胺（5-HT）、激肽等血管活性物质。这些活性物质导致后微动脉、毛细血管前括约肌舒张和血管通透性增加，外周阻力明显降低，血容量和回心血量急剧减少，动脉血压迅速且显著地下降。

6. 心源性休克。由急性心脏泵血功能衰竭所引起的病变最常见于心脏损伤、急性心肌梗死、急性心肌炎、心包填塞等。根据血流动力学的变化，心源性休克亦可分为两型：①低排高阻型：与血压下降、减压反射受抑而引起交感-肾上腺髓质系统兴奋和外周小动脉收缩有关；②低排低阻型：可能是由于心肌梗死或心室舒张末期容积增大和压力增高，刺激了心室壁的牵张感受器，反射性抑制了交感中枢，导致外周阻力降低所致。

（二）休克临床表现

休克的主要表现为机体组织器官血液灌注不足，如治疗不及时，可引起各系统严重的功能障碍，甚至导致死亡。

1. 休克早期（代偿期）中枢神经系统兴奋性提高，交感神经活动增加。患者神志清楚，精神紧张或有烦躁不安，面色、皮肤苍白，口唇和甲床发绀，四肢湿冷，血压正常或偏高或稍偏低，脉压差（脉压=收缩压-舒张压）一般减小为

30mmHg（4kPa），脉搏增快（>100 次/分钟），呼吸深而快，尿量正常。

2. 休克中期（失代偿期）患者神志淡漠，反应迟钝，血压下降，脉压差明显缩小（< 30mmHg），脉搏细数（>120 次/分钟），呼吸急促，尿量少（< 20mllh）。进一步加重时，进入休克晚期。

3. 休克晚期（微循环衰竭期）患者神志不清，全身青紫，四肢厥冷，血压明显下降甚至测不出，脉搏细弱不能触及（>140 次/分钟），体温不升，无尿。本期可发生弥漫性血管内凝血（DIC）和广泛的内脏器质性损害。前者引起皮肤、黏膜和内脏出血、消化道出血。后者可发生心力衰竭、急性呼吸衰竭、急性肾衰竭、脑功能障碍和急性肝功能衰竭等。

二、呼吸困难

呼吸困难（dyspnea）是呼吸功能不全的一个重要症状，目前多数人认为呼吸困难主要由于通气的需要量超过呼吸器官的通气能力所引起。任何限制肺组织与大气间进行氧气和二氧化碳交换的损伤或疾病都会引起呼吸困难，比如：肺源性呼吸困难、心源性呼吸困难、血源性呼吸困难、神经性呼吸困难、中毒性呼吸困难。为了增加氧的供给，维持机体内环境的稳定，病人需要用力呼吸，进而表现出呼吸困难症状与体征。

呼吸困难患者主观上感到呼吸过程不适或不畅、空气不足、呼吸费力，有胸闷不适感，客观上表现为呼吸频率增快（>28 次/分），幅度加深或变浅，或伴有周期节律异常，严重时出现鼻翼（鼻尖两侧部位）扇动、发绀、端坐呼吸，辅助呼吸肌参与呼吸活动。严重的呼吸困难长时间得不到纠正，可导致重要器官的缺氧性病变，如缺氧性脑病等。

呼吸困难的认定主要根据病因、病理基础和临床表现综合判断，但须排除短暂的创伤后应激性呼吸浅快、情绪性呼吸波动和癔症性呼吸困难。

呼吸困难的分级认定要点（见表 9-1）：①呼吸频率加快至 28~35 次/分钟，伴有呼吸深度和呼吸节律异常并呈持续状态，同时伴有缺氧的症状和体征。原则上，每次检测呼吸的时间不少于 30 秒，并且多次呼吸检测结果相符；②血气分析 $PaO_2 < 8kPa$（60mmHg），$PaCO_2 > 6.67kPa$（50mmHg）；③肺功能测验提示呼吸功能不全，FEV1% < 83%；④影像学等检查可见导致呼吸困难的器质性损伤或病变，其病变程度与呼吸困难程度相一致。

表 9-1 呼吸困难的分级

分级	临床表现
0 级	只在剧烈运动时呼吸困难
1 级	平路快走或上坡时呼吸困难
2 级	由于呼吸困难，平路行走比同龄人慢；即使按照自己的节奏行走，也要停下来喘气
3 级	平路行走几分钟或 100 米，要停下来喘气
4 级	呼吸困难严重，出不了家门；穿衣、脱衣都呼吸困难

三、挤压综合征

挤压综合征（crush syndrome）是指肌肉丰富的部位（如四肢）受到重物长时间挤压造成肌肉缺血、坏死，继而引起局部组织渗出、肿胀，全身微循环障碍，肾小球滤过率降低，肾小管阻塞、变性、坏死，以出现肌红蛋白尿和急性肾衰竭为主要特征的临床症候群。

意外事故、自然灾害、医源性损伤以及各种原因导致的机体压迫均可导致挤压综合征。

长时间受压组织，特别是在解除外界压力后，局部可恢复血液循环，但由于肌肉因缺血而生成类组织胺物质，从而使毛细血管通透性增加，肌肉发生缺血性水肿，体积增大，造成肌肉组织内压力上升，进一步引起肌肉组织局部循环发生障碍，形成缺血—水肿恶性循环，最终肌肉发生变性、坏死、出血、肿胀，肌细胞中的肌红蛋白、钾、磷、镁离子及酸性产物等有害物质大量释放，通过血液循环进入体内，造成肾损害。

肾缺血和肌肉等软组织坏死所产生的有害的物质，是导致肾功能障碍的两大原因。肾缺血主要是由于创伤后全身应激状态下的反射性肾脏血管痉挛，肾小球滤过率下降，进而导致肾间质水肿，肾小管功能恶化；由于体液与尿液酸度增加，肌细胞坏死释放入循环中的肌红蛋白更易在肾小管内沉积，加重造成肾小管阻塞和毒性作用，促使急性肾衰竭的发生。

挤压综合征的临床表现：受压部位有广泛压痕、疼痛、迅速肿胀，并持续加重，皮肤发硬、有水疱、片状红斑及皮下淤血，肢体远端皮肤发白、发凉。受伤肢体感觉减退或麻木，被动伸展动作可引起疼痛加剧。并同时伴有：

1. 休克。由于血浆大量渗出，可出现明显休克症状。但有部分患者仅有脉压差变小而休克表现不明显。

2. 肌红蛋白尿。在解除压力后第 1~2 次排尿时即可呈现茶褐色或棕红色肌红蛋白尿。在受压肌肉组织恢复血液循环 12 小时内，肌红蛋白尿浓度最高，一般持续 1~2 天尿液逐渐变清。

3. 酸中毒和氮质血症。肌肉组织缺血坏死后，产生大量的磷酸根、硫酸根等酸性物质，使体液 pH 值降低，血液二氧化碳结合力下降，导致代谢性酸中毒。同时，由于严重创伤后组织分解代谢旺盛，大量中间代谢产物积聚，非蛋白氮和尿素氮迅速升高，在临床上出现呼吸深大、烦躁、烦渴、恶心等酸中毒、尿毒症的一系列表现。

4. 高钾血症。由于肌肉缺血坏死，大量的细胞内钾释放至细胞外，进入血液循环，加之肾功能障碍而排钾减少，结果导致血钾升高。临床表现为神情淡漠，烦躁不安，肌无力或肌麻痹，室性心律失常，严重者可因血钾升高而产生心搏骤停。

四、脂肪栓塞综合征

脂肪栓塞综合征（fat embolism syndrome，FES）是指脂肪颗粒阻塞血管腔而引起的一系列病理生理改变的临床综合征。是以低氧血症、神经系统病变和皮肤黏膜出血为主要表现的一组症候群。

脂肪栓塞和脂肪栓塞综合征是两个不同的概念。脂肪栓塞是病理学诊断名词，指肺或外周血液循环中存在脂肪滴，进而栓塞血管，常见于肢体长骨骨折和髋、膝关节置换术中患者。脂肪栓塞综合征是继发于脂肪栓塞的一组临床综合征，目前在临床上尚没有统一的诊断标准，1974 年 Gurd 和 Wilson 提出的脂肪栓塞综合征临床诊断标准，目前为大多数学者所承认。典型表现为呼吸功能不全、脑功能障碍及皮肤瘀斑等。

脂肪栓塞综合征好发于骨创伤及骨手术病人（占脂肪栓塞综合征总病例的90%以上），但也继发于机体及其他脂肪组织的创伤，甚至与创伤无关的案例（约5%）。脂肪栓塞综合征的发生与创伤的严重程度及长骨骨折的数量成正比。脂肪栓塞综合征多发生在体质较好的年轻人群，而老年和儿童人群很少发病，儿童发生率仅为成人的1%。

临床中最常见于长骨和骨盆骨折、骨关节矫形手术、脂肪肝挤压伤等。其中闭合性骨折多于开放性骨折，特别是多发骨折合并休克时发生率更高。发病常为下肢骨折甚至足部多处骨折，很少发生于上肢骨折病人。60%的病人在伤后24小时内发病，72小时内发病的病人占90%。非创伤因素，包括心肺复苏术后胃肠营养中脂肪剂的输入、抽脂术、急性胰腺炎、糖尿病、高原病、镰形红细胞病、输血、体外循环、骨髓炎等也可以导致脂肪栓塞综合征。

五、急性呼吸窘迫综合征

急性呼吸窘迫综合征（acute respiratory distress syndrome，ARDS）是指非心源性的各种肺内外致病因素导致的急性进行性呼吸衰竭，临床上以进行性呼吸窘迫、顽固性低氧血症和非心源性肺水肿为特征。引起急性呼吸窘迫综合征的因素主要有：严重肺部感染、胃内容物误吸、吸入有毒气体、淹溺、氧中毒、肺挫伤、肺部脂肪栓塞、严重的非胸部创伤、重症急性胰腺炎、大量输血、体外循环、弥散性血管内凝血等。

急性呼吸窘迫综合征的基本病理生理改变是肺泡上皮和肺毛细血管内皮通透性增加所致的非心源性肺水肿。由于肺泡水肿、肺泡塌陷导致严重通气/血流比例失调，特别是肺内分流明显增加，从而产生严重的低氧血症。此外，肺血管痉挛和肺微小血栓形成可引发肺动脉高压。

思考题

1. 你曾经历何种类型的损伤呢？当时的表现和书中描述的是否相似？
2. 如果遇到骨折时，该如何处理呢？
3. 机体有哪些修复类型？
4. 损伤的并发症有哪些类型？
5. 如何避免损伤的发生？

法医临床学鉴定

第一节　概述

《全国人民代表大会常务委员会关于司法鉴定管理问题的决定》（2015 修正）是目前指导司法鉴定实践的纲领性文件，《司法鉴定机构登记管理办法》（司法部令第 95 号）、《司法鉴定人登记管理办法》（司法部令第 96 号）、《司法鉴定程序通则》（司法部令第 132 号）是规范司法鉴定机构和司法鉴定人的司法鉴定活动，保障司法鉴定质量，保障诉讼活动顺利进行的重要法规。

《司法鉴定执业分类规定（试行）》是确定面向社会服务的司法鉴定人职业（执业）资格和司法鉴定机构鉴定业务范围的依据。法医临床学鉴定（identification and appraisal of forensic clinical medicine）运用法医临床学的理论和技术，对涉及与法律有关的医学问题进行鉴定和评定。其主要内容包括：人身损伤程度鉴定、损伤与疾病关系评定、道路交通事故受伤人员伤残程度评定、职工工伤与职业病致残再度评定、劳动能力评定、活体年龄鉴定、性功能鉴定、医疗纠纷鉴定、诈病（伤）及造作病（伤）鉴定、致伤物和致伤方式推断等。

法医临床学鉴定人是指具有法医临床学知识和鉴定资质，受司法机关聘请或司法鉴定部门指派，从事法医临床学鉴定的人。法医临床学鉴定人应当在一个司法鉴定机构中执业。法医临床学鉴定人在执业活动中，应当遵守法律、法规、规章，遵守职业道德和执业纪律，尊重科学，遵守技术操作规范。法医临床学鉴定人应当依法独立、客观、公正地进行鉴定，并对自己作出的鉴定意见负责，实行鉴定人负责制度。法医临床学鉴定人不得违反规定会见诉讼当事人及其委托的人，因故意或者重大过失行为给当事人造成损失的，其所在的司法鉴定机构依法承担赔偿责任后，可以向有过错行为的法医临床学鉴定人追偿。

法医临床学鉴定人依法享有下列权利：①了解、查阅与鉴定事项有关的情况和资料，询问与鉴定事项有关的当事人、证人等。②要求鉴定委托人无偿提供鉴定所需的鉴材、样本。③进行鉴定所需的检验、检查和模拟实验。④拒绝接受不合法、不具备鉴定条件的鉴定或超出登记的执业类别的鉴定委托。⑤拒绝解决、回答与鉴定无关的问题。⑥鉴定意见不一致时，保留不同意见。⑦接受岗前培训和继续教育。⑧获得合法报酬。⑨法律、法规规定的其他权利。法医临床学鉴定人依法应当履行下列义务：①受所在司法鉴定机构指派按照规定的时限独立完成鉴定工作，并出具鉴定意见。②对鉴定意见负责。③依法回避。④妥善保管送检的鉴材、样本和资料。⑤保守在执业活动中知悉的国家秘密、商业秘密和个人隐私。⑥依法出庭作证，回答与鉴定有关的咨询。⑦自觉接受司法行政机关的管理和监督、检查。⑧参加司法鉴定岗前培训和继续教育。⑨法律、法规规定的其他义务。

法医临床学鉴定的形式主要有：普通（常规）鉴定、补充鉴定和重新鉴定等。

普通鉴定：司法鉴定机构根据法律规定，指派或选择2名以上司法鉴定人作出的鉴定。

补充鉴定：鉴定机构对于已经作出的鉴定，给予的补充或进一步说明。补充司法鉴定文书是原司法鉴定文书的组成部分。补充鉴定情形有：①委托人增加新的鉴定要求的；②委托人发现委托的鉴定事项有遗漏的；③委托人在鉴定过程中又提供或者补充了新的鉴定材料的；④其他需要补充鉴定的情形。

重新鉴定：是指对于原鉴定意见有异议或原鉴定意见不具有法律效力，委托人重新委托其他鉴定机构进行的再次鉴定。重新鉴定的情形有：①原司法鉴定人不具有从事原委托事项鉴定执业资格的；②原司法鉴定机构超出登记的业务范围组织鉴定的；③原司法鉴定人按规定应当回避没有回避的；④委托人或者其他诉讼当事人对原鉴定意见有异议，并能提出合法依据和合理理由的；⑤法律规定或者人民法院认为需要重新鉴定的其他情形。接受重新鉴定委托的司法鉴定机构的资质条件，一般应当高于原委托的司法鉴定机构。重新鉴定，应当委托原鉴定机构以外的列入司法鉴定机构名册的其他司法鉴定机构进行；委托人同意的，也可以委托原司法鉴定机构，由其指定原司法鉴定人以外的其他符合条件的司法鉴定人进行。

第二节　常用的法医临床学鉴定类型

一、人体损伤程度鉴定

损伤程度（injury degree）是指机体受到外力作用致使组织器官结构破坏及功能障碍的程度。人体损伤程度鉴定是法医临床学鉴定中最重要的内容之一，损伤程度直接涉及嫌疑人最终定罪和量刑。在法医临床学鉴定中进行损伤程度鉴定，首先需要明确损伤，甄别陈旧与新鲜损伤；如果存在多种原因造成的不良后果的情况，还应当根据损伤在后果中的作用大小，即因果关系，区别对待。同时鉴定时机的选择和鉴定标准的正确理解与把握是损伤程度鉴定的关键。

（一）人体损伤程度鉴定标准

根据我们国家法律规定和司法审判需要，人体损伤程度分为重伤、轻伤和轻微伤。但除刑法对重伤做了原则性的规定外，对于轻伤和轻微伤均无明确的法律规定。当前损伤程度评定的依据是最高人民法院、最高人民检察院、公安部、国家安全部、司法部联合发布《人体损伤程度鉴定标准》，自 2014 年 1 月 1 日起施行。根据刑法所规定重伤的原则，损伤程度的划分应依据组织结构破坏程度、器官功能障碍程度和躯体形态毁损程度三个方面情况来界定，在法医临床学上应理解为：重伤（serious injury），使人肢体残废、毁人容貌、丧失听觉、丧失视觉、丧失其他器官功能或者其他对于人身健康有重大伤害的损伤，包括重伤一级和重伤二级；轻伤（minor injury），使人肢体或者容貌损害，听觉、视觉或者其他器官功能部分障碍或者其他对于人身健康有中度伤害的损伤，包括轻伤一级和轻伤二级；轻微伤（slight injury），各种致伤因素所致的原发性损伤，造成组织器官结构轻微损害或者轻微功能障碍。

1. 《人体损伤程度鉴定标准》编排体例。该标准由四部分构成：①标准规范内容：范围、规范性引用文件、术语和定义；②总则：鉴定原则、鉴定时机、伤病关系处理原则；③细则：损伤程度分级；④附则：综合性条款。《人体损伤程度鉴定标准》按照颅脑、颈、胸、腹、脊柱及四肢、手、体表、其他等部位排列。例如：5.1 颅脑、脊髓损伤；5.2 面部、耳廓损伤，侧重容貌毁损。其他损伤为综合条款，主要包括一些常见的不宜按照解剖学特征分类的损伤。每一部位由重到轻、由外向内、由组织结构破坏到功能障碍排列。

2.《人体损伤程度鉴定标准》分级原则。为了进一步量化损伤程度，新的《人体损伤程度鉴定标准》将人体损伤程度分为重伤一级、重伤二级、轻伤一级、轻伤二级和轻微伤五个级别。

重伤一级：各种致伤因素所致的原发性损伤或者由原发性损伤引起的并发症，严重危及生命；遗留肢体严重残废或者重度容貌毁损；严重丧失听觉，视觉或者其他重要器官功能。

重伤二级：各种致伤因素所致的原发性损伤或者由原发性损伤引起的并发症，危及生命；遗留肢体残废或者轻度容貌毁损；丧失听觉、视觉或者其他重要器官功能。

轻伤一级：各种致伤因素所致的原发性损伤或者由原发性损伤引起的并发症，未危及生命；遗留组织器官结构、功能中度损害或者明显影响容貌。

轻伤二级：各种致伤因素所致的原发性损伤或者由原发性损伤引起的并发症，未危及生命；遗留组织器官结构、功能轻度损害或者影响容貌。

轻微伤：各种致伤因素所致的原发性损伤，造成组织器官结构轻微损害或者轻微功能障碍。

其中，重伤二级是重伤的下限，与重伤一级相衔接，重伤一级的上限是致人死亡；轻伤二级是轻伤的下限，与轻伤一级相衔接，轻伤一级的上限与重伤二级相衔接；轻微伤的上限与轻伤二级相衔接，未达轻微伤标准的，不鉴定为轻微伤。

3.《人体损伤程度鉴定标准》适用原则。虽然新标准较既往标准有了较大的进步，但仍然存在下列问题：①鉴定标准存在空白和其中一些具体条款不合理的问题；②具体条款与总则和附则的冲突、条款之间的冲突与竞合的问题；③标准的滞后性、僵硬性和操作性问题。因此，为了在实践中解决上述问题，必须了解和掌握《人体损伤程度鉴定标准》适用的原则。

（1）人体损伤程度鉴定的主要原则。遵循实事求是的原则，坚持以致伤因素对人体直接造成的原发性损伤及由损伤引起的并发症或者后遗症为依据，全面分析，综合鉴定；对于以原发性损伤及其并发症作为鉴定依据的，鉴定时应以损伤当时伤情为主，损伤的结局为辅，综合鉴定；对于以容貌损害或者组织器官功能障碍作为鉴定依据的，鉴定时应以损伤的结局为主，损伤当时伤情为辅，综合鉴定。

为了保证损伤程度评定的统一性与客观性，在损伤程度的评定中还应遵循下列原则：①损伤程度的评定应根据损伤后果来评定。损伤后果包括损伤的原发症、并发症、后遗症三个方面，以这三方面中最严重的后果作为损伤程度评定的主要依据。例如损伤引起的重度失血性休克，损伤当时已危及生命，尽管经救治后无重要器官功能的丧失和躯体形态的严重毁损，但其损伤程度仍根据受伤当时危及生命的情况评定为重伤；②损伤程度的评定应以事实后果为依据。所谓"事实后果"是指损伤的实际结果，即损伤程度的评定不能因为致伤条件、致伤方式和医疗因素的不同而影响损伤程度的评定；③损伤行为与事实后果之间必须存在因果关系；④对多种因素形成的事实结果，在损伤程度评定中应指出直接原因、间接原因、主要原因和次要原因等，为刑事法律责任的认定提供科学依据。

（2）人体损伤程度鉴定时机的选择。由于损伤程度评定是对损伤的全面评价，应当包括损伤当时、损伤过程及损伤结局三个方面。因此，在损伤结局已经稳定的情况下进行鉴定，才能兼顾到损伤当时、损伤过程及损伤结局三个方面。对于损伤结局的评定，一般应在伤情稳定或治疗终结后进行。否则，有时会因为损伤程度评定的时间不同而导致损伤程度评定结果不同，给司法工作造成错误和困难。但有时鉴于办案时限的要求，需要在伤后较短时间作出损伤程度的评定，以便办案机关依法采取必要措施。对此，法医临床学鉴定人可根据具体情况作出"临时鉴定"：其总的原则是，如果当时已构成轻伤的，今后是否构成重伤无法判定的，暂按轻伤评定，是否构成重伤可待病情稳定或治疗终结后重新进行评定。

一般来说，以原发性损伤为主要鉴定依据的，伤后即可进行鉴定；以损伤所致的并发症为主要鉴定依据的，在伤情稳定后进行鉴定；以容貌损害或者组织器官功能障碍为主要鉴定依据的，在损伤90日后进行鉴定；在特殊情况下可以根据原发性损伤及其并发症出具鉴定意见，但须对有可能出现的后遗症加以说明，必要时应进行复检并予以补充鉴定；疑难、复杂的损伤，在临床治疗终结或者伤情稳定后进行鉴定。

（3）人体损伤程度鉴定伤病关系的处理。损伤为主要作用的，既往伤/病为次要或者轻微作用的，应依据本标准相应条款进行鉴定；损伤与既往伤/病共同作用的，即二者作用相当的，应依据本标准相应条款适度降低损伤程度等级，重伤一、二级分别降为轻伤一级、二级，轻伤一级、二级降为轻微伤；既往伤/病为主要作用的，即损伤为次要或者轻微作用的，不宜进行损伤程度鉴定，只说明因果关系。

需要注意的是，人体组织器官在生长发育不同阶段，结构状况并非恒定不变，往往是随着年龄的增长组织器官会出现渐进性的退变，从而影响组织器官的功能状态。原则上，人体正常生理退变在实际鉴定中不应当一概视为自身疾病，应当根据不同情况，在损伤程度鉴定中应当区别对待。具体分析人体正常生理退变有两类情况，一类情况，人体正常生理退变，仅仅表现为组织器官的退化，通常情况下难以发生本质性组织器官结构破坏和功能障碍，如骨骼，生理退变可以造成骨质疏松，增加骨折的风险，但是如果没有外力作用的情况下一般不会发生骨折。对于此类情况，如果无特殊原因，鉴定时可以根据后果来评定损伤程度。另一类情况，人体正常生理退变，组织器官退化到一定程度，轻微外力作用，甚至没有外力作用，仅仅在日常生活活动时就会发生本质性组织器官结构破坏和功能障碍，如牙齿脱落、肩周炎（又称"五十肩"）、男性勃起功能障碍等。当被鉴定人的年龄达到一定程度，即便没有明显外伤作用亦会发生本质性组织器官结构破坏和功能障碍。对于此类情况鉴定时一定要慎重，从严把握，不能简单根据后果直接评定损伤程度。

现实工作中最常见的情况就是老年人骨折。骨骼对抗应力的强度与骨矿物质含量呈正相关，而人体骨矿物质含量与性别、年龄密切相关。临床资料显示，婴儿至青春期骨矿物质含量随年龄增长而增加，且无明显性别差异，青春期之后，骨矿物质含量的增加男性较女性显著，30~40岁达到最高峰值，之后骨矿物质含量随年龄的增长逐渐下降，女性下降幅度较男性大。所以，老年人由于骨矿物质含量生理性减少，外伤后相比年轻人更易发生骨折。在鉴定中，我们不能将老年人群体性骨矿物质含量减少这一生理现象认定为自身疾病，而将其与患有严重骨质疏松的病人等同。实际工作中，我们借助临床骨密度检测这一科学的评价骨矿物质含量的方法，不是简单依据临床骨密度检测 T 值（T 值表示被测人的骨密度与正常同性别青年人骨峰值的差别），而是同时结合 Z 值（Z 值表示被测人的骨密度与同性别同年龄同种族的人骨密度平均值的差别）全面分析，进而判断其骨质疏松是正常群体生理性改变，还是个体病理性异常，如果属于正常群体生理改变的，不应当在伤病关系中考虑，如果属于个体病理异常，应当在伤病关系中适当考虑。

（4）多部位损伤程度评定的一般原则。在法医学鉴定中经常还会遇到同一个体多部位损伤的情况，对于多部位、多处损伤的评定，有具体条款的依据相应条款进行评定；没有具体条款的可根据损伤后果综合评定，即达到相应损伤程度分类原则的，可以比照相应损伤程度原则进行评定。如综合后果未达到相应损伤程度分类原则的，应分别评定，不宜把多处损伤简单相加来评定损伤程度。如单肢多发骨折造成多关节功能障碍，应当首先考虑该肢整体功能障碍程度是否达到较高级别的损伤，如果综合后果不能达到较高级别的损伤，再分别就每处骨折及对应功能障碍进行分别评定。

（5）人体损伤程度鉴定标准的解释原则。对于人体损伤程度鉴定标准的解释，根据解释法律效力分为司法解释、学理解释、任意解释；根据解释的形式分为字面解释、扩充解释和限制解释。司法解释是指具有司法解释权的司法机关给予的，对各级司法机关具有法定约束力的解释；学理解释是指应用公认或普遍接受的学术理论和专业知识所进行的解释（包括教科书、专著、专家与学者的学术观点和专业意见），学理解释一般可被认为是权威解释，具有一定的法律效力；任意解释是个人按照自己意愿所作的解释，不具有任何法律效力。对于一些具体条款发生矛盾或冲突时，根据法律效力的大小进行解释的顺序为：国家标准>行业标准>部颁标准>地方标准；特别条款>一般条款；原则>规则>具体规定。

（二）活体损伤鉴定法医学因果关系的判定及其判定的方法

在哲学上，因果关系是指两个事件或两种现象之间的本质联系。在法医临床学上，损伤因果关系的认定首先是损伤行为与损伤后果在时间上有先后顺序，其次，二者之间有必然的病理机制联系。只有时间上的先后次序而不具备必然的本质的联系的，不能作为损伤程度评定的后果。

在法医临床学具体实践中，对于损伤的因果关系判定，主要是根据损伤机制和病理学基础，应用动态观察（如新旧损伤的判断）、综合分析（如局部与全身表现、体表与体内表现相结合）和逐一排除其他可能原因的方法进行判定。

（三）人体损伤程度与法律责任

法律责任一般分为行政、民事与刑事责任。在犯罪构成上分为结果犯与行为犯，在刑事处罚上分为加重、从重、减轻、从轻。根据我们国家法律规定，损伤的有无是伤害等案件是否成立的前提，损伤程度是法律责任确认的基础。但由于损伤后果往往受伤害行为、致伤方式、机体状态和医疗条件等多种因素影响，因此，在法律责任认定时应根据损伤程度综合分析：①对于条件性损伤的法律责任，一般不应该以完全结果责任论处，在适用法律时应注意区分主要原因、次要原因、直接原因、间接原因，以及案件的性质、危害行为的主观恶性程度、悔罪态度与情节以及损害的后果适当减免刑事责任。例如，在特定病理基础上受外力作用形成的损伤，属于条件性损伤。对于这类损伤在法律实施中应注意减轻或从轻处罚；②对于数个行为人所致的损伤后果难以分别认定时，如为共同犯罪，应分别追究刑事责任。在民事赔偿上，无论是否为共同犯罪，均应承担连带责任；③对于精神刺激所引起的功能障碍已不属于"损伤程度"评定的范畴。因此，一般不应该追究刑事责任，但应当承担精神损害赔偿的民事责任。例如外伤后所引起的癔症，不能把癔症作为损伤的后果来进行损伤程度评定，因为损伤行为与癔症之间无刑事责任上的因果关系，但癔症与精神刺激有关，因此，应承担相应的民事责任；④对于病情稳定但通过进一步治疗可以改变损伤程度的，应视具体情况来确定相应的法律责任。例如外伤后白内障致盲的病人，如晶状体摘除或置换人工晶体可使视力得到一定的恢复。因此，对于这样的案例，应首先确认民事责任，使加害人承担进一步治疗的义务，待治疗终止后再进行损伤程度评定确认刑事责任。对于加害方不承担进一步治疗义务的，应按病情稳定时损伤程度追究刑事责任；⑤对于损伤因果关系难以明确认定的，为了保护被害人利益和对违法行为进行必要的法律制裁，应根据损伤行为和损伤后果的可能性大小（即参与度）推定承担相应的民事法律责任。

（四）人体损伤程度与危害程度

损伤程度评定是对个体损伤后果的一般评定，不能完全代表个人危害程度和社会危害程度，因为同样的损伤对于不同的个体，其个人危害程度和社会危害程度是不同的。例如同样的手损伤对于钢琴家来说，个人危害程度和社会危害程度就相对严重。同样的眼损伤，由于既往视功能状态不同，其个人危害程度也不相同。因此，在损伤程度评定中不要混淆损伤程度和危害程度的差异，在适用法律时要注意个人危害程度和社会危害程度在具体案例中的区别。

二、人体致残程度鉴定

（一）相关概念

1. 劳动能力（labor capacity）：指人的工作能力和生活能力，包括体力和脑力两个部分。劳动能力主要反映一个人作为生存个体和社会成员完成全部生活和工作的能力，其能力的大小受个体的生物学因素、心理因素和社会因素影响。

劳动能力和伤残等级评定是法医临床学鉴定的重要内容，主要涉及行政责任和民事责任等的承担。

（1）劳动能力分类。劳动能力根据劳动性质分为一般性劳动能力和职业性劳动能力。

一般性劳动能力（general labor capacity）是个体生存所必须具备的能力，主要是指日常生活活动的能力，如自我移动、穿衣、进食、保持个人和环境卫生等。目前相关鉴定标准仅仅考虑一般性劳动能力。

职业性劳动能力（occupational labor capacity）是相对一般性劳动能力而言，指经过专门性培训后个体所具备的从事某种专门性工作的能力，例如教师的授课能力、钢琴家的演奏能力等。职业性劳动能力在目前相关鉴定标准中无明确的体现。

（2）劳动能力丧失与分类。劳动能力丧失（labor incapacity）是指因损伤、疾病、衰老等原因引起的原有劳动能力，如工作能力、社会活动能力和生活自理能力的下降或丧失。由于劳动能力下降或丧失，可能使个体失去从事工作的能力或者社会活动能力，严重的会影响到生活自理能力。劳动能力丧失的分类方法较多，主要有以下几种：①按劳动能力丧失的原因分为衰老、疾病、损伤等原因。②按劳动能力丧失的性质分为职业性劳动能力丧失和一般性劳动能力丧失。③按劳动能力丧失的时间分为永久性劳动能力丧失和暂时性劳动能力丧失。④按劳动能力丧失的程度分为完全性劳动能力丧失和部分性劳动能力丧失。

劳动能力丧失从程度上分，由轻到重分别是①劳动能力部分丧失：指工作能力部分丧失，日常生活能够自理。②劳动能力大部分丧失：指工作能力完全丧失，日常生活能力部分丧失。③劳动能力完全丧失：指工作能力和日常生活自理能力全部丧失，生活不能自理。

2. 日常生活活动能力。日常生活活动（activities of daily living，ADL）是指人们在日常生活中，能够完成自身的衣、食、住、行，保持个人卫生整洁和独立的社区活动所必需的一系列基本活动，是个体为了维持生存以及适应生存环境而每天必须反复进行的、最基本的、最具有共性的活动。

日常生活活动能力分为基本日常生活活动能力和工具性日常生活活动能力。基本日常生活活动能力（basic ADL，BADL）是指每日生活中与穿衣、进食、保持个人卫生等自理活动和坐、站、行走等身体活动有关的基本活动。工具性日常生活活动能力（instrumental ADL，IADL）是指人们在社区中独立生活所必需的关键性的较高级的技能，如处理家务杂事、炊事、采购、骑车或者驾驶、个人事务等，日常活动大多数需要借助或大或小的工具进行。基本日常生活活动能力反映的是较为粗大的运动功能，通常可作为法医临床学鉴定评定的依据；工具性日常生活活动能力主要反映的是较为精细的功能，法医临床学鉴定通常不予考虑。

（1）日常生活活动能力评定标准。日常生活活动能力评定的标准较多，常用的标准有：Barthel 指数分级、Katz 指数法、PULSES 评定、修订的 Kenny 自理评定、功能问卷（the functional activities questionary，FAQ）、快速残疾评定量表（rapid disability rating scale，RDRS）等。不同评定标准有其不同的适应征及评估价值，但研究也证实不同评定方法间具有一定程度的相关性或一致性。下面仅对 Barthel 指数评定标准作一简单介绍，以供法医学伤残评定时参考。

Barthel 指数评定标准（the Barthel index of ADL）是由美国 Mahoney 和 Barthel 于 1965 年设计并应用于临床，有 10 个评定项目，是国际康复医疗机构常用的方法，被称为是"评估神经肌肉或肌肉骨骼异常患者自我照顾能力的简单的独立指数"。Barthel 指数评定简单、可信度高、灵敏度也高、使用广泛，而且可用于预测治疗效果、住院时间和预后效果（见表 10-1）。

表 10-1　Barthel 指数评定表

ADL 项目	自理	稍依赖	较大依赖	完全依赖
进食	10	5	0	0
洗澡	5	0	0	0
修饰（洗脸、梳头、刷牙、刮脸）	5	0	0	0
穿衣	10	5	0	0
控制大便	10	5	0	0
控制小便	10	5	0	0
上厕所	10	5	0	0
床椅转移	15	10	5	0
行走（平地 45m）	15	10	5	0
上下楼梯	10	5	0	0

Barthel 指数评分结果：最高分是 100 分，60 分以上者为良，生活基本自理；60~40 分者为中度残疾，有功能障碍，生活需要帮助；40~20 分者为重度残疾，生活依赖明显；20 分以下者为完全残疾，生活完全依赖。Barthel 指数 40 分以上者康复治疗效益最大。

（2）日常生活活动能力评定方法，分为直接观察和间接评定两种方法：①直接观察：ADL的评定可让患者在实际生活环境中进行，评定人员观察患者完成实际生活中的动作情况，并在此环境中指令患者完成动作。实际生活环境较其他环境更易取得准确结果，且评定后也可根据患者的功能障碍在此环境中进行训练。②间接评定：有些不便完成或不易完成的动作，可以通过询问患者本人或家属的方式取得结果，如患者的大小便控制、个人卫生管理等。

（3）注意事项：评定前应与患者交谈，让患者明确评定的目的，以取得患者的理解与合作。评定前还必须对患者的基本情况有所了解，如肌力、关节活动范围、平衡能力等，还应考虑到患者生活的社会环境、反应性、依赖性等。重复进行评定时应尽量在同一条件或环境下进行。在分析评定结果时应考虑有关的影响因素，如患者的生活习惯、文化素养、职业、社会环境、评定时的心理状态和合作程度等。法医学鉴定时应特别注意排除伪装与夸大的成分。

3. 残疾：广义的残疾（disability）是指由于各种疾病、损伤、发育缺陷或者精神因素所造成人的机体、精神不同程度的永久性功能障碍，从而使患者不能正常工作、生活和学习的一种状态。残疾人是指患有某种残疾的个体。20世纪90年代中期，联合国相关文件改用"带有弱能的人（people with disability，PWD）"来替代"残疾人"一词，这种观点也正在逐渐被世界各国所接受和使用。

残疾和劳动能力丧失的主要区别在于残疾强调个体的身体功能状态，而劳动能力则强调因为残疾所导致的能力下降或者丧失。

（1）国际残疾分类。世界卫生组织（WHO）于1980年发布《国际残损、残疾、残障分类》（International Classification of Impairment，Disabilities and Handicaps，ICIDH）以及2001年颁布残疾与健康分类体系即《国际功能、残疾和健康分类》（International Classification of Functioning，Disability and Health，ICF），中文简称为《国际功能分类》。①《国际残损、残疾、残障分类》。该分类方法将残疾划分为三个独立的类别，即残损、残疾、残障。残损：是指心理上、生理上或者解剖结构上和功能上的异常或者丧失，主要是指个体组织器官形态学上的缺损。残疾：按ICF分类方法称"活动受限"，是由于个体组织器官形态学上的缺损使个体能力受限或者缺乏，以致不能按照正常的方式进行活动，表现为个体生理功能上的残疾。残障：按ICF分类方法称"参与限制"，是由于残损或者残疾，而限制或者阻碍个体履行正常的（按年龄、性别、社会和文化等因素确定）社会作用，表现为社会能力的残疾。②《国际功能、残疾和健康分类》。2001年5

月 WHO 根据当代世界各国卫生事业发展的状况，正式颁布了新的残疾与健康分类体系《国际功能、残疾和健康分类》。ICF 分为功能和残疾、背景性因素两大部分，功能和残疾部分包括身体功能和结构、活动和参与，背景性因素包括环境因素、个人因素。环境因素、个人因素分别表示功能和残疾的外在和内在因素。ICF 认为功能和结构的结合表示具有功能，功能和结构的损伤、参与的局限及活动受限则表示残疾。残疾包括身体结构或功能损伤、身体活动受限或参与的局限性。其中活动是指个体执行一项任务或行动，参与则是指个体投入于生活环境之中，活动受限是个体在进行活动时可能遇到困难，参与局限性是个体投入于生活环境中可能体验到不便。

（2）中国残疾分类与伤残评定标准。我国目前所制定的大多数残疾与伤残评定标准均在不同程度上参照了 ICF，主要标准有：①1986 年国务院批准的《全国残疾人抽样调查五类残疾标准》；②1989 年由民政部颁布的《革命伤残军人评定伤残等级的条件》；③2015 年 1 月 1 日实施的《劳动能力鉴定职工工伤与职业病致残等级（GB/T 16180-2014）》；④2002 年 12 月 1 日实施的《道路交通事故受伤人员伤残评定（GB 18667-2002）》（现已失效），并于 2017 年 3 月 23 日废止；⑤2002 年 9 月 1 日起施行的《医疗事故分级标准（试行）》（中华人民共和国卫生部令第 32 号）；⑥残疾人体育运动功能评定与分级；⑦2017 年 1 月 1 日实施的《人体损伤致残程度分级》等。

在 2006 年第二次全国残疾人抽样调查中，我们国家将残疾分为视力残疾、听力残疾、言语残疾、肢体残疾、智力残疾、精神残疾。凡有两种及两种以上残疾的，列为多重残疾。

4. **伤残**：指因损伤所导致的残疾，分为原发性残疾和继发性残疾。原发性残疾是指损伤直接导致的残疾；继发性残疾是指损伤后由于制动或失用等原因引起的组织结构改变与功能障碍，如关节固定后引起的滑膜粘连、纤维组织增生、关节僵硬等退行性改变。

我们国家现行的伤残等级评定标准基本采用十级划分法，即从 1 级到 10 级，最重为 1 级，最轻为 10 级。如：《劳动能力鉴定职工工伤与职业病致残等级（GB/T 16180-2014）》《人体损伤致残程度分级》以及《医疗事故分级标准（试行）》。其中《医疗事故分级标准（试行）》把医疗事故分为 4 级 12 等，即一级甲、乙等，二级甲、乙、丙、丁等，三级甲、乙、丙、丁、戊等，四级不分等，同时规定，从一级乙等至三级戊等分别对应 10 个级别的伤残。

2013 年 6 月 8 日由中国保险行业协会、中国法医学会联合发布的《人身保险伤残评定标准》也由原来标准的 7 个伤残等级、34 项残情条目，扩展到 10 个伤残等级、281 项伤残条目，扩充了赔偿范围，细化了赔付条件。

（二）劳动能力丧失与伤残等级评定

劳动能力丧失与伤残等级（gradation disability）评定是指鉴定人根据被鉴定人的病历、辅助检查结果等医疗资料以及身体检查结果，依据相关鉴定标准对其劳动能力丧失程度或者残疾（伤残）程度进行判定，并出具鉴定意见的过程。

劳动能力丧失与伤残等级的评定主要依据相关标准进行，常用的鉴定标准主要有《劳动能力鉴定职工工伤与职业病致残等级（GB/T 16180-2014)》《人体损伤致残程度分级》以及《人身保险伤残评定标准及代码》等。

在伤残等级评定时，除了对被鉴定人的劳动能力丧失程度进行判定以外，还需要确定被鉴定人的日常生活活动能力丧失情况。

1. 劳动能力鉴定与职工工伤与职业病伤残等级评定。劳动能力鉴定（identify work ability）是指劳动者在职业活动中因工负伤或患职业病后，法定鉴定机关通过相关医学检查并依据国家标准所进行鉴别和判定的过程。劳动能力鉴定制度是国家针对劳动者伤残等级或劳动能力丧失程度进行评定的一种特殊制度。

职工工伤与职业病的劳动能力丧失主要是通过伤残等级来确认的。通过与伤残等级相适应的残疾赔偿金给付，进而体现对劳动者劳动价值的认可。

工伤事故伤残等级鉴定主要是根据被鉴定人因工伤事故所导致的机体形态破坏、组织器官功能障碍以及日常生活对医疗与护理的依赖程度等。

（1）职工工伤与职业病伤残等级评定标准。《劳动能力鉴定职工工伤与职业病致残等级（GB/T 16180-2014)》是根据《工伤保险条例》（中华人民共和国国务院第 375 号令）制定，并参考了 WHO 有关"损害、功能障碍与残疾"的国际分类，以及美国、英国、日本等国家残疾的分级原则。①职工工伤与职业病伤残等级划分：《劳动能力鉴定职工工伤与职业病致残等级（GB/T 16180-2014)》根据临床医学分科和各学科之间相互关联的原则，首先将机体的伤残划分为五大门类，即神经内科、神经外科、精神科门，骨科、整形外科、烧伤科门，眼科、耳鼻喉科、口腔科门，普外科、胸外科、泌尿生殖科门，以及职业病内科门。然后按照上述五个门类，依据"器官损伤、功能障碍，对医疗与日常生活护理的依赖程度，以及由于伤残而引起的社会心理因素影响"将伤残等级划分为一至十级10 个等级，共 530 个条目，最重的为第一级，最轻的为第十级。②职工工伤与职业病伤残等级定级原则:《劳动能力鉴定职工工伤与职业病致残等级(GB/T 16180-2014)》主要根据器官是否有缺失或缺损、是否有畸形或形态异常、是否有功能丧失或障碍以及是否有并发症等、是否存在特殊或一般医疗或日常生活护理依赖、生活自理障碍程度等情况来确定伤残等级与劳动能力级别。

一级伤残:器官缺失或功能完全丧失,其他器官不能代偿,存在特殊医疗依赖,或完全或大部分或部分生活自理障碍。

二级伤残:器官严重缺损或畸形,有严重功能障碍或并发症,存在特殊医疗依赖,或大部分或部分生活自理障碍。

三级伤残:器官严重缺损或畸形,有严重功能障碍或并发症,存在特殊医疗依赖,或部分生活自理障碍。

四级伤残:器官严重缺损或畸形,有严重功能障碍或并发症,存在特殊医疗依赖,或部分生活自理障碍或无生活自理障碍。

五级伤残:器官大部分缺损或明显畸形,有较重功能障碍或并发症,存在一般医疗依赖,无生活自理障碍。

六级伤残:器官大部分缺损或明显畸形,有中等功能障碍或并发症,存在一般医疗依赖,无生活自理障碍。

七级伤残:器官大部分缺损或畸形,有轻度功能障碍或并发症,存在一般医疗依赖,无生活自理障碍。

八级伤残:器官部分缺损,形态异常,轻度功能障碍,存在一般医疗依赖,无生活自理障碍。

九级伤残:器官部分缺损,形态异常,轻度功能障碍,无医疗依赖或者存在一般医疗依赖,无生活自理障碍。

十级伤残:器官部分缺损,形态异常,无功能障碍或轻度功能障碍,无医疗依赖或者存在一般医疗依赖,无生活自理障碍。③伤残等级评定的晋级原则:对于同一器官或者系统多处损伤,或一个以上器官不同部位同时受到损伤者,应先对单项伤残等级进行鉴定。如果几项伤残等级不同,以重者定级;如果两项及以上等级相同,最多晋升一级。④对原有伤残以及并发症的处理:在劳动能力鉴定过程中,工伤或职业病后出现并发症,其致残等级的评定以鉴定时实际的致残结局为依据;如受工伤损害的器官原有伤残或疾病史,即单个或双器官(如双眼、四肢、肾脏)或系统损伤,本次鉴定时应检查本次伤情是否加重原有伤残,若加重原有伤残,鉴定时按实际的致残结局为依据;若本次伤情轻于原有伤残,鉴定时则按本次工伤伤情致残结局为依据。

（2）伤残等级评定的注意事项：①对于《劳动能力鉴定职工工伤与职业病致残等级（GB/T 16180-2014）》未列入的损伤，可以参照该标准的分级原则，比照相近条款对伤残等级作出判定；②伤残等级评定一般应在病情稳定、临床治疗终结后进行。对有明确规定的，应严格按照标准的相关规定进行评定，例如关于"人格改变"的诊断必须是在症状持续 6 个月以上方可诊断等；③由于医疗依赖与生活自理障碍程度的判定与伤残等级密切相关，因此，医疗依赖、生活自理障碍程度的确定必须是在明确伤残等级的基础上进行判定。④对涉及精神科门类鉴定的，有关精神障碍方面的问题应该由具有司法精神病鉴定执业资格的鉴定人评定。⑤评定伤残等级时，对于损伤后器官或者肢体功能障碍程度的判定，应以伤残等级鉴定时的检查结果作为判定的依据，同时应排除其原有损伤及疾病等因素。

2. 人身伤害案件中的伤残等级评定。在人身伤害案件中，由于人体损伤后可能导致受害者残疾，使其劳动能力不同程度的丧失，因此，对于此类案件的处理，除进行损伤程度的评定外，还需要对受害人劳动能力丧失程度或者伤残等级进行鉴定，为人身伤害案件的民事赔偿提供依据。

（1）《人体损伤致残程度分级》编排体例。由最高人民法院、最高人民检察院、公安部、国家安全部、司法部发布并于 2017 年 1 月 1 日施行的《人体损伤致残程度分级》是目前评定人体损伤致残等级鉴定标准。同时，《道路交通事故受伤人员伤残评定（GB 18667-2002）》于 2017 年 3 月 23 日被废止。除职工工伤与职业病的劳动能力丧失的情况外，其他人身伤残评定均应当依据《人体损伤致残程度分级》对人身伤害案件中的伤残等级进行评定。

《人体损伤致残程度分级》由四部分构成：①标准规范内容：范围、规范性引用文件、术语与定义；②总则：鉴定原则、鉴定时机、伤病关系处理、致残等级划分、判断依据；③细则：致残程度分级及其鉴定内容；④附则：综合性条款。《人体损伤致残程度分级》按照颅脑、颈、胸、腹、脊柱及四肢、手、体表、其他等部位排列。每一部位由重到轻、由外向内、由组织结构破坏到功能障碍排列。

（2）《人体损伤致残程度分级》分级原则。《人体损伤致残程度分级》将人体损伤致残程度划分为十个等级，从一级（人体致残率100%）到十级（人体致残率10%），每级致残率相差10%。

一级残疾：组织器官缺失或者功能完全丧失，其他器官不能代偿；存在特殊医疗依赖；意识丧失；日常生活完全不能自理；社会交往完全丧失。

二级残疾：组织器官严重缺损或者畸形，有严重功能障碍，其他器官难以代偿；存在特殊医疗依赖；日常生活大部分不能自理；各种活动严重受限，仅限于床上或者椅子上的活动；社会交往基本丧失。

三级残疾：组织器官严重缺损或者畸形，有严重功能障碍；存在特殊医疗依赖；日常生活大部分或者部分不能自理；各种活动严重受限，仅限于室内的活动；社会交往极度困难。

四级残疾：组织器官严重缺损或者畸形，有重度功能障碍；存在特殊医疗依赖或者一般医疗依赖；日常生活能力严重受限，间或需要帮助；各种活动严重受限，仅限于居住范围内的活动；社会交往困难。

五级残疾：组织器官大部分缺损或者明显畸形，有中度（偏重）功能障碍；存在一般医疗依赖；日常生活能力部分受限，偶尔需要帮助；各种活动中度受限，仅限于就近的活动；社会交往严重受限。

六级残疾：组织器官大部分缺损或者明显畸形，有中度功能障碍；存在一般医疗依赖；日常生活能力部分受限，但能部分代偿，条件性需要帮助；各种活动中度受限，活动能力降低；社会交往贫乏或者狭窄。

七级残疾：组织器官大部分缺损或者明显畸形，有中度（偏轻）功能障碍；存在一般医疗依赖，无护理依赖；日常生活有关的活动能力极重度受限；各种活动中度受限，短暂活动不受限，长时间活动受限；社会交往能力降低。

八级残疾：组织器官部分缺损或者畸形，有轻度功能障碍，并造成明显影响；存在一般医疗依赖，无护理依赖；日常生活有关的活动能力重度受限；各种活动轻度受限，远距离活动受限；社会交往受约束。

九级残疾：组织器官部分缺损或者畸形，有轻度功能障碍，并造成较明显影响；无医疗依赖或者存在一般医疗依赖，无护理依赖；日常生活有关的活动能力中度受限；工作与学习能力下降；社会交往能力部分受限。

十级残疾：组织器官部分缺损或者畸形，有轻度功能障碍，并造成一定影响；无医疗依赖或者存在一般医疗依赖，无护理依赖；日常生活有关的活动能力轻度受限；工作与学习能力受到一定影响；社会交往能力轻度受限。

（3）《人体损伤致残程度分级》适用原则。①人体损伤致残程度鉴定的主要原则。应以损伤治疗后果或者结局为依据，客观评价组织器官缺失和/或功能障碍程度，科学分析损伤与残疾之间的因果关系，实事求是地进行鉴定。符合两处以上致残程度等级者，鉴定意见中应该分别写明各处的致残程度等级。②人体损伤致残程度鉴定的时机的选择。应在原发性损伤及其与之确有关联的并发症的治疗终结或者临床治疗效果稳定后进行鉴定。③人体损伤致残程度鉴定的伤病关系处理。当损伤与原有伤、病共存时，应分析损伤与残疾后果之间的因果关系。根据损伤在残疾后果中的作用力大小确定因果关系的不同形式，依次分别表述为：完全作用、主要作用、同等作用、次要作用、轻微作用、没有作用。除损伤"没有作用"以外，其他情况下均应按照实际残情鉴定致残程度等级，同时说明损伤与残疾后果之间的因果关系；判定损伤"没有作用"的，不应进行致残程度鉴定。

3. 人身保险伤残等级评定。随着我国保险业的快速发展，人身保险中需要进行伤病程度鉴定的案件愈来愈多，人身保险伤残等级评定正在逐渐成为法医临床学鉴定的重要内容之一。

保险是指保险公司根据保险合同约定，在保险事故发生后向投保人或保险受益人支付保险金的一种经济补偿的制度。

根据保险性质的不同，保险分为社会保险和商业保险；根据实施形式的不同分为强制保险和自愿保险；根据保险标的的不同分为财产保险、人身保险、责任保险和保证保险；根据承保方式的不同分为原保险和再保险等。法医临床学鉴定主要涉及与伤病相关的人身保险和责任保险。

人身保险（personal insurance，life insurance）是以人的生命、健康和劳动能力为保险标的的保险。当人们遭受不幸事故或因疾病、年老而丧失工作能力、伤残、死亡或退休时，根据保险合同的约定，保险人应对被保险人或受益人给付保险金。

责任保险（liability insurance）是指以被保险人对第三者依法应负的赔偿责任为保险标的的保险，因责任保险以被保险人对第三人的赔偿责任为标的，以填补被保险人对第三人承担赔偿责任所受损失为目的，因此又被称之为第三人保险（third party insurance）或者第三者责任保险（third party liability insurance）。

（1）人身保险残疾程度评定标准。为了规范保险公司有关人身保险残疾程度的确定，2013 年全国金融标准化技术委员会保险分技术委员会制定了《人身保险伤残评定标准及代码（JR/T 0083-2013）》，它是目前有关人身保险残疾程度评定的依据。

该《标准》规定了人身保险伤残等级的级别以及保险金给付比例的原则和方法，适用于意外险或意外责任险中的伤残等级的评定。《标准》根据身体的结构和功能损失情况对残疾进行了分类和分级，将人身保险伤残等级划分为一至十级，最重为第一级，最轻为第十级。与人身保险伤残等级相对应的保险金给付比例也分为十档，伤残等级的第一级对应的保险金给付比例为100%，伤残等级第十级对应的保险金给付比例为10%，每级相差10%。

（2）人身保险伤残等级评定的基本原则。①评定伤残时，应根据人体的身体结构与功能损伤情况确定所涉及的伤残类别；②根据伤残情况，在同类别伤残下，确定伤残等级；③同一保险事故造成两处或两处以上伤残时，应首先对各处伤残等级分别进行评定，如果几处伤残等级不同，以最重的伤残等级作为最终的评定结论；如果两处或两处以上伤残等级相同，伤残等级在原评定基础上最多晋升一级，最高晋升至第一级。同一部位和性质的伤残，不应采用本《标准》条文两条以上或者同一条文两次以上进行评定。

三、医疗纠纷相关的法医学鉴定

医疗纠纷（medical dispute，medical tangle）是指医患双方对诊疗与护理过程中是否存在过失或不良后果所发生的争议。医疗纠纷的发生可能是由于医院对患者的诊疗行为存在过错而引起，也可能是由于患者对医院的医疗行为的不理解、不满而导致。医疗行为是否存在过错，一般需要通过医疗事故或者医疗损害鉴定认定。如果鉴定意见认为医院对患者的医疗行为构成医疗事故或者存在医疗过错，则需要对医疗事故等级或被鉴定人的伤残等级进行鉴定。

医疗事故（medical negligence）是指医疗机构及其医务人员在医疗活动中，违反医疗卫生管理相关的法律、法规以及部门规章、制度和诊疗、护理规范等，过失造成患者人身损害的事件。

医疗过错（medical faults）也称医疗过失，是指医疗机构（或者个体行医者）在对患者的诊疗过程中，存在违反法律、行政法规、规章制度以及诊疗规范或诊疗常规的行为。如果存在医疗过错并且该过错行为对患者所产生了不利后果的事实，就构成医疗损害（medical damage）。这种不利的后果表现形式多样，例如导致患者的死亡或者残疾，或者导致患者的临床治疗时间延长，使患者的医疗费用支出增多等。医疗损害行为属于民事上的侵权行为，主要涉及患者的生命权、健康权、隐私权、身体权、财产权、知情权、选择权和同意权等。医疗损害事实的认定主要是通过司法鉴定的方式解决。

医疗事故和医疗损害虽然具有很多共同之处，但是相比较而言，医疗损害涵盖的范围更为广泛，且二者认定的程序有所区别。2002 年 9 月 1 日起实施的《医疗事故处理条例》、2018 年 10 月 1 日起施行的《医疗纠纷预防和处理条例》《中华人民共和国侵权责任法》和《最高人民法院关于审理医疗损害责任纠纷案件适用法律若干问题的解释》是目前解决医疗纠纷的最重要的法律依据。

（一）医疗事故鉴定

在我国，医疗事故鉴定主要由中华医学会及省、市级医学会组织专家进行。根据《医疗事故处理条例》，原卫生部制定了《医疗事故分级标准（试行）》，除患者死亡外，该标准将医疗事故的一级乙等至三级戊等所对应的伤残等级分为一至十级。规定专家鉴定组在进行医疗事故技术鉴定、卫生行政部门在判定重大医疗过失行为是否为医疗事故或医疗事故争议双方当事人在协商解决医疗事故争议时，均按照本标准确定的基本原则和实际情况具体判定医疗事故的等级。

《医疗事故分级标准（试行）》对医疗事故进行如下分级：

1. 一级医疗事故：系指造成患者死亡、重度残疾。①一级甲等医疗事故：死亡。②一级乙等医疗事故：重要器官缺失或功能完全丧失，其他器官不能代偿，存在特殊医疗依赖，生活完全不能自理。

2. 二级医疗事故：系指造成患者中度残疾、器官组织损伤导致严重功能障碍。①二级甲等医疗事故：器官缺失或功能完全丧失，其他器官不能代偿，可能存在特殊医疗依赖，或生活大部分不能自理。②二级乙等医疗事故：存在器官缺失、严重缺损、严重畸形情形之一，有严重功能障碍，可能存在特殊医疗依赖，或生活大部分不能自理。③二级丙等医疗事故：存在器官缺失、严重缺损、明显畸形情形之一，有严重功能障碍，可能存在特殊医疗依赖，或生活部分不能自理。④二级丁等医疗事故：存在器官缺失、大部分缺损、畸形情形之一，有严重功能障碍，可能存在一般医疗依赖，生活能自理。

3. 三级医疗事故：系指造成患者轻度残疾、器官组织损伤导致一般功能障碍。①三级甲等医疗事故：存在器官缺失、大部分缺损、畸形情形之一，有较重功能障碍，可能存在一般医疗依赖，生活能自理。②三级乙等医疗事故：器官大部分缺损或畸形，有中度功能障碍，可能存在一般医疗依赖，生活能自理。③三级丙等医疗事故：器官大部分缺损或畸形，有轻度功能障碍，可能存在一般医疗依赖，生活能自理。④三级丁等医疗事故：器官部分缺损或畸形，有轻度功能障碍，无医疗依赖，生活能自理。⑤三级戊等医疗事故：器官部分缺损或畸形，有轻微功能障碍，无医疗依赖，生活能自理。

4. 四级医疗事故：系指造成患者明显人身损害的其他后果的医疗事故。

（二）医疗损害鉴定

医疗损害的司法鉴定是指法医学司法鉴定人根据司法机关的委托，通过审查病历、辅助检查结果、尸体解剖结果等相关资料，对医方在诊断、抢救、治疗、护理、管理等行为中是否存在过错，过错与患者损害后果之间的关系及其程度所进行的鉴别和判断。目前，中华医学会及省、市级医学会组织专家同样可以进行医疗损害的鉴定。

医疗损害是一种特殊类型的人身损害，具有专业性强、复杂性高的特点，在我国，医疗损害主要是由法医学司法鉴定人通过司法鉴定进行判定。医疗损害司法鉴定是处理医疗损害赔偿案件的重要环节，医疗损害鉴定意见书是处理此类案件的重要依据。

医疗损害司法鉴定是指法医学鉴定人（以下简称鉴定人）根据委托单位所提供的司法鉴定资料和法医学检查结果，运用医学知识和法医学知识分析判断医方在诊断、救治、护理、管理等行为中是否存在过错，以及过错行为与损害后果之间的因果关系，并出具司法鉴定意见的过程。

由于医疗损害司法鉴定的主要任务是判定医疗机构及其医务人员的医疗行为是否存在过错，所以又称为医疗过错司法鉴定。

医疗损害司法鉴定的主要内容：①医方医疗行为是否存在过错；②患者是否存在损害后果；③医方医疗过错行为与患者损害后果之间是否存在因果关系；④医疗过错行为的责任（医疗过错行为导致或参与患者损害后果的比例程度）。

1. 医疗过错行为的认定。医疗机构在诊疗护理过程中是否存在医疗过错，司法鉴定人主要依据委托单位所提供的患者临床资料和法医学检查结果（尸体解剖或者活体检查）等，判定医疗机构是否存在违反医疗相关的法律、法规、规章、制度以及诊疗规范等行为。

医疗过错行为的形式有：①未尽到告知义务，医方未向患者明确告知必要的病情、医疗措施、医疗替代方案以及存在的医疗风险（可能发生的不良后果）。②未尽到诊治义务，医方未给予患者及时、规范、正确的诊断与治疗。包括误诊（诊断的错误）、漏诊（未及时作出全面与完整的诊断）、误治（治疗方案或治疗方法错误，也包括未及时进行全面与系统的治疗）等。③未尽到注意义务，医务人员在诊疗活动中未尽到密切注意病情变化，积极防范医疗风险，避免不良后果发生的义务。

2. 分析与判断医疗过错行为的方法。对于医疗行为是否构成过错，目前主要依据卫生医疗法律规范和技术规范，包括卫生医疗相关的法律法规、部门规章制度、诊疗护理规范以及权威或公认的医学文献等进行判断，注意结合不同时间、不同地域、不同等级医院医疗水平的现状进行分析。

（1）法律法规。医疗机构的诊疗行为是否符合国家法律法规是判定医疗过错行为的法律依据。例如《侵权责任法》规定，医疗机构及其医务人员应当按照规定填写并妥善保管住院志、医嘱单、检验报告、手术及麻醉记录、病理资料、护理记录、医疗费用等病历资料。患者要求查阅、复制前款规定的病历资料的，医疗机构应当提供。患者有损害后果，而医疗机构隐匿或者拒绝提供与纠纷有关的病历资料，或者存在伪造、篡改或者销毁病历资料的行为，可以推定医疗机构存在过错。

（2）规章制度。医疗机构及其医务人员的医疗行为是否符合诊疗护理规范，是判定医疗过错行为的主要技术标准。诊疗护理规范对于医方的告知义务、诊疗义务、注意义务、转诊义务等都有明确的规定。

（3）医学文献。由于当今医疗技术迅速发展，诊疗护理规范等可能存在滞后或者不能涵盖所有医疗领域的情况，因此在这种情况下，权威的医学教科书、公认的科研成果以及药物使用说明书也是判定医疗行为是否存在过错的重要依据。

3. 分析与判断医疗过错行为的注意事项。①注意考虑当时的医疗水平。由于医疗水平会随着时代的发展而不断提高，因此，不能用现代的医疗水平衡量医疗纠纷发生当时的医疗行为。②注意医疗机构所在的地区。在判定医疗过错对，应当注意医疗机构所处的具体地域，因为不同地域的医疗条件和水平存在差异。例如同为三级甲等医院，经济发达地区与偏远地区也存在一定的差别。③注意医疗机构的不同等级。医疗机构的等级代表着医疗机构医疗条件、管理水平以及技术水平。同样的医疗过错行为对于不同等级的医疗机构，所承担的过错责任会有所不同。一般来说，医院等级越高，诊治疾病的水平越高，患者承担的医疗风险相对越小。

4. 医疗损害的内容。

（1）患者的人身权损害。包括①对患者生命权的侵害，即诊疗过错行为使患者丧失生命；②对患者健康权的侵害，即医疗过错行为对患者生理机能的正常运行和功能完善发挥造成损害，大多数表现为使患者出现不同程度的残疾。例如在对患者行阑尾手术时，误切了患者右侧卵巢组织，造成患者残疾；③对患者身体权的侵害，表现为医务人员违反诊疗护理常规和技术规范，导致患者身体的完整性受到损害。如在未经患者及家属同意的情况下，将死亡患者的皮肤、肾脏、角膜等个别器官取出、切除或移植的行为，就属于侵害患者身体权的行为。

（2）患者的名誉权损害。由于性病、肝炎、艾滋病等一些疾病的误诊，且未履行保密义务，导致患者的名誉和社会评价受到损害。

（3）患者的隐私权损害。《侵权责任法》第62条规定："医疗机构及其医务人员应当对患者的隐私保密。泄露患者隐私或者未经患者同意公开其病历资料，造成患者损害的，应当承担侵权责任。"

（4）患者的肖像权损害。为了教学或广告宣传，未经患者同意将其肖像暴露给公众或予以传播，对患者造成损害。

（5）患者及亲属的精神损害。《侵权责任法》第22条规定："侵害他人人身权益，造成他人严重精神损害的，被侵权人可以请求精神损害赔偿。"医疗侵权无论损害了患者的生命权、健康权、身体权还是名誉权、隐私权与肖像权都会造成患者及其亲属的精神损害，因此精神损害作为医疗损害的间接后果，同样也应给予精神损害赔偿（精神损害抚慰金）。

（6）患者的财产权损害。医疗过错行为造成患者人身损害的后果，就必然导致患者及其近亲属财产收入减少和不必要财产支出的增加。《侵权责任法》第16条明确规定，侵害他人造成人身损害的，应当赔偿医疗费、护理费、交通费等为治疗和康复支出的合理费用，以及因误工减少的收入。造成残疾的，还应当赔偿残疾生活辅助器具费用和残疾赔偿金。造成死亡的，还应当赔偿丧葬费和死亡赔偿金。

5. 医疗损害的后果。

（1）死亡。患者死亡的原因既可以是错误的医疗行为直接所致，也可以是过错医疗行为与其他因素合并导致，对于患者死亡的分析与判断一般包括死亡原因、死亡机制和死亡方式三个方面。死亡原因是指所有导致死亡的疾病、损伤或病理改变，死亡原因必须是具体的疾病或者损伤，或者具有特殊意义的病理改变，如冠状动脉粥样硬化。死亡机制不能作为死亡原因。死亡原因有的可以根据患者的临床表现分析得出，有的必须通过法医学尸体解剖判定。

对于患者死亡案件，医疗损害司法鉴定首先应明确患者死亡原因，确定死亡原因原则上应通过尸体解剖确定。对部分尸体已经火化，无法通过尸体解剖确定死亡原因的，鉴定人可以通过临床病历材料等分析死因。

（2）残疾。医疗过错行为会导致患者机体组织结构的破坏和功能障碍，严重的可以导致残疾。例如前臂骨折后，医生给予石膏托外固定处理，但是医生对患者患肢固定后出现的肢体肿胀、疼痛、皮肤表面有张力性水泡等未引起注意，最终因骨筋膜室综合征导致患肢遗留严重残疾。因医疗过失造成伤残的，应当依据《人体损伤致残程度分级》对患者的伤残等级进行评定。

（3）治疗时间延长。医疗过错行为会因为没有达到应有的治疗效果，或者是给患者造成了新的损害，患者需要继续住院治疗，甚至需要再次手术治疗。治疗时间的延长势必造成患者额外的痛苦，相关医疗费用的增加。

（4）出生缺陷或者错误出生。出生缺陷或者错误出生主要是指患儿在胚胎发育过程中存在先天性疾病或者某种缺陷，这种疾病或者缺陷应该通过孕期检查发现，及时终止妊娠。但是由于医疗机构在对孕妇的例行检查中未能发现，使患有重大疾病的患儿出生，导致患方经济与精神负担加重。

（5）发生可以避免的并发症。并发症一般是指某一种疾病在治疗过程中，发生了与这种疾病有关的另一种或几种病症。由于医方在诊疗过程中，未尽到注意义务，使原本可以避免发生的并发症没能避免。

此外，在医疗过程中还有一种"难以避免的并发症"。所谓"难以避免的并发症"是指医方在对患者的诊疗护理过程中，发生了现代医疗技术难以避免或者难以预料和防范的并发症。例如手术切除甲状腺肿瘤时，喉返神经损伤是可能出现的并发症之一。一般认为，如果自身界限清楚，喉返神经相对容易识别，甲状腺肿瘤切除手术就不应出现喉返神经损伤的并发症。反之，如果肿瘤和甲状腺粘连紧密，喉返神经识别和分离困难，手术难度大，术后出现喉返神经损伤应视为"难以避免的并发症"，医方不承担过错责任。

（6）其他情况。医方常见过错行为还有以下一些情况：手术部位错误，输液错误、输血错误和用药错误，手术器械或者其他异物遗留体内以及过度医疗等。

6. 医疗过错行为与医疗损害后果之间因果关系的判定。因果关系分为事实因果关系和法律因果关系。事实因果关系是指医疗过错行为与患者损害后果之间的客观联系；法律因果关系是在事实因果关系的前提下，确定行为人是否存在违法行为以及违法行为与民事责任的关系，法律因果关系的判断属于法官的职权范围。

在医疗过错司法鉴定过程中，鉴定人需要运用临床医学以及法医学专业知识，分析医疗过错行为与患者损害后果之间的内在客观联系，进而分析、归纳、确定导致损害后果的原因。

（1）医疗损害因果关系的定性判定。首先，确定医疗损害的参与因素。通过仔细审阅病历以及辅助检查等鉴定手段，寻找可能造成患者损害后果的所有参与因素，如患者的年龄、自身疾病或者损伤情况、个体体质与状态、具体的医疗行为等，然后对各种因素进行逐一分析。例如患者甲状腺瘤手术后喉返神经损伤，鉴定人既要考虑患者的喉返神经解剖结构是否有变异，又要考虑肿瘤和周围组织是否粘连以及粘连的程度，还需要考虑医疗机构的等级等。其次，明确医疗损害参与因素的作用。通过收集相关病例的流行病学资料，根据临床研究的结果与理论，判定各相关因素的作用。就案件的关键点和临床医生进行探讨，了解临床诊疗技术现状，作为判定因果关系的参考依据。需要注意的是，只有在损害结果实际发生的情况下，即损害结果必须是客观存在，才需要确定医疗机构的损害责任。

（2）医疗损害因果关系的定量判定。在医疗过程中，导致医疗损害后果的可能因素很多，主要包括医疗的过失、患者自身的因素、医疗机构的条件和水平等，损害后果可能是其中一个因素作用的结果，也可能是多个因素共同作用的结果。也就是说，医疗损害后果与原因之间并非是一一对应的关系，更多的是多因一果的关系。

医疗损害责任原因力，是指医疗过错行为与疾病等因素共同存在的情况下，医疗过错行为在损害后果与损害责任中所占的比例。根据原因力的大小对医疗过错行为与损害后果因果关系的定量划分有六种情况：全部原因、主要原因、同等原因、次要原因、轻微原因和无因果关系。

完全原因：损害后果完全由医疗过错行为所致，医方承担全部责任（过错参与度为100%）。

主要原因：损害后果主要由医疗过错行为所致，医方承担主要责任（过错参与度为75%左右）。

同等原因：损害后果由医疗过错行为与患者自身疾病等因素共同所致，医方承担同等责任（过错参与度为50%左右）。

次要原因：损害后果主要由自身疾病（或者损伤）等所致，医方存在的医疗过错行为是次要因素，医方承担次要责任（过错参与度为35%左右）。

轻微原因：损害后果主要由自身疾病（或者损伤）等所致，医方的过错行为仅为诱发或者加重的因素，医方承担轻微责任（过错参与度为20%以下）。

无因果关系：医方过错行为与损害后果之间无因果关系，医方不承担赔偿责任。

7. 医疗损害因果关系与损害赔偿责任判定应注意的问题。首先，对于是否存在医疗过错行为与损害后果，医患双方均负有举证责任，如毁灭证据或因证据灭失使之不能举证或不能查证的，应承担举证不利的责任。其次，医疗损害赔偿责任判定时应注意医疗技术的时间性、地域性以及不同等级医疗机构所应有的医疗条件和技术水平。此外，还需要注意患者自身疾病等具体情况以及患者是否配合治疗等情况。

四、监外执行与保外就医鉴定

（一）监外执行与保外就医

监外执行（serve a sentence out prison）是指被判处有期徒刑、拘役的罪犯，如果患有某种严重的疾病，不适宜在监狱服刑，需要在监狱以外诊治疾病，或者是怀孕或正在哺乳自己婴儿的妇女（此项亦可适用于被判处无期徒刑的罪犯），或者是生活不能自理、丧失劳动能力，依照法定的程序审批后，不在监狱等刑罚执行场所关押服刑，改由罪犯原居住地的公安派出所执行，并由罪犯原属的基层组织或者所在单位协助监督的一种特殊刑罚执行方法。当监外执行的原因消失（如病愈、哺乳期满）后，如果刑期未满，仍需收监执行。

对于患有某种严重的疾病，不适宜在监狱服刑，需要在监狱以外诊治疾病的罪犯，可准许暂予监外执行，这种暂予监外执行称为保外就医（medical parole）。对于患有严重慢性疾病，长期医治无效，年龄在60岁以上，已失去劳动能力和危害社会可能的罪犯，可准许长期监外执行。但对于被判处死刑或者死刑缓期2年执行尚未减刑的罪犯，一律不准监外执行。

根据最高人民法院、最高人民检察院、公安部、司法部、国家卫生计生委颁布的《暂予监外执行规定》（司发通〔2014〕112号）第5条之规定，对被判处有期徒刑、拘役或者已经减为有期徒刑的罪犯，符合下列情形之一的，可以暂予监外执行：①患有属于《暂予监外执行规定》所附的《保外就医严重疾病范围》的严重疾病，需要保外就医的；②怀孕或者正在哺乳自己婴儿的妇女；③生活不能自理的。对被判处无期徒刑的罪犯，怀孕或者正在哺乳自己婴儿的，可以暂予监外执行。

（二）保外就医的鉴定

根据我国《暂予监外执行规定》第9条规定，对罪犯的病情诊断或者妊娠检查，应当委托省级人民政府指定的医院进行。医院出具的病情诊断或者检查证明文件，应当由两名具有副高以上专业技术职称的医师共同作出，经主管业务院长审核签名，加盖公章，并附化验单、影像学资料和病历等有关医疗文书复印件。对于罪犯生活不能自理情况的鉴别，由监狱、看守所组织有医疗专业人员参加的鉴别小组进行。鉴别意见由组织鉴别的监狱、看守所出具，参与鉴别的人员应当签名，监狱、看守所的负责人应当签名并加盖公章。

（三）保外就医鉴定的注意事项

保外就医鉴定必须严格按照《暂予监外执行规定》所附的《保外就医严重疾病范围》进行鉴定。

《保外就医严重疾病范围》所包含的严重疾病范围广泛，例如精神分裂症、躁狂忧郁症、周期性精神病等；各种器质性心脏病（风湿性心脏病、冠状动脉粥样硬化性心脏病、高血压性心脏病、心肌病、心包炎、肺源性心脏病、先天性心脏病等），心脏功能在三级以上；各种肝硬化所致的失代偿期，如门静脉性肝硬化、坏死后肝硬化、胆汁性肝硬化、心源性肝硬化、血吸虫性肝硬化等；其他各类肿瘤，严重影响机体功能而不能进行彻底治疗，或者全身状态不佳、肿瘤过大、肿瘤和主要器官有严重粘连等原因而不能手术治疗或有严重后遗症；脑、脊髓外伤治疗后遗有痴呆、失语（包括严重语言不清）、截瘫或一个肢体功能丧失、大小便不能控制、功能难以恢复者；双上肢、双下肢、一个上肢和一个下肢因伤、病截肢或失去功能，不能恢复者等。

保外就医的生活不能自理是指罪犯因患病、身体残疾或者年老体弱，日常生活行为需要他人协助才能完成的情形。生活不能自理的鉴定参照《人身损害护理依赖程度评定（GB/T 31147-2014）》和《劳动能力鉴定职工工伤与职业病致残等级（GB/T 16180-2014）》执行。进食、翻身、大小便、穿衣洗漱、自主行动等五项日常生活行为中有三项需要他人协助才能完成，且经过6个月以上治疗、护理和观察，自理能力不能恢复的，可以认定为生活不能自理。65周岁以上的罪犯，上述五项日常生活行为有一项需要他人协助才能完成即可视为生活不能自理。

对于保外就医鉴定，鉴定时应注意甄别被鉴定人是否存在诈病、造作病、诈伤、造作伤的情况。

五、其他鉴定

（一）医疗依赖与护理依赖评定

1. 医疗依赖是指经医疗救助后，仍需长期辅以药物以及其他医疗技术控制病情的情形。由于伤残等级评定多是在伤者医疗终结后进行，绝大多数伤者不存在医疗依赖问题。但有少数伤者仍不能脱离临床的必要治疗，如果失去必要的治疗，就会导致病情的加重，甚至死亡，即存在医疗依赖。医疗依赖分为一般医疗依赖和特殊医疗依赖。

一般医疗依赖，是指患者在一般临床治疗终结后，仍需长期或者终身服用药物控制病情。如头部损伤导致外伤性癫痫发生，需服用抗癫痫药物控制症状，其他类似的情况还有需要使用降压药、降糖药、抗凝剂等。

特殊医疗依赖，是指患者在受伤后，必须终身使用特殊医疗设备或者装置进行治疗者。如终身需要进行血液透析等。

2. 护理依赖是指伤残者的生活不能自理，需要他人帮助。生活自理的范围一般包括自主进食、翻身、大小便、穿衣洗漱、自主行动等五项内容。

目前使用评价护理依赖的标准是《人身损害护理依赖程度评定（GB/T 31147-2014）》。该标准定义，护理依赖（nursing dependency）是指躯体伤残或精神障碍者在治疗终结后，仍需他人帮助、护理才能维系正常日常生活。护理依赖具体又分为躯体伤残护理依赖和精神障碍者护理依赖两种类型。

3. 护理依赖程度（level of nursing dependency）是根据躯体伤残或精神障碍者需要他人护理所付出工作量的大小，分为完全护理依赖、大部分护理依赖和部分护理依赖。护理依赖程度等级由低到高分以下三级：部分护理依赖、大部分护理依赖和完全护理依赖。护理依赖程度从躯体伤残护理依赖程度和精神障碍者护理依赖程度两个方面考量。

（1）躯体伤残护理依赖程度评定。躯体伤残（the disabled due to body injury）是指因各种损害造成人体组织器官不可恢复的结构破坏、功能丧失或障碍，导致全部或部分活动能力丧失。评价项目包括：进食、床上活动、穿衣、修饰、洗澡、床椅转移、行走、小便始末、大便始末、用厕等十项。评价时根据躯体伤残者完成日常生活活动能力项目的情况，客观确定每项分值。将各项分值相加得出总分值。日常生活活动能力项目总分值为 100 分。总分值在 61 分以上，日常生活活动基本自理，无护理依赖，总分值在 60 分以下，有护理依赖。

对应护理依赖程度，部分护理依赖，总分值在 60 分~41 分；大部分护理依赖，总分值在 40 分~21 分；完全护理依赖，总分值在 20 分以下。

（2）精神障碍者护理依赖程度评定。精神障碍（the mentally disordered）因各种损害造成大脑功能失调或结构改变，导致感知、情感、思维、意志和行为等精神活动出现紊乱或者异常，社会功能受损。评价项目包括：进食、修饰、更衣、理发、洗澡、剪指甲、整理个人卫生、小便始末、大便始末、外出行走、睡眠、服药、使用日常生活用具、乘车等十二项。评价时根据精神障碍者完成日常生活自理能力项目的情况，客观确定每项分值。将各项分值相加得出总分值。将各项分值相加得出总分值。日常生活自理能力项目总分值为 120 分。总分值在 81 分以上，日常生活基本能够自理，无护理依赖。总分值在 80 分以下，有护理依赖。

对应护理依赖程度，部分护理依赖，总分值在 80 分~61 分；大部分护理依赖，总分值在 60 分~41 分；完全护理依赖，总分值在 40 分以下。

（3）护理依赖赔付比例是指各护理依赖程度等级所需护理费用的比例，分为以下三等：完全护理依赖，按 100% 的比例计算；大部分护理依赖，按完全护理依赖费用 80% 计算；部分护理依赖，按完全护理依赖费用 50% 计算。

判定是否存在护理依赖及其程度时，应注意以下几点：①伤残者是否存在护理依赖的基础，即伤残者是否存在器官缺失或者功能完全丧失等情况；②护理依赖程度应根据残疾程度和个体情况综合确定。一般情况下，伤残等级越高，其生活自理障碍的程度就愈大，但是对少数情况则需要结合伤残类型和个体情况综合进行判定，如双眼盲目的患者，其伤残等级虽属一级，但是其护理依赖程度则不属于完全护理依赖的情况；③护理依赖程度应结合伤残者是否配备残疾辅助器具情况判定。对已经配备残疾辅助器具的伤残者，应注意所配备残疾辅助器具对其生活自理能力的改善情况判定其护理依赖程度。

（二）休息、护理与营养期限鉴定

1. 休息期限。休息期限，也称为"误工"期限，是指伤者经过治疗后达到临床医学一般所认可的治愈（临床症状和体征消失）或者体征固定所需要的时间。在休息期限内，伤者不能从事正常工作、学习等社会活动。

休息期限包括治疗期限和康复期限。治疗期限是指伤者住院进行临床治疗，达到临床治愈或者病情稳定的时间，一般以住院时间为准。

休息期限的判定需根据伤者的损伤情况、伤残等级并结合损伤的发生、发展、转归等综合进行判定。对有相关标准规定的，应依据相关标准进行鉴定，如《事故伤害损失工作日标准（GB/T 15499-1995）》《人身损害受伤人员误工损失日评定准则（GB/T 521-2004）》等。

休息期限评定的注意事项：①二处（种）以上损伤的误工损失日不能简单相加，一般应以较长损伤情况确定；②对于《人身损害受伤人员误工损失日评定准则》所规定的期限内未治愈仍需继续治疗的，可根据实际情况适当延长误工损失日；③对于未达到《人身损害受伤人员误工损失日评定准则》规定的期限既已治愈的，应按实际治疗天数计算；④原发性损伤伴并发症或需二期治疗的，根据临床治疗恢复情况确定，例如患者出现损伤的并发症如感染等情况时，不能单纯根据原发损伤确定其休息时间，需要结合临床实际治疗情况确定。

2. 护理期限。护理期限是指损伤后因治疗以及身体康复需要，或伤残者因基本生活自理能力下降，需要依赖他人护理、协助的时间。

护理期限与护理依赖程度有关，只有存在护理依赖时，才能根据护理依赖程度确定护理的期限。护理期限一般以损伤时开始计算至恢复生活自理能力为止。

根据《最高人民法院关于审理人身损害赔偿案件适用法律若干问题的解释》（法释〔2003〕20号）规定，护理期限一般不超过20年。

3. 营养期限。营养期限是指损伤后，日常普通饮食不能完全满足机体康复要求，必须依赖特殊饮食或适当加以补充营养物质的期限。

营养期限的判定应根据损伤情况、身体状况，结合临床治疗需要综合判定。一般情况下，伤者达到临床稳定状态后，即可停止补充营养。

营养期限判定案件大多见于损伤程度严重的患者，一般性损伤患者不需要营养补充。

（三）残疾人辅助用具鉴定

1. 残疾人辅助器具。残疾人辅助器具是指由残疾人使用的、特殊生产的或通常可获得的用于预防、代偿、监测、缓解或降低残疾的任何产品、器具、设备或技术系统。辅助器具的使用者包括残疾人、老年人及活动受限者。

残疾人辅助器具按使用环境可划分为生活用、移乘用、通讯用、教育用、就业用、文体用、公共建筑用等方面。辅助器具在残疾人全面康复中，作为不可缺少的基本设施和必要手段，是解决其生存障碍和个人医疗及进行功能代偿的辅助性器具，如听觉障碍需配助听器、视觉障碍需配助视器、肢体缺失需配假肢、肢体畸形需配矫形器、活动受限需配轮椅等。

2. 残疾人辅助用具评定时注意的事项。法医鉴定时，应根据伤残者的残疾情况，参照残疾人辅助用具机构的意见，选择普通适用型器具。

根据《最高人民法院关于审理人身损害赔偿案件适用法律若干问题的解释》（法释〔2003〕20 号）规定，残疾人辅助用具按照普通适用器具的费用标准计算，伤情有特殊需要的，可以参照残疾人辅助用具机构的意见确定残疾人辅助用具类型及费用。

残疾人辅助用具使用年限及更换周期一般需要参照残疾人辅助用具生产机构的意见，并结合伤残者的残疾程度判定。

对于有关部门明确规定残疾人辅助用具项目的，评定时应依据相应规定进行判定。同时注意残疾辅助用具对患者生活自理障碍程度的提升作用，例如不使用残疾人辅助用具可能存在生活自理障碍，但是使用残疾人辅助用具后就可能不存在生活自理障碍的问题。

第三节　活体检验与检查方法

活体检验（examination of living）是法医临床学检验的重要内容之一，也是鉴定的重要环节和手段。鉴定人对被鉴定人的检验的过程是发现、固定、展示证据的关键过程。法医临床学检查的方法是应用临床医学的诊断技术，包括系统体检、专科检查和医学辅助检查（如影像学检查、电生理检查、病理学检查、生化检查等）。法医临床学检查内容包括损伤情况、功能障碍、损伤痊愈后遗留的残疾等，是鉴定人通过自己的专业技术所获得的客观资料，是法医临床学鉴定的客观事实依据。

法医临床学检验最常用的规范是《法医临床检验规范（SF/Z JD0103003－2011）》，该规范比较系统和全面地规范了法医临床检验的内容和方法，适用于各级司法鉴定机构进行人体损伤程度、伤残程度及相关鉴定案件的常规的法医临床检验。在法医临床学鉴定实践中，根据特殊情况还有很多规范，比如：《法医临床影像学检验实施规范（SF/Z JD0103006－2014）》《听力障碍的法医学评定（GA/T 914－2010）》《视觉功能障碍法医鉴定指南（SF/Z JD0103004－2011）》《男子性功能障碍法医学鉴定（GA/T 1188－2014）》《性侵害案件法医临床学检查指南（GA/T 1194－2014）》等，针对不同情况分别予以规范。

法医临床检验的基本要求：①应当遵循实事求是的原则，对人体原发性损伤及由损伤引起的并发症或者后遗症的主、客观体征进行全面、细致的检验，为鉴定结论提供分析的依据。②对被鉴定人的人身检验应由法医鉴定人进行。③对体表损伤，肢体畸形、缺损或者功能障碍应当拍摄局部照片。④检验所用的计量器械须按照规定进行检定或校准。⑤检查女性身体时，原则上应由女性法医进行。如果没有女性法医，可由男性法医鉴定人进行，但须有女性工作人员或被鉴定人家属在场。⑥检查女性身体隐私部位时，应征得其本人或者监护人的同意，如需拍照，须获得其本人或者监护人的同意。

为了确保法医临床检验的客观性和稳定性，在检验时机上有明确的要求，通常情况下，鉴定以原发性损伤为依据的，应尽可能在损伤早期检验并记录。鉴定以损伤后果为依据的应在医疗终结或伤情稳定的情况下检验，原则上在损伤后3~6个月进行。对于听觉、视觉功能的评价一般于伤后3个月进行，特殊情况下检验时机相对更长，中枢神经系统的损伤通常考虑伤后6个月以上进行，男子性功能障碍评价一般要求在伤后6个月进行，脑外伤后继发性癫痫通常要系统抗癫痫治疗1年以上进行。

法医临床学活体检验中相对特殊的内容是对诈病、诈伤与造作病、造作伤的甄别。

诈病、诈伤（malingering；deliberately feigned sickness）是指为了达到某种目的，身体健康的人假装患有某种疾病或损伤。广义的诈病、诈伤包括夸大病情或伤情，指某人虽然患有某种疾病或某处受伤，但故意夸大原有病症，表现有过多的主诉症状和夸大体征。在法医临床学鉴定中，夸大病情较诈病更为多见。诈病的表现有诈盲、诈聋、诈瘫、伪装精神病等。共同特征：①具有明显的目的性（为了获取赔偿、企图逃避处罚、骗取病假或优厚的福利待遇等）；②过分夸大症状；③症状与体征不符，往往是症状严重，但无相应的体征；④病程不符合规律，突然发病，突然好转或痊愈，对治疗无效或疗效超常；⑤常与损伤联系在一起，表现为受伤部位功能障碍，且久治不愈；⑥诈病者不要求治疗或对治疗不积极；⑦检查不配合，对检查者的一言一行过于敏感。

造作伤（artificial injuries）又称自残（self-mutilation）。凡出于非自杀目的，采用物理或化学的方法，故意损害自己或授意他人损害自己身体，在身体上造成的损伤。造作伤者均有明确的目的性，其中以掩盖罪证或逃避惩罚为最常见。自己所为的造作伤具有一定特征：①伤多位于手可及、无生命危险、不毁容的部位，或伤及与目的有关的部位，以证实是在特定的情况下被伤。②损伤数目多而密集、大小和形状相近、排列整齐、方向一致、程度较轻，有试刀痕。③受伤部位的衣服无破损或皮肤伤口与衣服破口形态特征不一致，以及衣服上的血迹与受伤部位和姿势不符。④现场整齐不乱，现场上的血迹也具有特征性。

（一）常规检查

法医临床检验中一般情况包括发育、体型、营养状态。一般状态检查的内容包括性别、发育、体型、营养、意识状态、体位、面容、表情、语调、语态、步态、姿势、呼吸、脉搏、血压、体温等，尤其要注意有无休克、窒息等危及生命的情况。

发育：应通过被鉴定人性别、年龄、身高（身长）、体重、第二性征等综合评价。

成人发育正常的指标包括：①头部的长度为身高的 $1/7 \sim 1/8$；②胸围为身高的 $1/2$；③双上肢左右伸直，左、右指端的距离与身高基本一致；④坐高等于下肢的长度。正常人各年龄组的身高与体重之间存在一定的对应关系。

体型：成年人的体型可分为：①无力型，亦称瘦长型，表现为体高肌瘦、颈细长、肩窄下垂、胸廓扁平、腹上角小于 $90°$；②正力型，亦称匀称型，表现为身体各个部分结构匀称适中，腹上角 $90°$ 左右，见于多数正常成人；③超力型，亦称矮胖型，表现为体格粗壮、颈粗短、面红、肩宽平、胸围大、腹上角大于 $90°$。

营养状态：应通过皮肤、毛发、皮下脂肪、肌肉的发育情况进行综合判断。①良好：粘膜红润、皮肤光泽、弹性良好，皮下脂肪丰满而有弹性，肌肉结实，指甲、毛发润泽，肋间隙及锁骨上窝深浅适中，肩胛部和股部肌肉丰满；②不良：皮肤粘膜干燥、弹性降低，皮下脂肪菲薄，肌肉松弛无力，指甲粗糙无光泽，毛发稀疏，肋间隙、锁骨上窝凹陷，肩胛骨和髂骨嶙峋突出；③中等：介于两者之间。

（二）体表检查

擦伤：检查擦伤发生的部位、形态、大小、颜色，有无表皮剥脱、血液渗出。若残留有表皮碎屑或游离皮瓣时，可以根据游离缘为力的起始端以及附着缘为力的终止端的特点，推断暴力作用方向。

挫伤：检查挫伤的部位、形态、大小，皮内或皮下的出血程度。因常与擦伤并存，检查有无表皮剥脱，局部肿胀和炎性反应。

创：法医临床检验时一般创均已经过清创缝合，为缝合创（尚未拆线）。检查创的部位、形态、走行方向，创缘是否平整，创角是否整齐，有无挫伤带，局部有无肿胀等。注意区分钝器创和锐器创，若为锐器创则需区分切割创、砍创、刺创及剪创。测量创的长度、宽度，测量创长时应注意不要将拖痕视为创，对于肢体盲管创，需明确创道深度，且普通测量方法无法测量时，可采用超声检查或其他影像检查方法加以明确。

皮肤瘢痕：检查瘢痕的部位、形态、颜色、质地，局部是否平坦，边缘是否整齐，与皮下组织有无粘连，是否存在功能障碍等。注意区分浅表性瘢痕、增殖性瘢痕、瘢痰疙瘩、萎缩性瘢痕及凹陷性瘢痕。测量瘢痕的长度、宽度或者面积。在测量瘢痕面积时，当瘢痕面积远离相关鉴定标准规定数值时，可采用"九分法"或"手掌法"测量；当瘢痕面积接近相关鉴定标准规定数值时，精确测量瘢痕面积。瘢痕面积测量，可先用无弹性透明薄膜覆盖在瘢痕表面，描绘瘢痕投影，通过计算机计算出瘢痕实际面积。

（三）神经系统检查

神经系统是由脑、脊髓、脑神经、脊神经、植物性神经以及各种神经节组成。能协调体内各器官、各系统的活动，使之成为完整的一体，并与外界环境发生相互作用。神经系统体格检查是对人体神经系统的检查，神经系统体格检查包括一般检查、颅神经、运动系统、感觉系统、反射系统、植物神经系统等几个方面。

1. 一般检查：意识是否清晰；若有意识障碍，具体程度如何（嗜睡、昏睡、浅、中、深昏迷等）；精神状态：是否有认知、情感、意志、行为等方面异常，理解力、定向力、记忆力、计算力、判断力等是否正常。有时还需描述头颈、躯干和四肢有无特殊异常。

2. 语言、运用与认识能力的检查：①语言的检查：利用听、说、读、写等方法，观察语言功能，看有无失语。②运用机能检查：检查有无运动性失用症、观念性失用症和观念运动性失用症。③视、触、听觉认识能力检查：检查病人有无视觉、触觉及听觉方面的异常。

3. 颅神经检查：包括①嗅神经检查：有无单侧或双侧嗅觉丧失。②视神经检查：包括视力、视野和眼底等检查。③眼球运动的检查：应注意眼裂、眼位、眼球运动及瞳孔等方面的内容。④三叉神经检查：应注意面部的感觉、运动以及角膜反射等方面的内容。⑤面神经检查：观察面部是否对称，包括前额皱纹、鼻唇沟和口角是否对称。⑥位听神经检查：检查病人有无耳聋，有无前庭神经损害如眩晕、恶心、呕吐及共济失调。⑦舌咽及迷走神经检查：检查病人声音有无嘶哑、饮水发呛、咽反射消失等。⑧副神经检查：利用转颈、耸肩等方法观察有无副神经支配的斜方肌和胸锁乳突肌瘫痪。⑨舌下神经检查：令患者伸舌，观察有无偏斜和舌肌萎缩。

4. 运动系统检查：①肌力检查：检查肌肉收缩力有无肌力减弱和瘫痪。②肌张力检查：有无肌张力增强或减低。③不自主运动检查：观察患者有无不自主运动，如震颤、抽搐、舞蹈样动作、手足徐动征和痉挛性动作等。④共济运动检查：可令患者作指鼻试验、指指试验、跟膝胫试验等。

5. 感觉系统检查：①浅感觉：包括痛觉、温度觉和触觉。②深感觉：包括位置觉、运动觉和震动觉。

6. 反射检查：①浅反射：包括角膜反射、咽反射、腹壁反射、提睾反射和肛门反射。②深反射：包括肱二头肌反射、肱三头肌反射、桡骨膜反射、膝反射、跟反射等。③病理反射：包括霍夫曼征、巴彬斯基征和查多克氏征等。④脑膜刺激征：包括颈项强直、克氏征和布鲁氏征。

（四）关节活动度测量

1. 肩关节：肩关节活动范围大而且比较复杂，定义上臂自然下垂并贴近胸侧壁为中立位，其活动包括：前屈、后伸、内收、外展、上举、内旋、外旋。

2. 肘关节：肘关节前臂与上臂呈一直线为中立位。其活动包括：前屈和过伸；前臂有旋转活动，即旋前、旋后。

3. 腕关节：手与前臂成一直线为中立位。其活动包括：掌屈、背伸、桡偏、尺偏。

4. 髋关节：下肢伸直为中立位。其活动包括：屈曲、后伸、内旋、外旋、外展、内收。

5. 膝关节：膝关节伸直为中立位。其活动包括：屈曲、过伸。

6. 踝关节：足外缘与小腿垂直为中立位。其活动包括：内翻、外翻、背屈、跖屈。

肩、肘、腕、髋、膝、踝关节是肢体的六大关节，关节的活动范围通常与损伤程度与伤残程度密切相关。鉴定时需要注意的是，损伤基础不同、检查方法不同，对于关节损伤导致关节功能障碍的应当以被动活动为准，而神经系统损伤导致关节功能障碍的应当以主动活动为准；活动范围的正常值最好是以未受损伤肢体关节为准，如果存在困难可以比照临床医学的正常值；关节功能障碍并不仅仅表现在活动度，关节的稳定性同样也很重要。

（五）肌力检测与功能障碍程度、结果评价

主观方法，即通过检查伤者关节屈伸力量的大小来表示肌群的肌力。有时，对单个的周围神经损伤（如尺神经、正中神经等），则还需要做有关肌肉的单独肌力检查。临床上按肌肉收缩及关节活动程度，通常把肌力分为6级：

0级：完全瘫痪；

1级：肌肉仅有轻微收缩，但不能产生运动；

2级：肢体能在床面上移动，但不能抵抗自身重力，即不能抬起；

3级：肢体能抵抗重力离开床面，但不能抵抗阻力；

4级：能做抗重力及阻力动作，但未达到正常；

5级：正常肌力。

应用主观方法检测肌力时，其结果常因为伤者的配合度而有差异。因此，检查时，一方面要结合受伤史、伤后临床表现等，以获得该伤者伤情的初步印象；另一方面要取得伤者的信任。以获得伤者的积极配合。对于合作程度较差的伤者，可重复几次主观方法的检查，并将几次检查的结果加以比较，从而观察病人的临床表现是否有同一性。若伤病基础与临床表现相矛盾，则疑为伪装或夸大病情。必要时可选用客观检查方法。

（六）常规辅助检查

1. 实验室检查。实验室检查（laboratory examinations），是通过在实验室进行物理的或化学的检查来确定送检物质的内容、性质、浓度、数量等。如检查血常规、尿常规、便常规、血气分析、血电解质（钾、钠、氯、钙等）、肝功能、肾功能、血脂、心肌酶、甲状腺功能、血糖等。

2. 影像学检查。医学影像学（medical imaging），是研究借助于某种介质（如X射线、电磁场、超声波等）与人体相互作用，把人体内部组织器官结构、密度以影像方式表现出来，供诊断医师根据影像提供的信息进行判断，从而对人体健康状况进行评价的一门科学，包括医学成像系统和医学图像处理两方面相对独立的研究方向。影像学检查可以即时地将人体的状况以影像方式表现并固定下来，有利于证据的有效固定和证据的直观显示。

在法医临床学鉴定中常用的影像学检查手段有：①X线成像，X线是临床最常用的首选影像学检查方法，骨关节各个部分均可摄片，X线平片不仅能显示病变的范围和程度，而且对于一些病变可作出定性诊断，价格低廉、方便快捷是其优势。②CT 成像，CT 成像在骨肌系统疾病的诊断中应用较为广泛，其密度分辨率高，无影像重叠，显示骨和软组织改变明显优于 X 线平片，提高了病变的检查率和诊断的准确性，鉴定时如果可以提取到 CTdicom 文件，在 CT 工作平台上就可以按照需求进行影像的重建。③MRI 成像，MRI 成像是骨关节及周围软组织常用的检查方法。MRI 有良好的软组织分辨率，且可任意方位，多序列成像，对骨关节内结构，骨髓及软组织病变的显示较 X 线和 CT 更具优势。

（七）特殊检查

1. 肌电图。肌电图（electromyogram，EMG）通过记录静息及收缩时肌细胞电活动和记录给予神经刺激后反应的一种电生理检查方法。现代肌电图仪不仅可以记录肌电活动情况，还可以检测周围神经的传导速度，借以研究和评价神经与肌肉的功能状况。肌电图检查是用于下位神经元病变、周围神经和肌肉病变的客观检查方法。肌电图可以鉴别肌肉萎缩、肌肉瘫痪及肌肉运动异常的性质，判定周围神经、神经肌肉接点及肌肉本身的功能。在法医学上应用肌电图可以鉴别和确认周围神经有无损伤及损伤程度、肢体功能障碍的性质、有无伪装或扩大以及损伤预后和恢复情况。对于肌电图结果进行分析和诊断时，要综合分析插入电位、肌静息和收缩时的肌电变化及神经传导速度的情况，关于周围神经损伤的认定，在法医学鉴定时要注意损伤时间与肌电电位的关系，掌握肌电图检查的时间。此外，要注意收缩电位中运动单位的数目多少和电位的大小受被试者是否配合影响，分析时要注意有无其他异常电位。神经传导速度受测试部位、被检者年龄、局部温度等因素影响，法医学鉴定中应与健侧比照。一般地说，周围神经内仅有少数神经纤维受损，并不影响运动神经传导速度，但少数神经纤维受损，可引起诱发波波幅的下降和时限的延长。神经完全断裂后，在 3~5 天内有时也可以诱发出电位。只有轴突变性时，传导性才消失。对于周围神经或肌肉、肌腱损伤，伪装或夸大运动功能障碍的鉴定可作诱发肌电图检查，观察肌肉的收缩情况。在法医临床学上，应用肌电图可以鉴别和确认周围神经有无损伤及损伤程度、肢体功能障碍的性质、有无伪装或夸大病情以及损伤预后与恢复情况，是一项客观有效的肌力检测方法。

2. 诱发电位。机体的自发电活动可以为直接的或外界的确定性刺激（电、光、声等刺激）所影响产生另一种局部化的电位变化称为诱发电位（evoked potential）。诱发电位是利用一定形态的脉冲电流刺激神经干，在该神经的相应中枢部位、支配区或神经干上记录所诱发的动作电位。且该动作电位有形式恒定、一定的空间分布及与刺激有锁时关系三个特征。各电位的观察指标有波形、波幅、潜伏期和传导速度等。法医临床常用的诱发电位检查项目有：视觉诱发电位，听觉诱发电位。

视觉诱发电位（visual evoked potential，VEP），指给予视网膜视觉刺激，在视觉通路上所记录到的电位变化。广义的视觉诱发电位应包括视网膜电流图（electroretinography，ERG）和视皮层诱发电位（visual cortex evoked potential，VECP）。通常所说的视觉诱发电位主要是指视皮层诱发电位。根据刺激方式的不同分为闪光刺激和图像刺激。闪光刺激一般用强光刺激，屈光介质混浊等因素对光刺激影响不大。图像刺激目前多采用黑白棋盘格进行刺激。根据图像刺激方式的不同又进一步分为模式翻转和模式给撤两种。通常临床上所采用的刺激多为模式翻转刺激方式。大量研究结果证明，应用 ERG 和 VEP 可以诊断视觉通路上的病变，客观评价视功能障碍的类型和程度。在法医学上应用 ERG 和 VEP，结合眼科常规检查可以识别伪盲和明显夸大视功能障碍。一般地说，①F-VEP 异常，提示视网膜至视神经皮层之间的病变，异常程度与视功能障碍程度相一致。视网膜病变通过 ERG 可以识别。②F-VEP 正常，P-VEP 异常，提示屈光系统的病变。屈光系统的病变通过眼科常规检查可以验证。③F-VEP 正常，P-VEP 正常，表示视功能正常。④F-VEP 正常，P-VEP 检查不配合或眼科常规检查正常，提示自诉的视功能障碍情况不真实。关于视敏度与 VEP 的关系，虽然 VEP 是一种客观评定视功能的方法，但在法医学鉴定中应用还应注意如下问题：①VEP 属于皮层电位，精神状态对 VEP 的结果有一定的影响。因此测试中应保持被试者处于清醒，安静的状态。②对于 P-VEP 的测试结果判定，要特别注意被试者的注视程度，注视不良可以造成 P-VEP 的潜伏时延长，波幅降低甚至消失。对此不要误认为视功能的障碍。③个别视野严重缺损的病人，虽然有时视力较好（0.1~0.3），但也可以出现 VEP 无波的情况，因此在分析 VEP 的结果时要同时注意中心视功能和周边视功能的情况。

听觉诱发电位（auditory evoked potential，AEP），指给予声音刺激，在头皮上所记录到听觉神经通路所产生的电位。AEP 根据发生源和潜伏期的不同分为耳蜗电图（EcochG）、听觉脑干诱发电位（BAEP）、听觉中潜伏期电位（MLEP）、听觉长潜伏期电位等。在法医学鉴定中应用 EcochG、BAEP 和 MLEP 可以客观判定听觉功能障碍的部位、性质和程度，识别伪聋与夸大。①传导性耳聋：EcochG、BAEP 和 MLEP 的反应阈均增高，但其阈值各波的潜伏时、波幅与正常人阈值时各波潜伏时、波幅无明显差异。阈上刺激时，其波形与正常波形一致。不同声刺激下的潜伏时和波幅曲线与正常人平行。②感音性耳聋：EcochG 在高声强刺激下无诱发波或 AP 波形增宽，出现不对称的锯齿波或双相波。SP 不易识别，CM 阈值增高或消失为感音性耳聋的重要特征。内耳淋巴水肿时，负 SP 可以增大；BAEP 和 MLEP 的起始波潜伏时延长、波幅降低，同时伴有波形的改变，严重者无诱发波，其异常程度与感音性耳聋的程度一致。③神经性耳聋包括：蜗后病变：EcochG 的 CM 正常，AP 波消失或潜伏时延长。EcochG 反应阈低于病人的主观听阈；BAEP 和 MLEP 的起始波潜伏期延长，波幅降低或无诱发波。中枢性病变：EcochG 一般无异常。病变位于脑干，BAEP 的相应波出现异常，MLEP 的起始波潜伏期延长，波幅降低或无诱发波。病变位于皮层，一般BAEP 无异常，只表现 MLEP 的异常。④主观听阈的判定：对于自诉听力障碍的病人或行为检测方法难以确认的被鉴定人，应用 EcochG、BAEP 和 MLEL 可以进行客观听力评定。EcochG、BAEP 和 MLEP 的反应阈与主观听阈十分接近。一般反应阈与主观听阈之间相差在 20dB 以内。因此，EcochG、BAEP 和 MLEP 的反应阈减去 10~20dB 即为被鉴定人的主观听阈。在法医学鉴定中对于主观听阈的判定，要根据被鉴定人耳聋的性质和部位选用合适的检测方法。此外，用短声进行刺激的 EeochG 和 BAEP 主要反映高频听力情况，如 BAEP 主要反映 1000~4000Hz 范围内的听力情况，对于 1000HZ 以下的听力评定不准确。对此，在法医学鉴定中应用它来评定语音范围听力丧失情况应予以特别注意。一般应先做纯音测听，然后用 BAEP 进行复核。MLEP 对低频刺激反应较为敏感，因此可以用短纯音作为刺激来评定被鉴定人语音范围听力丧失情况。由于 MLEP 属于皮层电位，在一定程度上受精神、意识等因素影响，对此在法医学鉴定中也应予以充分注意。

思考题

1. 目前常用的法医临床学鉴定标准有哪些？
2. 在医院发生的所有损害后果均需要医院赔偿吗？
3. 诊疗过程中所有的医疗过错均须承担责任？
4. 如何防范和识别法医临床鉴定中的虚假行为呢？

第
十
一
章

毒物与中毒

第一节　概　述

一、毒物与中毒的概念

1. 毒物（poison，toxicant）是指在日常接触条件下，以较小剂量进入机体后，能与生物体之间发生化学或物理化学作用，导致机体组织细胞代谢、功能和（或）形态结构损害的化学物质。

毒物与非毒物之间并无绝对的界限。某种意义上讲，自然界并不存在绝对有毒和绝对无毒的物质。比如人们赖以生存的氧，如果超过正常需要进入体内，会发生氧中毒；如果短时间内输液、灌胃或灌肠过快过量，可引起急性肺水肿、脑水肿、脑疝，而死于"水中毒"。同时，究竟剂量多大或多小才算毒物或非毒物，并没有一个截然的界线，实际生活中人们往往按照习惯的用途和印象，以一个模糊的概念来评判一种物质是毒物或药物。

2. 由于毒物的作用，机体的器官、组织、细胞代谢、功能和（或）形态结构遭受损害而出现的疾病状态称为中毒（poisoning，intoxication）。因中毒而导致的死亡称中毒死（death from poisoning）。

中毒和中毒死一定是毒物直接对机体损害作用的后果。从体内检出的毒物量（或中毒、致死血浓度）一定要达到中毒或致死的水平，而且中毒症状和中毒病理变化要与检出的毒物一致。

此外，由于机体遭受损害后常常是以一种疾病状态出现，因此鉴别或区分自然疾病和中毒显得十分重要。

二、毒物的分类

毒物的种类繁多，目前尚无一个统一的分类方法。如按毒物的化学性质分类，可分为挥发性毒物、非挥发性毒物、金属毒物、阴离子毒物；按毒物的毒理作用可分为腐蚀性毒物、实质性毒物、酶系统毒物、血液毒物、神经毒物；按毒物的应用范围分为工业性毒物、农业性毒物、环境污染物、食用化学物、食品毒素、日用品、嗜好品、药物和医疗用品、生物毒素、军事毒物、放射性元素。

为了法医学中毒鉴定的需要，主要是按毒物的毒作用方式、来源和用途进行分类，即混合分类法。

1. 腐蚀性毒物。包括以局部腐蚀作用为主要毒作用的毒物，如强酸、强碱、酚类、硝酸银、铜盐等。

2. 金属毒物。又称实质性毒物，包括所有以损害器官组织的实质细胞为主，并产生不同程度形态学变化的金属毒物。如砷、汞、铅、钡及其他重金属盐类等。

3. 脑脊髓功能障碍性毒物。指进入机体发挥作用后，改变脑脊髓功能而出现中毒症状的毒物，如巴比妥类、吩噻嗪类等催眠镇静安定药，各种麻醉剂、兴奋剂、致幻剂、酒精及大部分毒品。

4. 呼吸功能障碍性毒物。指进入机体发挥作用后，引起呼吸功能障碍导致缺氧窒息为主要特征的毒物，如氰化物、一氧化碳、硫化氢、亚硝酸盐等。

5. 农药。指主要用于防治危害农作物、农产品病虫害及去除杂草的药剂，如有机磷、有机氮、氨基甲酸酯类、拟除虫菊酯类等，也包括植物生长调节剂。

6. 杀鼠剂。指主要用于杀灭鼠类的毒物，如磷化锌、敌鼠钠盐、氟乙酰胺、毒鼠强等无机或有机合成的杀鼠剂。有时也将杀鼠剂列入农药类。

7. 有毒动物。指整体或部分器官组织具有毒性的动物，如毒蛇、河豚、斑蝥、鱼胆等。

8. 有毒植物。指具有毒性的植物，如乌头、钩吻、雷公藤、毒蕈等。

9. 细菌和真菌毒素。指致病微生物产生的毒素。如椰毒假单胞菌毒素、肉毒杆菌毒素、节菱孢毒素等。

三、毒物的吸收和分布

毒物需要进入人体后才能发挥其作用。毒物的吸收是指毒物经消化道、呼吸道、皮肤、粘膜以及皮下、肌肉、心血管、椎管、体腔内注射等途径进入人体的过程。

进入血液中的毒物在最初短时间内，原则上随血液循环相对均等地分布到全身各器官组织。此后由于毒物本身理化性状及生物转化特点，对组织器官的亲合力不同，及组织器官解剖生理学特点的差异，有的相对均匀地分布于全身，如酒精、异烟肼、阿托品、拟除虫菊酯类农药等；有的则相对集中分布于某些组织或器官，或称为富集于这些组织或器官。

掌握毒物在体内分布的特点有利于毒物分析检材的选择。比如，肝中含量较高的有有机磷、杀虫脒、巴比妥类、敌鼠钠盐、砷、汞等金属；肾中有巴比妥类、氟乙酰胺、敌鼠钠盐、杀虫脒、砷、汞、铅等重金属；脑中有巴比妥类和非巴比妥类催眠镇静安定药、麻醉剂等；肺中有甲醇、氰化物、有机磷农药等；脂肪组织中有杀虫脒、有机氯农药等；骨骼、毛发中有铅、钡、砷等金属类。

中毒死亡当时毒物在尸体内的分布状态称为毒物死后分布（postmortem distribution），或称死亡当时毒物分布，用中毒死亡当时尸体组织器官中毒物（药物）的含量来表示。其法医学意义为：①毒物分析检材采集；②死亡时间判断；③入体途径推断。

毒物死后再分布是指毒物在尸体内浓度的改变过程，特别是指心血中毒物浓度的变化。一般法医学鉴定都是在尸检时，从心腔内抽取血液或采集某一器官，进行毒物检测。由于死亡时与尸检时常具有一定的时间间隔，尸检所采集样本中检测的毒物浓度往往并不能真实地反映死亡当时血液或器官内毒物的浓度。大量研究及实际检案发现，多种毒（药）物在尸体内可以发生死后再分布。

四、毒物在体内的生物转化和排泄

（一）毒物在体内的生物转化

生物转化最重要的场所是肝，说得更确切些是肝细胞内的内质网。内质网内含有多种非特异性和特异性酶体系，因此中毒后肝细胞内滑面内质网反应性增生。此外，溶酶体、线粒体等细胞器和血浆蛋白等也参与生物转化。除了肝以外，肾、肠、肺等也参与生物转化。

毒物在体内的生物转化可分为2个步骤，第一步包括氧化、还原或水解过程，第二步为与体内特定蛋白质的结合过程，经过第二个步骤毒物本身及其毒作用均趋消除。但毒物在体内生物转化过程各不相同，有的只经历其中一个步骤，有的毒物则在体内有多种生物转化过程，但也有完全不经过生物转化而直接被排出体外的毒物。

毒物在体内的生物转化是决定其毒作用强弱和持续时间的重要因素。有些毒物进入体内后迅速转化，毒物分析不能检出其原形，但毒物中间代谢产物的检出可作为其进入体内的证据，有的可能仅能检出其代谢产物。

（二）毒物的排泄

毒物在体内的最后过程是排泄。它们从排泄器官和分泌器官以被动扩散或主动分泌的方式被排出体外。前排泄是指毒物在进入体循环之前少数毒物在体内未经转化而以其原形排泄，此过程常见于经肠道吸收的毒物，这类毒物首先经过肠道的粘膜细胞、肝和肺，然后再由体循环分布至机体各部位，当毒物经过肠道粘膜和肝时，相当一部分毒物可被这类器官排出体外，例如乙醇被位于肠粘膜的乙酸氧化酶所氧化，锰被肝吸收后由胆管排出等。因此，前排泄可防止或减少此类毒物进入体循环。然而，大多数毒物缺乏前排泄过程，吸收入机体后仍以原形或代谢产物形式进行排泄。

肾是最重要的排泄器官，几乎所有进入体内的毒物都可经肾排泄，所以肾也易受毒物的损害。不少毒物随原尿排至肾小管内后，由于水分的再吸收，使得原尿内毒物的浓度高于其在血浆内的浓度，因此可通过被动扩散而再次吸收入血，甚至当其浓度过高，超过其在原尿中的溶解性时则能在肾小管内沉淀。大多数毒物经肾排泄较快，静脉输液和给予利尿剂可增快其排泄过程。也有少数毒物经肾排泄较慢（如重金属类），可能发生蓄积中毒。

此外，部分毒物（如吗啡、铅等）很大一部分可经胆汁排入肠道，有的随粪便排出，有的经肝肠循环可再被吸收；肺可排出气体和挥发性毒物，如一氧化碳、酒精、有机磷农药等；汗液、乳汁、唾液等分泌物中也有部分毒物随之排出。在法医毒物鉴定中常根据毒物不同的理化特性、中毒过程的长短等提取毒物的排泄器官或排泄物，供毒物检测分析使用，肾、尿、胆汁都是常用的重要检材，有时也可提取肺、粪便等。

五、毒物的毒作用

毒物对机体所产生的损害总称为毒作用（toxic action），又称毒性效应。常见的毒性效应有以下六种类型：

1. 局部和全身毒性效应。如腐蚀性毒物导致消化道损害就是局部毒性效应。大多数毒物都可引起全身毒性效应，如一氧化碳中毒引起机体的全身性缺氧。

2. 速发性毒性效应和迟发性毒性效应。速发性毒性效应（immediate toxic effect）又称即时毒性效应，多为刺激性或腐蚀性毒物引起，如氰化钾和硫化氢等。迟发性毒性效应（delayed toxic effect）则指在接触毒物后经过一段时间才出现的毒性作用，如致癌性毒物，人类一般要在初次接触 10~20 年后才能出现肿瘤。

3. 致敏和自体免疫反应。过敏反应是外源物作为致敏原或半抗原导致的变态反应，自体免疫反应则是由于诱发宿主组织和免疫细胞的某些改变所致。

4. 特异质反应（idiosyncratic reaction）。是由遗传决定的特异体质，对某种毒物产生的异常反应。如6-磷酸葡萄糖脱氢酶（G-6-PD）缺乏者对伯氨喹、磺胺药、砜类等药物易发生溶血反应。

5. 可逆性与不可逆性毒性效应。可逆性毒性效应（reversible effect）是指停止接触后可逐渐消失的毒性作用。不可逆性毒性效应（irreversible effect）是指在停止接触毒物后，其毒性作用继续存在，甚至进一步造成机体的损害。

6. 致癌、致畸、致突变作用。指毒物引发肿瘤、导致胎儿畸形及导致遗传物质（DNA）发生可遗传性的改变。

六、中毒量、中毒浓度，致死量和致死血浓度

凡能使机体发生中毒症状的毒物的最小剂量或最低浓度，称为该毒物的中毒量（toxic dose）或中毒浓度（toxic concentration）。凡能致机体中毒死亡的毒物的最小剂量或最低浓度，则称为该毒物的致死量（lethal dose）或致死浓度（lethal concentration）。

决定是否中毒或中毒死亡最有价值的参考标准是进入机体内，或更准确地说是吸收入血中的毒物量。引起中毒反应的血中最低浓度称为该毒物的中毒血浓度（toxic blood level）。引起中毒死亡的血中的最低浓度则称为该毒物的致死血浓度（lethal blood level）。

文献中记载的某毒物的中毒量、致死量和中毒血浓度、致死血浓度，一般是根据中毒和中毒死亡的实例资料总结和推算出来的。由于资料的来源不同，所以不同的文献对同一毒物量值也有差异，而且往往是一个变动的范围。

七、中毒的方式

1. 自杀中毒（suicidal poisoning）。在法医实践中存在的各种中毒类型中，自杀中毒（死）较常见。自杀中毒的特点是：常为口服服毒，所用毒物的量常远超过该毒物的一般中毒致死量，使用多种毒物自杀也较多见。自杀者所用的毒物一般为易于获得的毒物，有的与其职业有密切关系。

2. 他杀中毒（homicidal poisoning）。在法医实践中较少见。与自杀中毒不同的是，为了不使被害者觉察，他杀中毒的毒物种类上多选择无色、无味、无臭而毒性高的毒物，如近年来流行用剧毒鼠药投毒等。一般将毒物混在饮料、食物或药物中，同时投放几种毒物的案例也在增多。他杀投毒的途径仍以经胃肠道多

见，但胃肠外途径投毒者也并不少见，如静脉、肌肉、体腔内等部位的注射、塞入阴道、肛门等。另外以吸入有毒气体如一氧化碳或液化气、甚至采用毒蛇咬伤致人中毒的案例也时有发生。他杀投毒尽管与自杀中毒一样，多为一次给予较大剂量毒物的急性中毒，但也有罪犯为了掩人耳目或伪装疾病，采用小剂量多次投毒致亚急性或慢性中毒，或在此基础上再给予大剂量毒物致死的案例。也有医护人员直接给予大剂量药物而致人中毒死亡的报道。

3. 意外中毒（accidental poisoning）。一般来说，最常见的中毒是意外。涉及法医学鉴定的情况有：因为情况不清楚而怀疑是被人投毒，或是酿成多人中毒或死亡的群体性灾害中毒事故。意外中毒有时发生于生产活动中，如农药中毒、重金属中毒，也有发生在日常生活中，如食入过量亚硝酸盐等。

4. 药物滥用（drug abuse）。药物滥用指为了寻求欣快、陶醉等情感，超过治疗需要长期反复使用某种药物或化学品而成瘾的状况。滥用药物的种类很多，包括麻醉剂、中枢神经兴奋药、致幻剂、催眠镇静安定药、镇痛剂、酒精以及麻醉剂的溶解剂、添加剂、替代药等，有人将烟草也列为滥用药物。药物滥用常致慢性中毒，不仅使滥用药物者本人的健康受到严重危害，也带来诸多社会问题。

吸毒指非法使用毒品。上述滥用药物中的麻醉剂（如阿片、吗啡、海洛因）、中枢神经兴奋药（如苯丙胺、甲基苯丙胺、可卡因）、致幻剂等都是世界各国明令禁止私自生产、贩卖和使用的毒品。吸毒者可因一次吸毒过量，或者长期吸毒引发多种疾病，或与吸毒有关的暴力性因素而死亡。吸毒还与感染艾滋病有密切关系。

5. 环境与食品污染。国内近几年环境和食品污染问题不断出现，这些问题可导致中毒，严重时导致死亡发生，因此也是法医毒理学鉴定的内容，如我国已允许开展环境损害的司法鉴定活动。

6. 医源性药物中毒。医疗工作中因为各种原因而错用药物、过量用药、用药途径错误或药物被毒物污染等引起的中毒，称为医源性中毒，一般来说也多属于意外中毒，并常因此而引起医疗纠纷，需法医检验和鉴定。

第二节　中毒的法医学鉴定

对于任何法医学鉴定案件，尤其死亡的案件，都不应排除中毒的可能性。中毒的法医学鉴定主要解决是否发生中毒，是何种毒物中毒，确定体内的毒物剂量是否足以引起中毒或死亡，推测毒物进入体内的时间、途径和形式，推断中毒或中毒死亡案件的性质是自杀、他杀或意外灾害。要解决上述问题，需进行以下一系列细致的法医学工作。

一、中毒的案情调查

具体了解中毒者服毒时间、地点，中毒症状发作到死亡的各个时期的症状表现。如中毒者曾经医务人员抢救或住院救治，则应了解中毒发病经过，在抢救过程中用过何种药物，呕吐物、洗胃液、血、尿等检材是否保留等。

了解中毒者姓名、性别、年龄、籍贯、婚姻、住址等。着重了解中毒者的所在地区、工作单位、职业和工种，有无毒物的来源或接触毒物的条件，中毒者家中是否存放有毒物（如农药、消毒药、灭蚊药、杀鼠剂等）。中毒者既往的健康情况，是否患有心、肝、肾等疾病，有无精神病，有无滥用药物或瘾癖的历史（如吸毒、经常服用催眠镇静药、镇痛药等），有无因患病开药积累过多药物的可能性（如精神病患者服用过量氯丙嗪、结核病患者服用大量异烟肼引起急性中毒）。中毒者近期的思想情绪，有无反常的言语和行动（如有无悲观失望或企图自杀的表现、向亲人或邻居托付后事等情况）。

二、中毒案例的现场勘验

1. 如中毒者存活时，应立即在现场或将中毒者迅速送医院急救治疗，并应详细记录现场的情况。

2. 如中毒者已经死亡，注意观察尸体的位置和姿态，对尸体的衣着和尸体外表进行初步检查。

3. 在现场注意采集有无剩余食物、饮料、药片、药粉或药水等，有无盛装过毒物的纸包、药瓶、碗、杯、安瓿和注射器等。对食物、饮料及药物观察其一般理化性状，有无特殊气味。对采集的检材应妥善包装和送检，并做好提取记录。

4. 注意现场有无中毒者的呕吐物或排泄物（大、小便等），其在现场的分布位置，应分别予以记载和收集。

5. 现场有无遗书、信件、日记等可从中了解中毒者近期思想动态的资料。

6. 对急性群体性中毒事件，对有怀疑的剩余食物如饭菜、饮料、水产、禽畜肉类以及油、盐等调味品，应迅速采样进行毒物化验，以期尽快查清中毒原因。

7. 如疑为有毒气体（如一氧化碳、硫化氢、砷化氢、磷化氢等）通过呼吸道吸入中毒，应立即进行现场勘验，注意检查有毒气体的来源、现场的通风情况。在现场采集气体进行毒物分析，并进一步做有毒气体的含量测定。

三、中毒症状分析

由于各类毒物进入机体后，影响不同的生理功能，其外在表现就是出现不同的中毒症状，根据出现症状的特点，常可推测为何种毒物中毒或哪一类毒物中毒，为进一步尸体解剖和检材采集做好准备，为毒物化验提示方向。例如瞳孔缩小、肌纤维颤动、多汗和口吐白色泡沫等是有机磷和氨基甲酸酯类农药中毒较特殊的症状表现。在多数情况下，中毒症状仅能提示属哪一类毒物中毒，而难以具体至是何毒物。常见中毒症状和体征可提示的主要毒物如下：

1. 短时间内迅速死亡。氰化物、有机磷农药、高浓度一氧化碳或硫化氢吸入等。

2. 神经系统。①昏迷：催眠镇静安定药、麻醉药、一氧化碳、硫化氢、酒精、有机磷、氰化物及某些毒品等。②抽搐：番木鳖碱、有机磷、有机氯、氟乙酰胺、毒鼠强、异烟肼、局部麻醉剂、马桑、莽草实等。③瘫痪：可溶性钡盐、肉毒杆菌毒素、一氧化碳、正己烷、乌头、蛇毒、河豚等。

3. 消化系统。恶心、呕吐、腹痛、腹泻等症状和体征可由强酸、强碱、金属盐类、有机磷、磷化锌、氟化物、多种有毒动植物等引起。

4. 呼吸系统。①呼吸加快：颠茄类、番木鳖碱、咖啡因、甲醇、刺激性气体等。②呼吸减慢：阿片、海洛因、一氧化碳、催眠药、酒精、豆薯子等。③肺水肿：刺激性气体、安妥、有机磷等。

5. 心血管系统。心律失常、心源性休克、心脏骤停等可由乌头、氟乙酰胺、夹竹桃和心血管系统药物等毒（药）物中毒引起。

6. 泌尿系统。少尿或无尿等可由升汞、四氯化碳、磷化锌、砷化氢、磺胺、蛇毒、鱼胆、斑蝥、雷公藤、关木通和其他金属盐类毒物中毒引起。

7. 血液。凝血功能障碍、出血可由敌鼠钠盐、溴敌隆、大隆、蛇毒、肝素等引起。

8. 皮肤粘膜。①发绀：亚硝酸盐、氯酸盐、硝基苯、苯胺等。②黄疸：磷化锌、四氯化碳、氯仿、异烟肼、三硝基甲苯、可溶性铅盐、砷化物、某些毒蕈、苍耳、及已、望江南子、鱼胆、椰毒假单胞菌毒素等。③异常色素沉着、过度角化：慢性砷中毒。

9. 眼睛。①瞳孔散大：阿托品、颠茄、曼陀罗、氰化物、酒精等。②瞳孔缩小：有机磷、氨基甲酸酯类、阿片、海洛因、氯丙嗪等。③视力障碍：甲醇、钩吻、阿托品等。

10. 特殊气味。有机磷、磷化锌、酒精、苯酚、来苏、氨水等。

11. 发热、大汗。五氯酚钠等。

四、中毒尸体的法医学检查

（一）尸体衣着检查

口袋内有无残留的药片、药丸或药粉；有无遗书或与案情有关的文字材料；衣服上有无特殊气味；注意衣着上有无呕吐物或唾液污染；有无被药物流注或腐蚀的痕迹。

（二）尸体外表检查

1. 注意尸斑的颜色，根据尸斑的特殊颜色，初步判断某种毒物中毒的可能性。如急性一氧化碳中毒死者的尸斑呈樱桃红色，部分氰化物中毒死者的尸斑呈鲜红色，亚硝酸钠中毒死者的尸斑呈暗褐色或巧克力色。

2. 检查皮肤的颜色，有无出血点、针痕、咬痕、腐蚀痕等。磷化锌、砷、毒蕈等肝毒性毒物中毒可出现黄疸。敌鼠钠盐中毒可出现皮肤点状、片状出血。腐蚀性毒物中毒时皮肤上可形成腐蚀斑痕，硫酸腐蚀痕为黑色、硝酸腐蚀痕为黄色。死者没有注射过药物，而在体表发现注射针眼更应引起警惕。注意寻找皮肤有无毒蛇咬伤牙痕。

3. 观察瞳孔大小，测量双侧的瞳孔直径。多数有机磷农药中毒尸体仍可保持缩瞳现象（瞳孔直径在3mm以下）。

4. 检查口腔粘膜和口周围皮肤有无腐蚀现象，牙缝内有无可疑药物颗粒、植物碎片，牙龈有无铅线或汞线，口、鼻有无特殊气味。

5. 注意检查阴道内有无毒物，外阴部和阴道粘膜有无腐蚀坏死。

（三）尸体解剖检查

1. 尸体检查前的准备工作。怀疑中毒的尸体应该按照中毒尸体的解剖操作规范，全面系统地进行解剖，在解剖前应充分做好如下准备工作：①尸检者须做好自身的安全防护，必要时应着防化服等。②解剖台、解剖器械、手套等预先冲洗干净，不要沾染消毒药液（如来苏、酒精、氯化亚汞溶液等）以免污染毒物化验检材。③在解剖室和尸体周围不要喷洒敌敌畏等农药杀灭蚊蝇，以免污染毒物化验检材。④准备干净的收集检材的容器，选择不易腐蚀、无透过性、密封的容器。⑤在收集检材前，切勿用水冲洗尸体、胃肠及各器官等。

2. 尸体的病理学检查。大剂量毒物迅速中毒致死的案例，特别是脑脊髓功能障碍性毒物所致急性中毒，尸检往往仅见肺、肝、脑等器官淤血水肿，表现为一般急性血液循环障碍，而无特征性的病理变化。一次大剂量急性中毒而病程迁延或小剂量多次引起亚急性或慢性中毒，则病理变化较明显。根据尸检发现某些中毒的病理变化特点，也可能推测毒物的种类，为毒物化验提示方向。

（1）胃肠道：法医工作中所见的急性中毒多数通过胃肠途径吸收。因此，详细观察胃肠变化特别重要。一般先观察食管粘膜有无腐蚀、坏死变化。注意胃内容物有无特殊气味，如敌敌畏、对硫磷、磷化锌、酒精、来苏（酚）等；胃内容物中能否发现未溶解的残余药片或粉末，如有机磷农药敌敌畏、对硫磷等，在胃内容物液面可浮现圆滴状的农药原液；胃内容物中是否混有有色物质，如硫酸铜中毒胃内容物呈绿色；胃粘膜有无腐蚀，腐蚀性毒物如强酸、强碱、酚等可引起胃粘膜的腐蚀坏死。

（2）肝：肝是体内最主要的解毒器官，多种药物或毒物可致中毒性肝病。其中砷化物、汞、磷化锌、四氯化碳、氯仿、毒蕈、苍耳、黄药子、望江南子、椰毒假单胞菌毒素等可直接损害肝细胞，使之发生肝细胞水变性、脂肪变性，甚至中毒性肝坏死。在实际工作中，应对中毒性肝病与病毒性肝炎进行鉴别，不要将中毒所致中毒性肝病误诊为急性暴发性病毒性肝炎。

（3）肾：肾是排泄毒物的主要器官，多种药物和毒物可致肾损害引起中毒性肾病。例如氯化亚汞、砷化物、磷化锌、水杨酸盐、酚及其衍生物、磺胺类、毒蕈、雷公藤、蛇毒、蜂毒、鱼胆、斑蝥等。慢性汞中毒可引起慢性中毒性肾病变，肾表面有不规则凹陷性疤痕，切面见皮质变薄，皮髓质界限不清。

膀胱内尿的颜色变化，除上述有的毒物可致血尿、血红蛋白尿外，酚、水杨酸盐中毒可见深绿色尿，苦味酸、非那西汀中毒可见黄色尿。

（4）心：砷化物、磷化锌等毒物可致心肌轻度水变性及脂肪变性，甚至引起心肌收缩带坏死。急性升汞中毒可引起心肌收缩带坏死，以乳头肌为明显。某些毒物如有机汞化合物还可引起中毒性心肌炎。急性砷化物、氯化亚汞和夹竹桃叶等中毒，常见左心室内膜下条纹状或点片状出血。

在急性中毒致死时，心腔内血液常呈暗红色流动性。一氧化碳中毒心腔内血液呈樱桃红色；氰化物中毒血液也可呈鲜红色；亚硝酸钠、氯酸钾等中毒时血液呈暗褐色（巧克力色）。

（5）肺：刺激性气体（如二氧化硫、二氧化氮、氯及氨气、高浓度汞蒸气等）除可引起上呼吸道粘膜损害、急性喉头水肿外，还可引起中毒性肺水肿，有的并发多发性漏出性出血或灶性片状出血，常合并中毒性肺炎，病变多呈灶状分布，有的可见肺泡壁等组织发生坏死，并有透明膜形成。可继发感染引起支气管肺炎。

（6）中枢神经系统：脑膜和脑内小血管充血及脑水肿是多种毒物中毒常见的非特异性病理变化。急性铅中毒和汞中毒可引起重度中毒性脑水肿，神经细胞弥漫性变性。慢性铅、汞等金属中毒可引起中毒性脑病。

（7）其他：铅、砷、铊等重金属、某些药物（如呋喃类药物、异烟肼）、部分有机磷农药（如甲胺磷、敌敌畏、敌百虫等）中毒可引起周围神经病，其病变大多数是周围神经的轴索变性，继发髓鞘崩解。

五、毒物化验检材的采集、保存和送检

通过全面系统的尸体解剖，采集中毒死者体内的组织、器官和体液是法医毒物分析检材的最重要来源，一定要采集合适、足量的检材供毒物检验用。常见中毒毒物化验检材及所需的量见表11-1。

表11-1　毒物化验检材及所需采集数量

检　材	所需量	毒物种类
胃及胃内容物	全部或100g	多种急性中毒
肠内容物	全部或100g	多种毒物，中毒后1~2天死亡者
心血	50~100ml	多种毒物，特别是形成COHb、Met-Hb的毒物
周围血	10~20ml	多种毒物
尿	全部或100ml	多种毒物
玻璃体液	全部	多种毒物
肝	100g	多种毒物，特别是金属毒物、安眠药
肾	一侧肾或100g	多种毒物，特别是金属毒物、磺胺类
脑	100g	脂溶性毒物、挥发性毒物
胆汁	全部	海洛因、美沙酮、导眠能

续表

检　材	所需量	毒物种类
肺	一侧肺或 100g	毒气和挥发性溶剂
骨	100g	铅、砷
头发和指甲	5～10g	砷、铊
脂肪组织	50g	有机氯杀虫剂
肌肉	100g	多种毒物，当器官高度腐败时

各种检材应分别盛装于不同容器内，要及时送检，如不能及时送检者，需放入−10℃以下低温的冰箱内保存，检材中不能加防腐剂、福尔马林液。检材应严密封签，注明死者姓名、检材名称、收集日期等基本情况。

六、法医毒物分析结果评价

法医毒物分析在中毒的法医学鉴定中是一个关键性环节，它为确定是否中毒（死）提供重要证据。其任务是证明毒物化验检材中是否有毒物？是何种毒物？在组织和体液（如血、尿等）中的含量（浓度）多少？是否足以引起中毒死亡的后果等。主要内容包括：①从组织、体液或排泄物分离和纯化毒物及其代谢物；②毒物及其代谢物的定性分析；③各检材中毒物及其代谢物的定量。

法医毒物分析的结果对确定是否中毒或中毒致亡具有关键性作用，但还有很多因素可以影响毒物化验的结果，阳性结果不一定能确定中毒，而阴性结果也未必能排除中毒。在评价法医毒物分析的结果时，首先要考虑毒物分析所采用的检测方法是否具有特异性，即是否仅针对该毒物进行检测还是只对某一类物质进行检测，通常仅采用一种检验方法（尤其是化学方法或硅胶薄层分析）不能对毒物绝对定性，因为有些毒物可对同一个化学检测方法产生相同或相似的结果反应；其次就是器官和体液等检材中的杂质也可能对分析产生干扰，由此导致的鉴定失误时有发生；还有，目前大多数毒物检验分析部门采用毒物微量萃取技术和气—质联用甚至液—质联用方法，如果操作者未完全掌握相应的技术方法，则会造成很大的偏差。

综上而言，在运用法医毒物检测结果时，不能单纯地直接采纳检测报告，而应当对检测结果进行评价后，方可得到正确的分析结论。通常需要从检材采集的时间、过程、污染、保存方法，检测的方法特异性、灵敏性、精密度、确定性、以及操作人员的资质、资历，所在实验室的错误率等诸多角度进行综合评价。对于检测结果的采纳，具体分以下三种类型：

（一）毒物分析结果为阳性或强阳性

特别是含量测定已达到致死血浓度，一般可确定为中毒死。

（二）毒物分析结果为弱阳性

应考虑以下因素：

1. 毒物是否作为药用进入机体。有时在胃内容物和血中可检出治疗量或微量镇静催眠类等药物。但经详细的法医病理学检查，一般均能发现足以说明死因的自然疾病的病理改变和损伤等。

2. 毒物有无可能在死后进入尸体。如泥土中的砷日久可渗入埋葬尸体的腐烂组织中，可使挖掘尸体取材检验出阳性结果。

3. 尸体组织腐败产物是否混淆毒物分析结果。如腐败尸体的血液中可检出乙醇和少量氰化物。

4. 毒物分析操作是否正确，仪器、试剂是否纯净，盛装检材的容器有无污染等。

5. 某些金属元素，如砷、汞、铅、锌等，在正常人体组织中也含有微量。因此，只有通过较精确的毒物定量，与组织中的正常含量进行对比，才能解释毒物化验结果。

（三）毒物分析结果为阴性

需考虑下述因素：

1. 收集检材是否及时，所取检材的种类是否合适、齐全。如迁延性一氧化碳中毒死者一氧化碳已从体内排出，血液中不能检出碳氧血红蛋白。又如通过臀部肌肉注射敌敌畏中毒致死，尸检时仅取胃内容物，化验结果呈阴性。

2. 毒物因尸体腐败而分解消失。如挥发性毒物在尸体内短期后即不能检出；乌头碱也易因尸体腐败及碱性作用而被分解。

3. 毒物因加入防腐剂而被破坏。如尸体经福尔马林液防腐处理或器官标本经福尔马林液固定，则氰化物迅速被破坏而不能检出。

4. 某些毒物（如部分有毒动植物）目前尚无适当的毒物检验方法。

5. 毒物化验的技术操作是否正确，选用的化验方法是否灵敏。

综上所述，毒物的法医学鉴定不能单纯依靠毒物分析结果，每一个具体案例必须根据案情调查、现场勘验、临床资料、全面系统的尸体解剖及病理组织学检验，再结合毒物分析及其他检验结果，进行综合评定。

第三节　常见毒物中毒

一、腐蚀性毒物中毒

腐蚀性毒物（corrosive poison）是指与身体接触后迅速和局部组织或器官发生化学作用，引起局部组织器官损伤、全身反应，甚至死亡的一类毒物。主要中毒途径是局部皮肤的直接接触、口服或呼吸道蒸气吸入。根据毒物的种类、浓度、剂量和接触时间的不同，可分别引起局部组织红肿、水疱形成、溃烂、坏死，导致剧烈的烧灼痛，治愈后可遗留疤痕，并可引起功能障碍或残废；口服可造成上消化道的广泛腐蚀坏死，易发生穿孔；严重中毒则引起明显的全身反应，可发生休克，甚至死亡。

根据其化学成分及作用机制不同，腐蚀性毒物可分为无机酸或有机酸类、碱类、盐类。大部分无机酸和无机碱的腐蚀性强烈，但碱性物质对组织的损伤有时比酸性物质更严重、广泛。此外，某些有机化合物（如氟乙酸、硫酸二甲酯、石炭酸等）、金属及其盐类（如黄磷、铬酸盐等）、糜烂性毒剂（如硫芥、氮芥、路易气等）、腐蚀性气体（如氯气、二硫化碳、二氧化硫、三氧化硫等）、动物性和植物性有机腐蚀毒（如斑蝥、巴豆等）均可造成皮肤、粘膜和器官腐蚀性损伤。

硫酸中毒

硫酸（sulfuric acid，H_2SO_4），无色油状液体，吸湿性强。

1. 中毒原因。主要见于意外中毒，如工业生产、贮存或运输过程中发生的泄漏、溢出、喷溅或吸入由硫酸混合液形成的酸雾或高浓度三氧化硫烟雾等。曾有报道乘人昏迷之际，将硫酸注入项部哑门穴而杀人的案例。用于自杀或他杀现已少见，用于毁容较多见，偶见用于碎尸后毁尸灭迹。

2. 毒理作用。硫酸对皮肤和粘膜有很强的腐蚀性、氧化性和吸水性。硫酸对接触部位具有强烈的刺激、腐蚀、炭化作用。人体吸入高浓度硫酸雾时，对呼吸道有强烈的刺激和腐蚀作用，甚至发生喉头水肿，引起窒息。同时，还可损伤肺表面活性物质，使肺泡壁毛细血管通透性增加，发生重度肺水肿，并可引起支气管炎和支气管肺炎。当大量氢离子进入血液时，中枢神经系统首先发生中毒反应，使中毒者呈现痉挛状态，瞳孔散大，各种运动失调。严重者引起代谢紊乱，呼吸中枢麻痹而死亡。

3. 中毒致死量。成人的硫酸的中毒致死量为 2~5ml，吸入硫酸雾 6~8mg/m³ 就可造成窒息，突然吸入 3mg/m³ 就会有窒息感。

4. 中毒症状。口服浓硫酸后，口腔、咽部、食管和胃部立即发生剧烈烧灼性疼痛。出现剧烈呕吐的症状，呕吐物呈棕色或黑色，混有炭化的粘膜碎片。同时喉头有反射性痉挛、水肿、声音嘶哑、呼吸困难，重者出现窒息症状。上消化道广泛腐蚀坏死，易发生穿孔，此时呕吐停止，疼痛延至全腹，引起弥漫性化学性腹膜炎。中毒者一般有知觉存在，有的甚至临死时意识仍清楚。重症患者有烦躁不安、运动性兴奋、反射性痉挛，甚至出现休克。

口服大量浓硫酸而未得到及时、有效治疗者常在 12~24 小时内死亡。经数天后死亡者，常出现少尿或无尿等急性肾功能衰竭症状。口服稀硫酸（30%）中毒者可迁延数星期后死亡。经治疗存活者，由于化学性灼伤所致的疤痕挛缩可造成食管和幽门狭窄、腹膜粘连及消化道功能紊乱等。

吸入高浓度硫酸雾时，立即引起上呼吸道刺激症状，出现呛咳、鼻、咽刺痛、流泪、胸闷、呼吸加快等。还可引起喉头水肿、肺水肿、支气管炎及支气管肺炎，重者可发生窒息。

皮肤接触浓硫酸后，局部有烧灼样强烈刺痛，外观由潮红转为暗褐色，继而腐蚀坏死，形成溃疡。溃疡一般较深，边界清楚，周围微肿，有的溃疡面可覆盖灰白色或棕黑色痂皮。大面积硫酸灼伤可立即引起休克。浓硫酸溅入眼中可致结膜水肿、坏死、穿孔，并可引起全眼炎，甚至失明。

5. 尸体检查所见。死者体表腐蚀征象十分明显。口服者口周有流注状腐蚀痕；口腔、咽、喉及食管粘膜呈凝固性坏死；胃未穿孔者，胃内可见深棕色呈强酸性反应的液体，腐蚀处胃粘膜呈棕黑色，质地较硬，粘膜部分脱落，严重者胃壁发生穿孔，穿孔后腹腔内可见胃内容物，周围邻近器官组织也被腐蚀，变硬、变色。吸入酸雾中毒死者上呼吸道可见明显腐蚀现象，并有重度肺水肿、支气管炎和支气管肺炎。

6. 检材采集。采集呕吐物、胃内容物、衣服沾染处及被腐蚀组织作为检材。

二、脑脊髓功能障碍性毒物中毒

脑脊髓功能障碍性毒物主要是能引起神经系统，特别是脑脊髓的结构和功能损害，包括大脑各种精神活动紊乱，甚至死亡的毒物。在法医实践中常见的有：①毒品，包括阿片类（阿片、吗啡、海洛因）、可卡因类（可卡因）、致幻剂（大麻、LSD）、苯丙胺类（苯丙胺、甲基苯丙胺，MDMA，MDA）；②醇类，包括甲醇、乙醇；③催眠镇静安定药，包括巴比妥类催眠药（苯巴比妥、速可眠）、非巴比妥类催眠镇静安定药（吩噻嗪类、苯二氮䓬类、眠尔通、导眠能、安眠酮）；④麻醉药物，包括乙醚、利多卡因；⑤生物碱，包括士的宁、阿托品、烟碱；⑥其他，包括异烟肼、解热镇痛药。

乙醇中毒

乙醇（ethanol，ethyl alcohol），俗称酒精（alcohol），为无色易燃液体，具有特殊芳香味，能与水、醚、酮及氯仿等有机溶剂混溶，比重 0.813~0.816，是各种酒类饮料中的主要成分。同时，乙醇也是重要的化工和医药原料。

1. 中毒原因。急性乙醇中毒多数情况是由大量饮酒所致。短时间内过量饮酒可直接死于中毒或严重并发症。医疗上有误将乙醇当作生理盐水或葡萄糖液输入患者体内，致患者中毒死亡的案例报道。也有将毒物或药物（如安眠药、大麻、阿片或乌头等）投入酒中进行麻醉的他杀、自杀案例报道。

此外，乙醇滥用常造成许多意外事故发生，如车祸、打架斗殴、工伤事故及其他暴力犯罪等。醉酒后可因落水、高坠、低温或吸入呕吐物窒息而意外死亡。

2. 毒理作用。乙醇的主要毒理作用是抑制中枢神经系统。首先抑制大脑皮层功能，使大脑的高级整合能力受影响，出现身体稳定性、协调性、反应性、运动功能、知觉功能等降低及自我控制能力的消失，可呈一时性兴奋状态。当乙醇的作用进一步加强时，皮层下中枢、小脑及脊髓运动受累，出现分辨力、记忆力、洞察力、视觉、注意力及语言等功能明显失常。重度中毒时延髓血管运动中枢和呼吸中枢受抑制。呼吸中枢麻痹是引起死亡的主要原因。

乙醇还能使血管扩张、血流增加。乙醇同某些药物合用后会产生协同作用，这些药物包括巴比妥类、安定、利眠宁等苯二氮䓬类安眠药、吩噻嗪类安眠药、安眠酮、导眠能、眠尔通、阿片类毒品及其他呼吸功能抑制剂或麻醉剂。

乙醇还可加剧机体本身某些疾病（如肝病、心血管疾病等）或损伤（如脑损伤等）的病情发展。

慢性乙醇中毒可发生酒精性肝病、酒精性脑病、酒精性心肌病，并发高血压、中风、冠心病、慢性胃炎及胰腺炎等。

3. 中毒致死量。乙醇中毒剂量因饮酒习惯和个体差异而悬殊很大。一般乙醇中毒量为 75~80g，致死量为 250~500g，中毒血浓度为 100mg/dL，致死血浓度在 400~500mg/dL。如在短时间（1~2 小时）内饮入 50% 白酒 500~1000ml，可因急性中毒造成呼吸抑制死亡。

4. 中毒症状。乙醇中毒可分为急性和慢性两种，法医学上较有意义的是急性中毒。

急性乙醇中毒一般指一次大量饮酒引起的暂时性神经精神障碍。可将中毒症状分为三期，即兴奋期、共济失调期和抑制期。

兴奋期（30~100mg/dL）：主要表现为兴奋、多言、自信心加强、躁狂、面色发红、呼气有酒味、眼睛发亮、脉搏加速。此时意志力减弱，自制力部分丧失，容易感情冲动，易激惹，有攻击行为。有时发生性欲冲动，易犯罪。主要是大脑皮层功能受到抑制，属于高级大脑功能的判断力与辨别力减弱，故有夸大狂和盲目冒险的行为表现。力气比平时大，但不持久，反射动作的灵活性减低，易发生交通事故。

共济失调期（100~200mg/dL）：言语动作均失协调，表现为舌重口吃、语无伦次、步态不稳、容易摔跌。主要是小脑和大脑皮层下功能受到抑制，此时可发生喷射性呕吐，酒味明显，随即昏睡，醒后全身乏力。

抑制期（300~500mg/dL）：患者进入深睡，摇撼不醒，失去知觉。脑干功能受到影响，表现出颜面苍白，皮肤湿冷，紫绀，呼吸表浅而有鼾声，脉搏快速，血压下降，体温降至正常值以下，昏迷可持续 10 小时左右，有的可因呕吐物吸入窒息并发肺炎、呼吸衰竭而死亡。

慢性乙醇中毒是由长期、过量饮酒引起的实质器官病理变化及行为障碍性疾病。慢性乙醇中毒者可出现面部血管扩张、营养不良、贫血、周围神经炎、慢性胃炎、酒精性肝病和肝硬变及震颤性谵妄、酒精性心肌病、酒精中毒性痴呆、酒精中毒性 Korsakoff 精神病、酒精中毒性 Wernicke 脑病等精神障碍和脑损害。有的可出现以下肢和躯干运动失调为特征的小脑综合失调征。慢性酒精中毒可因并发症或戒酒不当死亡。

5. 尸体检查所见。急性乙醇中毒死亡者，可见颜面潮红，眼睑水肿，全身各器官充血、水肿及点、灶性出血。从死者呕吐物、胃内容物中能嗅到酒的特有气味。喉头及胃粘膜充血、水肿，胃底粘膜可有点状出血。小肠近段粘膜充血，表面附有大量淡灰色粘液，不易洗掉，且常有点状出血，结肠可有炎症性改变。肾、胰及肾上腺可有出血，肝细胞脂肪变性，胆囊水肿呈胶冻样，脾淤血，脑及脑膜充血明显，脑水肿、肺淤血水肿，胸膜、横膈腹腔面点片状出血。膀胱充满尿液。大量高浓度（95%以上）乙醇口服中毒可引起严重出血性胃炎。

慢性乙醇中毒死亡者，可见酒精中毒性肝病，肝细胞脂肪变性、酒精透明小体（alcohol hyaline，或称 Mallory 小体）形成，甚至发展为酒精性肝硬化。此外，可见酒精中毒性充血性心肌病及中毒性脑病等。

6. 检材的采集。应采血测定乙醇浓度，以周围静脉（股静脉）血为宜。内脏器官以脑最佳，其次是肺、肝、肾等；体液以尿液最佳，乳汁、唾液次之。

三、毒品中毒

毒品（drugs，illicit drugs）是指国际禁毒公约和有关法律法规规定管制的能够使人形成瘾癖的麻醉药品和精神药物的统称。毒品又称"具有依赖性特性的药物""违禁药物"或"国际管制的麻醉药品和精神药物"。毒品分为三大类：①管制的麻醉药品（narcotic drugs）是指连续使用后易产生依赖性、能形成瘾癖的麻醉药品。包括阿片类（阿片、吗啡、可待因、海洛因、哌替啶、美沙酮、芬太尼等）、可卡因类（可卡因、古柯叶、古柯糊等）、大麻（大麻、大麻酯、大麻成品等各种大麻制剂）；②管制的精神药物（psychotropic substances）包括：镇静催眠药和抗焦虑药（如巴比妥类、苯二氮卓类等）、中枢兴奋剂（如苯丙胺、甲基苯丙胺、亚甲二氧基甲基苯丙胺、亚甲二氧基乙基苯丙胺等混合型苯丙胺类）、致幻剂（如麦角酰二乙胺、墨士卡林、色胺类致幻剂、苯环己哌啶、氯胺酮）；③其他包括烟草、酒精、挥发性有机溶剂（如甲苯、丙酮、四氯化碳等）。

吸毒（addiction）指为了变换情绪或诱导欣快感，非法使用明令禁止的药物（即毒品）的违法行为。吸毒即"滥用毒品""毒品成瘾""毒品依赖"。吸毒与"药物滥用"（drug abuse）的概念并不等同，吸毒是药物滥用的组成部分，药物滥用范围更广泛，所涉及药物种类更多。

常见的吸毒方式有口服、咀嚼、吮吸、鼻吸、皮下或肌肉注射、静脉注射等。

吸毒所致死亡（deaths resulted from drug addiction）的概念及标准各国不尽一致，但一般是指与吸毒直接相关的死亡。主要包括以下四种情况：

1. 故意或意外过量用药的中毒死亡。吸毒过量中毒死亡占吸毒死亡总数的一半以上，尤其多发生于静脉注射用药情况下。

2. 长期滥用药物或吸毒所致的死亡。直接死因主要是与吸毒有关的并发症、感染及多器官功能衰竭。静注毒品引起突然死亡也可能是药物过敏或药物直接作用的结果。

3. 与药物依赖有关的自杀。药物滥用和吸毒者突然戒断所依赖的药物，容易导致躯体极度难受，出现严重的戒断症状和焦虑、抑郁而自伤或自杀。有的吸毒者在药物作用下受幻觉、妄想的支配而发生自杀行为。

4. 药物作用下发生的意外死亡。吸毒者滥用药物对中枢神经系统及心血管系统等有明显影响，并且往往是多药滥用者，容易发生突发性晕厥或心律失常而引起交通事故、高坠或溺水意外死亡。

（一）阿片类中毒

阿片类药物是指从天然阿片原生植物罂粟中提取的生物碱和人工合成的可使机体产生类吗啡效应的药物。阿片（opium）俗称"鸦片"，已知阿片含有 25 种以上生物碱，总称为阿片生物碱，比较重要的有下列 6 种：吗啡（morphine，9%～10%）、那可汀（narcotium，5%）、罂粟碱（papaverine，0.8%）、可待因（codeine，0.3%）、蒂巴因（thebaine，0.4%）、那碎因（narceine，0.2%）。

吗啡是阿片类毒品中最主要、含量最多的有效成分，故阿片中毒与吗啡中毒表现相似。海洛因（heroin）化学名为"二乙酰吗啡"（diacetylmorpine），俗称"白面"。

1. 中毒原因。阿片类药物中毒以吗啡中毒（morphinism）和海洛因中毒（heroin intoxication）较多见，度冷丁、盐酸二氢埃托啡滥用后造成慢性中毒也日益增多。阿片类中毒多见于医疗上误用或用药过量。吗啡具有很强的耐受性和依赖性，长期吗啡滥用者可致慢性中毒；偶有用吗啡自杀者，多数与职业接触有关；用吗啡注射他杀者少见。

随着海洛因、阿片的广泛滥用，毒品滥用成瘾造成大量吸毒人群的慢性中毒，出现严重的躯体损害和精神、心理障碍，并发疾病死亡和自杀死亡的人数也日益增多。滥用导致急性中毒是海洛因成瘾者死亡的主要原因，其中大多数人死亡发生于静脉注射毒品的情况下，常见于短期戒毒后再次复吸、初染毒品者过量用药、海洛因质量不纯、混杂应用的情形，亦有少数"海洛因性精神障碍者"发生自毁性滥用行为致死。长期海洛因滥用者容易合并感染，如感染肝炎、艾滋病等造成死亡；部分海洛因滥用者存在多药滥用现象，易发生中毒、意外交通事故、高坠或窒息等死亡，容易被怀疑为他杀或自杀。有个别应用海洛因注射致人死亡的他杀案例报道。

2. 毒理作用。吗啡及海洛因等阿片类药物可经消化道、鼻粘膜、肺或通过注射等吸收。

毒理机制包括：①吗啡和海洛因等阿片类药物具有极强的麻醉作用，对中枢神经系统兼有兴奋和抑制的双重作用，以抑制占优势。②对脊髓具有兴奋作用，使脊髓反射增强。③对消化系统具有止泻和致便秘作用。④因扩张周围血管，引起体位性低血压。大剂量则出现心率缓慢。⑤使膀胱括约肌张力增高、收缩加强，排尿困难，引起尿潴留。

3. 中毒致死量。成人一次注射 60mg 吗啡可引起急性中毒症状，100mg 吗啡引起严重中毒，吗啡致死量为 200～500mg。但吗啡成瘾者对吗啡有极强的耐受性，可耐受正常量的 35～40 倍，而不致发生中毒。阿片的致死量一般为吗啡的 10 倍，阿片成瘾者例外。海洛因其中毒剂量和致死剂量尚无一致的实验结论。根据吗啡毒理参数推算，海洛因中毒剂量为 50～100mg，致死量为 750～1200mg。但由于海洛因滥用者的个体耐受性不同，致死量存在较大差别。阿片类致死血浓度：吗啡为 0.05mg%；可待因为 0.2mg%。

4. 中毒症状。阿片类药物急性中毒的症状是中枢神经系统受深度抑制。早期症状表现为颜面潮红、头晕、沉重、意识朦胧、精神恍惚、疲劳感，常有恶心、呕吐，逐渐进入昏睡状态。典型的中毒症状表现为：

（1）呼吸深度抑制。表现为呼吸慢而浅表，呼吸频率可慢至 2～4 次/分，甚至出现周期性潮式呼吸。急性呼吸功能障碍引起严重缺氧是海洛因滥用者最常见的死亡原因。

（2）瞳孔缩小。海洛因中毒者瞳孔极度缩小，呈针尖状，对光反射消失。针尖样瞳孔是海洛因中毒的主要特征之一。

（3）发绀。阿片类药物中毒者的中枢性呼吸受抑制，机体发生严重缺氧，引起全身性发绀。

（4）心率减慢、脉搏细弱、血压下降。

（5）皮肤湿冷、体温降低。

（6）骨骼肌松弛无力，下颚松弛，舌后坠常阻塞呼吸道促发窒息。严重者可发生全身性抽搐，甚至出现角弓反张。

（7）尿少或尿潴留。

（8）量大或静脉注射时，可以迅速陷入昏迷，中毒者意识不清或丧失，对外界刺激无应答反应，各种反射消失，最终发生死亡。

阿片类慢性中毒者表现为消瘦、贫血、精神萎靡、早衰、食欲不振、便秘、性功能减退或消失，窦性心动过速和频发室性早博，不同程度呼吸困难等症状。阿片类药物戒断即出现典型的戒断综合征，出现呕吐、腹泻、躁动不安、失眠、恐惧、流泪、出汗、瞳孔散大、循环衰竭等戒断症状，严重者甚至虚脱死亡。

5. 尸体检查所见。急性阿片类中毒死亡者，其尸体外表没有显著变化，仅呈一般窒息征象。尸斑青紫，尸僵持续时间较短，口鼻、呼吸道有泡沫液体溢出，有时呈血性。死亡早期可见典型的针尖样瞳孔缩小。用鼻粘膜吸食者有时可在鼻腔内发现毒品粉末。用注射方式吸毒者，可在上臂、手腕、手背、足背、腹股沟等静脉皮肤上发现注射痕迹。

慢性阿片类药物中毒死亡者，因长期滥用毒品，多数营养不良，显著消瘦、贫血、腹胀明显。长期注射方式吸毒者，注射部位可见静脉炎症、皮肤化脓或疤痕条索、色素沉着等，还可见皮肤脱屑、多发性化脓感染。

解剖可见：

（1）呼吸系统：急性中毒死亡者常见肺显著淤血、水肿，重而实，被称为"海洛因性肺水肿"。长期吸毒而慢性中毒死亡者常见支气管肺炎、多发性肺脓肿的改变。肺滑石样变、肉芽肿、纤维化也较常见。部分长期吸毒者合并脓胸、慢性支气管哮喘，甚至有些发生海洛因性阻塞型肺气肿。

（2）中枢神经系统：急性中毒死亡者常见脑神经细胞不同程度的变性、坏死，灶性血管周围出血，急性脑水肿。长期吸毒死亡者，可见多灶性神经细胞坏死、软化，周围胶质细胞增生、形成胶质结节。局部蛛网膜下腔淋巴细胞增多、脑膜增厚，还可见白质脑病、局灶性脑梗死、败血症性脑脓肿、脑萎缩及脊髓炎、多发性神经炎等。

（3）免疫系统：长期吸毒者淋巴组织常见反应性增生，肝门、肺门、肠系膜等部位淋巴结肿大，胸腺和脾肿大也多见。

（4）心血管系统：长期滥用毒品者，可出现缺血性心脏病、感染性心内膜炎、间质性心肌炎。静脉滥用毒品者还易发生血栓形成和血栓性静脉炎。

（5）消化系统：胃肠道携带毒品，由于毒品渗漏致急性中毒者，胃、肠道内可发现毒品包裹颗粒，甚至发生胃、肠破裂出血。长期滥用毒品者，慢性胃肠炎多见。肝的病变同样明显，以慢性肝炎、肝硬化最常见。

（6）泌尿生殖系统：吸毒者易发生蛋白尿及尿潴留。部分可发生急性肾小球肾炎、急性肾病综合征，高浓度的血清肌球蛋白及尿中肌球蛋白伴发急性肾功能衰竭。长期滥用海洛因者睾丸萎缩，曲细精管生精细胞数目减少，基底膜增厚，间质细胞减少，间质结缔组织增生。

此外，长期滥用海洛因可致骨骼肌病变，即横纹肌溶解或肌病，尿中出现肌球蛋白伴肾功能损害。

6. 检材采集。阿片类毒品口服者，取呕吐物、洗胃液、胃肠内容物；鼻吸食者用干拭子擦拭双侧鼻孔粘膜；注射者切取注射处皮肤、皮下组织及肌肉组织，并取非注射侧组织作对照。

不论进入途径如何，血液、尿液、胆汁均是最好的检材。脑、肺、肝、肾也是较好的检材，其他如胃肠、粪便也可作为检材。对长期阿片类毒品的滥用者，可用其毛发作为检材。

（二）可卡因中毒

可卡因（cocaine）是古柯叶中所含的主要生物碱，又称古柯碱。可卡因化学名为苯甲酰甲基芽子碱（benzol methyl ecgonine）。可卡因是一种白色结晶粉状生物碱，味苦，熔点98℃，难溶于水，易溶于乙醇、乙醚、氯仿，其盐类易溶于水。加水煮沸分解为芽子碱、苯甲酸和甲醇。

1. 中毒原因。可卡因是一种强效中枢兴奋剂，具有很强的精神依赖性，用药者对它有强烈渴求，因此在人群中的滥用倾向（abuse liability）明显。可卡因滥用者往往因用药过量中毒，造成脑出血或血管性虚脱死亡；长期滥用者常并发精神病，引起自杀或意外死亡；用可卡因他杀情况少见。近年发现长期大剂量滥用可卡因亦能产生身体依赖性，断药后出现戒断症状，表现为疲乏、抑制、睡眠延长、饥饿感增加等。

2. 毒理作用。可卡因可从任何部位的粘膜吸收。经口服者，部分在胃内被水解使其作用消失。常用鼻腔内给药、静脉注射和吸入等给药途径。

可卡因阻断神经纤维冲动的产生和传递，引起感觉和运动障碍，阻止交感神经末梢突触前膜摄取儿茶酚胺，对血管有收缩作用，可引起高血压，甚至脑溢血。对心的作用因剂量大小而异，小剂量使用使心律减慢，中等剂量使用增加心率，大剂量使用严重抑制心肌活动致血管性虚脱。可卡因最突出的作用是对中枢神经的刺激作用。开始时作用于大脑皮层使之兴奋，产生一种欣快的精神状态，解除疲劳及饥饿，进而延及皮质下中枢，过度兴奋则转为抑制。严重者精神忧郁、幻觉持续存在、失去自我控制能力，有的因呼吸、心跳停止而死亡。

长期滥用可卡因者可形成明显的精神依赖性和对药物的耐受性，耐受者使用剂量有时与毒性阈值极其接近，使用不当会造成严重并发症甚至死亡。

3. 中毒致死量。可卡因中毒量为 30~50mg；口服致死量为 500~1000mg；对可卡因过敏者 30mg 可致死；肌肉注射或粘膜用 30mg 亦可死亡，粘膜炎症可使其吸收加快。

4. 中毒症状。中毒者在兴奋早期表现为欣快，感到心情舒畅、思维能力增强、情绪不稳定、易激惹、失眠、无食欲、性欲亢进、有阵发性暴力行为；恶心、呕吐，突发性头痛、面部和手足肌肉抽搐、脉速、心律失常、血压升高、呼吸加快加深；由于血管收缩，中毒者常表现为皮肤苍白。有的出现假性幻觉或类偏执精神分裂症样的可卡因精神病。兴奋期进展后，中毒者反射亢进、阵发性痉挛及强直性抽搐，血压和脉搏连续升高，可死于高血压引起的各种并发症。可卡因的直接心肌毒性作用也可引起死亡。如中毒后期，进入抑制期，中毒者肌肉松弛无力、昏迷、瞳孔散大、反射消失、呼吸及循环衰竭死亡。

慢性可卡因滥用者体重减轻，并患有各种类型的营养不良症。长期鼻粘膜吸食者，由于可卡因的血管收缩作用，可引起鼻中隔坏死和穿孔；静脉注射者合并肝炎、心内膜炎，甚至艾滋病的发生；烟吸可卡因游离碱引起呼吸系统炎症表现。长期大量使用可卡因有产生精神病的危险，表现为偏执狂和持续幻觉存在，有一种典型症状是有皮下蚁走感、奇痒难忍，造成严重抓伤甚至断肢致残。

5. 尸体检查所见。急性中毒死亡者呈窒息死征象，各器官淤血明显。因血管收缩可能出现心肌梗死。用鼻吸食者，有时在鼻腔内发现毒品粉末。

长期滥用者消瘦、营养不良。用鼻吸食者，因鼻中隔的反复慢性炎症可检见鼻中隔粘膜萎缩，甚至穿孔。注射者见新旧不等的注射针痕，心损害明显，右心室常呈扩张，心肌灶性带状坏死甚至梗死。有时合并肺炎、心内膜炎、肝炎等感染性疾病。有时可见脑出血、动脉瘤破裂、血管栓塞、异物肉芽肿形成及折射晶体物质沉积。

6. 检材采集。血液、尿液为必取检材，脑、肝、肾组织也是理想检材，均可用于测定其代谢产物。肺、鼻拭子或注射周围组织，根据吸毒途径而采集。

（三）苯丙胺类中毒

苯丙胺类药物系一类人工合成的非儿茶酚胺拟交感神经药，是苯丙胺及其衍生物的统称，有很强的中枢兴奋作用，并易形成药物依赖性。根据本类药物化学结构及药理作用不同可分为以下四类：

（1）兴奋型苯丙胺类：这类药物以中枢神经系统兴奋作用为主，苯丙胺、甲基苯丙胺是其代表药。苯丙胺（amphetamine, benzedrine dexetrine）又名苯异丙胺或安非他明；甲基苯丙胺（methamphetamine）又称去氧麻黄素，盐酸甲基苯丙胺的结晶体似冰样，在欧美各国被称为"ice"（冰）、"crystal"（结晶）、"speed"（快速），我国将它称为"冰毒"。

（2）致幻型苯丙胺类：这类药物可使用药者产生很强的致幻作用。代表药物主要有二甲氧基甲基苯丙胺（2，5-dimethoxy-4-methylamphetamine，DOM）和溴基二甲氧基苯丙胺（4-bromo-2，5-dimethoxyamphetamine，DOB）。

（3）抑制食欲型苯丙胺类：常见的有苯甲吗啉（phenmetrazine）、苯双甲吗啉（phendimetrazine）、二乙胺苯丙酮（diethylpropione），以及芬氟拉明（fenfluramine）及右旋芬氟拉明（dexfenfluramine）等。

（4）混合型苯丙胺类：这类药物兼具兴奋和致幻作用，种类较多。最常滥用的是亚甲二氧基甲基苯丙胺（3，4-methylenedioxymethamphetamine，MDMA），被称为"ecstasy"（狂喜药）和亚甲二氧基乙基苯丙胺（3，4-methylenedioxyethylamphetamine，MDEA）等。混合型苯丙胺类药物与兴奋型苯丙胺类药物及某些化学物质混合所制成的片剂，服用后能令人兴奋如狂、摇头不止，被称为"摇头丸"或"快乐丸"。

苯丙胺类药物的合成原料主要是麻黄素（ephedrine）和去甲伪麻黄素（nonpseudoeph-edrine）。

1. 中毒原因。可因滥用及医疗用药过量发生中毒死亡，最常见于兴奋型和混合型苯丙胺类。

2. 毒理作用。苯丙胺类药物可经口服、吸入和静脉注射等途径吸收。

苯丙胺类药物属拟交感胺类中枢兴奋剂，可以选择性地作用于脑干以上的中枢神经系统部位，提高大脑皮层兴奋性，增强中枢神经系统活动。苯丙胺类可抑制单胺氧化酶（monoamine oxidase，MAO）活性，使单胺类神经递质的代谢受到抑制，血中浓度增高，导致脑内多巴胺和去甲肾上腺素积聚而产生神经和精神作用从而产生欣快感。甲基苯丙胺还可损害多巴胺能神经，通过外侧视丘下部，减少摄食，抑制食欲；并可使脊髓和脑干的神经反射亢进，拮抗巴比妥类药物对脑干网状结构上行激活系统的抑制作用，兴奋呼吸中枢，使呼吸加深加快。致幻型和混合型苯丙胺类药物具有精神活性作用，它们兼有兴奋作用和致幻作用。长期滥用苯丙胺类药物，机体易产生依赖性，且主要表现为精神依赖性。

3. 中毒致死量。甲基苯丙胺治疗量为每次 3～5mg，一日三次，极量 25mg。10mg 即可出现轻度中毒症状。滥用者一般每次使用 30～50mg，也有注射量高达

100~300mg 者。甲基苯丙胺致死血浓度约 4mg/L，致死量为 20~25mg/kg 体重。

MDEA 和 MDMA 口服或鼻吸使用剂量一般为 125~750mg。根据服用 MDEA 和 MDMA 后死亡案例的分析，MDEA 致死血浓度约为 4~10mg/L，MDMA 致死血浓度约为 5mg/L。

4. 中毒症状。兴奋型苯丙胺类药物急性中毒症状与可卡因中毒相似，表现为兴奋、不安、精神与体力均显活跃、饥饿感减轻、动作快而不准、焦虑、紧张、性欲亢进、不眠、眩晕、意识紊乱；严重者可出现谵妄、恐慌、狂躁、幻觉、产生冲动行为、伤人或自伤。外周交感神经症状可表现为心动过快、血压升高、头痛、高热、颜面潮红、大汗、心悸、心律失常、虚脱，可因高血压危象、循环衰竭死亡。

过量使用 MDMA、MDEA 等有致幻作用的苯丙胺类药物所致急性中毒，可在口服后几分钟出现中毒症状。开始表现为兴奋、焦虑、坐立不安、激动、心动过速、呼吸急促，继而出现恶心、呕吐、牙关紧闭、肌肉疼痛、强直、高血压、大量出汗、口渴、低钠血症、手部颤抖、视觉模糊、眼球震颤、感觉异常、失眠、夜间磨牙、共济失调、惊厥、抽搐、虚脱、昏迷；严重者可出现心律失常、心跳骤停、急性肾功能衰竭、高血压危象、恶性高热，体温可达 40℃~44℃；可有纵隔积气、弥散性血管内凝血、横纹肌溶解及肝损害的症状。可因循环衰竭和急性心律失常而死亡。

长期滥用苯丙胺类药物可使体重减轻，营养不良、厌食、恶心、呕吐、腹泻、疲劳、失眠、注意力不集中、情绪不稳、指甲脆化、夜间磨牙、不愈性溃疡，严重者可出现高血压、中毒性心肌病、心肌梗死、脑血管出血、心律失常，甚至出现充血性心力衰竭、横纹肌溶解及急性肾功能衰竭的症状。在精神方面主要表现为精神分裂症样改变，其特点是没有意识障碍、遗忘症状群和智能障碍，也缺乏明显的躯体性症状。病人常可出现性格改变，如无为、漫不经心、轻浮、粗暴、威胁言行或孩童样性格，其后遗症可出现迁延性精神病反应和再发再燃现象。

静脉注射滥用者可引起各种感染性疾病，如肝炎、肺炎、HIV 感染等。减少或停止使用苯丙胺类药物，可出现戒断反应。

5. 尸体检查所见。急性中毒死亡者无特殊病变。尸僵出现早且较强，表征为脑水肿、肺淤血、水肿，其他器官也呈淤血、水肿改变。

长期滥用死亡者尸检可见：体重减轻，营养不良。脑水肿、出血，神经细胞变性，坏死和胶质细胞反应，有的可见蛛网膜下腔出血、垂体坏死或脑疝形成。心外膜下及心肌间质血管周围出血，心肌细胞水肿，收缩带坏死或广泛坏死，坏死组织周围可见中性粒细胞和巨噬细胞浸润，有的可见心肌纤维化。肺淤血、水肿、出血、血栓形成，肺泡上皮坏死、脱落。肝细胞脂肪变性及点、灶状坏死，肝窦扩张、淤胆，汇管区淋巴细胞和浆细胞浸润，有的可见肝炎、肝硬化。肾小管上皮细胞坏死，有的肾小管腔内可见肌红蛋白管型。在肝、肺、心肌等多个器官还可见非特异性肉芽肿形成。静脉注射滥用者在肺和肝中尚可见双折射结晶；HIV 感染者较多，有的发展为艾滋病（AIDS），可伴有卡氏肺囊虫肺炎和 kaposi 肉瘤。注射局部组织可见出血、水肿、感染、结痂，久用者纤维结缔组织增生，异物肉芽肿形成，真皮纤维化，静脉血栓形成或硬化。

6. 检材采集。尽管血液在检验时必不可少，但尿是最佳检材，还可采集肝、肾、脑等组织。注射用药者还应采集注射局部的皮肤及皮下组织及非注射处的对照组织作为检材。

四、呼吸功能障碍性毒物中毒

呼吸功能障碍性毒物是指进入机体直接妨碍氧的供给、摄取、运输和利用，造成机体缺氧，导致呼吸功能障碍、甚至死亡的毒物。主要包括氰化物、一氧化碳、亚硝酸盐以及窒息性或刺激性气体（如甲烷、液化石油气、硫化氢、氯气、光气、氮氧化物、二氧化碳等）。

呼吸功能障碍性毒物可经呼吸道、消化道、皮肤等途径侵入机体。

呼吸功能障碍性毒物的主要致命环节都是引起全身组织器官缺氧性损害，其中脑组织受损最早。全身其他器官（心、肝、肾等）也相继出现充血、出血、水变性、实质细胞变性等改变。

在法医学实践中，呼吸功能障碍性毒物中毒常见于自杀、他杀和突发性灾害事故。突发性灾害事故案件，常伴有群体性中毒的情况，确定诊断比较容易。自杀、他杀案件，需要结合案情、尸体解剖及毒物检测进行综合分析判断。

一氧化碳

一氧化碳（carbon monoxide，CO）为无色、无臭、无刺激性气体，比空气轻，易扩散，微溶于水，凡含碳物质在不完全燃烧时均可产生一氧化碳。在冶金、化学、石墨电极制造、家用煤气或煤炉、汽车尾气中均有一氧化碳存在。

1. 中毒原因。一氧化碳中毒以意外事故多见，常见于日常生活以及采矿、冶金、化学工业生产过程中，其他情况如各种焙烧窑、家禽孵育房、发动的汽车、坦克及军舰密闭舱中均有一氧化碳中毒事件发生。

由于一氧化碳普遍存在，无色、无臭，常为自杀工具。利用汽车的废气自杀，在西方国家较多见，我国近年来也有发生。他杀后伪造现场造成自杀或灾害事故假象的案例时有发生，也有利用煤气或煤炉产生的一氧化碳作为他杀手段的案例。

2. 毒理作用。一氧化碳经呼吸道侵入体内，约90%与血红蛋白中的二价铁结合，生成碳氧血红蛋白（carboxyhemoglobin，HbCO），使血红蛋白失去携氧能力，竞争性地替代氧合血红蛋白（HbO_2），还阻碍 HbO_2 中氧的解离和组织内二氧化碳的输出，最终导致组织缺氧和二氧化碳潴留，产生中毒症状。因此把碳氧血红蛋白作为判断一氧化碳中毒的主要指标。碳氧血红蛋白含量越高，机体缺氧越明显，中毒症状越严重。

3. 中毒致死量。血液中碳氧血红蛋白达到50%以上即可致死。影响碳氧血红蛋白形成的因素很多，如空气中一氧化碳的浓度、接触时间、肺通气量、个体感受性等。其中一氧化碳浓度及接触时间与碳氧血红蛋白达到饱和度的速度和时间密切有关；浓度越高、接触时间越长，则碳氧血红蛋白饱和度的百分比越高。

空气中一氧化碳含量为0.1%时，接触2小时；0.15%时，接触1小时；0.3%~0.4%时，接触半小时；0.64%时，接触10~15分钟；1.28%时，接触1~2分钟均可导致死亡。

一氧化碳中毒死者血中碳氧血红蛋白饱和度多为60%~80%，但也有低于50%者。儿童、老人及孕妇对一氧化碳较为敏感。重症冠心病、严重慢性肺疾患或脑动脉硬化者对一氧化碳耐受力低，甚至碳氧血红蛋白饱和度在20%左右时也可引起中毒症状，甚至死亡。

4. 中毒症状。中毒者出现以脑为主的急性缺氧症状和体征。在法医工作中，以闪电式和急性中毒多见。

（1）闪电式中毒。常因短时间内吸入较高浓度一氧化碳所致，中毒者可突然昏倒，意识丧失，反射消失，在短时间内因呼吸中枢麻痹而死亡。

（2）急性中毒。常有头部沉重感、前额发紧，继而有剧烈头痛、眩晕、心悸、胸闷、恶心、呕吐、耳鸣、四肢无力及共济失调等症状，意识虽尚存在，但中毒者已无力离开险境自救，故在现场勘查时常可见中毒者为向门窗方向爬行的姿势。如继续吸入一氧化碳，则很快出现嗜睡、麻木、意识模糊、大小便失禁，乃至昏迷症状。此时可见皮肤、粘膜呈樱桃红色，尤以面颊、前胸、大腿内侧明显，呼吸、脉搏加速、反射减弱或消失，甚至出现血压偏低、心律失常、抽搐或强直等情况。严重中毒者由于脑水肿而出现深度昏迷，此时可出现病理反射，肤色亦因末梢微循环不良而呈灰白或发绀，最终因呼吸衰竭而死亡。部分急性一氧化碳中毒者意识障碍恢复后，经 2~3 周的假愈期后，又出现一系列神经精神症状，称为急性一氧化碳中毒迟发脑病（delayedencephalopathy）。

长期接触低浓度一氧化碳造成的慢性中毒，主要表现为神经系统和心血管系统损害，如神经衰弱综合征、心悸、胸闷、心律失常；心电图有 ST 段下降、QT 延长和束支传导阻滞等。

5. 尸体检查所见。一氧化碳中毒迅速死亡者，尸斑呈樱桃红色，在肤色较白者尤为显著。各器官呈樱桃红色，特别是肌肉组织，尤以胸大肌樱桃红色更明显。皮肤粘膜及浆膜可见斑点状出血。心血呈樱桃红色，不凝固。各器官病变与一般窒息死亡者相同；脑、心、肺、肾等器官内血管扩张淤血，由于血管壁通透性增加而有较多的浆液渗出，引起组织水肿、伴广泛灶性出血。实质细胞发生变性。

迁延数天后死亡（或经急救处理后死亡），尸斑即无上述特征。此时以中枢神经系统和心肌损害最为突出。脑血管扩张充血、水肿，可出现多发性细小出血点及局灶性出血。常在双侧苍白球形成对称性软化灶。

6. 检材采集。血液是一氧化碳中毒检查最有价值的检材。疑为一氧化碳中毒者应立即抽血，检查血液中碳氧血红蛋白含量。此外，肌肉，尤其是胸大肌，亦是较好的检材。

五、农药中毒

农药（pesticide）是一类农业生产上用于杀虫、防治病害、除草、杀鼠、杀菌以及促进或控制植物生长的化合物。按用途分类可分为杀虫剂（insectcide）、杀菌剂（fungicide）、除草剂、植物生长调节剂（plant grouth regulator）和杀鼠剂等。

在急性中毒中，农药中毒居于首位；而在农药中毒中有机磷农药中毒占大多数。

有机磷农药中毒

有机磷农药（organophosphorus pesticide）是含磷的有机化合物，在农业上主要用于杀虫、除草等，近几年来已先后合成杀菌剂、杀鼠剂等有机磷农药，具有高效、代谢快、低残留等特点。我国最常见的有对硫磷、甲胺磷、敌敌畏、乐果、敌百虫等十多种。

有机磷农药除少数品种（如敌百虫）为固体外，其他多为淡黄色或棕色油状液体，具有类似大蒜样的特殊臭味，一般不溶于水，溶于多种有机溶剂及动、植物油中，在水中溶解度高的农药（如乐果、敌百虫、甲胺磷等）在有机溶剂中溶解度往往小，油溶性小的农药不易通过皮肤侵入人体，因而人体接触中毒机会较少；有机磷农药无论是液体或固体，在任何湿度下都有蒸气逸出。

大部分有机磷农药是磷酸酯或磷酰胺类，这类化合物易与水发生反应而分解变为无毒的化合物。有机磷酸酯类化合物一般在酸性介质中水解速度较慢，在碱性介质中水解速度较快，磷酸酯比磷酰胺易于水解。多数有机磷农药在氧化剂或生物酶催化作用下容易被氧化，如硫代磷酸酯被氧化为磷酸酯。多数有机磷农药不能耐受较高温度的作用，加热时在200℃以下就发生分解，如甲基对硫磷在130~140℃即剧烈分解，同时产热升温，甚至形成爆炸。常见有机磷农药的理化特性及毒性见表11-2。

表11-2　常见有机磷农药的理化特性和毒性

名称	颜色性状		气味	大白鼠口服 LD50（mg/kg）	成人口服致死量（mg/kg）
	纯品	工业品			
敌百虫	白色结晶	白色块状	工业品有氯醛味	400~900	450
敌敌畏	无色透明液	微黄色液	轻微芳香味	75~107	56
久效磷	白色结晶	红棕色粘稠液	轻微酯味	8~23	–
对硫磷	淡黄色油状	红棕色暗褐色	弱蒜臭味	6~15	3
杀螟松	淡黄色油状	黄棕色油状	蒜臭味	470~516	–
内吸磷	淡黄色油状	占70%黄色液	无味	2.5~12	2.5
甲拌磷	无色油状	黄褐色油状	恶蒜臭味	2.1~2.7	0.1
乐　果	白色结晶	黄色油状	弱蒜臭带樟脑味	500~600	215
马拉硫磷	淡黄色液	淡黄色液	强蒜臭味	450~1400	1375
甲胺磷	白色结晶	黄色粘稠液	刺激性恶臭	20~29.9	–

1. 中毒原因。在我国城镇以敌敌畏中毒为多见；农村则以甲胺磷、对硫磷

中毒等较多见。除常见用于服毒自杀外，也有用于投毒的案例，如将农药掺入食物、饮料或中药等，还有通过胃肠外途径投毒者，如通过静脉、肌肉、皮下、胸腔、心包腔内注射、吸入或塞入阴道等途径；还有用其他方式杀人后，再经口灌服有机磷农药，而伪装自杀现场。

有机磷农药意外中毒事故较多见。如：①用装过农药的容器装食油、酱油、酒或其他食品引起中毒。②误食被农药毒死的禽、畜、鱼导致二次中毒。食用喷药不久留有残毒的蔬菜，或拌过农药的种粮，均能引起中毒。③误用农药灭虱、治癣，从皮肤吸收而致中毒。误入喷洒农药后不久的田间割草、玩耍引起中毒。④其他情况如以敌敌畏在室内灭蚊，用药浓度过大，引起吸入中毒；将敌敌畏当作胎盘组织浆，肌肉注射引起重度中毒等。

在有机磷农药生产过程中，其蒸气或液体可通过吸入或皮肤污染引起中毒。在农业使用过程中，由于违反操作规程、忽视个人防护，均可因皮肤污染或吸入引起中毒。

2. 毒理作用。有机磷农药能经无损伤的皮肤、呼吸道、消化道进入人体内，迅速分布到全身各组织器官并与组织蛋白牢固结合。有机磷中毒机制主要是对乙酰胆碱酯酶的抑制，使之失去活性，从而丧失分解乙酰胆碱的能力，乙酰胆碱在体内蓄积，引起神经系统功能紊乱的中毒表现。

有机磷急性中毒致死原因是引起呼吸中枢麻痹，进而导致呼吸衰竭，而肺水肿、呼吸肌麻痹、支气管痉挛及支气管内积聚粘液则会加重呼吸衰竭。目前认为，心损害是重症有机磷中毒后期引起急性死亡的常见原因。

3. 中毒致死量。有机磷农药根据其品种、剂型和侵入机体途径的不同，其中毒量和致死量有较大的差异，见表11-2。

4. 中毒症状。有机磷农药中毒的潜伏期因中毒途径不同而有所差异。口服者约5~20分钟出现恶心、呕吐，以后进入昏迷状态；经呼吸道者，潜伏期约30分钟，吸入后产生呼吸道刺激症状。呼吸困难，视力模糊，而后出现全身症状；经皮肤吸收者潜伏期最长，约2~6小时，吸收后有头晕、烦躁、出汗、肌张力减低及共济失调等症状。

有机磷杀虫剂中毒可导致三个时相的神经毒性作用，其表现为：

（1）急性胆碱能危象（acute cholinergic crisis）：胆碱能危象在中毒后立即出现，是急性有机磷杀虫剂中毒的主要临床表现，包括：①毒蕈碱（M）样症状。多数腺体分泌、平滑肌收缩及括约肌松弛。腺体分泌表现为多汗、流涎、流泪、鼻溢、痰多及肺部湿啰音。平滑肌收缩表现为胸闷、气短、呼吸困难、瞳孔缩小、视力模糊、恶心、呕吐、腹痛、腹泻、肠鸣音亢进。括约肌松弛表现为尿、便失禁。②烟碱（N）样症状。交感神经节和肾上腺髓质兴奋，表现为皮肤苍白、心率增快、血压升高。作用于骨骼肌神经肌肉接头，表现为肌颤、肌无力、肌麻痹等，呼吸肌麻痹可致呼吸停止。③中枢神经系统症状。轻者头晕、头痛、情绪不稳；重者抽搐（有机磷杀虫剂中毒较少见）、昏迷；严重者呼吸、循环中枢抑制，因呼吸、循环衰竭而死亡。在急性胆碱能危象期，可同时伴有心力衰竭、心律失常，心电图可见 ST 段压低，T 波倒置，室性早搏、房性早搏、血清 α-HBDH、LDH、CK、CK-MB 明显升高。

（2）中间综合征（intermediate syndrome，IMS）：多发生于中毒后 24~96 小时（或 2~7 天），在胆碱能危象和迟发性神经病之间，故称中间综合征，并非每个中毒者均发生。发病时胆碱能危象多已被控制，表现以肌无力最为突出，涉及颈肌、肢体近端肌、脑神经Ⅲ~Ⅶ和Ⅹ所支配的肌肉，重者累及呼吸肌。表现为抬头困难、肩外展及髋屈曲困难；眼外展及眼球活动受限，眼睑下垂，睁眼困难，可有复视；颜面肌、咀嚼肌无力、声音嘶哑和吞咽困难；呼吸肌麻痹则有呼吸困难、频率减慢、胸廓运动幅度逐渐变浅，进行性缺氧致意识障碍、昏迷以至死亡。

（3）有机磷迟发性神经病（OPIDN）。有机磷迟发性神经病多在急性中毒恢复后 1~2 周开始发病，部分延迟至 3~5 周。首先累及感觉神经，逐渐发展至运动神经；开始多见于下肢远端部分，后逐渐发展，有时可累及上肢。最初表现为趾/指端麻木、疼痛等感觉异常，逐步向近端发展，疼痛加剧，脚不能着地，手不能触物。约 2 周后，疼痛减轻转为麻木，运动障碍开始表现为肢体无力，逐渐发展为弛缓性麻痹，出现足/腕下垂、腱反射消失。

5. 尸体检查所见。不同品种的有机磷农药中毒所致的病理变化基本相同。急性中毒死者尸检可见下述征象：

（1）尸斑显著，呈暗紫红色。尸僵早而强，有的可见腓肠肌和肱二头肌显著挛缩，有的尚可见股四头肌、腹直肌等骨骼肌的挛缩现象，尤以敌敌畏急性中毒较为多见。口唇及指甲明显青紫。大多数瞳孔缩小；少数则两侧瞳孔大小不对称；除经治疗者外，还有部分瞳孔不缩小，甚至呈不同程度的散大。眼结膜见散在点状出血。口鼻周围有白色泡沫，部分病例可闻及有机磷的特殊气味，夏季可在口周见死蝇。

（2）口服大量有机磷中毒死亡的，切开胃后可闻到有机磷的特殊气味。有时可见黄色油状农药原液浮于胃内容物液面；有机磷乳剂与胃内容物混合可呈白色乳状液。胃及十二指肠粘膜充血并有点状出血。敌敌畏等有腐蚀性的有机磷可使胃底粘膜呈大片灰白色或灰褐色坏死，并有出血。食管下段、十二指肠和空肠上段粘膜也可见类似胃粘膜的损害。肝显著淤血、水肿。胰包膜下及间质可见灶性出血；因分泌过度，胰腺泡上皮细胞浆内可见空泡形成。但无胰腺泡上皮坏死。

（3）右心房及右心室轻度扩张，右心及大静脉内充满暗红色流动性血液。心肌间质充血、水肿。重症有机磷中毒引起迟发性急性死亡者，国外已有尸检报道，可见心肌损害，心肌局部 Z 带消失，有小灶性肌细胞溶解坏死等。

（4）气管及支气管腔内有大量白色泡沫状液体，肺水肿多较明显。镜下见肺显著淤血、水肿，有的还可见弥散分布的明显灶性出血。部分见细小支气管痉挛性收缩，管壁肌层增厚，支气管粘膜形成皱襞向腔内聚集，使在横切面上呈花边状。中毒后数小时或数天后死亡者可并发支气管肺炎。

（5）软脑膜淤血水肿。脑内小血管扩张淤血，明显脑水肿。部分可见少突神经胶质细胞肿胀和小血管周围渗出性出血。

（6）肾淤血及轻度水变性。部分在颌下腺、腮腺腺泡上皮细胞内有空泡形成。

有机磷迟发性神经病的病理变化主要是周围神经和脊髓长束轴索变性，继发脱髓鞘改变。有机磷迟发性神经病可引起中毒性肌病。

6. 检材采集。口服中毒者取胃内容物、胃组织和血液为最好；通过呼吸道吸入中毒者应提取肺和血液；如怀疑为注射投毒，应取可疑注射局部皮肤、皮下组织及肌肉送检。如尸解时发现膀胱充盈应注意提取尿液送检，在现场勘查时，应注意提取呕吐物、洗胃液、剩余食物、可疑容器等同时送检。迁延死亡者可提取肝、肾等。如毒物经皮肤吸收并已引起皮肤损害有水疱形成，可抽取水疱内液送检。

六、杀鼠剂中毒

杀鼠剂（rodenticide）是用于防治鼠类等有害啮齿类动物的药剂，通常指杀鼠药物及辅料制成的各种制剂。

常用的杀鼠剂按其化学特点可分为四类：

1. 熏蒸杀鼠剂。经呼吸道使鼠类中毒的化合物。包括：氰化钙和磷化铝，氢氰酸、氯化苦（CCl_3NO_2）、溴甲烷、二氧化硫、磷化氢、二硫化碳、一氧化碳烟炮、环氧乙烷等。

2. 无机杀鼠剂。如白磷、磷化锌、磷化铝、铊的盐类（如硫酸铊、醋酸铊等）、碳酸钡及亚砷酸钠等。

3. 有机合成杀鼠剂。本类药物种类很多，用途较广，主要有以下几种：①抗凝血杀鼠剂：能导致鼠类广泛性皮下及体内出血致死。包括茚满二酮类（如敌鼠、敌鼠钠盐及杀鼠酮等），香豆素类杀鼠剂（如华法令（warfarin）、氯苯敌鼠、溴敌隆、敌拿鼠、大隆及立克命等）。②有机氟类：如氟乙酰胺、氟乙酸钠、氟乙醇、甘氟等。③毒鼠强。④取代脲类：如安妥、捕灭鼠、灭鼠优、敌捕鼠等。⑤有机磷酸酯类：如毒鼠磷、除鼠磷、溴代毒鼠灵。⑥氨基甲酸酯类：如灭鼠安、灭鼠腈、铁灭克等。⑦其他有机杀鼠剂：如甲基嘧啶、毒鼠硅、甲基鼠灭定、双鼠脲、灭鼠宁、α-氯醛酸、维生素 D_2 和 D_3、环庚烯（UK-786）、氯化苦、溴甲烷等。

4. 天然植物性杀鼠剂。如红海葱、马钱子类药物为痉挛剂，可使鼠类发生全身性强直性痉挛，最后因心血管衰竭或窒息引起死亡。其他还有多种可用于灭鼠的中草药，如苍耳、狼毒、曼陀罗等。

毒鼠强

毒鼠强（tetramine 或 tetramethylenedisulphotetramine，TETS），又称"三步倒""灭鼠王""没鼠命""四二四""特效灭鼠灵"等，化学名四亚甲基二砜四胺，分子式 $C_4H_8O_4N_4S_2$。纯品为白色粉末，无味，性质稳定，$255\sim260℃$ 时分解。由于其稳定性很高，不易降解而易造成环境污染，对人及哺乳动物有剧毒及引起二次中毒等，是国家禁止制造、买卖、运输、储存、使用和持有的剧毒杀鼠剂之一。

1. 中毒原因。由于毒鼠强中毒死亡率极高，容易从市场得到，且毒性强、无刺激性气味和色泽，故常被用于服毒自杀或投毒他杀。投毒者大多将其直接投放于食物或混在其他药物中，偶有通过注射途径他杀者。毒鼠强意外中毒也较常见。

2. 毒理作用。毒鼠强不能透过完整皮肤，经胃肠吸收快。可分布于各组织器官中，肝中浓度最高。毒鼠强对中枢神经系统有强烈的兴奋作用，但对周围神经、神经肌肉接头及骨骼肌无作用。毒鼠强是中枢神经系统抑制性神经递质 γ-氨基丁酸（GABA）的拮抗剂，阻断 GABA 对神经元的抑制作用，使运动神经元过度兴奋，导致强直性痉挛和惊厥；同时抑制体内某些酶的活性，如单胺氧化酶和儿茶酚胺氧位甲基移位酶，使其失去灭活肾上腺素和去甲肾上腺素的作用，导致中枢神经功能紊乱，兴奋性增强；另外，毒鼠强本身有类似酪氨酸衍生物的生物胺类作用，能导致肾上腺素作用剧增。

3. 中毒致死量。毒鼠强属剧毒类，对人的口服致死量为 5~12mg，也有报道为 0.1~0.2mg/kg 体重。

4. 中毒症状。口服可即刻出现中毒症状，潜伏期多为 10~30 分钟；死亡多发生在中毒后半小时至 3 小时。

典型中毒症状表现为突发强直性、阵发性抽搐，类似"癫痫大发作"。每次抽搐持续时间从两分钟到十余分钟不等，中毒重者抽搐间隔时间缩短，发作越来越频繁；轻者则抽搐间隔时间较长，发作越来越少。如中毒后未死亡，一般抽搐症状在 3~10 天后缓解，有的持续半月以上，或间隔一段时间后再发作。早期可有意识障碍，表现为意识模糊、谵妄或浅昏迷，但持续时间短。抽搐发作可伴昏迷、瞳孔散大、呼吸困难、口吐白沫、呼吸音增粗等，严重者因呼吸衰竭而死亡。抽搐发作或缓解期间可有不同程度的精神症状，如兴奋、躁动、幻听、幻视等。有的中毒者抽搐发作前有头昏、头痛、乏力、恶心、呕吐（非喷射状）、胸闷、心悸等前驱症状。

5. 尸体检查所见。死亡急速者尸斑、尸僵显著，窒息征象较明显，各器官多有淤血水肿等急性死亡的病理变化，尤以脑淤血水肿为甚，还可见睑、球结膜点状出血、脑蛛网膜下腔漏出性出血、肺淤血水肿、胰间质出血、胃粘膜斑点状出血。有时因抽搐咬伤舌，可在舌尖发现牙印痕或咬伤出血。偶见脑实质内及脑干点状或小灶性出血，左心室乳头肌心肌纤维收缩带坏死、肌浆溶解及凝聚，肝细胞水变性等。中毒病程稍长者可并发支气管肺炎及灶性肺出血。

6. 检材采集。除剩余饭菜和呕吐物外，口服中毒者因胃及胃内容中毒物含量最高，故为必须提取的检材，其他如血液、尿、肝、肾、心、肺等也是较好的检材。

七、催眠镇静药物中毒

常见的催眠镇静药物中毒由巴比妥类和非巴比妥类药物引起，由于巴比妥类药物具有成瘾性，容易产生药物依赖，其使用受到严格控制，因此，非巴比妥类催眠镇静药中毒在法医学实践中较为多见。

（一）非巴比妥类催眠镇静药

非巴比妥类催眠镇静药为中枢神经抑制药，包括：强安定药和弱安定药两类。前者为抗精神病药，以吩噻嗪类药物为代表，吩噻嗪类（phenothiazines）衍生物种类很多，属三环类，其中典型药物为氯丙嗪（chlorpromazine），别名冬眠灵。其他常用的还有奋乃静（perphenazine），异丙嗪（promethazine，非那根），三氟拉嗪（trifluoperazine）和甲硫达嗪（Thioridazine）等；后者为抗焦虑性镇静药，有抗惊厥作用，常用的有地西泮、氯氮平、三唑仑、眠尔通、导眠能、安眠酮等。本类药物对中枢神经抑制作用缓和，耐药性和成瘾性较弱，目前临床应用广泛，容易获得，经常发生中毒。

（二）氯丙嗪

盐酸氯丙嗪有糖衣片剂及注射液两种，味苦而麻，有吸湿性，易溶于水、乙醇和氯仿，不溶于醚或苯。对光敏感，暴露于日光中易氧化分解。

1. 中毒原因。常见于精神病患者大量吞服氯丙嗪自杀或用药过量中毒；误服中毒致死者以小儿较多见。也有诱服或用注射投毒他杀的案例报道。偶见使用氯丙嗪戒毒发生中毒死亡的案例。

2. 毒理作用。氯丙嗪主要抑制中枢神经系统，其作用部位在脑干网状结构上行激活系统、大脑边缘系统及下丘脑。对自主神经的抑制作用也较显著，具有抗肾上腺素、抗纤颤、抗过敏、抗休克、降温、抗痉挛、镇吐等作用。对肾上腺素能 α 受体有阻断作用，使血管扩张，血压下降。

3. 中毒致死量。氯丙嗪中毒致死量的范围变动很大。一般认为氯丙嗪口服致死量为 15~150mg/kg 或 5~7g，致死血浓度为 5~10mg/L。

4. 中毒症状。急性中毒出现暂时性兴奋，继而嗜睡，共济失调，震颤、痉挛，神志模糊，进而昏迷，出现肌肉松弛、痛觉消失、反射消失、体温降低、呼吸减慢、血压下降、瞳孔明显缩小、发绀。由于抑制中枢神经系统发生呼吸循环衰竭而死亡。

在长期接受大剂量氯丙嗪或其他吩噻嗪类药物的精神病患者中，可出现吩噻嗪猝死综合征（phenothiazine sudden death syndrome），其可能的死亡机制为：低血压危象（体位性）、心室纤颤或循环衰竭、痉挛所致的窒息和肺动脉栓塞等。

5. 尸体检查所见。急性中毒死亡者无特殊病理改变。内脏器官淤血或伴有漏出性出血，肺、脑水肿及尿潴留。胃粘膜及内容物中可发现药品碎片，胃粘膜可见充血及点状出血。慢性中毒死者可见皮肤黄疸，肝细胞变性、坏死，脂肪变性，胆汁淤滞，甚至胆栓形成。脑神经细胞皱缩，尼氏小体消失。药物过敏死亡者可见皮疹和较多的嗜酸性粒细胞浸润。

6. 检材采集。尿为最好的检材，血液和（或）肝为测定致死浓度所必需的检材，脑、肾也可以。

（三）苯二氮卓类药物

苯二氮卓类药物（benzodiazepines）为弱安定剂，部分被用于药物滥用。以氯氮卓（利眠宁，chlordiazepoxide，librium）和地西泮（安定，diazepam，valium）为代表。还有三唑仑（triazolam）、氯氮平（clozapine）、硝基安定，去甲羟基安定、舒乐安定、氟安定等。一般为片剂。苯二氮卓类药物易溶于氯仿、丙酮，不易溶于水。在酸性、中性和碱性中均可用有机溶剂提取，但遇强酸、强碱易分解。

1. 中毒原因。多为自杀，几种药（毒）物，如毒品、酒精等混合应用发生协同作用所致的中毒最常见。本品在体内吸收快，排泄缓慢，长期服用导致蓄积或突然大量服用均可引起中毒。也可见于药物滥用意外中毒或麻醉抢劫，如三唑仑在麻醉抢劫中多见。

2. 毒理作用。苯二氮卓类药物具有中枢神经系统抑制和肌肉松弛作用。对大脑皮质、中脑、海马、脊髓等部位具有高度亲和力，可增强 γ 氨基丁酸（GABA）的抑制作用。大剂量时可使中枢神经系统、心血管系统受到抑制，锥体外系功能障碍。中枢神经系统抑制和肌肉松弛可以引起中枢性和周围性呼吸障碍。因此，苯二氮卓类药物中毒者常由于中枢神经、心血管和呼吸系统抑制可引起呼吸、循环功能停止而死亡。

3. 中毒致死量。地西泮致死量为 $100 \sim 500mg/kg$，致死血浓度为 $20mg/L$；氯氮卓致死量约为 $2g$，致死血浓度为 $30mg/L$。

4. 中毒症状。一般为倦睡，但不引起深度睡眠，易被唤醒，言语如常，肌肉软弱，共济失调，大剂量时可导致昏迷，血压下降，呼吸循环抑制，呼吸、心跳停止。

本类药物长期持续服用可出现成瘾性，停药后有戒断症状，表现为抑郁、精神激动、失眠及癫痫发作。

5. 尸体检查所见。急性中毒者主要表现为器官淤血、水变性。尸斑较显著，口唇、指甲发绀。心、肺表面可有点状出血，组织淤血、水变性，支气管内可有白色泡沫。脑水肿明显。胃内可发现残存的药末或药片。膀胱内尿潴留。病程迁延死亡者，常并发支气管肺炎（坠积性肺炎），肺水肿。大脑半球苍白球可有对称性软化灶形成，伴神经胶质细胞反应。脑实质内小血管周围可见漏出性出血。

慢性中毒死亡者，尚可见皮疹、肝细胞坏死及胆汁淤滞，肾小管上皮细胞变性、坏死。

长期药物滥用过量死亡者，神经细胞退行性改变较明显，神经细胞变性、坏死，胶质细胞增生明显，淀粉样小体形成，有的可见脑内小血管炎改变。

6. 检材采集。尿、胃内容物、血液以及肝、肾、脑均可作为检材，其含量次序为肝>脑>血>肾>肺。

（四）巴比妥类催眠镇静药

巴比妥类（barbiturates）药物是脲和丙二酸缩合而成的巴比妥酸衍生物，易溶于乙醇、醚和氯仿等有机溶剂，其溶液略呈酸性，其钠盐易溶于水，呈碱性。常用的巴比妥类催眠药见表11-3。

表 11-3　常用的巴比妥类催眠药

药名	中毒量（g）	致死量（g）	致死血浓度（mg/dL）
巴比妥（Barbital）	3~6	5~10	11~38
苯巴比妥（Phenobarbital）	2~7	4~9	6.4
异戊巴比妥（Amytal）	1.5~2	2~5	1.3~9.6
丙烯巴比妥（Secobarbital）	2~2.5	>2.5	－
戊巴比妥（nembutal）	0.05~0.2	1.5~5.0	1.7~7.5
司可巴比妥（seconal，速可眠）	0.1~0.2	1~5	2.1
环己巴比妥（hexobarbital，安眠朋）	0.1~0.3	>10	－
硫喷妥钠（Thiopental Sodium）	0.2~1.0（iv）	1	－
美多朋（haptobarbital）	－	2	

1. 中毒原因。大多数为自杀，误用或滥用引起中毒者也较为多见，少数用于他杀，也有用于麻醉抢劫。硫喷妥（钠）作为静脉麻醉药，因用量过大或注射太快也可引起急性中毒。

2. 毒理作用。口服巴比妥类药物易从肠粘膜吸收，肌肉注射吸收其钠盐快。

入血后与血浆蛋白结合，迅速分布全身组织和体液中。

巴比妥类催眠药对中枢神经系统具有广泛的抑制作用。作用于脑干网状结构上行激活系统，提高电刺激阈值，降低刺激传入神经所引起的网状结构及皮质诱发电位，使皮质处于广泛性抑制状态。较大剂量影响条件反射、非条件反射及共济协调等作用。大剂量可直接抑制延脑的呼吸中枢及血管运动中枢而致呼吸、循环功能障碍而死亡。

巴比妥类催眠药与酒精、吗啡或非巴比妥类催眠镇静剂均有协同作用。如酒精可增加巴比妥类的吸收速率并阻碍肝的代谢而延长巴比妥类催眠药的作用，引起重度中毒甚至死亡。

3. 中毒症状。急性中毒者有头痛、眩晕、嗜睡，可以被叫醒，反应迟钝，言语不清，动作不协调，存在判断力及定向力障碍。甚至沉睡，不能言语，呼吸正常或略慢，眼球震颤，瞳孔略小等。严重者出现昏睡，或出现兴奋、谵妄、躁狂、幻觉、惊厥、四肢强直、腱反射亢进、锥体束征阳性，后进入昏迷，全身松弛，各种反射消失，瞳孔缩小（后期散大），对光反射消失，呼吸缓慢或变快，可有发绀及潮式呼吸、肺水肿、呼吸衰竭，脉搏细速、血压下降，甚至发生休克及肝、肾严重损害等。皮肤上可出现疱疹，多在手臂及足跟部。

严重者可于 15 小时内因呼吸停止而死亡。迁延时间稍长者可因循环衰竭或坠积性肺炎而死亡，也有合并尿毒症而死亡者。

慢性中毒者出现皮疹、言语不清、失眠、健忘、情绪不稳定、共济失调、食欲减退、便秘等症状。

4. 中毒致死量。因药物种类不同有很大差异，一般最小致死量为其治疗量的 10 倍。常见的巴比妥类镇静催眠药中毒量和致死量见表 11-3。

5. 尸体检查所见。常呈器官淤血、水变性和点状出血，肺水肿、脑水肿。尸斑较显著，口唇、指甲发绀，手臂、足跟部皮肤可出现疱疹。有的可在胃内发现残存未溶解的白色粉末或药片，胃粘膜可发生糜烂或出血。膀胱内尿潴留。

迁延数天后死亡者，常并发坠积性肺炎，大脑半球苍白球可有对称性坏死灶，伴有显著神经胶质反应，在视丘和屏状核中也可有软化灶。有的病例有脑血管周围水肿及细小环状出血。慢性中毒死者，可见皮疹、肝细胞坏死及胆汁淤滞。

6. 检材采集。胃内容物、血液及尿液为最适宜。血液是重要的定量分析检材。脑脊液也是最佳检材。脑、肝及肾也可作为化验检材。若出现疱疹，可抽取疱疹内液体作为检材。

思考题

1. 毒物和毒品概念有什么不同吗？
2. 你所知道的毒物还有哪些呢？
3. 发现有人中毒，需要采取哪些急救措施？
4. 如何科学评价法医毒物学检测报告？

第十二章 DNA 遗传标记

迄今，DNA 分型领域已经取得了飞跃性的科技进步和成果，现代 DNA 科技标志着法医物证学已经进入了 DNA 时代。DNA 多态性分析已经在法医学个体识别和亲子鉴定中被广泛应用。本章重点介绍目前常用的 DNA 遗传标记，要求掌握各类法医 DNA 遗传标记的特点，熟悉常用的法医 DNA 分析技术，了解 DNA 数据库在犯罪侦破、失踪人口寻找等案件中的应用价值。

第一节 概 述

一、DNA 多态性

遗传标记（genetic marker，GM）是指在可作为标志物并用于遗传学分析的单位遗传性状。遗传学中，单位遗传性状是指由遗传所决定的、可检测的、并能够以一定的规律从亲代传给下一代的形态学、生理学及分子生物学特征。这些生物学特征受控于基因，基因在亲代与子代间的世代传递即遗传，使每一个体的遗传信息与其亲代和子代具有相似性。但基因也会变异，因而使得每一个个体又具备自身的遗传学特征。在一个生物群体中，各种遗传性状都存在不同程度的变异类型。一个群体中同时存在两种或两种以上的变异类型或等位基因的现象称为遗传多态性，其中最少的一种在群体中的频率大于 1%。

遗传多态性的形成机制是基因突变。当基因突变以等位基因形式在群体中得以保留，并能够从亲代传给子代，即可形成个体间的遗传差异。遗传多态性的存在使得群体中每个个体可能携带了不同的遗传性状，从而使个体的区分成为可能。在法医遗传学进入 DNA 时代之前，蛋白质水平的遗传多态性被广泛应用，如 ABO 血型、HLA 血型等。这些遗传多态性本质上受控于基因，即源于 DNA 多态性。在基因组 DNA 中，由不同碱基结构的等位基因所形成的多态性称为 DNA 多态性（DNA polymorphisms）。例如 TH01 基因座是一种 DNA 遗传性状，在人群中存在 28 种不同的基因型，任何人只能是其中的一种。当两个生物样本具有相同的 TH01 基因型时，则支持这两个样本来源于同一个个体的可能。DNA 遗传标记具有个体特定性、稳定性和反映性的特点，检测和分析遗传标记是法医学进行个体识别和亲子鉴定的重要依据。法医遗传学将 DNA 作为主流遗传标记的原因在于 DNA 所具有的多态性、在陈旧和降解检材中良好的稳定性以及同一个体不同细胞中都能检测出相同的基因型。

二、DNA 遗传标记

以限制性片段长度多态性（restriction fragment length polymorphism，RFLP）为核心的第一代 DNA 指纹技术首次实现了根据 DNA 样本对个体进行高概率的认定，是法医个人识别研究领域乃至整个法庭科学发展的重要里程碑。短串联重复序列（short tandem repeats，STR）是存在于人类基因组 DNA 中的一类具有长度多态性的 DNA 序列，由 2~6 个碱基的重复单位串联构成，是目前法医物证鉴定中应用最广泛的遗传标记。因其实现了 DNA 分型的自动化和标准化，STR 分型结果可以在采用相同分析技术的任何实验室之间进行重复与结果比对，这为 DNA 数据库的构建和应用奠定了基础。将 STR 分型结果录入数据库，通过计算机进行比对，可以迅速得出犯罪嫌疑人是否确实在犯罪相关地点留下生物检材的结论，能够为犯罪侦查方向提供指引，也能够为失踪人口的寻找提供线索。

随着"人类基因组计划"和"国际 HapMap 计划"的进行，新发现的遗传标记——单核苷酸多态性（single nucleotide polymorphisms，SNP）因其在人类基因组中分布广泛，突变率较 STR 更低，与某些疾病或表型具有相关性，并且含有族源信息（ancestry information），不仅可以在法医学领域进行个人识别和亲子鉴定，还可以根据 SNP 分型结果进行个体表型和种族来源推断。

此外，其他一些类型的 DNA 遗传标记也在法医领域有各自的用途，例如，线粒体 DNA（mitochondrial DNA，mtDNA）具有多拷贝的优势，在 STR 分型技术无法对陈旧、降解、高度角化的生物检材得出分型结果时，mtDNA 分型技术仍能得出分型结果。mtDNA 的母系遗传特点在一些特殊类型的亲缘关系分析中发挥着重要作用。Y 染色体遗传标记仅存在于男性个体，因而具有父系遗传的特点，理论上同一家族中的所有男性个体都具有相同的 Y 染色体遗传标记单倍型，这一遗传学特点决定了 Y 染色体遗传标记在法医 DNA 分析领域的特殊价值。例如在涉及男性个体犯罪的案件中，可以先使用 Y 染色体遗传标记将犯罪嫌疑人锁定在某个家族中，再用常染色体遗传标记对家族中的男性个体逐一排查，最终锁定犯罪嫌疑人。这样可以有效降低大规模排查的工作强度。

三、DNA 遗传标记的选择

人类基因组中存在大量不同种类的 DNA 遗传标记，这些遗传标记除了 DNA 序列的结构差异之外，所含的遗传信息以及信息量也存在很大差异。为了选择适用于法医遗传学分析工作的遗传标记，评估遗传标记在法医遗传学中的使用价值，根据不同的使用目的，常采用下列不同的参数。

（一）杂合度

杂合度（heterozygosity），是一个传统的描述遗传标记多态信息量的遗传学指标。杂合度是指在一个群体中，某个遗传标记的所有基因型中杂合子所占的比例。杂合度高，说明该遗传标记在一个群体中能够检出更多的杂合子个体。这意味着相同数量的等位基因可以组合出更多类型的基因型，因而可以区分出更多的个体，在法医学个体识别和亲子鉴定工作中的应用价值就越大。

（二）个人识别概率

个人识别概率（discrimination power，DP）是指在群体中随机抽取两个个体，二者的 DNA 遗传标记不相同的概率。DP 值越高，则随机抽取的两个个体在某个 DNA 遗传标记上的基因型不相同的概率越高，说明这个遗传标记在识别无关个体方面的效能就越强。意义在于，从人群中随机抽取的两个无关个体在该 DNA 遗传标记二者基因型纯粹由于偶然而一致的概率。

在法医学个人识别工作中，通常需要检测许多 DNA 遗传标记才能实现个体间的区分。使用累积个人识别概率（cumulative discrimination power，CDP）可以对所有 DNA 遗传标记的识别无关个体综合能力进行评估。

通常在鉴定中使用的遗传标记数越多，CDP 值就会越高，累积的个人识别能力就会越强。必须强调的是，在使用 DNA 遗传标记复合检测时，所有的遗传标记必须是独立遗传的，这样才能够使用乘积定律进行多个遗传标记的联合应用。

（三）基因差异度

对于存在遗传连锁关系的遗传标记，不能运用乘积定律，例如 mtDNA 和 Y 染色体遗传标记。此类遗传标记的累积个人识别概率的计算需要统计出具有连锁遗传关系的几个遗传标记所构成的所有单倍型并计算每种单倍型的频率，再计算其个人识别概率，即计算个体间的平均基因差异度。

此外还包括非父排除概率，在亲子鉴定章节中进行介绍。

四、DNA 多态性分析技术

法医 DNA 分析过程一般包括 DNA 提取、聚合酶链式反应（polymerase chain reaction，PCR）、DNA 遗传标记分型（genotyping）、结果的判读与比对。需要进行法医 DNA 分析的生物类检材往往具有微量、DNA 降解和污染的特点。针对这些特殊性，法医 DNA 分析往往采用有别于一般分子生物学的实验技术。如针对微量检材，可以不进行 DNA 提取而采用直接扩增的办法获取足够进行遗传标记分型的目标 DNA 片段，或者采用一些 DNA 损失小并且能够一定程度地去除 PCR 抑制物的 DNA 提取方法，如 Chelex-100 法、磁珠法等。

常用的 DNA 遗传标记分型技术有电泳、DNA 测序等。如针对 STR 遗传标记，目前主要采用多色荧光毛细管电泳技术进行基因型分析；针对 mtDNA 则主要采用测序技术进行多态性分析。

第二节　短串联重复序列

短串联重复序列（short tandem repeats，STR）作为继限制性片段长度多态性之后的第二代遗传标记，是人类基因组中由 2~6 个碱基作为核心单位串联重复形成的一类具有长度多态性的 DNA 序列，其核心单位的数目变化和重复次数不同构成了 STR 的遗传多态性。随着 PCR 技术在法医物证分析领域的普遍应用，STR 技术亦臻于成熟和标准化，用 PCR 技术扩增 STR 位点产生的"DNA 纹印"具有更高的灵敏度；且 STR 扩增片段较短（100~400bp），对于常规样本和部分降解样本，PCR 技术的放大效应使 STRs 技术比 RFLP 更容易成功。当联合使用多个 STR 位点同时检测时，就可以产生数以亿计的基因型组合，而每种组合在群体中出现的频率又比较低，从而可以得到很高的个人识别率和非父排除率。因此，STR 是法医实验室分析的主流技术，被广泛地应用于生物学证据的检测分析和结果解释。

一、STR 基因座特点

用于法医 DNA 分型的理想 STR 基因座应具有以下特点：①等位基因片段长度最好<300bp；②重复单位为四或五核苷酸，不含有插入的非重复单位碱基；

③等位基因数为 10~12 个，易于进行等位基因的区别；④基因频率分布比较平均，杂合度高，具有较高个人识别率和非父排除率；⑤遗传稳定，突变率在 0.002 以下；⑥种属特异性强，在非人类 DNA 无扩增产物；⑦易于实现检测及分型的标准化，以便在各实验室间实现检测结果的可重复性和数据的一致性。

二、STR 基因座与等位基因命名

STR 基因座命名原则，一种是按 STR 的 GenBank 注册命名，位于蛋白编码基因及其内含子和假基因中的 STR 基因座参照基因名称命名。例如酪氨酸羟化酶基因第一内含子中的 STR 序列命名为 HumTH01［AATG］n。另一种是按 Genome Database（GDB）命名原则，以基因座所在染色体以及首次进入公共数据库的原始序号为依据命名，记录为 D#S#t。例如 D3S1359，指位于 3 号染色体上入库数据中第 1359 号的 STR。

重复基序的定义应从第一个重复单位的开始，等位基因按重复单位的重复次数命名。如 TH01 基因座的等位基因 9，是指基序 AATG 重复了 9 次。如果某等位基因的重复结构中存在不完整基序，则以完整基序重复次数加不完整基序所含的碱基个数命名该等位基因，如 THO1 的等位基因 9.3，含有九个完整的基序和一个只有三个碱基的不完整基序。

三、STR 的法医学应用

STR 多态性很高，在人类基因组中分布广泛，可以满足绝大部分个人识别与亲子鉴定的需求。针对微量检材和低拷贝 DNA，部分 STR 分型试剂盒的灵敏度已经接近单细胞基因组的分析能力，甚至可以从一枚指纹中获得 DNA 并进行 STR 分析。性染色体 STR 由于其特殊的遗传规律，在一些转殊类型的案件、亲子鉴定中也发挥了积极作用。

四、联合 DNA 检索系统（CODIS 系统）与 DNA 数据库

CODIS 系统包含了 13 个 STR 基因座：CSF1PO、FGA、TH01、TPOX、VWA、D3S1358、D5S818、D7S820、D8S1179、D13S317、D16S539、D18S51 和 D21S11。通过联合检测这 13 个 STR 基因座，无关个体的平均随机匹配概率大于万亿分之一。目前，已有商品化 STR 分型试剂盒，并且已经积累了群体遗传学数据。美国 FBI 实验室以这些位点建立了国家 DNA 数据库（NDNAD）。CODIS 软件包括四大主要功能：①DNA 分型数据的输入和管理；②检索；③匹配管理：例如允许某实验室记录和鉴别，一个特定的匹配是来自于犯罪人员 DNA 数据库还是来自现场检材 DNA 数据库；④统计学计算（http：//www. dna. gov/dna-data bases／software）。CODIS 软件库有两部分组成：①犯罪人员 DNA 数据库（offender index），美国大多数州均以法律的形式明文规定被定罪的人将被采集生物样本用于建立 DNA 数据库，部分州、地方甚至还允许采集被拘留人的生物检材用于 DNA 数据库建设。那些在案件侦破过程中，被列为嫌疑对象而被采集样本作为 DNA 检验检材的人，一旦被排除嫌疑，其 DNA 数据将被销毁不输入 CODIS 系统备案，并且每间隔一段时间有 FBI 人员进行核实。②现场检材 DNA 数据库（forensic index），指在犯罪现场提取的物证，如精斑、唾液、毛发、血迹等。特别是未破案件的检材，输入 CODIS 系统以备未来检索和串并案使用。

我国第一个地区"法庭科学 DNA 数据库"，由刑事犯罪人员 DNA 数据库（简称前科库）、刑事案件现场 DNA 数据库（简称现场库）、失踪人员 DNA 数据库（简称失踪人员库）和基础 DNA 数据库组成。采用了客户机/服务器体系结构，所有用户的操作都通过检索终端完成，具有 STR 数据存档、管理和对比功能。为保障人权和隐私权，对犯罪人员 DNA 数据库信息和其个人信息实行分库管理。国家公安部于 2002 年颁布了《法庭科学 DNA 实验室检验规范》及《法庭科学 DNA 实验室规范》，后又颁布了《法庭科学 DNA 数据库现场生物样品和被采样人信息项及其数据结构》《法庭科学 DNA 数据库选用的基因座及其数据结构》等行业标准，使各地 DNA 数据库的建设有章可循。到目前为止，我国正在建立以国家、省、市三级结构管理为模式的全国犯罪 DNA 数据库网络系统，而且库容量迅速增加。但同时，值得注意的问题仍然是数据库建设中的相关法律保障问题、数据库信息与个人隐私等人权保障、各个地区数据库入库数据的统一性规范以及兼容性等。

五、常用 STR 基因座

每个 STR 基因座的核心序列和重复次数详见表 12-1，这些所选基因座都严格经过人类连锁中心评估（Cooperative Human Linkage Center，CHLC）（网址是 http：//www.chlc.org）。每个位点的核心序列也是经国际法庭遗传学会（International Society of Forensic Genetics，ISFG）推荐。需要注意的是这里所显示的 PCR 产物片段大小是相对于内标大小计算出来的，可能与实际 DNA 测序的结果有所不同。

表 12-1　常用 STR 基因座信息（加黑是 CODIS 系统位点）

位点名称 （UniSTS 编码）	染色体位置	物理位置 （GRCh37）	GeneBank 编号 （重复等位基因）	分类与核心 序列	等位基因 范围
D1S1656（58809）	1q42	Chr 1 230.905 Mb	G07820（15.3）	compound TAGA	8~20.3
TPOX（240638）	2p25.3（甲状腺过氧化物酶，第10个内含子）	Chr 2 1.493 Mb	M68651（11）	simple AATG	4~16
D2S441（71306）	2p14	Chr 2 68.239 Mb	AC079112（12）	compound TCTA/TCAA	8~17
D2S1338（30509）	2q35	Chr 2 218.879 Mb	AC010136（23）	compound TGCC/TTCC	10~31
D3S1358（148226）	3p21.31	Chr 3 45.582 Mb	AC099539（16）	compound TCTA/TCTG	6~26
FGA（240635）	4q31.3（alpha 纤维蛋白原，第3个内含子）	Chr 4 155.509 Mb	M64982（21）	compound CTTT/TTCC	12.2~51.2
D5S818（54700）	5q23.2	Chr 5 123.111 Mb	AC008512（11）	simple AGAT	4~29
CSF1PO（156169）	5q33.1（c-fms 原癌基因，第6个内含子）	Chr 5 149.455 Mb	X14720（12）	simple AGAT	5~17
SE33（ACTBP2）	6q14（beta-肌动蛋白相关假基因）	Chr 6 88.987 Mb	V00481（26.2）	complex AAAG	3~49
D7S820（74895）	7q21.11	Chr 7 83.789 Mb	AC004848（13）	simple GATA	5~16
D8S1179（83408）	8q24.13	Chr 8 125.907 Mb	AF216671（13）	compound TCTA/TCTG	6~20
D10S1248（51457）	10q26.3	Chr 10 131.093 Mb	AL391869（13）	simple GGAA	7~19
TH01（240639）	11p15.5（酪氨酸羟化酶，第1个内含子）	Chr 11 2.192 Mb	D00269（9）	simple TCAT	3~14

续表

位点名称 （UniSTS 编码）	染色体位置	物理位置 （GRCh37）	GeneBank 编号 （重复等位基因）	分类与核心 序列	等位基因 范围
vWA（240640）	12p13.3（v-W 因子，第 40 个 内含子）	Chr 12 6.093 Mb	M25858（18）	compound TCTA/TCTG	10~25
D12S391（2703）	12p13.2	Chr 12 12.450 Mb	G08921（20）	compound AGAT/AGAC	13~27.2
D13S317（7734）	13q31.1	Chr 13 82.692 Mb	AL353628（11）	simple TATC	5~17
Penta E	15q26.2	Chr 15 97.374 Mb	AC027004（5）	simple AAAGA	5~32
D16S539（45590）	16q24.1	Chr 16 86.386 Mb	AC024591（11）	simple GATA	4~17
D18S51（44409）	18q21.33	Chr 18 60.949 Mb	AP001534（18）	simple AGAA	5.3~40
D19S433（33588）	19q12	Chr 19 30.416 Mb	AC008507（14）	compound AAGG/TAGG	5.2~20
D21S11（240642）	21q21.1	Chr 21 20.554 Mb	AP000433（29.1）	complex TCTA/TCTG	12~43.2
Penta D	21q22.3	Chr 21 45.056 Mb	AP001752（13）	simple AAAGA	1.1~19
D22S1045（49680）	22q12.3	Chr 22 37.536 Mb	AL022314（17）	simple ATT	7~20

六、分型技术

运用一定的技术手段检测并判读 STR 基因座上两个等位基因的过程即为 STR 分型。常用的 STR 分型技术均是以 PCR 扩增技术为基础，阳性率和检测灵敏度均较高，适用于降解、陈旧和腐败检材的分析。STR 基因座的等位基因扩增片段一般小于 400bp，采用普通聚丙烯酰胺凝胶电泳（polyacrylamide gel electrophoresis，PAGE）即可获得良好的等位基因分离效果，很容易获得准确的基因型判读结果。

STR 复合扩增主要采用多色荧光标记复合扩增体系。用 4~6 种不同颜色的荧光染料分别标记不同的 STR 基因座的 PCR 引物，扩增产物会携带上不同的荧光染料。荧光产物使用毛细管电泳（capillary electrophoresis，CE）体系进行电泳分离，其基本原理与聚丙烯酰胺凝胶电泳相同，利用 DNA 分子在电泳介质中的迁移率差异对其进行分离。但毛细管电泳所使用的电泳介质是一种高分子聚合物，其结构更稳定。并且，毛细管电泳时可以使用极高的电压，可以实现 DNA 片段的快速分离。PCR 产物经过电泳分离后，依据片段大小不同由小到大依次通过激光激发荧光检测器，并对荧光颜色及片段大小进行记录，作为 STR 基因型判读的依据。在荧光复合检测体系中，通常使用相同颜色的荧光染料标记等位基因扩增片段长度差异较大的基因座，采用不同颜色的荧光染料标记等位基因片段长度差异较小甚至相互重叠的基因座。这样，一个 STR 复合扩增体系可以实现对 15~40 个 STR 基因座的同步扩增和分型。（图 12-1）。

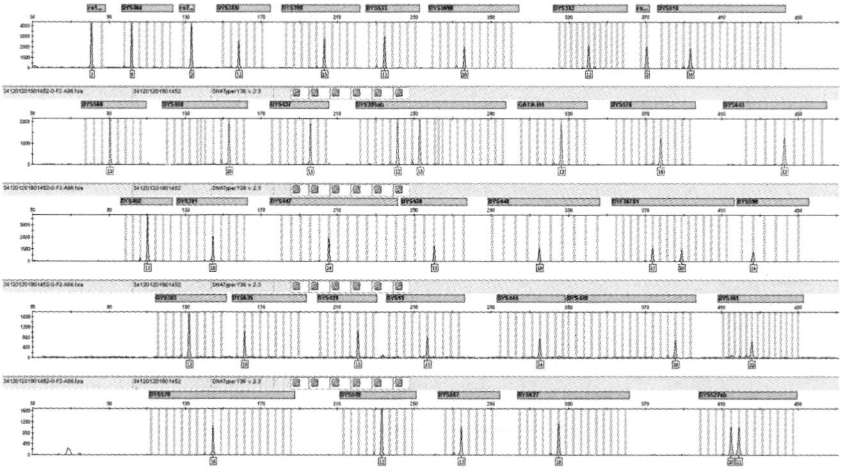

图 12-1　STR 基因座六色荧光试剂分型图谱

第三节　其他 DNA 遗传标记

一、单核苷酸多态性

单核苷酸多态性（single nueleotide polymorphism，SNP）是指在基因组水平上由单个核苷酸变异所引起的 DNA 多态性。SNP 是人类基因组中含量最丰富的 DNA 多态性，占所有已知 DNA 多态性的 90% 以上，已广泛应用于群体遗传学、医学遗传学与药物基因组学等方面。其丰富的含量和高度的遗传稳定性使其在法医 DNA 分析领域也被高度重视，被认为是继 STR 后的第三代遗传标记。SNP 与

STR 相比，它主要具有四方面的优势：①突变率低，遗传稳定，有利于亲权鉴定；②扩增产物通常 <100 bp，即使在 45~55 bp 范围内也能获得分型结果，更有利于分析降解 DNA 检材；③双等位基因，样本的处理和数据分析适于快速、高通量的自动化分型；④具备推断样本种族来源、预测嫌疑人外貌特征的能力。

SNPs 也有以下方面的局限性：①众多的 SNP 具有双等位基因特征，单一 SNP 上的多态性比其他遗传标记低；②SNP 面临的另一个挑战就是无法从微量、降解 DNA 样本的模板中同时复合扩增出足够多的 SNP 位置以达到所需的鉴定能力；③目前 STR 分型系统所含的位点，在全球各主要群体中有相对稳定的、较低的等位基因频率，这就使得多个 STR 位点联合起来有极低的随机匹配概率，并且可以在全球多个群体中应用。而 SNP 则不同于 STR，因为 SNP 的等位基因频率在不同群体中的变化跨度非常大（0~1），因此，一方面最好筛选能适用于全球群体的 SNP 位点；另一方面也需在选择位点时考虑到群体的特异性。

（一）法医学应用

根据所提供的遗传信息不同，SNP 可以被分为三种类型：个人识别 SNP、祖先信息 SNP 和表型信息 SNP。

1. 个人识别 SNP。个人识别 SNP（individual identification SNP，IISNP），即能够提供个体识别信息的 SNP 遗传标记。该类型 SNP 一般拥有较高的杂合度和个人识别能力。由于单个 SNP 的多态性有限，一般需要联合多个 SNP 才能实现有效的个人识别。50~60 个二等位基因 SNP 可以达到相当于 CODIS 系统的个人识别能力。SNP 位点突变率远低于 STR 位点，可以解决亲子鉴定中 STR 所不能解决的问题。例如，突变的存在会影响 STR 系统的亲子鉴定能力，有时甚至无法得出明确的结论。此时，补充 SNP 位点可以获得理想的结果。

2. 祖先信息 SNP。祖先信息 SNP（ancestry information SNP，AISNP）是指含有个体种族来源信息的 SNP 遗传标记。随着各种遗传标记群体遗传学数据的积累，发现许多类型的遗传标记存在群体特异性等位基因，即一个位点的等位基因频率在不同群体之间存在显著差异。在遗传学上，可以利用这种差异来推断样本的种族来源。群体特异性等位基因在 STR 和 SNP 遗传标记中都存在，但由于 AISNP 突变率低，其等位基因频率在人群中更稳定，因此成为更好的推断种族来源的遗传标记。在案件侦破过程中，如果能够提供生物检材的种族来源信息，可以有效地缩小侦查范围，为缩短破案进程提供帮助。

3. 表型信息 SNP。表型信息 SNP（phenotype information SNP，PISNP）是决

定人体特异性表型特征的 SNP，例如皮肤颜色、头发的颜色、眼睛的颜色等。一些类型的 PISNP 已经被整合到法医遗传学检测体系中，可以通过案发现场遗留生物样本所提供的遗传信息推断出该个体眼睛的颜色、头发颜色和肤色。

（二）分型技术

SNP 检测方法多种多样，既有以序列测定为基础的高通量分析方法，如新一代测序（next generation sequencing, NGS）技术，也有以 DNA 杂交为基础的芯片检测方法。目前法医学 SNP 分析常用的方法为 SNaPshot 技术，可以在常规 STR 分析所采用的毛细管电泳分析平台上实现对 SNP 的复合检测。

SNaPshot 技术又称微测序技术（minisequencing），是一种单碱基引物延伸法。反应体系中，引物的 3′端末位碱基被设计在 SNP 位点的前一个碱基位置上，底物为 4 种不同荧光染料标记的 ddNTP。当引物与模板退火后，在 DNA 聚合酶的作用下发生链延伸，由于 dNTP 具有链终止作用，即结合了 daNTP 的 DNA 链无法再继续向下延伸，因而停止在 SNP 存在位置。根据荧光颜色的不同判断多态性位点的碱基种类。

SNaPshot 技术已经被广泛应用于法医 SNP 多态性的分析检测。该技术具有以下特点：①灵敏度高，分型准确；②可实现复合扩增，且被证明适合案件检材的鉴定；③所需仪器设备已经应用于大多数法医 DNA 实验室，容易普及；④若某一样本基因分型偏离正常位置分布，则提示该样本浓度较低或可能受到污染。

二、线粒体 DNA 多态性

线粒体 DNA（mtDNA）位于线粒体基质内，每个线粒体通常含有 4~5 个拷贝的 mtDNA，为闭环双链结构，由两条反向平行的双链构成，又分为外环的重链（H 链）和内环的轻链（L 链），mtDNA 长度约 16569bp，含有 37 个功能基因，分别编码 13 种蛋白质，22 种 tRNA 和 2 种 rRNA。在不同组织细胞中，线粒体的数量在数百至数万之间变化，差异很大。线粒体 DNA 所携载的遗传信息具有母系遗传的特点，因而在法医遗传学领域具有特殊的应用价值。

（一）特点

1. 多态性有限。mtDNA 编码区的序列相对保守。唯一的非编码区就是 D-环区（D-loop），大约为 1100bp，又称为控制区（control region），序列变异较大，大约每 100bp 中就有 1~3 个碱基变异。控制区的碱基变异相对集中分布在第 29~408 号和第 15996~16401 号碱基的两个区段，分别称高变区 I（HV-I）和高变区 II（HV-II）。在 438~574 号碱基之间，也存在较多的碱基变异，可称之为高变区

III（HV-III）。mtDNA 控制区的序列变异类型包括 SNP 以及 InDel。比较两个高变区碱基变异，HV-I 要比 HV-II 更多，多态程度更高。

2. 突变率极高。mtDNA 的突变率约为核 DNA 的 10~20 倍。原因主要在于：①线粒体 DNA 为闭合环状结构，没有组蛋白；②线粒体中缺乏 DNA 损伤修复机制；③线粒体 DNA 为多拷贝，每个线粒体基因组中的任何碱基都可能发生突变。如果 mtDNA 在母系成员间进行传递的时候发生突变，那么就会给确定家系关系带来障碍。反之，线粒体 DNA 的高突变率也可能使来自同一母系家族的两个个体具有不同的 mtDNA 型，从而有利于区分同一母系的不同成员。

3. 具有异质性。异质性（heteroplasmy）是指同一个体 mtDNA 出现两种或两种以上的碱基序列的现象。mtDNA 的异质性形式有多种：①同一组织中含一种以上的 mtDNA 序列；②不同的组织有不同的 mtDNA 序列。异质性在法医物证学分析中有着不同的意义，认为在同一代内个体间以及代与代间的异质性对 mtDNA 在法医物证学应用方面是一个阻碍。

4. 母系遗传。人类受精卵中的线粒体绝大部分来自母亲所提供的卵细胞，而精子细胞质成分较少，且精子线粒体会被新生的胚胎细胞核降解，因而只有母亲的线粒体 DNA 传递给子女，即只有女性才能将其线粒体 DNA 传给下一代，这种遗传方式被称为母系遗传。因此，兄弟姐妹和母系亲属具有相同的 mtDNA 序列。

5. 单倍型遗传。mtDNA 不具备类似核 DNA 的同源染色体，不存在同源基因间的重组与交换，因而，线粒体 DNA 链上的所有的序列变异都是整体向下传递，故称单倍型遗传。

（二）分型技术

mtDNA 多态性分析以测序技术为主，在分别获得不同高变区序列的基础上，通过与标准序列进行比对并判断出序列变异位置和变异类型，然后再进行个体间比较。双链 DNA 序列测定经过 L 链和 H 链分别从两个方向测序，比对两链相应碱基的互补性，可以获得更准确的序列资料。参考序列指的是已公布的完整线粒体 DNA 序列。

mtDNA 分析的实质是序列比对，在比对中找出不同个体间的 mtDNA 序列差异。在排除异质性存在的前提下，法医对 mtDNA 序列比对结果有三种解释：排除、不排除或不确定。排除：如果在两样本间有两个或两个以上的碱基不同，则可排除两样本来自同一个体或同一母系的可能。不排除：如果两样本的序列在比对序列的每个位置都有共同的碱基，则不能排除样本来自同一个体或同一母系。不确定：如果在两样本中只有一个碱基不同，则结果为不确定。

（三）法医学应用

mtDNA 在细胞内的拷贝数目较多，且远小于核基因组，往往在核 DNA 高度降解的情况下仍能获得 mtDNA 分析结果，如陈旧性骨骼样本。而在一些高度角化组织如毛发、指（趾）甲中，由于细胞核已经消失，核 DNA 物质也高度降解，mtDNA 成为唯一可以提供个体信息的遗传标记。mtDNA 的母系遗传特征有助于寻找失踪人员或调查大型灾难，如沙皇遗骨的鉴定即是运用 mtDNA 遗传标记，通过其母系血亲所提供的 mtDNA 遗传信息进行最终的确认，但由于所有的母系成员都具有相同的 mtDNA 分型，没有个体特异性，鉴别能力低，无法用于个体的同一认定。

建立法医学 mtDNA 数据库是一项艰巨的工作，mtDNA 和 Y-STR 研究相比，其所用的分型系统、试剂等检测方法没有实现商业化，而具有各自的实验室特色，同时检测分析数据的复杂性也高于 Y-STR，因此对检测的 mtDNA 质量控制显得尤为重要。

目前的研究一方面扩大了 mtDNA 的法医学应用领域，如在人类学、种族、年龄推断领域运用；另一方面就是优化目前的常规分析技术，以达到可靠的 mtDNA 分析结果；再者就是挖掘更多的信息资源，如除了分析高变区，也开始对编码区进行分析等。随着测序技术的发展，如下一代测序技术（next generation sequencing，NGS）、SNP 分析、序列特异性探针杂交、质谱分析等，可实现高通量分析 mtDNA，获得可靠的目标位点信息以及整个线粒体基因组扩增，完善和扩大数据库规模，为 mtDNA 的应用提供研究空间。

三、Y 染色体

人类 Y 染色体大约有 50Mb，在短臂和长臂的两端，其一被称为拟常染色体区（pseudoautosomal regions，PAR），可以和 X 染色体同源性区域发生重组。除了PAR 外，约占 Y 染色体 95%的剩余区域称为非重组部分（non-recombining portion of the Y chromosome，NRY），也被称为男性特异性区域（male specific region，MSY），该部分只在 Y 染色体内部发生重组。

（一）Y 染色体遗传标记

Y 染色体遗传标记大体可以分为两类：双等位基因标记和多等位基因标记。这些遗传标记对应的分型结果分别被归纳为单倍群（haplogroups）和单倍型

（haplotypes）两类。单倍群是指一组类似的单倍型，这组单倍型内有共同的 SNP 祖先，这些单倍型之间具有相同的 SNP 突变发生，可以根据单倍型调查来推测单倍群。在人类遗传学中，单倍群主要用于 Y 染色体和线粒体 DNA 研究，在一些网站可以提供相关的单倍群查询（http：//haplogrep. uibk. ac. at/）。双等位基因主要包括 SNPs、Alu 插入，突变率极低，约 $10^{-8} \sim 10^{-9}$/代。多等位基因标记包括两个小卫星位点和几百个 Y-STR 基因座，小卫星位点突变率为 6%～11%/代，Y-STR 平均约 2×10^{-3}/代，如此高的突变率决定了它们较高的鉴别能力。

（二）Y 染色体 STR 遗传特征

和常染色体不同，Y 染色体、mtDNA 只在父系或母系进行遗传，很少出现父系和母系之间交叉的现象，因此，Y 染色体、mtDNA 多态性的这种遗传特征也被称为线性标记（lineage markers）。与常染色体相比，Y-STR 具有非重组、非随机分布，单倍型伴性、连锁遗传；分型简单、应用方便；不同种族、民族和地域甚至不同家族群体之间显著差异等特点，在人类的起源繁衍、迁移进化、发展演变等研究中发挥着重要而独特的作用。在法医学研究领域，Y-STR 检测技术在个体识别、亲权鉴定、混合斑中男性成份检验等应用方面，为常染色体 STR、mtD-NA 提供补充或排除信息，如用于男/女混合、多个男性混合斑迹，微量或严重降解的检材检验等；用于个体识别、遗留物与个体检材之间、遗留物与遗留物之间的否定判断或对同一父系不同个体检材及其遗留物进行识别；用于父权鉴定，可相对提高父子之间单亲亲权鉴定的肯定概率，也可进行父系同代、隔代的亲缘关系的鉴定等。

Y 染色体的独特遗传特征决定了其具有诸多优点和应用领域，然而，在法医学实践中还必须同时认识到其局限性，如无法在同一父系家族成员（如兄弟）之间进行区分鉴定；基因座间不发生重组，而使其个人识别率与现有的数据库个体数量有直接关系；基因座的个人识别率亦受突变的影响较大等。

四、X 染色体

（一）X 染色体的结构

X 染色体含有比较长的序列，大约 153 Mb，编码大约 2000 个基因。种族间序列比较发现 X 染色体包含一部分来自其他哺乳类动物的常染色体序列，且 X 染色体中包含一段具有活性的常染色质区（euchromatin region），该区域在 Y 染色体中对应部位不存在或非常短，说明 X 染色体在进化中相对比较保守，而 Y 染色体则发生了退化改变。

（二）X 染色体的遗传特征

在正常男性细胞内，X 染色体来自其母亲，和 Y 染色体一样，也呈现为单倍体的半合子状态；而在女性细胞中则有两条 X 染色体，分别来自其父亲和母亲，因此无论是儿子还是女儿，都保留着来自母亲的一条 X 染色体。通常只有一条 X 染色体表现为激活状态，另一条处于非激活状态，亦是 X 染色体呈现单体型、三倍型和多倍型的个体如 XXY（克氏综合征）、XXX 等能够存活的原因。临床医学在研究一些常见遗传病时，如血友病、Duchenne 型肌营养不良症、G6PD 缺陷病、红绿色盲等，对 X 染色体的遗传特征有了新的认识，并随后将 X-STRs 应用到法医物证学领域。

（三）X 染色体的法医学应用价值

当在父代核型中出现 X 染色体异常的情况时，通常会发生不孕不育的情况，因此亲权鉴定时出现父代 X 染色体异常的情况难以发生，而当子代发生 X 染色体异常时，则会影响亲权鉴定的准确性。由于遗传方式的不同，X 染色体在亲权鉴定中主要用于缺乏双亲的同父异母姐妹、单亲父女、母子的亲权鉴定中，如灾害、战争中受害者的特殊亲缘关系分析等。在这些案例中，X-STRs 具有比常染色体 STRs 更高的平均排除率（mean exclude chance，MEC）。此外亦可用于复杂的样本分析，如当常染色体 STRs 出现一个不匹配的样本。

思考题

1. 什么是遗传标记？常用的遗传标记有哪些？你还知道其他的遗传标记吗？

2. STR 遗传标记为什么能够得到普遍应用呢？

3. 在未来的法医学应用中，SNP 是否可以替代 STR？

4. 在法医学中，与常染色体相比，性染色体有哪些优缺点？

第
十
三
章

生物检材及个人识别

　　生物检材指的是与人体有关的检材。包括人体组织与器官、体液、分泌物、排泄物及由它们形成的斑迹，如血液、精液、唾液、毛发、骨骼、牙齿、肌肉、皮肤、粘膜等。生物检材多存在于案发现场，或与案件相关的物品及嫌疑人身上，是法医物证学检验的对象。通过检验揭示其物理、化学、生物学的成分和特性来证明案件事实，从而为侦查提供线索，为审批提供科学证据。

第一节　概　述

一、生物检材的特点

（一）生物检材的稳定性受环境条件影响

　　案件过程的多样性和犯罪现场的复杂性，使法医生物检材不可避免地受到环境条件的影响。以血液为例，血液一旦从身体流出，就将迅速变质。死亡意味着生命活动停止，尸体内部的变质即刻开始，尸体中的血液也同时经历不可逆的变化，并且这种变化可由于温暖和潮湿的环境而加速。法医鉴定人不能预测收集检材前血痕所经历的环境条件与时间，也难以控制血痕收集后至送到实验室之前委托单位处理或保存血痕的方法。现场也可能有类似血痕的其他生物性斑痕，在未进行检验之前，鉴定人甚至不知道检材是血痕。因此，生物检材的主要特点在于环境条件的作用使其具有某些不确定性。针对生物检材的特点，设计合理的分析策略，选择正确的实验方法，减少不确定性，即使对一个非常有经验的法医鉴定人来说，也是一个严峻的挑战。

（二）生物检材属于"科学证据"

　　生物检材的发现、提取和检验需要运用科学技术来完成，因此对科学技术有很强的依赖性。对生物检材进行的检验都必须在法医物证专业实验室内进行，且遵循严格的操作管理程序和质量控制体系。鉴定结论与案件事实之间是否具有相关性的信息亦需要严格的逻辑推理和科学的理论来解读。因此，生物检材属于"科学证据"的范畴。

二、生物检材的意义

（一）生物检材是侦破刑事案件的向导

刑事案件中，特别是在凶杀、抢劫、盗窃、斗殴、强奸等案件中，常会出现人身伤害与死亡。由于个体与个体间，或个体与环境物品间发生接触，常遗留有血液、毛发、指甲、牙齿、精液或唾液等，这些生物检材通常细小而且分布范围广，罪犯很难彻底将其销毁掉。侦破工作往往是从细小的生物检材收集开始，并经分析鉴定，为侦查提供线索。

（二）生物检材是查明案件事实的依据

案件是既往发生的事件，办案人员只能通过各种证据来查明或"重建"案件事实。在许多案件中，生物检材都是这类"案件重建"的主要依据。它能帮助办案人员查明案件的性质、案发时间和地点、过程和原因以及案件中涉及的人和物。以事实为依据的法律原则，体现了包含与案件有关的生物检材及其鉴定意见对重建案件事实的重要作用。

（三）生物检材是审查其他证据的手段

生物检材属于物证的一种，以其本身客观的物质特征起证明作用，不易受主观因素的影响，它的证明价值是经过严密的科学检验所确认的，具有高度的客观性和可靠性，属于"科学证据"。所以生物物证在司法实践中可以作为审查和鉴定证人证言和当事人陈述等其他证据的有效手段。

三、生物检材鉴定的任务与技术

（一）基本任务

主要解决司法实践中的个人识别（personal identification）及亲子鉴定（parentage testing）问题。许多刑事或民事案件涉及与人体有关的生物检材，需作法医物证鉴定，诸如下列情况：①犯罪现场或可疑凶器上遗留的血痕或可疑血痕，需鉴定是否是人血，是被害人所遗留还是作案人所遗留；②强奸或强奸杀人案，遗留的精液或精液与阴道分泌液的混合斑，需鉴定可疑精液斑或混合斑中的精液是否是犯罪嫌疑人所留；③道路交通事故中嫌疑车辆上的血痕、毛发与组织碎片需鉴定是否来自受害人或死者；④灾害事故、空难事件造成尸体离断，需鉴定是否同属一人；⑤纵火杀人、焚尸灭迹、火灾遇难、集体被屠杀等案件需进行尸源鉴定；⑥可疑父母与子女之间有无血缘关系，诸如私生子、调错婴儿、拐骗儿童、财产继承、移民、强奸致孕等民事与刑事案件，均需进行亲子鉴定。

（二）基本技术

法医鉴定人对于生物检材的处理策略和实验结果的科学解释是法医物证技术的两个关键环节，其具体方法涉及多种相关学科的新方法与新技术，近年来发展迅速。

1. DNA 分析方法。1985 年英国科学家 Jeffreys 等人首先报道了利用第一代 DNA 指纹技术解决一起移民争端案件，开创了"法医 DNA 分析"时代。DNA 指纹技术的高度个体特异性克服了传统遗传标记能力低的缺陷，使法医个人识别和亲子鉴定实现了从仅能排除到高概率认定的飞跃，被誉为法医物证分析的里程碑。1993 年，国际法医遗传学会推广了以 STR 为核心的第二代 DNA 指纹或 DNA 纹印技术，不仅实现了法医物证检验高概率的认定，也为法医 DNA 分型技术的标准化铺平了道路。采用 DNA 遗传标记，理论上不必通过测定全基因组序列来进行个人识别。DNA 分型的优点还在于能从任何含有细胞的体液或组织中得到相同的 DNA 结果，能够对陈旧斑痕和极微量的生物检材分型，分析结果能够成为计算机可查询的数据库形式。此外，DNA 快速分型的能力可保证尽快排除无辜的犯罪嫌疑人，使鉴定工作不至于延误案件调查工作。

2. 生物化学与分子生物学方法。常用各种电泳技术测定人类血清型、红细胞酶型及进行 DNA 分析。常用的电泳支持介质有淀粉凝胶、琼脂糖凝胶、混合凝胶及聚丙烯酰胺凝胶等。电泳方法包括圆盘电泳、垂直板电泳、水平电泳、等电聚焦、变性凝胶电泳及 DNA 序列分析。

3. 遗传学方法。亲子鉴定中应用遗传学原理对被控父母与子女的血缘关系进行分析，根据不同类型的遗传标记亦采用不同的遗传规律解释检验结果，因此亲子鉴定必须具备基本的遗传学知识。凡计算各种遗传标记否定父权的概率、父权指数等量化指标均需遗传标记的基因频率，后者要通过群体遗传学调查结果获得，理论基础是群体遗传学。

4. 化学方法。在鉴别现场斑痕的类别时，多采用传统的化学方法，如血痕检验的联苯胺、血色原结晶试验，精斑检验的碘化碘钾结晶试验，唾液斑检验的碘-淀粉试验等。这些方法尽管不特异，但操作简单有效，有的方法非常灵敏，沿用至今。

5. 物理学方法。以往可作为预试验在紫外光下检测精斑，用分光光度法检测血红蛋白及其衍生物确证血痕等。近年来应用磁共振法测定血痕的陈旧度，有些酶型测定及 DNA 分析需在紫外光下阅读酶谱及 DNA 扩增产物片段。尤其是荧光染料标记引物复合扩增 STR 基因座，应用激光诱导获得分型信息等技术已经成为法医物证检测的常规手段。

6. 电子计算机技术。利用 DNA 分型技术和计算机、网络技术收集 DNA 数据而建立起来的 DNA 数据库已在全世界成为打击犯罪最常用的工具，其在犯罪侦查中的高效性和准确性已广泛地得到人们的认可，在法庭上的证据作用也已在许多国家的立法上得到了保证。

7. 形态学方法。主要方法是显微技术及扫描电镜技术，用显微镜技术区别人类及鸟类红细胞，即区别人血与鸟血；根据血痕中发现不同形态的细胞，推断出血部位；根据毛发的形态结构区别人毛与兽毛以及兽毛的种属；根据哈弗氏管的形态及数量，区别人骨与兽骨。

8. 免疫血清学方法。物证检验广泛采用了免疫学技术，包括传统经典的沉淀反应和凝集反应等，并将其用于血痕种属鉴定、精斑确证试验、血痕血型测定的解离试验等。"法医血清学"曾经是法医物证检验的核心。高灵敏度的免疫学方法，如酶联免疫吸附试验、免疫固定蛋白分析技术、免疫层析技术等至今还是学科研究和物证鉴定的重要手段。

四、生物检材的发现、采集、包装和送检

(一) 检材的发现

生物检材大部分是在现场勘查过程中发现的，也有在检查被害人及搜查犯罪嫌疑人时发现的。生物检材大多数分散分布于各处，应力求做到全面、充分和仔细搜寻检材。发现检材，第一时间原位拍照或拍摄录像资料，结合测量、绘图等手段详细记录现场原始状态。在进行详细记录后，方可移动和提取检材。此外，要注意改善照明条件，仔细观察拐角、缝隙等隐蔽部位。

1. 血痕。血痕常可见于现场地面、墙面、墙角、家具、衣服、鞋袜、被褥、蚊帐、凶器、石块、砖头、泥土、木棒、工具、窗台、窗玻璃、门把手、水龙头开关、植物叶茎表面、头发、指甲缝等处。对于作案人处理过的现场，应特别注意观察家具角、缝隙，家具下的地面，家具挡住的墙角，木板缝隙，垃圾桶内外壁、桶底，照明不好的地面、墙面等地方。薄层血痕，为褐色斑痕，局部量大的血痕形成暗褐色血痂。现场如很黑暗，可用鲁米诺喷射，如有血痕会发出青白色

荧光。

2. 精斑。精斑可出现在受害人衣裤、卫生巾、被褥、手帕、卫生纸、草席，及受害人腹壁、大腿、阴毛等处。精斑的形状不规则，颜色因附着物不同而有所差异，在白色的衣裤或床褥等布类物品和卫生纸上，呈淡黄色类似浆糊斑，在有色布上，浓稠的精斑呈灰白色结痂状。精斑在紫外线灯光下呈银白色、带淡紫晕的荧光，此时可用笔将范围画出，以备进一步检验。

3. 唾液斑。唾液斑常见于现场遗留的烟头、烟斗、口香糖、瓜子壳、吸管、饮料容器、咬痕、牙签、牙刷、信封口与邮票背面等处，肉眼观察没有明显特征，不易发现，可将可疑物品送实验室检验。

4. 毛发。毛发本身可自然脱落，也常在案件发生过程中被外力拔脱。毛发呈细丝状，当环境中存在形态类似物或毛发存在部位颜色与毛发接近时，发现毛发比较困难。在暴力犯罪案件，毛发常遗留在案发现场地面、床褥、家具、凶器等处，也可见于受害人手中。强奸案件中，毛发多见于现场床褥、沙发，及受害人阴部、内裤、外阴和大腿间。盗窃案件则常见于窗、门等进出通道上。蒙面抢劫案件，用于蒙面的套头用品中常能发现毛发。在寻找毛发时，良好的照明条件更有利于发现毛发。

5. 皮肤及其他脏器组织碎块。在斗殴、凶杀等暴力犯罪案件中，可在被害人或涉案人员指甲缝中发现对方的皮肤组织，也可在凶器、致伤工具上发现伤者的组织脏器碎块。交通事故中可在交通工具上发现死、伤者的组织脏器碎块。

（二）生物检材的提取收集

生物检材提取的一般规则：①检材均应直接提取，易携带物品整体采取，不易携带物品提取附着检材的部位；②根据检材附着的不同载体，应用擦拭、剪切、刮削、吸敷、浸泡、锯凿、挖取等方法提取；③不同部位的各种检材应分别提取，单独包装，使用标准的物证袋或物证标签贴封，作好标记和编号；④提取的检材必须详细登记：案件名称；提取地点及时间；提取方法；检材名称；数量、形状、颜色；提取人；保存方法。⑤检材提取者必须戴手套持洁净器具，禁止赤手触摸检材；⑥凡是从各种载体上提取的检材，均应提取检材附近的空白材料；⑦提取的新鲜体液保留部分尽快检验，其余部分应制成纱布斑迹；人体组织应干燥或冷冻保存；⑧提取的各种体液性的检材应在阴凉通风处自然干燥成纱布斑迹，禁止加热烘干；⑨提取的检材在包装和携带运送过程中应避免互相磨擦、冲撞及失落，易碎检材防止挤压和震动，易散失的检材严密包装。

常见生物检材的提取方法如下：

1. 新鲜血液。活体血液，可从耳垂、指尖或静脉取血 0.2ml，装入消毒试管内并加 EDTA 抗凝，标记后送实验室。对于尸体，应因心血受肠壁血液内细菌的污染，取末梢血管内血液。所有新鲜血液在 4℃ 温度下冷藏。无冷藏条件时，可用干净棉纱布放入血液中浸湿，取出晾干后，置纸袋内包装送检。

2. 血痕。①附着在较小的物品或易于搬动、包装、运输、送检的物品上，将血痕连同附着物整体采取；②附着于可剪切或易于拆卸的大件物品上时，可将有血痕部位连同周边无血痕部位的一部分剪切下，或将有血痕部位的构件拆下；③附着在坚硬、固定、沉重等不易携带搬运的大件物品上，附着物表面光滑，血痕已形成血痂，可用手术刀片仔细将血痂刮取；④若血痕稀薄，可将经蒸馏水稍稍浸湿的洁净纱布折角在血痕处反复擦拭，使血痕转移到纱线上，晾干；⑤附着物表面松软的，应提取血痕周围的相同附着物表面基质作为基质对照；⑥泥土中的血痕，将血痕部位及其周边少量泥土整块采取后置入盒子中，衬以海绵或棉花等松软物品避震；⑦各种纺织物品上遗留的血痕，小件的整件提取，不便整件提取或血痕附在较大件的纺织物品上的，可将血痕剪下并记录其所在部位，同时剪取血痕附近的空白纺织物作为对照。

3. 精斑。①疑被性侵犯或死因不明的女尸，常规提取内裤和阴道内容物；②衣裤、现场床单、被套、枕套、枕巾、卫生纸、蚊帐、毛巾等小件物品上的可疑精斑应整件提取；③肛门、会阴、腹壁、大腿内侧可疑斑痕，用蒸馏水稍稍浸湿的洁净纱布反复擦拭提取；④阴道内外的可疑精斑，用纱布块或棉球提取，阴道内由外向内直至后穹隆部位分三段用纱布吸敷；⑤遗留在土地上的精斑，按提取土地上血痕的方法提取；⑥涉嫌性侵犯案件在送检精斑时，需提取被害人、嫌疑人、被害人丈夫的血液和唾液作为对比样本。

4. 唾液及唾液斑。①应注意提取颊粘膜上皮细胞：清水漱口后，棉签反复多次擦拭两侧颊粘膜后取出；②用于堵嘴的手帕或衣物应整件提取，如有湿润部位应用彩色笔标出；③皮肤留有咬痕或可疑被舔吻部位，如乳头、口唇，可用浸湿的棉拭子或纱布擦拭，同时擦拭附近部位作为对照；④口杯茶具均整件提取，或用湿润棉拭子擦拭其边缘部位，同样取近处空白对照；⑤含有唾液的信封口或邮票背面，整件提取；

5. 毛发、组织器官。①提取毛发：用镊子小心提取，动作轻柔，避免将粘附在载体上的毛发拉断，防止将毛发上的附着物擦掉；②对照毛发最好与检材毛发提取自同一部位，提取量至少为3~5根；③离体的人体的小块内脏、肌肉、皮肤、碎骨应整块提取；④较多的白骨化骨骼，应全部提取；⑤粘附有灰、土、油迹等物质的小块软组织，应同时提取粘附的空白物对照；⑥早期妊娠，能清楚辨别胎儿和绒毛组织时，提取胎儿和绒毛组织，也可提取整个子宫，冰冻或置于75%乙醇中。

（三）包装和送检

法医生物检材易受外界各种理化及微生物因子破坏，离体时间越长，能检验的项目越少。现场采取的血液、湿润的血痕、精斑、组织等检材，应及时送实验室检验，若不能及时送检时，可制成斑痕，晾干后，装入纸袋中，放置于阴凉干燥处或冰箱中。液体或湿润检材在采集后，尽快置于-20℃环境中冷冻保存。紫外线能较快降解DNA，应避免检材存放于阳光直射的地方。甲醛溶液浸泡过的组织，很难提取DNA，一般可将组织块浸泡于75%乙醇溶液中保存。低温存放各种检材，以冷冻效果为佳。检材提取后应有专人负责保存，物证检材袋应加密封口。检材应在大案件审理终结后1—2年在原办案单位保存。

送检时应注意下列事项：①按生物检材的性质和特点，用洁净的包装物如纸袋、纱布、玻璃瓶等分别包装。②包装物外面要注明检材名称、部位、数量、发现地点、采集人，采集日期。③送检生物检材的同时，附送必要的对照标本，如被害人和犯罪嫌疑人的血液、唾液、毛发等。④送检人应持工作证，开具鉴定委托书。委托书内容主要包括：鉴定委托单位、送检人、送检物品清单、简要案情介绍、送检目的要求、发文日期与复函地址、联系人与联系电话。⑤第二次鉴定或多次重复鉴定，应说明需再次鉴定的理由，附送原鉴定报告书复印件。

五、检验程序和要求

1. 检验前应根据送检人员的介绍或委托书，仔细核对每份检材的包装情况、检材的数量和种类是否与提供的物品清单相符。鉴定人根据检材情况，结合自身经验和实验室条件，判断能否满足送检单位的检验鉴定目的。若相符则按送检要求及时检验，若发现异常情况或检材不足，应及时与送检机关联系，说明情况或要求补寄检材，得到答复后再进行检验。

2. 根据送检要求和生物检材的不同类型，结合鉴定目的和内容，制订检验方案和步骤。安排检测方法一般遵循非检材消耗性实验在前，检材消耗性实验在后的规定。严格遵守标准检验程序和方法步骤。检验中尽量解决检材，并保留相当部分检材以备复检或再鉴定时使用。

3. 承担检验鉴定的实验室应有完善的鉴定质量控制保障体系，包括人员、条件、设备、试剂的质量保证，严格的操作规范与标准化的实验流程并能采取有效措施防止污染，以保证检验鉴定结果准确客观。

4. 检验完毕要向委托单位提交鉴定书，一般包括鉴定机构名称、受理编号、送检单位、送检人、送检日期、送检检材名称、种类与数量、送检目的、检验方法和结果、分析说明、鉴定结论、两名以上鉴定人姓名及其亲笔签名、鉴定单位公章、鉴定报告签发日期。剩余的检材应妥善保管或退还委托单位。

第二节　血痕检验

血液在人体外干燥后所形成的斑迹称为血痕（bloodstains）。血痕检验是法医物证检验中最常遇到和最重要的项目。在伤害或凶杀案件的现场以及相关的物品上大多数都会遗留下血痕，通过对犯罪现场血痕的分析、测量、计算，能够获知滴血的方向、角度，出血滴运动的大概速度，以及出血点的范围等，进而可以帮助确定案件的性质、作案的动机，以及案件发生的时间和地点，可以推断作案工具、受害人和作案人在现场的活动过程，分析作案人和被害人之间的相对体位以及作案人的行为和心理状态。因此，对现场血痕进行分析和检验能够为刑事案件提供线索，为证实事实真相提供证据。

血痕检验需要解决下列问题：①提取和送检的可疑斑痕是否是血痕。②若是血痕，是人血还是动物血。③若是人血，则测定遗传标记进行个人识别。④其他检验，如出血量、出血时间及出血部位推断等。

血痕检验一般遵循以下程序：①肉眼检查；②预试验；③确证试验；④种属鉴定；⑤个人识别；⑥血痕的其他检验，如出血部位、出血量、血痕陈旧度等的推断。

一、肉眼检查

现场血痕由于各种环境因素的影响或者人为的擦拭清洗，有时难以辨认。因此，必须在现场仔细寻找，认真观察可疑血痕。肉眼检查主要观察血痕的数量、分布、位置、大小、形状、范围、色泽、它们的相互关系以及它们与现场其他物品的相互关系等。

血液因含有血红蛋白而呈现鲜红色，干燥后因血红蛋白形成正铁血红蛋白，很快表现为暗红色，随后变为正铁血红素，逐渐变为暗色、褐色或灰褐色。根据血痕干燥程度和颜色，可以大概推测血痕经过时间。

血痕的形状往往与出血者的体位、行走方向及出血部位等有关。血滴的形状受血滴滴落的高度和方向影响，垂直低落时，血滴呈圆滴状，根据高度呈现放射状，非垂直滴落时，锐角侧边缘光滑，钝角侧呈锯齿状或有溅出的小血痕。受伤后行走中滴落的血滴为一边呈锯齿状的圆形或椭圆形血滴，锯齿状边缘的方向为伤者行走的方向。动脉受伤，形成喷射溅状血痕；大量血液喷射到墙上可形成流注状血痕。静脉出血时，往往出现流注状血痕。此外还有擦拭状血痕、血印痕、血泊等。

血痕的范围一般取决于出血量，根据血痕的大小可估计出血量。出血量常与死亡及受伤后存活时间等有关。详细的肉眼检查可发现许多重要的线索。必须强调，肉眼检查以及后续的所有实验室检查，检查时应戴上干净手套或用干净的镊子翻动检材，以免检查者自己手上的汗液与检材造成交叉污染，使实验结果的解释复杂化。

二、预试验

预试验（preliminary test）是一种筛选试验，目的是要从大量的可疑血痕中筛选出不是血痕的检材。很多斑痕外观上与血痕相似，如油漆、酱油、染料、铁锈、蔬菜和果汁斑等。通过预试验，可迅速将这些不是血痕的检材排除。作为筛选试验，血痕预试验具有所需检材量少、灵敏度高、操作简便、快速的特点。

血痕预试验的基本原理是血痕中的血红蛋白或正铁血红素具有过氧化物酶活性，可使过氧化氢释放出新生态氧，后者使加入的化学物质氧化成有色物质。发生颜色反应为预试验阳性，不发生颜色反应为阴性。许多生物体液（如唾液、部分植物的汁液）和其他物质（如铁锈、氧化剂）的预实验均呈阳性反应。所以，预实验阳性仅表示可能是血，而不能肯定是血。血痕预试验的实际应用意义在于阴性结果，阴性结果可以否定血痕。

血痕预试验的方法有联苯胺试验、酚酞试验、邻联甲苯胺试验、鲁米诺试验、氨基比林试验、愈创木酯试验、紫外线浓硫酸试验及纸色谱法等。最常用的是联苯胺试验和酚酞试验。

（一）联苯胺试验（benzidine test）

该试验是 1904 年 Adler 做大便隐血试验而建立的方法，是迄今最常用的血痕预试验。

原理：血痕中的血红蛋白或正铁血红素具有过氧化物酶活性，可使过氧化氢释放出新生态氧，后者将无色联苯胺氧化为联苯胺蓝。

方法：剪取或刮取微量检材置于白瓷反应板上，严格按顺序依次滴加冰醋酸、联苯胺无水乙醇饱和液各 1 滴。1~2min 后无蓝色反应，再加 1 滴 3%过氧化氢，立即出现翠蓝色为阳性反应。

联苯胺试验最大的特点是灵敏度高，血液经过稀释 50 万倍，试验仍可能呈阳性结果，故只需痕量的检材就已足够，甚至肉眼看不到的血痕也可检出。缺点是联苯胺是致癌物，检测时应加强自我防护。联苯胺试验阴性的检材，可排除是血痕。

（二）酚酞试验（phenolphthalein test）

酚酞试验的原理与联苯胺试验相同，都是利用血痕中的血红蛋白或正铁血红素的过氧化物酶活性，将过氧化氢分解，释放出新生态氧。新生态氧可使还原酚酞氧化为酚酞，在碱性溶液中酚酞呈桃红色或红色。

酚酞试验的操作方法也与联苯胺试验大致相同，剪取或刮取微量检材置于白瓷反应板上，或用滤纸轻擦斑痕。滴加无色还原酚酞溶液，半分钟后无红色反应，再加 3%过氧化氢，立即出现红色为阳性反应。

本法灵敏度不及联苯胺试验，同样缺乏特异性。但酚酞试剂无毒、安全，唯试剂配制过程较繁琐。

预试验的试剂能够破坏血痕，经过预试验的血痕，一般不能再进行后面的检测。因此，试验时不能将试剂直接滴在衣服、凶器或其他物体的斑痕上进行检验。

三、确证试验

确证试验（conclusive test）的目的是确证检材是血痕。预实验阳性仅表示检材可能含有血，还必须进一步用确证试验来证实预试验呈阳性的检材是否含有血。血痕确证试验的主要依据是检材中是否含有血红蛋白或其衍生物，阳性结果可确证检材为血痕。

确证试验灵敏度一般都不太高，检材有真菌生长、细菌污染，或经过洗涤、雨淋、日晒后，确证试验往往呈阴性反应。因此，确证试验呈阴性结果时，并不能断然否定血痕的存在，只能说确证试验未能检出有血痕。

确证试验常用的方法有血色原结晶试验、氯化血红素结晶试验、显微分光镜检查及显微镜下查找血细胞等。其中以结晶试验使用最多。

血色原结晶试验系由日本人高山所建立，故又称高山结晶试验（Takayama crystal test）。

原理：血红蛋白在碱性溶液中分解为正铁血红素和变性珠蛋白。在还原剂作用下，正铁血红素还原为血红素，同变性珠蛋白和其他含氮化合物（如吡啶、氨基酸等）结合形成血色原结晶。

方法：剪取少量检材，置载玻片上，用针分离成细纤维或将血痂压碎，盖上盖片，加1~2滴高山试剂，室温下静置10min后镜检。若出现樱桃红色星状、菊花状或针状结晶，即为阳性反应。

高山试剂久置易失效，每次试验时应强调作已知血痕的阳性对照。结晶形成的速度和结晶的形态大小与血液浓度有关。

血色原结晶试验最大的特点是特异性好，目前未发现任何其他物质，经过同样处理，能形成该樱桃红色结晶。它的缺陷是灵敏度低，血液经过稀释200倍就难以得到典型的血色原结晶。此外，经过水洗、雨淋或变性、腐败、陈旧的血痕阳性率低。所以，血色原结晶试验的阴性结果没有意义，它的意义在于阳性结果。血色原结晶试验阳性可以肯定是血痕。

确证试验阴性的检材可继续作种属试验，因为常规的抗人血红蛋白血清沉淀反应的灵敏度比确证试验高，可防止因确证实验的灵敏度低而漏检了血痕。

四、种属鉴定

种属鉴定的目的是明确血痕是人血还是动物血，必要时还需确定是哪种动物血。血痕的种属试验是血痕鉴定的一个关键，因为动物血中含有某些与人体血液遗传标记类似的物质，如A及B抗原，若不进行种属鉴定，直接测定血痕的ABO血型，或种属鉴定错误，误将动物血判断为人血而进行遗传标记的检测，会得出错误的结论，将案件的侦查工作引入歧途。

种属鉴定常用的方法有免疫学、生物化学及分子生物学方法。免疫学方法包括沉淀反应、环状沉淀反应等，生物化学与分子生物学方法包括等电聚焦、纤维蛋白溶解试验及DNA分析等。

（一）免疫学方法

1. 沉淀反应（precipitation reaction）。可溶性抗原与相应抗体在适当条件下发生特异性结合，当抗原抗体比例适合时可形成肉眼可见的抗原抗体复合物沉淀。沉淀反应中的可溶性蛋白抗原，如人血清、人血红蛋白、人精液，称为沉淀原。与沉淀原发生特异性反应的抗体，如抗人血清或抗人血红蛋白抗体，称为沉淀素。血痕的种属鉴定常采用人的血红蛋白和人的血清蛋白免疫动物而获得相应的抗血清，即抗人血红蛋白血清和抗人血清蛋白血清。抗血清质量的好坏直接关系到种属鉴定的结果是否准确可靠，要求抗血清应效价高、特异性好，其中抗体特异性是关键。

抗原抗体比例适当是沉淀反应的关键。如果抗原过剩，不利于抗原抗体复合物之间交联，不易形成稳定的抗原抗体复合物晶格，不出现沉淀反应。如果抗体过剩，游离抗原决定簇迅速被大量的单个抗体分子结合，抗原抗体复合物之间也难交联形成大的抗原抗体复合物晶格，表现为弱沉淀反应。反应中抗原过剩的阻滞称为后滞，抗体过剩的阻滞称为前滞。后滞比前滞更为多见。因此，作沉淀反应时，通常稀释抗原而不稀释抗体，并以抗原的稀释度作为抗体的效价。

用沉淀反应进行血痕种属鉴定的方法有多种，包括：环状沉淀反应、琼脂双向扩散、琼脂单向扩散以及对流免疫电泳等。

2. 环状沉淀反应（ring precipitation）。可溶性抗原与相应抗体相遇且比例合适时，形成抗原抗体复合物，在抗原与抗血清的界面出现可见的白色沉淀环。

方法：反应管中加入抗血清，将血痕浸出液用毛细吸管层叠于抗血清的上面，保持两液界面清晰，室温静置 1h 内观察结果。若两液接触面出现白色沉淀环为阳性反应，无沉淀环为阴性反应。试验必须设置已知人血痕浸出液阳性对照，检材无血痕部位的浸出液、生理盐水及常见动物血痕浸出液等阴性对照。此法优点是操作简便，快速灵敏。

3. 抗人血红蛋白胶体金试验。胶体金法是一种免疫层析技术，用该技术进行种属试验，具有灵敏度高、操作简便的特点。

原理：胶体金由金化合物制备而成，带负电荷，可作为抗体染料结合物。胶体金将抗体免疫球蛋白吸附在表面，形成一种标记了该种免疫球蛋白的"探针"，用此"探针"可以结合相对应的抗原。此种由抗体标记后的胶体金称为免疫胶体金。胶体金颗粒自身呈红色，当免疫胶体金颗粒结合对应的抗原后，再与抗原相应的抗体结合，免疫胶体金颗粒便被滞留而富集，出现肉眼可见的红色，据此可判断得出阳性或阴性的结果。

人血红蛋白检测胶体金标试剂条法基本原理是双抗体夹心法。包被于试剂条加样区的胶体金标单克隆抗人 Hb 抗体与含有人血的检材浸泡液反应后，形成金标记抗原抗体复合物，并向吸附区扩散，当扩散至试剂条包被有未标记的单克隆抗人 Hb 抗体处时，反应形成金标记抗体—抗原—抗体复合物，并沉淀于该处形成紫红色沉淀带（检测线）。如果检材浸泡液中没有 Hb，则不形成紫红色沉淀带。吸附于试剂条加样区多余的金标单克隆抗人 Hb 抗体越过检测线，继续向吸附区扩散，当扩散至试剂条包被有羊抗鼠 IgG 抗体处时，形成紫红色沉淀带（质控线）。

方法：取少量血痕样本用蒸馏水浸泡，使浸泡液微带黄色。取出试纸条，在加样区（S）加 3~5 滴浸出液或将试纸条的加样区（S）浸于待检样本的浸泡液中 5~10s，静置 3~5min 观察结果：反应区中的检测线和质控线出现两条红色区带为阳性结果。只有质控线显现红色区带为阴性结果，无带出现表明可能操作失误或试纸条失效，应重复测试。

（二）分子生物学方法

原理：针对人类基因组中具有种属特异性的 DNA 序列，采用能特异扩增的引物，通过 PCR 方法扩增血痕 DNA，根据有无相应的扩增产物判断是否是人血。Alu 序列为哺乳类动物基因组的中度重复序列，每个重复单位长约 300bp，其中在 170bp 附近有限制性内切酶 Alu 切割的 AGCT 序列，命名为 "Alu" 家族。Alu 序列为人和灵长类动物所特有，具有种属特异性。

方法：检材 DNA 提取用 chelex 法。PCR 引物序列为：

Alu 9.1：5'-GGCACTTTGGGAGGCCAAGG-3'

Alu 9.2：5'-TACAAGCTTGTGCCACCATGCCCAAC-3'。

扩增体系 $50\mu l$，含有 10~100ng 模板 DNA、$10\times PCR$ 缓冲液 $5\mu l$、$0.2\mu mol/l$ 两种引物、$200\mu mol/l$ dNTPs、$1\mu l$ Taq DNA 聚合酶。扩增产物在 2% 琼脂糖凝胶中电泳，EB 染色，紫外灯下观察扩增结果，扩增产物为 DNA 长度为 130bp 的特异性条带。

五、个人识别

检材确证为人血后，应测定血痕中的遗传标记，进行个人识别。20 世纪法医物证主要通过检测一些蛋白质水平的遗传标记来进行血痕的个人识别，如红细胞血型、红细胞酶型和血清型。近年来，随着 DNA 遗传标记检测在物证鉴定中的应用，血痕的个人识别概率得到了迅速的提高。血痕个人识别面临的主要障碍已不再是遗传标记的数量和检测的技术，而是血痕的质量问题。当检材保存不当或被水浸，其中的蛋白质和 DNA 被严重降解，遗传标记被破坏；或有大量真菌或细菌生长，会丧失分型检测的条件。

基因表达产物水平的遗传标记测定

1. 血型测定。血型测定是法医血痕个人识别的传统检测项目。其中，ABO血型被列为首选的红细胞血型，特点在于：①红细胞膜上ABO血型抗原密度高，抗原性强，仅需少量检材就能分型；②ABO血型抗原决定簇为糖链，对高温、腐败有相当的耐受性，即使陈旧血痕也能分型；③ABO血型抗原不仅分布在红细胞膜上，也广泛分布在人体各种组织器官中，为结果比对提供了广泛的检材来源。

测定血痕中ABO血型抗原常用三种方法，即吸收试验、解离试验及红细胞粘连试验。其中，吸收试验结果最稳定。吸收试验的原理是血痕中A、B、H血型物质，能与相应的抗A、抗B、抗H抗体发生特异性的结合，使抗血清中的游离抗体减少或消失，不能再与相应的A、B、O型指示红细胞发生凝集反应或凝集反应强度明显减弱。若血痕中无某种ABH抗原，则不能抑制抗血清中的相应抗体，抗体与相应的指示红细胞的凝集反应强度没有变化。根据抗血清在与血痕吸收反应前后的效价改变情况，可推断血痕所含的血型抗原种类，判断血痕的ABO血型。

吸收试验是测定血痕ABO血型抗原的经典方法，结果稳定可靠，但是要求检材量较多。检材太少，易出现假阴性结果，如抗血清效价太高，可能被抗原吸收不全，导致假阴性。有些血痕基质对抗血清试剂有非特异性吸收作用，试验时必须取无血痕部位基质作对照。

2. DNA分析。STR多态性分析。血痕的DNA分析目前已成为常规技术，技术的关键在于DNA的提取和定量。从血痕中提取DNA的方法主要采用有机溶剂提取和Chelex-100提取方法。有机溶剂法提取的DNA纯度较高，Chelex-100提取方法比较简单，提取模板DNA纯度较低，仅适用于PCR。血痕个人识别主要用STR基因座分型，从血痕提取DNA后，经PCR扩增特定STR基因座，扩增产物经电泳分析，以人类等位基因分型标准物为对照，可判定血痕的STR型。

在实验室条件下，将新鲜血滴于带有计算机识别条码（barcode）的FTA卡上（一种可以结合并保护核酸免于降解的滤纸），便于存放和管理。使用时用特制打孔器截取直径约1.2mm的血痕置于塑料试管中，然后加入PCR试剂扩增。由于该方法操作简便，无需进行DNA定量操作，因此适于实验室大规模自动化DNA样品检验。

3. 性别鉴定。性别鉴定也是血痕个人识别的重要内容之一，常给案件侦查提供非常有价值的证据。一旦确定性别，即为个体识别提供了 50% 的否定率。

判定血痕性别可检查 X 和 Y 染色质，也可测定性激素，或用 DNA 分析。前两种方法难免有误判，而后一种方法结果可靠，是目前鉴别血痕性别的主要方法。DNA 分析包括：Y 染色体特异性探针杂交技术、Y 染色体特异性酶切片段、PCR 扩增 Y 染色体特异性片段、PCR 扩增 X、Y 染色体特异性片段等。目前主要采用同时扩增 X、Y 两条染色体的特异性片段、Y 染色体特异性片段。

PCR 扩增牙釉基因（amelogenin，AML）X-Y 染色体同源特异性片段鉴定性别：

原理：人类牙釉基因为 X 染色体与 Y 染色体共有。X 染色体上 PCR 扩增牙釉基因（简称 AML-X）位于 Xp22，Y 染色体上 PCR 扩增牙釉基因（简称 Amel-Y），位于 Y11p22.2。人类 Amel-X 与 Amel-Y 的内含子长度不同，用一对特异性引物可同时扩增 Amel-X 与 Amel-Y 序列片段，X 特异性片段长 106bp，Y 特异性片段长 112bp。

引物：AMXY-1F 5'-CCCTGGGCTCTGTAAAGAATAGTG-3'

　　　　AMXY-2F 5'-ATCAGAGCTTAAACTGGGAAGCTG-3'

方法：检材 DNA 提取用 Chelex 法。PCR 扩增体系 50μl，含 10xPCR 缓冲液 5μl，0.2μmol/l 两种引物，200μmol/l dNTPs，1μl Taq DNA 聚合酶，含有 10 ~ 100ng 模板 DNA。PCR 循环参数为 94℃变性 5 分钟，94℃变性 1 分钟、62℃变性 45 秒、72℃变性 45 秒，30 次循环，72℃保温 10 分钟。对陈旧或腐败检材提取的降解 DNA 有效，可与其他 STR 位点复合扩增，通过复合扩增可同时判定检材性别及其他 STR 基因型，节约检材及试剂。

六、血痕的其他检验

（一）出血部位的判定

血痕检验中，判定出血部位有重要意义。根据组织细胞的形态特征推测出血部位。鼻出血时可见纤毛柱状上皮细胞，偶见鼻毛；口腔出血可见扁平上皮细胞，有时可见食物残渣；肺出血可见纤毛柱状上皮细胞及口腔扁平上皮细胞；胃出血可见食物残渣、胃粘膜及口腔上皮细胞；内脏损伤出血含有脏器及组织碎片，镜检时可见脏器特有的细胞；阴道出血可见阴道上皮细胞，偶见阴道滴虫、包皮垢干菌；月经血可见子宫内膜细胞、阴道或宫颈鳞状上皮细胞。因女性生殖器出血也可见这些细胞，故判断是否月经血常需用其他方法证明，如检验纤维蛋白降解产物及纤溶酶活性等。

（二）出血量的测定

出血量的测定有助于判断尸体所在的现场是否是原始现场或推测死前挣扎的时间等。测定方法如下：

1. 重量计算。剪取含血检材与无血检材各一块，大小相等。室温干燥后，再放入干燥器内，使呈恒量，准确称量每块的重量，两者相差就是干血量。由于鲜血变为干血的重量比率是 1000∶211，则血量计算公式为：血量 = 干血量×1000/211。计算血痕的总面积为剪下血痕面积的多少倍，则总出血量 = 血量×倍数。

2. 分光光度计测定法。将一定大小的干血痕溶于定量蒸馏水内，陈旧血痕可用 1~5mol/L 氢氧化钾溶解。取 1ml 血痕浸液置于吸收管底部，加入砒啶—氢氧化钠溶液（砒啶 100ml，10%氢氧化钠 30ml，蒸馏水加至 300ml）3ml，用小玻璃棒搅匀，便形成氧化砒啶-血色原，这是较稳定的化合物。再加过量固体硫代硫酸钠，便形成还原血色原，该物质不稳定，只存在 5~10min，在波长 557.5nm 或 540nm 测定光密度，根据预先制好的结晶血红素标准曲线查得结晶血红素克数。用系数 25.2 乘以结晶血红素克数便得 1ml 斑痕浸液的血红蛋白克数。再乘浸液总量（ml）便是斑痕浸液的血红蛋白量。假设 100ml 血中含 14g 血红蛋白，则血液量 = 斑痕浸液血红蛋白量×100/14。而全部斑痕血液量 = 已测斑痕血液量×全部斑痕面积/已测斑痕面积。

出血量的测定要及时，时间越长，误差越大。

（三）血痕陈旧度的测定

血痕的陈旧度测定在某些案件中也很有意义。测定血痕陈旧度主要根据各种血液成分的变性和血清氯渗润基质的宽度，受时间推移的影响及其他因素，如热、阳光、水洗、腐败等的影响，一般只能作粗略估计。

第三节　精斑检验

精斑（seminal stain）是精液干燥后形成的斑迹，是性犯罪类案件常常涉及的生物性斑迹。精斑多见于犯罪嫌疑人或被害人的衣、裤上，女性的外阴部或大腿内侧，现场的被褥、毛巾、纸张、草席、床板、沙石、泥土等。

精液（semen）为乳白色半透明的粘稠液体，长期未排精时可稍呈黄色。精液中含有精胺，被精液中的二胺氧化酶氧化后有特殊的麝香或罂粟花气味。精液中的固体成分主要为精子，正常的精子形似蝌蚪，长约 $60\mu m$，分头、尾两部。精子射入阴道后，一般经 4~5 分钟即达子宫颈部，30 分钟后达子宫体，60 分钟后可达输卵管伞部。精子在女性生殖道内的生存时间长短受很多因素影响。性交后阴道内 3~8 小时，宫颈 2~5 天，子宫、输卵管 2~7 天的内容物涂片可检见活精子；阴道内 3~5 天，宫颈 14 天的内容物涂片可检见死精子。精子的检出期限与被害人的体位、活动情况有关；若被害人被奸后行走，精子的检出期限短，若被害致死，尸体处卧位，则精子的可检出期长。在活体阴道内，精子检出期限一般为 1.5~2 天。尸体阴道内的精子不仅数目多而且保存时间长，形状多半完整，最长的检出时间可达 2 周左右。精子检出率高低也与阴道内容物的提取部位有关，宫颈刮片和阴道后穹窿部擦拭物精子的检出率较高。这些数据提示，对于需检验精斑的案件，必须及早取材送检。

对疑为精液斑的检材需要解决下列问题：①可疑斑痕是否为精斑；②是人精斑还是动物精斑，即确定精斑的个体来源。检验步骤为：肉眼检查、预试验、确证试验、认定为人精液斑后检测多态性遗传标记进行个人识别。

一、肉眼检查

肉眼检查的目的是发现可疑精液斑，确定其所在部位及分布，以便准确取材检验，提高阳性检出率。精液斑无固定的形态，外观常因附着物不同而有差异。在体表，精液斑常呈白色鳞片状痂片。在深色纺织品上，浓厚精液斑呈灰白色浆糊状斑迹，偶可见结痂；较稀薄的精液斑浸润于布纤维间，则不易察见。在浅色纺织品上，精液斑多呈黄白色地图状，边缘色深。用放大镜检查，可在布纤维表面或中间见黄白色小鳞片。在软质载体，如衣、裤、纸张上的精液斑，手触之有硬感。新鲜精液斑有特殊腥味。

精囊液中的黄素（flavin）在紫外线照射下显银白色荧光，斑痕边缘呈浅紫蓝色，水洗过、肉眼不能发现的精斑，在紫外线下会发出浅淡的点片状荧光。由于阴道分泌物、尿液、鼻涕、唾液、乳汁、脓液、肥皂斑、洗涤剂、植物汁液，以及纺织品中的某些色素、染料、漂白剂、含荧光素的各种载体等在紫外线下也能发出与精斑类似的荧光，因此紫外线检查阳性结果仅表示斑痕可能是精斑。精斑过于淡薄，数天或者数年的精液斑，可无荧光，故阴性结果不能轻易否定精斑。紫外线检查方法简便，不损害检材，不影响检材继续其他项目的检验。一般在肉眼不易辨别时作精斑定位和取材用。

二、预试验

预试验的目的是筛选可疑精液斑，要求方法简单，灵敏度高，但通常特异性不强，检出的成分非精斑所特有的，因此预实验结果阳性仅提示斑痕可能是精斑。精液斑预试验方法很多，最为常用的方法是酸性磷酸酶检验。

精液的主要成分是前列腺分泌液中含有的大量酸性磷酸酶，浓度为 540~4000u/ml，较其他体液、分泌液及脏器的含量高 100 倍以上。精液斑中酸性磷酸酶相当稳定，对腐败及高热有较强的抵抗力。保存 10 余年的陈旧精液斑、夏日室温放置 8 周的腐败精液及 125℃ 加热 30 分钟的精液仍能检出其酶活性，但 200℃ 加热 5 分钟则破坏其活性。检验酸性磷酸酶的方法很多，如磷酸苯二钠试验、α-磷酸萘酚-固蓝 B 方法、琼脂扩散法及电泳法等。

磷酸苯二钠试验

原理：精液中的酸性磷酸酶可分解磷酸苯二钠，产生萘酚，后者经铁氰化钾作用并与氨基安替比林结合，生成红色醌类化合物。

方法：取可疑斑痕 0.1cm×0.1cm，最好取斑痕边缘部位，置试管内，加缓冲液 3~4 滴，经 37℃ 的温箱内 5~10 分钟后，加等量显色液，立即出现红色为阳性反应，表明检材可能是精液斑。颜色深浅与酸性磷酸酶浓度呈正比，浓度愈高，颜色愈深红，浓度过高可出现红色沉淀。呈橙黄色为阴性反应，表明检材不是精斑或精斑中的酸性磷酸酶被破坏。同时剪取无斑痕处检材及已知精斑作阴性与阳性对照。

磷酸苯二钠试验灵敏度较高，稀释 20 000 倍的精液仍呈阳性反应。被水洗过的淡薄精液斑，只要适当延长缓冲液温浸时间可呈阳性结果。精液如混有血液并不影响检验，血痕在该试验中呈灰褐色。由于该试验灵敏度很高，所以操作时，一般按空白部位、可疑精液斑、已知精液斑的顺序剪取检材，避免污染。

三、确证试验

精斑确证试验是检验精液中的特有成分，阳性结果可以确认精斑。主要有精子检出法、免疫学试验。

（一）精子检出法

检出精子是认定精斑最简便、最可靠的方法。精子具有典型而稳定的形态，不易受其他因素影响而改变，十余年的陈旧精液斑也可能查见精子。光镜下观察精子是无色的，一般情况下精子头部有折光，尾部很细。在实际的精液斑检验中，常选择合适的浸液及适当的染色方法，以提高精子的检出率。

取可疑精斑检材约 1cm ×1cm，剪碎，置试管内，滴加生理盐水 0.5ml（如拟对检材的浸出液做抗人精液环状沉淀实验及 ABO 血型测定，则应控制浸泡检材的生理盐水量，以免稀释 ABH 抗原），室温浸泡 2h 或置 4℃ 过夜，其间可用玻棒搅拌和压挤检材。吸出全部浸液置另一试管内，2500r/min 离心 5 分钟，吸取沉淀物涂片，干燥后甲醇固定 5 分钟，染色，检验精子。

精子染色方法有单染法和复染法两种。单染法操作简单，但精子和基质都染成同一颜色，不容易观察。复染法使用两种或两种以上染料，精子头部、尾部和基质染成不同的颜色，便于观察和分辨。常用的复染法有 HE 染色法、酸性品红亚甲蓝染色法、圣诞树染色法等。其中，酸性品红亚甲蓝染色法是指于涂片上滴加染液 5 分钟，水洗，干燥后二甲苯透明，镜检。精子头部呈红色，尾部呈蓝色。本法仅精子染色显著，其他杂质染色浅淡，极易识别。

显微镜下检见精子需要一定的经验，精液斑陈旧、取材部位不准或遇到少精子症者，涂片上往往仅见少量精子，故染色后须仔细地观察，只要找到一个完整的典型精子，即能确证人精液斑。精液斑在浸渍处理过程中，精子尾部断落，常只检见精子头部，应与阴道滴虫、酵母菌等鉴别。典型的精子头部呈椭圆形，用 HE 法和圣诞树法染色时镜子头部呈现前端浅染的特殊现象，而其他植物细胞、细菌、阴道滴虫等则多呈圆形，染色均匀一致。若发现几个典型的精子头部也可确证为精液斑。

（二）免疫学试验

制备各种抗人精液特殊成分的抗血清，用免疫学试验，如沉淀反应、酶联免疫吸附试验（ELASA）、胶体金标记试验等来检测相应抗原，可以确证精斑。这类试验灵敏度高，还可以确证输精管结扎术者和精子缺乏症患者的精液斑。常用的有前列腺特异性抗原 p30 检测。

人类前列腺特异性抗原（PSA）或称 γ-精浆蛋白（γ-seminoprotein，γ-sm），是由人类前列腺上皮细胞所分泌，是成年男子精浆中特有的一类糖蛋白，PI 值约为 6.9，分子量为 30 000，故又称为 p30。人精液 PSA 正常含量为 0.24～5.5mg/ml，平均为 1.92mg/ml。p30 性质稳定；22℃ 保存 5 年的精斑仍能检出；在精液和精液与其他分泌液的混合斑中能存在很长时间，性交后 8～13h 提取的阴道拭子中仍能检出。p30 是确证精斑的理想标记。

从精液中分离纯化 p30 抗原，免疫动物，获得抗-p30 血清。抗-p30 血清具有高度的种属特异性和前列腺器官特异性，与其他人体液、分泌液、组织器官浸液及各种动物精液和血清不发生交叉反应。抗-p30 血清确证精斑的灵敏度和准确性均高于精子检出法，不受精液中有无精子的影响，也不受阴道液和唾液的干扰，能正确区别人类精斑与动物精斑，是目前确证人类精液的常用试剂。常用的方法有胶体金检测法和酶联免疫吸附试验等。

胶体金法是一种免疫层析技术，用胶体金 p30 抗原检测试剂条，又称 PSA 试剂条进行精斑确证试验。该方法特异性好，灵敏度高，稀释 6000 倍的精液仍可获阳性结果。试验操作简单，整个试验过程可在 5 分钟内完成，是目前一项常规技术。原理及方法与胶体金法确证血痕一样，不同的是精液斑确证试验胶体金标记的是鼠抗人 PSA 单克隆抗体，检测线包被有另一种鼠抗人 PSA 单克隆抗体，质控线包被有羊抗鼠 IgG 抗体。

四、种属鉴定

确证精斑后，则进一步鉴别是人精斑还是动物精斑，可用胶体金 PSA 试剂条作种属鉴定。

五、个人识别

精液检验的主要目的是通过遗传标记检测，进行个人识别，确定现场精液斑是谁所遗留。法医物证分析中应用的遗传标记，如血型、酶型、血清型、DNA 多态性等，都可用于精液斑的个人识别，但目前常用的方法是血型测定和 DNA 分析，尤其以 DNA 分析应用更为普遍，也更有价值。

（一）ABO 血型测定

ABH 血型物质以水溶性形式存在于人的体液、分泌液中，属糖蛋白。分泌型人精液中 ABH 血型物质与唾液中含量相似，常用中和试验检测；非分泌型精液由于 ABH 血型物质含量少，需用灵敏的 ELISA 法检测。

（二）DNA 分析

精子含有大量 DNA，可从精液斑提取 DNA，检测其多态性。即使精液中无精子，由于精液中含有少量睾丸细胞、上皮细胞等，也能进行 DNA 分型。

精子细胞核膜是富含二硫基的交联蛋白组成的网状结构，能抵抗各种类型的去污剂作用，对外源性蛋白酶水解也有相当强的抵抗作用，必须在 DTT 等试剂的作用下，使二硫基断裂，还原成-SH，核蛋白才能被 SDS、蛋白酶 K 分解，释放出 DNA。因此在进行精液斑 DNA 提取时，除了常规的 SDS、蛋白酶 K 以外，还需加入一定量的 DTT。利用精子细胞的这种特性，可用差异提取法（differential extraction）从精液与阴道液的混合斑中提取精子 DNA。

精液斑 DNA 多态性分析目前多采用 PCR-STR 分型技术，测定的 STR 基因座包括位于常染色体和 Y 染色体上的 STR 基因座。由于 Y 染色体系男性特有，检测 Y-STR 不需要分离男女成分即可实现对男性成分的基因分型，故在性犯罪案件中对精液与阴道液组成的混合斑中精液的个人识别有极其重要的意义。Y-STR 呈男性伴性遗传，不与其他染色体重组，除突变外，在父系的所有男性个体中，包括兄弟、父子、叔侄、堂兄弟和祖孙等都具有相同的 Y-STR 单倍型，因此可利用父系亲属的参考样本进行犯罪嫌疑人的排除推测。Y-DNA 标记作个人识别时只具有排除同一性意义，不能认定同一性。

第四节 唾液及唾液斑检验

唾液（saliva）是人或动物口腔内唾液腺分泌的无色、无味且稀薄的液体，PH 值为 6.6~7.1 的低渗液体。唾液中的水分约占 99%，有机物主要为粘蛋白、球蛋白、氨基酸、尿素、尿酸、唾液淀粉酶、溶菌酶等。无机物有钠、钾、钙、硫氰酸盐、氯氨等。除固有成分外，还混有口腔粘膜上皮及食物残渣。唾液斑（saliva stain）是唾液干燥后形成的斑痕。

唾液及唾液斑在物证检验中是较为常见的，唾液及唾液斑检验的主要目的是个人识别。唾液中含有的血型物质及口腔粘膜脱落上皮细胞中的 DNA，在斑痕中能长期保存，少量唾液斑即可进行个人识别。亲子鉴定时亦可采取被鉴定人的唾液，测定 DNA 多态性等。

唾液斑检验首先确定检材是否为唾液斑，确证唾液斑后再作个人识别。由于含唾液斑的检材通常出现在人们日常生活用品或物品上，例如现场遗留下的烟头、果核、瓜子壳、手帕、口罩、贴胶的邮票及信封等，故确证唾液斑后，可直接进行个人识别，不必进行种属鉴定。但在鉴定咬痕的唾液斑时，需确定是人咬痕还是动物咬痕。

一、唾液斑的证明

唾液中含有大量的淀粉酶，要分析检材是否唾液（斑）时，可检查淀粉酶。但人体粪便、几乎所有的植物、发芽种子和真菌中均含有淀粉酶，人体其他分泌液如鼻涕、尿、精液等也含少量淀粉酶，因此仅凭在斑痕中检出淀粉酶，不能确证唾液（斑）。如果在检材中同时检出口腔粘膜脱落上皮细胞，则可确定唾液斑。

（一）淀粉酶的检测

淀粉-碘试验（starch-iodine assay）是检查唾液斑中淀粉酶常用的方法。唾液中的淀粉酶比较稳定、自然干燥，保存几个月的唾液斑仍可检出。原理：淀粉遇碘呈蓝色。唾液中含有大量的淀粉酶，淀粉酶能将淀粉分解为糖，糖遇碘不呈蓝色。因此，将已知淀粉溶液和检材作用后，再加碘若不显蓝色，表明检材中含有淀粉酶，从而可判断有唾液存在。

方法：首先证明斑痕中是否含有淀粉酶。取斑痕约 $0.2cm^2$，同时取无斑痕检材作对照，分置于试管内。加 0.01% 淀粉溶液 0.1ml，将试管放入 37℃ 温箱中 60 分钟，制成检材淀粉液。在检材淀粉液中加 1 滴碘液，观察颜色变化。对照管立即出现蓝色，检材管无色或呈淡黄色，为阳性反应，证明检材中含有淀粉酶，可疑斑痕可能为唾液斑；若检材管出现蓝色，则为阴性，证明检材不含淀粉酶或酶已失活，不能证明检材是唾液斑。

淀粉-碘反应阳性者可进一步证明糖的存在。取 2 滴检材淀粉液置于试管中，加 2 滴碘性铜溶液，在火焰上短时加热至液体出现气泡时止。出现红至棕红色沉淀为阳性反应，不出现沉淀为阴性反应。

该试验灵敏度较高，5 年以上的唾液斑，或唾液斑经 100℃ 加热 20 分钟或 200~300℃ 加热 15 分钟，均呈阳性反应。检测烟头唾液斑的淀粉酶时，需注意烟草浸出液所出现的假阳性结果。陈旧检材，酶的活性减弱甚至消失，可出现假阴性结果。

（二）口腔粘膜脱落上皮细胞的检查

唾液中含有口腔粘膜脱落上皮细胞。将检材用生理盐水充分浸泡，浸出液离心，取沉淀物涂片、干燥后 HE 染色镜检。口腔粘膜上皮细胞的形态多样，但以多角形为主；伊红染色胞质呈粉色；胞核呈圆形，较小，蓝染。如发现口腔粘膜脱落上皮细胞，结合淀粉酶试验阳性结果，即可判定为唾液斑。如同时检出食物残渣、嗜氧菌、厌氧菌等可以进一步确证是唾液斑。

三氯化铁试验。唾液中硫氰酸根离子在酸性条件下可与高价铁离子反应生成红色络合物。

方法：将一滴可疑唾液或唾液斑浸液滴于白瓷板凹内，先加一滴 2.9M 盐酸溶液，再加一滴 40% 三氯化铁溶液，摇匀，观察结果。呈现浅红色者为阳性反应，证明是唾液斑。硫氰酸根离子浓度较高时，呈现棕红色或深红色，不变色或棕绿色则为阴性反应。

该方法的特异性优于淀粉酶检出法，灵敏度虽然低于淀粉酶检出法，但对于腐败唾液斑而言，该法不受影响。

（三）其他方法

唾液斑证明亦可采用腮腺素制作沉淀素血清，与检材浸出液作沉淀反应，呈阳性者即可确定为唾液斑。或对检材中的微量元素作综合分析，确证精液斑。

二、唾液斑的个人识别

唾液斑的个人识别，传统的方法是检测唾液斑中的 ABO 血型，20 世纪 70 年代曾用电泳方法检测唾液蛋白和酶的遗传多态性，目前主要用 DNA 分析法。

（一）唾液斑的 ABO 血型测定

唾液属人体分泌液，和精液一样含有水溶性 A、B、H 血型物质，可以用来测定血型。分泌型人含量很大，非分泌型人的唾液中血型物质也含有少量，可用中和试验检测，测定原理及方法同精斑 ABO 血型测定。此外，唾液中含有血型分解酶，在湿润状态下，可以破坏血型物质。因此，检验前应将新鲜唾液进行煮沸或使唾液迅速干燥，以便破坏和抑制酶的作用。

酶标抗体免疫测定法灵敏度极高，适用于测定非分泌型唾液中的 ABH 物质。如用该方法测定分泌型唾液，需将唾液样本适当稀释，以免背景着色过深，影响结果判断。因此，对未知检材，最好先用中和试验分型，结果阴性时，采用酶标抗体免疫测定法。

（二）唾液斑的 DNA 分析

分析 DNA 多态性是目前进行唾液斑个人识别的有效手段。唾液中含有口腔粘膜脱落上皮细胞，可从中提取 DNA，进行基因组 DNA 与线粒体 DNA 多态性分析。

口腔粘膜上皮细胞提取 DNA 时，取适量检材（如烟蒂剪取 $0.3\sim0.5cm$ 的过滤嘴；单根拭子头部的 $1/3\sim1/4$；纱布检材 $0.1\sim0.2cm^2$）剪碎后放入微量离心管中，加入适当的 DNA 提取缓冲液，按常规的方法进行 DNA 提取。

唾液斑基因组 DNA 多态性分析目前多采用 PCR-STR 分型技术，在血痕和精斑中能测定的 STR 基因座也能在唾液斑中测定，方法详见相关章节。

性犯罪案件中，遗留在现场及受害者体内的精斑是最重要的生物学证据之一。在勘查现场时，除了提取受害人阴道拭子、内裤及可能留下案犯精斑的各类载体、烟蒂等生物学检材，还要综合案件的具体情况，特别是有反映案犯对受害人身体有亲吻情况，不要忽视受害者的口唇、乳房等相关部位唾液斑的提取。随着微量 DNA 分析技术的日益发展，大量潜在的包括口腔脱落上皮细胞的物证 DNA 检验成功率大大提高，拓宽了 DNA 检验的范围，成为重要的证据来源。

第五节　毛发检验

毛发为皮肤的附属器官，由排列规律的角化鳞状上皮细胞组成。因其生长于体表，易受损伤或自然脱落，常遗留于凶杀、盗窃、强奸、抢劫等案件的犯罪现场、被害人手中、犯罪工具上、死者身上和衣物上及嫌疑人身上等处。且毛发性质稳定、耐热和酸碱不腐败，便于保存和利用。根据毛发形态学检验、色泽比对、无机元素分析、血型和性别测定、病变检验及损伤检验等，可找出个体特征，推断职业、生活环境、疾病情况、离断方法和致伤物种类等，为侦查破案提供线索与证据。

毛发检验要解决的问题有：①区分检材是毛发还是纤维；②鉴别是人毛还是动物毛；③区别毛发来自人体何部位；④鉴别是自然脱落还是暴力拔脱，推断致伤物；⑤毛发的个人识别。

一、毛发与其他纤维的鉴别

除毛发外，外界还有形状与毛发相似的各种天然纤维和人工合成纤维。鉴别毛发与其他纤维，可以从组织形态学方面进行区分。毛发分为毛根、毛干和毛尖三部分。露于皮肤外的称为毛干，毛干的游离末端渐细而尖，称为毛尖。埋在皮肤内的部分称毛根。毛根的起始部膨大呈球状，称为毛球。毛球的底部呈凹陷，有真皮组织突入其中而形成细颈瓶样结构，称为毛乳头。在显微镜下，毛发的结构由外向内可分为三层，即毛小皮、毛皮质和毛髓质。毛小皮位于毛发的最外层，由极薄的角化无核扁平鳞状上皮细胞组成，呈叠瓦状或鳞片状重叠，其游离端指向毛尖，形成具有特征的纹理。毛皮质位于毛小皮的内侧，由纵行排列的纤维状角化细胞组成，有散在分布的色素。毛髓质位于毛干中心，由退化的多角形上皮细胞组成，细胞内有黑色素颗粒和空泡。毛发所具有的毛小皮、皮质和髓质三层组织结构，则是其他纤维所没有的。还可以根据检材的溶解性来区分。毛发易溶解于 19% 氢氧化钾或氢氯化钠溶液中，而其他纤维在此溶液中则不溶解。

毛发的主要成分为角蛋白中的硬角蛋白，理化性质稳定。毛发的角蛋白中含有 3%~5% 的硫，燃烧时发出特殊的臭味，而一般纤维燃烧时则无此特殊臭味放出，合成纤维燃烧时虽然也有特殊臭味，但易与毛发臭味相区别。

二、人毛与动物毛的鉴别

鉴别人毛和动物毛一般用显微镜观察。从毛小皮来看，人毛的毛小皮鳞片菲薄，外缘呈细锯齿状，表面花纹细小，排列不整齐。相反，动物毛的毛小皮鳞片较厚，外缘呈粗锯齿状，表面花纹比较粗大、平直、排列整齐。从皮质来看，人毛的皮质较宽，色素颗粒的大小和分布较均匀，毛尖部色素少；而动物毛的皮质较窄，色素颗粒的大小不一，分布不均匀，毛尖部有较多的色素沉着。从髓质来看，人毛的髓质发育不良，比较窄，不均匀，呈断续状排列；而动物毛的髓质发育良好，较宽，均匀，无中断现象。

人毛长而柔软，一根毛发一般只呈现一种颜色。与此相反，动物毛短而质硬，一根毛上可呈现数种颜色。此外，还可用琼脂免疫扩散法来区分人毛和动物毛。将毛根插入琼脂免疫板上，如果对抗人血清琼脂板发生沉淀反应，即证明检材是人毛。

三、人毛部位的确定

人体不同部位的毛发，如头发、眉毛、睫毛、鼻毛、腋毛、阴毛等，其长短、粗细、色泽、形状、横断面特征以及附着物等情况都有一定程度的差别。一般最长的是头发和胡须。较粗的是胡须，平均直径 0.15mm。阴毛、睫毛、眉毛次之，平均 0.10~0.12mm，头发一般不超过 0.1mm。从横断面看，头发呈圆形或椭圆形，阴毛、腋毛呈长椭圆形，胡须呈不规则的三角形。

四、毛发的脱落和损伤

毛发有一定的生长期。毛发停止生长时，毛球逐渐萎缩，并与毛囊分离，被新生的毛发推出而自然脱落。因此，自然脱落者毛根干燥，毛球萎缩，无毛囊组织附着；被暴力拔下的毛发，其毛根湿润，常见毛囊组织附着，毛球下端呈开放状。未角化的毛根含巯基，可与亚硝基铁氰化钠溶液发生作用而呈红色，自然脱落的毛发则无此反应。

毛发受损后，损伤痕迹难磨灭，可以此推断凶器：①当毛发受到锐器损伤时，若被利刃所断，则断端平滑、整齐；若被刃口较钝的锐器弄断，则断端呈锯齿状或阶梯状；②当毛发受到钝器打击时，被打击部位会膨大变宽或破裂呈分枝状。若发生断裂则断端不整齐，呈锯齿状；③高热作用可使毛发变色，失去光泽，角质膨胀，出现卷缩、烧焦、断裂、膨胀状况，毛干内有气泡形成。

五、毛发的个人识别

毛发的个人识别方法可分为三类：形态学观察、仪器分析和分子生物学方法。

（一）形态学观察

可根据头发形态作种族鉴别，如黑种人头发呈密螺旋状、黑色；黄种人头发呈直筒状；白种人呈波浪状，色浅淡。一般说来，男性头发比女性头发粗些、硬些、短些。久未理发而勤于梳篦的女性，其头发的毛尖易分裂成树枝状。女性阴毛和睫毛，比男性的粗。成年男性有胡须，女性一般则无。

（二）仪器分析

通过中子活化分析测定毛发中的微量元素含量，可提供个人识别的信息。一般男性毛发氯、硫、铁等元素含量高于女性，而钙、镁、锌等元素含量则低于女性。对某些疑为金属性毒物中毒的案件，通过毛发的毒物含量分析，有助于判断是否中毒。

（三）分子生物学方法

对于有毛囊的毛发，可以进行以 PCR 为基础的 DNA 分析，如 STR 分析。其方法和结果解释与生物性斑痕的个人识别类似。对于仅有毛干而无毛囊的毛发检材，现在多采用线粒体 DNA 序列分析。

mtDNA 对陈旧骨、牙齿、严重腐败或焚烧的残骸以及单根毛干的检测成功率比核 DNA 高。mtDNA 的大拷贝数提高了从微量或严重降解的检材中得到足量 DNA 的成功率。在只能得到毛发、骨、牙齿等组织的案件中，能提取到的 DNA 量极少，这种情况下从 mtDNA 中得到分型结果的可能性远远高于核 DNA 遗传标记。

目前用来表达无关个体中 mtDNA 稀有程度的方法是统计数据库中某一特定序列出现的次数。一个数据库中收录的无关个体数越多，计算得出的随机匹配概率就越低。与其他 DNA 遗传标记一样，用似然率表示 mtDNA 的证据意义。

第六节　骨骼检验

骨骼是个人识别的重要生物检材。骨骼具有能抵抗腐败，长期保存的特点。对高度腐败的尸体，对来历不清、归属不明的尸骨，对火灾案件、交通事故、地震灾害中遇难者的骨残骸碎片，可通过骨组织磨片进行组织形态学观察进行种属鉴定，也可从中提取 DNA 进行种属鉴定和个人识别。所以当遇到腐败尸体时，骨骼往往成为唯一可以进行 DNA 检验的物证检材。传统上，骨骼形态学分析属法医人类学范畴，本节仅简述骨骼的法医物证学分析要点。

骨骼检验要解决以下问题：①判定是否是骨骼；②区分是人骨还是动物骨；③确定是一人骨还是多人骨；④人骨的个人识别，包括骨骼特征推断死者的性别、年龄、身高及遗传标记分析。

一、骨的确定

（一）肉眼检查

主要根据骨骼的解剖学与组织学结构特点及骨骼成分的测定进行判断。送检骨骼比较完整时，从大体形态观察确定是否是骨骼一般并不困难。对残碎的骨片则应根据是否具有一般骨质特点，如有无骨干、骨垢、关节面、肌嵴、凹陷、孔管等；剖面是否分骨密质和骨松质等进行综合分析和判断。当肉眼观察结果不能确定时，需作显微镜及其他试验检查。

（二）显微镜检查

取一小块疑为骨骼的检材，将其磨成近似透明状的薄片，经70%酒精清洁和二甲苯透明处理后，置显微镜下检查有无骨小管、骨板、中央管（又称哈弗氏管）等组织学特征。

（三）焚烧试验

鉴于法医现场的实际情况，对于肉眼检查未能确定是否是骨质，而又不能立即显微镜检查时，可用烧灼方法作初步的检查。取一小块检材，用火烧灼，如是骨质，则表面失去光泽，重量减轻，质地变松脆。

焚烧试验对检材有破坏作用，焚烧试验后不能再作骨的实验分析。焚烧试验前应留部分检材以供个人识别。

二、骨骼的种属鉴定

（一）形态学方法

人骨与动物骨可以通过形态学方法进行区别，对于完整的骨骼，可将全部骨骼排列成人形，查看、比对各骨骼形态、大小、长短、粗细、牙齿等特征和状况，看是否符合人体骨架的特征和形态。对于不完整的细小骨片，可将检材磨成薄片或制成骨组织片，置于显微镜下观察其组织结构。人骨与动物骨的区别在于内、外环骨板的形态和相对厚度；哈氏系统之间的骨板形态、哈氏系统的大小、哈氏环层骨板的数量等方面，如人骨的内外环骨板规则，厚薄均匀，哈氏系统形态大多圆而规则，致密、均匀分布于全骨层，中央管为圆形或椭圆形；动物骨的内外环骨板大多不发达，哈氏系统形态分布不均匀、形状不规则。

（二）DNA 分析

用于血痕种属鉴定的 DNA 分析方法同样可用于骨的种属鉴定。例如，28s RNA 编码序列在种属之间差异较大，针对这一区域进行 PCR 扩增，可获得人和动物有差异的特异性片段，进行种属鉴定。

三、一人骨或多人骨的鉴别

碎尸案或多人遇难现场的尸骨，需鉴别是一人骨或是多人骨。主要根据骨骼的解剖学结构、定位、数目、排列及骨的连接吻合情况和有无重复骨等进行鉴定。如果骨骼的数目、大小、形态一致，无重骨或剩余之骨，则系一人之骨。相反，则可能是多人之骨。细小骨片难以判定时，可以通过 DNA 分析加以区别。

四、骨骼的个人识别

骨骼的个人识别与其他生物检材类似，主要通过 DNA 分型进行个人身份的认定。由于骨有外层骨密质的保护而使骨细胞的破坏相对缓慢，在不同的环境条件下比软组织具有更高的耐腐蚀性，更易保存，因此骨骼 DNA 分析是法医物证检验的重要组成部分。骨骼 DNA 主要来源于骨细胞、成骨细胞和破骨细胞等有核细胞，但是骨的 DNA 提取方法与其他生物检材有所不同。

提取骨组织的 DNA 后，可根据案情需要和比对样本的情况选择分型方法，如 STR 分型、mtDNA 分析以及检测 PCR 扩增牙釉基因进行性别鉴定。

（一）骨骼部位的选择

选择提取 DNA 的骨骼时，肋软骨、耻骨软骨、甲状软骨和关节软骨等细胞含量高，STR 检出率超过 95%，应列为骨骼 DNA 检验的首选部位。其次是长骨，最后为扁骨与不规则骨，如脊椎骨、下颌骨等。

按照骨的结构，新鲜骨骼应首选骨松质部分，骨细胞相对较多，操作简单，其次选择骨密质。对于陈旧骨骼，由于其骨松质网状结构中嵌有大量黑色素等抑制物颗粒，另有一些碎尸案中提取的断骨、骨片等缺乏骨松质部分，在此种情况下骨密质成为首选检材。骨密质结构致密且具有一定厚度，可通过增加取材量提高 DNA 模板量。婴儿骨骼，因处于快速生长期，骨骼干垢端的松质骨中含有大量的成骨细胞，故应选取松质骨进行检验。选取松质骨的检验结果优于密质骨。

受环境和微生物污染等因素的影响，骨骼的腐败程度由轻度不断发展为重度，从而造成骨部位的颜色发生变化，从淡黄色、黄色、黄褐色、淡棕色、棕褐色到棕黑色。受污染程度较重而呈现棕黑色的骨质往往难以得到理想的 STR 分型结果。同一块骨骼受污染的程度往往也存在差别，应尽量选择受微生物污染程度相对较小的部位进行检验。

在一些案件中骨骼受时间和环境因素的影响成为不完整的骨质，其受损残缺部位髓腔开放，易受到外源性微生物污染和人源性污染。因此完整骨的检验效果优于不完整骨。

（二）骨 DNA 分析的难点及注意事项

1. 低拷贝 DNA（low copy number，LCN）的影响。由于骨组织的有核细胞数量少、保存时间长，加之腐败、污染等使得骨骼 DNA 降解，在检验中会出现等位基因峰高不平衡、峰值移位或等位基因丢失等情况，故在提取时应适当增加骨粉用量。对于 STR 分析峰型不标准的案例不能轻易得出排除结论，可进一步进行 mtDNA 测序，在案件鉴定时要充分考虑到骨 DNA 分析的复杂性。

2. 环境因素的影响。当人类骨组织 DNA 含量远远少于微生物 DNA 时，极易引起引物错配，得不到理想的扩增产物。不同环境条件的离子强度、pH 值、有机物、高温、碳化等环境因素会影响骨 DNA 的分析。

3. 避免污染。骨组织中 DNA 含量有限，在提取及扩增中要严格注意，避免污染，同时设立阴性对照，包括提取过程设立阴性对照以及在做 PCR 扩增时设立阴性对照，避免低信号时得到错误的分型结果。

4. 增加线粒体测序技术作为补充。陈旧骨组织的有核细胞数量少，干扰因素多，有时不能有效获得 STR 分型结果，但细胞中线粒体的数量远远大于细胞核的数量，所以可采用线粒体测序技术，通过线粒体高变区的碱基变异进行个体识别或母系亲缘鉴定。

第七节　脱落细胞检验

脱落细胞中的微量 DNA（trace DNA）是指由皮肤接触所遗留下来的痕量 DNA，这些 DNA 随着 STR 分析技术灵敏度的不断提高，能够成功分型。皮肤是人体最大的器官，约占人体 15% 的重量，与此同时，人的表皮细胞每天都在脱落，一个人每天大约脱落 4 000 000 个表皮细胞。表皮细胞是有核细胞，每个细胞包含大约 5pg 核 DNA。目前复合 STR 分析技术能够对低于 100pg 的 DNA 进行分析。理论上只要有 20 个细胞就足够进行 STR 分型。

当手指接触物体表面时，不仅仅留下了汗液和油脂，含有遗传物质的细胞也被大量的遗留下来，这就意味着犯罪现场所遗留下来的微量物证将可以作为寻找犯罪嫌疑人的线索。除皮肤细胞之外，还有很多可以遗留微量物证的部位，包括嘴巴、鼻子和眼睛等。人体角膜和眼球细胞都是连续再生的细胞，每 6~24 小时就全部更新一遍。用手去揉眼睛，很容易让手携带上眼部承载的有核细胞。DNA能够从隐形眼镜碎片上的细胞中获得，并且能够识别犯罪嫌疑人。摩擦面部、鼻子、嘴巴、咬指甲和其他人体无意识的行为，可能会使得携带有 DNA 的细胞被遗留下来。所以不仅仅是接触物体皮肤的脱落细胞被遗留下来，与皮肤接触的身体其他部位的细胞都有可能被遗留下来。

影响脱落细胞遗留的因素：①个体差异：有些人被称为"上皮细胞捐赠者"或是"脱落者"，这些人较易留下脱落细胞，但是有些人被称为"差的脱落细胞捐赠者"或是"非脱落者"，这些人较不容易留下脱落细胞；②被接触物体的差异：可渗透的物体表面比不可渗透的物体表面较易留下上皮细胞；③接触时间：身体某部位与物体接触要有一定时间才能留下足够的脱落上皮细胞。

第八节　个人识别结果评估

法医物证学通过遗传标记分析为案件侦查提供线索，为审判提供科学证据。如强奸案，若从被害人阴道试子中取得的精斑遗传标记与嫌疑人的不同，这就为嫌疑人没有强奸这位妇女的论点提供了强有力的证据；又如谋杀案，若测出嫌疑凶器上的血痕与被害人血液具有相同的遗传标记，则在某种程度上支持嫌疑凶器是作案工具的论点。这里的某种程度与群体中具有该种遗传标记的个体数有关，群体中具有该遗传标记的个体越少就越支持嫌疑凶器是作案工具的论点。极端情况是该遗传标记型在全人类数十亿人中是唯一的，则最大程度支持嫌疑凶器是作案工具的论点。这种统计学理论是遗传标记分析作为科学论据的基础。法医进行个人识别时，包括 DNA 在内的任何遗传标记分析都是基于这种统计学理论。

DNA 遗传标记多态性程度远远高于血型，DNA 遗传标记具有大量的等位基因及基因型。实践中，联合使用多个 DNA 遗传标记可以产生数以千万计的基因型组合，而每一种组合在群体中出现的频率非常低，足以区别群体中的不同个体，也易于实现高概率认定。因此人们常常说，DNA 使法医学检验实现了从只能否定嫌疑人到可以肯定嫌疑人的飞跃。这里，"否定"与"肯定"涉及评估法医个人识别的科学证据意义，而这类评估至少需要考虑遗传标记的系统效能和遗传标记对于具体个案的鉴定能力两方面因素。

遗传标记的多态性程度越高，应用该遗传标记进行法医学个人识别的效能就越高。系统效能可用个人识别能力（discrimination power，DP）定量评价。个人识别能力指从群体中随机抽取两名个体，其遗传标记表型不相同的概率。一个与案件无关的人被误控在犯罪现场留下了血痕，理论上可以根据遗传标记检测结果否定现场的血痕是他的。但在遗传标记的鉴别能力较差时，没有关系的个体与现场血痕的遗传标记偶然也会相同。无关个体遗传标记偶然相同的概率高低不同，这与遗传标记的多态性有关，因此有必要知道遗传标记识别没有关系个体的能力。对某一个遗传标记而言，多态性程度越高，其识别没有关系个体的能力就越强，即通常所说的个人识别能力。计算 DP 值的公式为：

$$DP = 1 - \sum_{i=1}^{n} Pi^2 = 1 - Q$$

式中 n 为一个遗传标记的表型数目，Pi 为群体中第 i 个表型的频率。$\sum Pi^2$ 为人群中随机抽取的两个血样，纯粹由于机会而一致的概率（Q）。以 STR 遗传标记 TH01 在中国成都汉族群体的个人识别能力计算为例。表 13-1 给出了计算数据。

表 13-1 遗传标记 TH01 的个人识别能力计算数据

表型	表型数	表型频率 Pi	Pi²
6-6	2	0.017	0.000289
6-7	9	0.074	0.005476
6-8	1	0.008	0.000064
6-9	15	0.124	0.015376
6-10	3	0.025	0.000625
7-7	7	0.058	0.003364

表型	表型数	表型频率 Pi	Pi²
7-8	2	0.017	0.000289
7-9	32	0.264	0.069696
7-9.3	3	0.025	0.000625
7-10	3	0.017	0.000289
8-9	7	0.058	0.003364
8-10	2	0.017	0.000289
9-9	26	0.215	0.046225
9-9.3	4	0.033	0.001089
9-10	5	0.041	0.001681
9.3-10	1	0.008	0.000064
合计	121	1.00	0.148805

根据上述公式计算，则 TH01 在中国成都汉族群体中的个人识别能力为：

$$DP = 1 - Q = 1 - 0.148\ 805 = 0.851\ 195 \approx 0.8512$$

这意味着在成都汉族群体中随机抽取两个无关的个体血样，纯粹由于机会导致两者 TH01 分型结果一致的概率为 0.1488，两者 TH01 分型结果不相同的概率为 0.8512。也可理解为如果在成都汉族群体中 100 次随机抽取两个无关个体血样，纯粹由于机会将有约 15 次（14.88%）两者 TH01 分型结果一致，约 85 次（85.12%）两者 TH01 分型结果不相同。显然，两者分型结果不相同的概率越高，遗传标记识别没有关系个体的能力就越强。

提高系统的个人识别能力可以通过增加检测的遗传标记数目来实现。若检测 k 个遗传标记，其累积个人识别能力计算公式为：

$$TDP = 1 - Q_1 \times Q_2 \times Q_3 \times Q_4 \times \ldots\ldots Q_n$$

总 Q 值为 n 个遗传标记 Q 值的乘积。检查数种 DNA 遗传标记，先按公式求出每种遗传标记的 Q 值，然后再求出累积 Q 值，最后再求出 DP 值。表 13-2 给出了以成都汉族群体为例，13 个 STR 基因座的个人识别能力计算实例。如果在成都汉族群体中 100 亿次随机抽取两个无关个体血样，大于 9 999 999 999 次两者

13 个 STR 基因座分型结果不相同。显然所用遗传标记数目越多，鉴别能力愈强。这对实际鉴定工作中选择遗传标记有重要意义。

表 13-2　成都汉族群体 13 个 STR 基因座的个人识别能力及累积个人识别能力

基因座	个人识别能力	累积个人识别能力
TPOX	0.789	0.789
D3S1358	0.856	0.9696
FGA	0.952	0.99854
D5S818	0.912	0.999872
CSF1PO	0.858	0.9999818
D7S820	0.917	0.99999849
D8S1179	0.950	0.999999924
TH01	0.851	0.999999988
vWA	0.924	0.999999999
D13S317	0.931	0.999999999
D16S539	0.921	0.9999999998
D18S51	0.958	0.9999999999
D21S11	0.931	>0.9999999999

DNA 遗传标记的系统效能更多地是针对选择遗传标记而言的。对于具体个案鉴定，法医学专家通过是样本的一系列表型组成一个稀有现象的策略来提供科学证据。个人识别是通过比较两个样本的一系列表型，从而判断两个样本是否来自同一个体。检测的基因座数越多且型别一致，证据的作用越大。例如，谋杀案中，现场血痕与嫌疑人 13 个 STR 表型相同。以频率来估计概率，这种表型组合在群体中的稀有程度可由表型频率按照乘法定律求得（表 13-3）。

表13-3　现场血痕与嫌疑人13个STR表型相同时个人识别的偶然概率

基因座	现场血痕STR表型	嫌疑人STR表型	表型频率P	群体中存在该表型组合的概率
TPOX	8~11	8~11	0.323	0.323
D3S1358	15~16	15~16	0.242	0.078
FGA	22~23	22~23	0.103	0.008
D5S818	11~12	11~12	0.154	0.0012
CSF1PO	11~12	11~12	0.190	0.000 23
D7S820	11~12	11~12	0.143	0.000 033
D8S1179	13~14	13~14	0.075	0.000 002 5
TH01	7~9	7~9	0.294	0.000 000 074
vWA	14~17	14~17	0.131	0.000 000 009 7
D13S317	8~11	8~11	0.105	0.000 000 001 0
D16S539	9~11	9~11	0.144	0.000 000 000 1
D18S51	14~15	14~15	0.086	0.000 000 000 01
D21S11	29~31	29~31	0.092	0.000 000 000 001

　　血痕既可能是嫌疑人留下的，也可能是其他人留下的，因此我们需要评估在其他人中发现这种表型组合的概率。如果以表型频率来估计概率，假定这种表型组合来自群体中一名与嫌疑人没有关系的随机个体，人群中发现这种表型组合的理论概率就称为随机匹配概率。如果这个概率非常小，说明这两个样本（现场血痕及嫌疑人血液）表型的相同不像是一个随机事件，支持这两个样本来自同一个人的假设。目前大多数学者认为，如果某种表型组合的稀有程度大大超过了人类个体的总数的倒数，从概率上估计 在全世界人群中几乎不可能找到具有同样表型组合的另一个人，认定同一性应无疑问。

　　在同一性鉴定中，法医统计学更倾向用似然率（likelihood，LR）方法来评估遗传分析提供的证据强度。似然率基于两个假设。例如，现场的血痕DNA和嫌疑人血液DNA表型组合均为E，可以考虑两种假设：①现场血痕是嫌疑人所留（原告假设）；②现场血痕是一个与案件无关的随机个体所留（被告假设）。

似然率是假设①条件下现场血痕与嫌疑人的表型组合都是 E 的概率与假设②条件下现场血痕与嫌疑人的表型组合都是 E 的概率之比。

用竖线分开条件与事件，竖线右边为条件，左边为事件。Pr（E | Hp）为原告假设 Hp 条件下获得证据 DNA 图谱的概率，Pr（E | Hd）为被告假设 Hd 条件下获得证据 DNA 图谱的概率。则似然率可写为：

$$LR = \frac{Pr(E \mid Hp)}{Pr(E \mid Hd)}$$

式中：用竖线分开事件与条件，竖线左边为事件，右边为条件。

例如：现场血痕 DNA 和一名嫌疑人血样 DNA 表型组合均为 E，可以考虑两种假设：①现场血痕是嫌疑人所留（原告假设 Hp）；②现场血痕是一个与案件无关的随机个体所留（被告假设 Hd）。

分子 Pr（E | Hp）为原告假设 Hp 条件下获得证据 DNA 图谱的概率，分母 Pr（E | Hd）为被告假设 Hd 条件下获得证据 DNA 图谱的概率。其中，原告假设（Hp）在样本来源单一的情况下，DNA 分型应该是匹配的，即 Hp = 1；被告假设（Hd）条件下获得证据 DNA 图谱的概率为随机匹配概率（probability of matching, PM），当检测一组遗传标记时，则为累积匹配概率（cumulative match probability, CPM），则上述公式可简化为 LR = 1/CPM。

统计学上 LR 在数值上超过 1，支持原告假设（Hp）；反之，如果小于 1，则支持被告假设（Hd）。在法医学个体识别实践中，当 LR 在数值上超过全球人口总数时，表明证据有足够强度支持原告假设（Hp）。

似然率提供了一种基于术语"支持"的简单约定，以便根据一定数据来支持一种假设，排斥另一种假设。实践中，LR 大于全球人口总数，支持原告假设（Hp）。从法医遗传学角度，可以认为遗传分析提供的证据是充分的。

对法医个人识别科学证据的评估，至少需要考虑遗传标记系统的效能和具体案件的鉴定结果，给法庭提供一个量化的科学证据。应该强调的是，如果只简单地做少数几个 DNA 遗传标记，鉴定所提供的证据强度是有限的，而联合使用多个 DNA 遗传标记，可提高证据强度。可以为案件侦查提供线索，为审判提供确凿无误的科学证据。

思考题

1. 现场中如何快速、有效地发现生物学检材？

2. 发现的生物学检材如何避免污染和降解呢?

3. 本节所介绍的生物学检材,是否需要在每个案例中全部进行收集呢?

4. 为什么一个检测系统中的 DP 值越高,其识别效能就越强呢?

第十四章

亲子鉴定

　　亲子鉴定（panrentage testing）也称亲权鉴定（identification in disputed paternity），是指通过对人类遗传标记的检测，根据遗传规律的分析，对有争议的父母与子女之间是否存在生物学亲缘关系所作的科学判定。亲子鉴定最常见的一种类型是母子关系确定，要求判断有争议的男子与子女之间是否存在生物学亲缘关系的鉴定，即父权鉴定（paternity testing）。随着 DNA 遗传标记的开发和应用，目前除两代直系血亲关系的判定外，亲子鉴定技术还可以延伸到祖孙关系、同胞关系、叔侄关系、舅甥关系等血缘关系的分析鉴定，也可能作出相应的判定，此类鉴定统称为亲缘鉴定。

第一节　概　　述

一、亲子鉴定的应用类型

　　亲子鉴定是法医物证学研究与工作的主要任务之一，可以为刑事、民事诉讼案件中相关亲子关系的审理提供有力的科学证据。可见于下列几种情况：①家庭纠纷，怀疑子女不是亲生，或非婚生子女要求确认父子关系；②怀疑医院产房或育婴室调错新生婴儿；③失散多年的家庭成员认亲或被拐儿童的认领；④移民公证，要求需确定移民者与某人有无亲生关系；⑤涉及计划生育政策，怀疑将亲生子女作为收养儿或将超生子女给他人抚养等；⑥遗产继承纠纷要确定亲生关系，或试管婴儿的生父认定；⑦尸体（碎尸块、尸骨等）的身份（尸源）确定；⑧刑事案件中受害人或犯罪嫌疑人确认，如需确定现场物证或犯罪嫌疑人衣物或家里的斑迹是否为受害人所留，但受害人样本已经被销毁，无法得到；或需确定现场物证是否为犯罪嫌疑人所留，但嫌疑人在逃；⑨强奸案件中胎儿或婴儿的生父认定等。

国家 DNA 数据库中的失踪人口数据库（missing persons DNA databases）亦称作亲属样本库，是根据《法庭科学 DNA 数据库建设规范》建设的，主要储存已失踪人员（包括被拐卖儿童和无名尸体）的父母或配偶和子女、或其他与失踪人员有血缘关系的 DNA 分型数据及相关信息。通过比对身源未知个体与可能是其亲属个体的基因分型，来确定身源未知个体的亲权鉴定，称为反转亲权鉴定（reverse paternity analysis）。

二、亲子鉴定的依据

作为亲子鉴定的依据，包括非遗传特征和遗传特征两大类。

（一）非遗传特征

非遗传特征仅可用于亲代和子代间是否具有亲缘关系的鉴定，且只能排除而不能认定，多数情况下仅作为亲子鉴定的参考。

1. 妊娠期限。正常情况下，妇女的妊娠期限为（280±14）天，在充分考虑早产儿、过熟儿等因素影响的前提下，若能证明受孕期内，被控父亲（alleged father，AF）不可能与小孩生母有性关系，则可否定被控父亲与孩子具有生物学亲子关系。

2. 性交能力和生育能力。若能准确判定有争议的父（或母）在受精期间无生育能力或性交能力，可以否定亲子关系，但必须注意试管婴儿等例外情况。

（二）遗传特征

遗传特征是指受遗传基因控制，能够由亲代传给子代的遗传性状，包括形态特征、生理特征和代谢特征等。在遗传分析中，可区分不同遗传背景的研究对象（细胞、个体、家系或群体）的可识别的遗传性状称为遗传标记（genetic marker）。

人类的遗传性状根据受基因控制的程度可分为两类：一类是受多基因座共同控制，以及环境、营养状态、疾病等非遗传因素影响的复杂遗传性状，如身体的形态、容貌、肤色、皮肤纹理等；另一类是受单一基因座控制且与环境无关的简单遗传性状，如血型、DNA 多态性、耳垢型、味觉能力等。用于亲权鉴定的遗传标记，应具有简单的遗传性状，遗传方式明确，且具有遗传多态性。

血型（blood group）是血液的遗传标记。狭义的血型概念是指红细胞表面抗原由遗传所决定的个体差异，即红细胞血型。最早被发现的人类血型系统——

ABO 血型，根据红细胞膜上有无 A、B 血型抗原分为四种类型，即只有 A 抗原的称为 A 型，只有 B 抗原的称为 B 型，A、B 抗原皆无的称为 O 型，A、B 抗原皆有的称为 AB 型。在红细胞上没有相应 A 或 B 抗原的人，其血清中存在抗 A 或抗 B 抗体。ABO 血型鉴定主要用于输血、器官移植的供体选择、不孕症和新生儿溶血症的原因分析等临床医学实践。广义的血型概念是指人类血液诸成分由遗传决定的个体差异，包括红细胞血型、白细胞血型、血小板型、血清蛋白型和酶型等。随着人类对遗传物质 DNA 认识的不断深入和分子生物学技术的逐步提高，用于亲子鉴定的遗传标记也由表达产物水平进入 DNA 分子水平（图 14-1）。

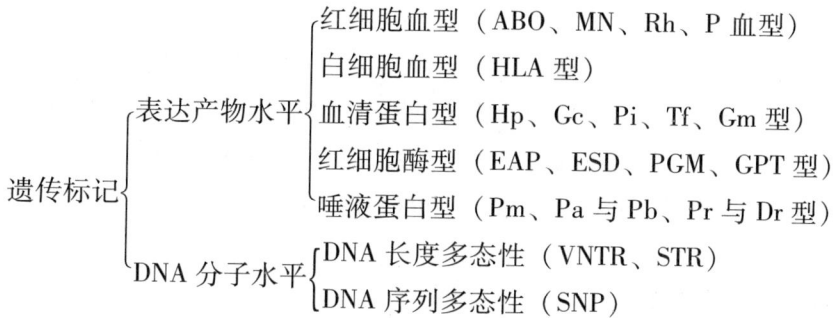

红细胞血型（ABO、MN、Rh、P 血型）
白细胞血型（HLA 型）
表达产物水平　血清蛋白型（Hp、Gc、Pi、Tf、Gm 型）
红细胞酶型（EAP、ESD、PGM、GPT 型）
唾液蛋白型（Pm、Pa 与 Pb、Pr 与 Dr 型）
遗传标记
DNA 分子水平　DNA 长度多态性（VNTR、STR）
DNA 序列多态性（SNP）

图 14-1　亲子鉴定常用遗传标记

DNA 遗传标记是以个体间遗传物质内核苷酸序列变异为基础的遗传标记，是 DNA 水平遗传多态性的直接反映。它具有数量丰富、多态性高、遗传稳定和自动化程度高等优点，是目前法医学个人识别和亲子鉴定的主要依据。但 DNA 遗传标记的突变率比表达产物水平遗传标记的突变率要高，因此，用于亲子鉴定的 DNA 遗传标记必须符合下列基本条件：①遗传方式已经明确；②遗传标记的型别终生不变；③检验方法稳定，重复性好，结果明确可靠；④具有遗传多态性，基因频率分布较均匀，父权排除率高；⑤体细胞稳定性强，同一个体的不同组织有相同的型别；⑥遗传稳定性强，突变率低。

亲权鉴定目前最常用的 DNA 遗传标记是 STR，候选 STR 基因座应符合如下条件：①基因座定义和具有的特征已有文献报道；②种属特异性、灵敏性、稳定性研究已实施；③遗传方式符合孟德尔定律；④已有可供使用并公开发表的群体遗传数据，群体遗传数据包括从有关人群中获得的该基因座等位基因频率或单倍型频率及突变率；⑤串联重复单位为四或五核苷酸。

亲权关系鉴定相关技术规范推荐了 19 个常用的常染色体 STR 基因座：vWA、D21S11、D18S51、D5S818、D7S820、D13S317、D16S539、FGA、D8S1179、D3S1358、CSF1PO、TH01、TPOX、Penta E、Penta D、D2S1338、D19S433、D12S391、D6S1043，并鼓励在此基础上增加更多的、经过验证的、与上述 19 个 STR 基因座不存在连锁和连锁不平衡的其他常染色体 STR 基因座，以提高检测系统效能。亲权鉴定实施过程中，除常染色体 STR 基因座外，建议在需要时增加 Y-STR、X-STR 的检验。

单核苷酸多态性被认为是继 STR 后的第三代 DNA 遗传标记，它主要是指在基因组水平上由单个核苷酸的变异所引起的 DNA 序列多态性，它是人类可遗传的变异中最常见的一种，占所有已知多态性的 90% 以上。单核苷酸多态性在人类基因组中广泛存在，估计其总数可达 300 万个甚至更多，由于遗传密码中包含了大约 300 万个差异，这些差异导致了人类基因组中存在广泛的多态性，因此，作为第三代遗传标记的单核苷酸多态性的研究就显得尤为重要。当 STR 系统的分型结果不足以确定某些复杂的亲缘关系时，单核苷酸多态性可作为补充鉴定用的遗传标记。

三、亲子鉴定的原理

基因（gene）是控制生物性状的基本遗传单位，是负载特定生物遗传信息的 DNA 分子片段，构成人类基因组的两类不同的组分，即细胞核染色体基因组（包括 22 对常染色体和 1 对性染色体）和细胞质线粒体基因组，分别遵循不同的遗传规律遗传，并决定着子代个体的性状及生理状况，因此，遗传规律是亲子鉴定的重要理论基础。

（一）常染色体遗传

位于常染色体上决定某种遗传性状的基因或 DNA 遗传标记遵循孟德尔遗传定律遗传。

1. 分离定律。分离定律是遗传学中最基本的一个规律，它从本质上阐明了一个基因座上等位基因的遗传规律，即在生物的体细胞中，控制同一性状的基因成对存在，在生殖细胞通过减数分裂形成配子时，成对的等位基因彼此分离，进入不同的配子中，独立地随配子传递给后代，通过基因重组在子代继续表现各自的作用。

根据孟德尔分离定律，在一个具体家庭中，决定某一性状的基因在亲代和子代之间传递遵循的遗传规律可概括为：①孩子必定得到双亲每方的一对等位基因中的一个，即父（母）子间有一个同源等位基因；②孩子的一对等位基因分别来自父亲和母亲，不可能带有双亲均无的等位基因；③除了在双亲都带有相同基因（如 A）的情况下，孩子不可能带有两个相同基因（AA）；④某个基因在双亲中的一方或双方为纯合子时（AA），必定要在孩子中表现出来（A）。在一个双等位基因遗传标记系统中，符合和不符合亲子遗传规律的各种格局如表 14-1 所示。

表 14-1　符合和不符合亲子遗传规律的格局

母亲	孩子	符合亲子遗传规律 AF	不符合亲子遗传规律 AF
AA	AA	AA 或 Aa	aa
AA	Aa	Aa 或 aa	AA
Aa	AA	AA 或 Aa	aa
Aa	Aa	AA 或 Aa 或 aa	—
Aa	aa	Aa 或 aa	AA
aa	Aa	AA 或 Aa	aa
aa	aa	Aa 或 aa	AA

　　双等位基因遗传标记亲子鉴定的基本遗传原理可以推广到多个等位基因的遗传标记。例如，ABO 血型的遗传是由位于人类第 9 号染色体（9q34）的三复等位基因 A、B 和 O 决定的，A 基因与 B 基因为共显性，A 基因和 B 基因对 O 基因为显性，O 基因为隐形。ABO 血型 4 种表型与 6 种基因型的关系是：A 型（AA 或 AO）；B 型（BB 或 BO）；AB 型（AB）；O 型（OO）。根据孟德尔遗传定律，若双亲的 ABO 血型分别为 A 型和 B 型时，可能产生 4 种表型的孩子。通过母子 ABO 血型检测结果的分析，可以推定亲生父亲可能的 ABO 血型，并依此排除不具有这些血型的有争议男子的父权（表 14-2）。

表 14-2　根据 ABO 血型判定父权

母亲	孩子	争议男子的父权		母亲	孩子	争议男子的父权	
		不能排除	可以排除			不能排除	可以排除
A	A	A、B、AB、O	—	B	A	AA、B	B、O
	B	B、AB	A、O		B	A、B、AB、O	
	AB	B、AB	A、O		AB	A、AB	B、O
	O	A、B、O	AB		O	A、B、O	AB
AB	A	A、B、AB、O	—	O	A	A、AB	B、O
	B	A、B、AB、O	—		B	A、B、AB、O	A、O
	AB	A、B、AB	O		O	A、B、O	AB

在排除遗传变异和分型错误的前提下，亲子鉴定的基本原理可归纳为两点：①在肯定孩子的某个等位基因是来自生父，而被控父亲并不具有这个基因的情况下，可以排除其亲子关系。显然，检查的遗传标记越多，非生物学父亲被排除的概率就越大。②在肯定孩子的某些等位基因是来自生父，而被控父亲也带有这些基因的情况下，不能排除其亲子关系。这时可以计算如果判断他是孩子生父，理论上的把握度究竟有多大。

2. 自由组合定律。自由组合定律揭示了两个及两个以上基因座上基因的遗传规律，即不同基因座上的非等位基因在形成配子的过程中，随机配对，机会均等，形成子代的基因型。该定律是计算多个遗传标记累积鉴别概率的理论基础。亲权鉴定应选择符合自由组合定律的遗传标记，通常将这些标记位于不同染色体上，或是在同一染色体上相距较远的位置。

（二）性染色体遗传

位于性染色体上的决定某种性状的基因或 DNA 遗传标记，其遗传特点由性染色体遗传方式所决定。

1. Y 染色体遗传。Y 染色体为男性特有，其 Y 染色体特异部分以单倍型的方式由男性亲代稳定地直接传给男性子代，除非发生基因突变，每个父亲都将其携带的遗传标记忠实地遗传给儿子，同一个家系中的男性都带有相同的 Y 染色体遗传标记。此类遗传标记在父子间的单亲鉴定、男性隔代或同胞之间或亲缘关系的鉴定及性犯罪案件中男性的个人识别中具有重要的作用。

2. X 染色体遗传。女性性染色体为 XX。母亲的 X 染色体在减数分裂时可以发生同源重组，与常染色体类似，随机地遗传给子代。女性在 X-STR 基因座具有两个等位基因，一个来自于父亲，一个来自于母亲；男性在 X-STR 基因座仅具有一个等位基因，且来自于母亲。

X 染色体特殊的遗传方式在诸如全同胞姐妹、同父异母半同胞姐妹、祖母和孙女、无法利用常染色体遗传标记检测得到明确鉴定意见的二联体（父女、母子或母女）或三联体等亲权鉴定以及个人识别等案件中发挥重要作用。

（三）线粒体 DNA 遗传

线粒体 DNA（mtDNA）是人类唯一的细胞核外 DNA，呈闭环双链结构，约 16.5 Kb；不遵循孟德尔遗传定律，表现为母系遗传，通过卵细胞将其中的遗传信息传递给后代；无有丝分裂和减数分裂的周期变化；遗传物质位于细胞器内，不受核移植的影响；单个细胞中 mtDNA 拷贝数多；存在异质性现象。

线粒体 DNA 的母系遗传方式适用于对母系亲缘关系（如母子（女）、隔代外祖母/外孙（女）、舅甥关系、姨甥关系、同母的全同胞或半同胞）进行亲缘关系鉴定。

第二节　否定父权

否定父权不仅需要考虑遗传标记在两代人之间是否符合遗传规律，也要考虑遗传标记在亲子鉴定中的系统效能。

一、排除亲子关系

排除亲子关系可以归纳为如下两种情况：①孩子带有母亲和 AF 双方都没有的一个基因。②孩子没有 AF 必定要传递给其后代的一个基因。

在大多数的亲子鉴定案例中，一般已知母亲是孩子的生母，问题是要鉴定父亲是否为孩子的生父。此时首先从母亲、孩子基因型的对比中，可以确定孩子基因中可能来自生父的基因。根据遗传规律，排除父子关系有四种类型（表 14-3），前两类被称为直接排除；后两类是根据阴性反应结果检出纯合子，称为间接排除。第 1 类中，孩子带有 vWA 等位基因 14，因为母亲并无 vWA 等位基因 14，所以 vWA 14 一定来自生父，而被控父亲 AF 无 vWA 14，故被排除。第 2 类中，

AF 带有 D20S161 等位基因 17 和 20，所以他的亲生孩子必定带有 D20S161 等位基因 17 或 20，而孩子 D20S161 等位基因为 15 和 18，故也可以排除 AF 为生父。第 3 类中，孩子为 Rh 血型中的 E 抗原纯合子，说明有一个 E 基因来自生父，而 AF 并无 E 抗原，故被排除。第 4 类中，AF 为 MN 血型中的 MM 纯合子，理应在孩子中出现 M 抗原，而孩子并无 M 抗原，AF 也被排除。第 1、2 两种父权否定，是用实验方法检查有无某种遗传标记，称为直接法，除极少数例外，结果比较可靠。第 3、4 两种基于实验结果隐性，推断为纯合子，称为间接法，下结论时应该慎重。阴性结果应该在不同实验室重复试验。原则上基因型须作家系调查方能确定。必要时可作附加试验检测其他遗传标记。直接法至少应根据三个以上不同遗传标记否定父权，间接法否定父权的遗传标记数量应该更多一些。

表 14-3　排除父子关系的类型

类型		母亲	孩子	AF
直接排除	1	vWA 15-17	vWA 14-17	vWA 16-18
	2	D20S161 15-18	D20S161 15-18	D20S161 17-20
间接排除	3	Rh（E+）	EE	Rh（E-）
	4	MN	N	MM

二、非父排除概率

非父排除概率（probability of excluding，PE）又称父权排除概率，是指通过检测遗传标记，能将不是孩子生父的个体排除的概率，即在被控为生父的随机男子中，根据遗传标记分型结果否定其父权有多大的可能性。对孩子的生父来说，不论检查多少遗传标记，都不可能找到排除他与孩子有亲子关系的证据；而对于不是孩子生父的男子，随着检测遗传标记的增加，他被排除的概率就越大。因此，非父排除概率是衡量遗传标记系统排除父权能力的最常用指标，它反映了遗传标记在亲子鉴定中的应用价值，亦是选择亲子鉴定遗传标记的依据。

目前常用的 DNA 遗传标记，如常染色体 STR 一个基因座有多个等位基因，并且均为显性。非父排除概率的计算在父/子/母的三联体亲子鉴定和父（母）/子的二联体亲子鉴定中采用不同的公式进行。

三联体亲子鉴定：$PE = \sum Pi \, (1-Pi)^2 - \frac{1}{2} [\sum \sum Pi^2 Pj^2 \, (4-3Pi-3Pj)]$

二联体亲子鉴定：$PE = \sum\limits_{i=1}^{n} Pi^2 \, (1-Pi)^2 + \sum\limits_{j>i=1}^{n} 2PiPj \, (1-Pi-Pj)^2$

式中 n 为基因座的等位基因数，Pi 代表群体中第 i 个等位基因频率，Pj 代表群体中第 j 个等位基因频率，并且等位基因 i 不等于等位基因 j。

上述公式是对于一个基因座而言的。亲子鉴定不止使用一个基因座，有必要知道使用的全部遗传标记对于不是孩子生父的男子否定父权有多大的可能性，即累计非父排除概率（cumulative probability of exclusion，CPE）。

计算累计排除概率的前提条件是一个遗传标记系统独立于另一个系统。在此前提下，一个无关男子不能被多个遗传标记排除的概率可由单个遗传标记不能排除的概率乘积累计计算求得。具体地说，符合概率乘法定律，即独立事件同时发生的概率等于独立事件的概率乘积。累计排除概率计算公式为：

$CPE = 1 - (1-PE_1)(1-PE_2)(1-PE_3)(1-PE_k) = 1 - \prod (1-PE_k)$

式中，PE_k 为第 k 个遗传标记的 PE 值。检测多个遗传标记，求出各个遗传标记的 PE 值后，再按公式求出累计非父排除概率（CPE）。以成都汉族群体为例，常用 13 个 CODIS 系统 STR 基因座的累计非父排除概率计算实例如表 14-4。由表 14-4 可见，理论上如果随机抽取 100 个由母亲、孩子及非生物学父亲构成的三联体，TPOX 将排除 30.2% 的非父，D3S1358 将排除 51.0% 的非父，而 FGA 可排除 63.5% 的非父。基因座多态性程度越高，非父排除概率越高，排除非生物学父亲的能力就越强。TPOX、D3S1358、FGA 三个 STR 系统否定父权累计概率的计算方法：

$CPE = 1 - (1-PE_1)(1-PE_2)(1-PE_3) = 1 - (1-0.302)(1-0.510)(1-0.635) = 0.8752$

检测的遗传标记数目越多，累计非父排除概率越高，排除非父的能力亦越强。为了最大限度地排除非父，选择排除概率高和更多的遗传标记是十分必要的。

连锁遗传的遗传标记，如男性的 Y-STR 和 X-STR、线粒体 DNA 等，不能运用乘积定律，应以单倍型形式进行分析和评估综合鉴别效能。

表 14-4　成都汉族群体 STR 基因座非父排除概率

基因座	非父排除概率	累计非父排除概率
TPOX	0.302	0.302
D3S1358	0.510	0.6 580
FGA	0.635	0.87 516
D5S818	0.683	0.960 427
CSF1PO	0.413	0.9 767 704
D7S820	0.445	0.98 710 757
D8S1179	0.685	0.995 938 885
TH01	0.326	0.997 262 808
vWA	0.540	0.998 740 892
D13S317	0.593	0.999 487 543
D16S539	0.409	0.999 697 137
D18S51	0.667	0.999 899 146
D21S11	0.667	0.999 966 415

三、错误否定父权的风险

测试的遗传标记增多，遇到遗传变异的可能性也增加。遗传变异使亲子之间的遗传关系呈现为不符合遗传规律。如果缺乏这方面的知识，容易错误否定父权。遗传变异主要有：基因突变、沉默基因、替代等位基因、基因缺失、血型变异、基因互换、弱抗原、嵌合体、镶嵌抗原、生理与病理性变异等。特别是DNA 基因座的突变率较高，在亲子鉴定中严格遵循排除父权的原则是十分重要的。

（一）突变率

在细胞的减数分裂过程中，存在有基因的交换与重组，或由于某些外界影响因素的作用，导致基因的核苷酸顺序或数目发生改变，这就是基因突变。突变是导致亲代与子代的遗传标记不符合遗传规律的重要原因。突变可能会影响到亲子鉴定结果的正确性，从而对案件的侦破与审判产生误导。因此，在亲子鉴定时应该选取突变率低的遗传标记。这里的突变率是指每代细胞发生突变的百分率，是评估遗传标记稳定性与亲子鉴定可靠性的指标。不同遗传标记的突变率不同，一般而言，表达产物水平的遗传标记的突变率要比 DNA 标记突变率低。为了避免因遗传标记的突变而错误地排除亲子关系，法医学亲子鉴定所选用的遗传标记必须经家系调查，且至少观察 500 次减数分裂。选用的遗传标记突变率应低于 0.2%。

STR 基因座是目前最常用的亲子鉴定遗传标记。STR 突变使亲子鉴定面临错判的风险。因此，必须对 STR 基因座的突变有所认识。

1. 复制滑动突变。复制滑动是形成 STR 多态性的原因之一，也是 STR 基因座基因突变的主要原因。复制滑动突变多表现为等位基因增加一个或减少一个基序。这种只涉及一个基序的加或减称一步突变，大约占 STR 基因座突变的 90%。少数突变基因涉及几个基序，称多步突变。常用 STR 基因座的突变率大约在 0.1%~0.5%。

STR 基因座的突变率与等位基因中基序的碱基结构和重复次数有一定的关系。基序碱基结构均一的基因座容易发生突变，而等位基因中含有不完全基序的基因座突变发生率反而较低，例如 D21S11 基因座中基因 30 容易突变，而基因 30.2 因含有 TA 碱基插入，却不易发生突变。等位基因中简单序列基序重复次数越多，基因的突变率越高。一般规律是重复次数低于 10 的基因座突变比较少见，大于 10 个基序的基因突变较多。

STR 基因突变与性别有关，一般的规律是父方基因突变比母方多见。文献报道男性与女性的突变比例观察值为 17∶3，分析其中的原因首先是男性精子细胞分化经历的细胞分裂次数比卵细胞多 10 倍，其次是精子染色体中碱基替换的积累比卵细胞快 2 倍。突变率与细胞分裂次数密切相关，因为 DNA 的复制次数越多，滑动错配的机会越大。

STR 基因座的突变率是通过家系调查确定的，孩子 DNA 图谱中出现父亲和母亲都没有的陌生片段，就是突变基因。例如父亲基因型是 14，18，母亲是 15，17，孩子是 13，17，则可以判断孩子的 13 基因是突变基因。按照 STR 突变的规律，一步突变约占 90%，从这个三联体家系分析可以确定孩子的 13 基因是来自父亲 14 基因的一步突变。

2. 无效等位基因。STR 序列内出现点突变一般不会干扰对片段长度的分型，例如基序内或基序侧翼区的点突变，不影响靶基因扩增，也不改变等位基因的长度，对基因型判定没有影响。如果单个碱基变异正好出现在模板上引物 3'末端的结合处，将会直接影响该引物退火和延伸，导致这个等位基因没有扩增产物，杂合子个体只有一个等位基因的扩增产物。这个没有扩增产物而漏检的基因叫作无效基因（null allele）。对常规使用的 STR 基因座进行观察，无效基因的出现率大约为 0.01%～0.5%。例如在汉族人群中，采用 Profiler Plus 试剂盒检测 D8S1179 基因座，在 2013 例血样中确定 10 例有无效等位基因，出现率 0.5%。重新合成引物，避开出现点突变的碱基位置，无效基因现象消除。由于无效基因比例较高，在汉族人群中用此试剂盒检测 D8S1179，无效基因问题应予警觉。

（二）防止错误否定父权的方法

当只有 1 个遗传标记否定父权时，为了防止错误将父权否定，可采取下列措施：①用不同批号的试剂，由同一技术员或其他技术员在同一实验室或其他实验室重复试验。②计算不符合遗传规律遗传标记的父权指数，并检测更多遗传标记。只有一个遗传标记不符合遗传规律，不能轻易作出排除结论，必须加测其他系统；2 个 STR 基因座或同一染色体上的两个遗传标记不符合遗传规律，需慎重对待，宜加测遗传标记后再具体分析；有 3 个及以上独立遗传关系（非连锁）的遗传标记不符合遗传规律，则可作出排除亲子关系的结论。

第三节　确信父权

在亲子鉴定中，受检者带有孩子生父或生母所应有的等位基因，这时不能排除受检者与孩子有父子或母子关系，则倾向于认同受检者与孩子有亲子关系。肯定结论的可靠性，取决于检测遗传标记的多少以及具体遗传标记的等位基因频率。亲子关系概率的估计方法有多种。目前国内外大多数的亲子鉴定采用 Essen-Möller 提出的计算方法。该方法是根据母亲、孩子和 AF 三者的表型计算亲子关系概率。具体步骤是根据母、子联合遗传类型，比较 AF 与随机男子成为孩子生父的概率，先计算出父权指数，然后再计算父权相对机会。

一、父权指数

父权指数（Paternity Index，PI）是判断亲子关系鉴定中判断遗传证据强度的指标。它是判断亲子关系所需的两个条件概率的似然比（likelihood ratio，LR），即具有 AF 遗传表型的男子是孩子生物学父亲的概率（X）与随机男子是孩子生物学父亲的概率（Y）的比值。即 PI 代表 AF 具备生父基因，成为孩子生父的概率比随机男子具备生父基因，成为生父的概率大的倍数，由下列公式表示：

PI=X/Y=（c×f）/（g×f）

式中：X（具有 AF 遗传表型的男子是孩子生物学父亲的概率）= c（AF 提供生父基因概率）×f（生母提供基因概率）。

Y（随机男子是孩子生物学父亲的概率）= g（随机男子提供生父基因概率）×f（生母提供基因概率）。

当亲代的基因型为杂合子时，亲代将生父（母）等位基因传给后代的概率为 0.5，当亲代的基因型为纯合子时，亲代将生父（母）等位基因传给后代的概率为 1；随机男子提供生父等位基因的概率等于人群中该等位基因的频率。

举例如下：

例 1：检测遗传标记结果，AF 表型为 P，孩子的表型为 P，母亲的表型为 PQ，以 p 为 P 基因频率，q 为 Q 基因频率，则：

X = AF 提供 P 基因概率×母亲提供 P 基因概率 = 1×0.5 = 0.5

Y = 随机男子提供 P 基因概率×母亲提供 P 基因概率 = p×0.5 = 0.5p

PI = 0.5/0.5p = 1/p

例 2：检测遗传标记结果，AF 表型为 P，孩子的表型为 PQ，母亲的表型为 PQ，以 p 为 P 基因频率，q 为 Q 基因频率，则：

X = AF 提供 P 基因概率×母亲提供 Q 基因概率 = 1×0.5 = 0.5

Y = 随机男子提供 P 基因概率×母亲提供 Q 基因概率+随机男子提供 Q 基因概率×母亲提供 P 基因概率 = = p×0.5+q×0.5 = 0.5（p+q）

PI = 0.5/0.5（p+q）= 1/（p+q）

此例中母亲与随机男子的基因配合有两种或两种以上的方式，则 Y 值应是几个独立结合概率的数学和；同样道理，如果母亲与 AF 的基因配合有两种或两种以上的方式，则 X 值应是几种独立结合概率的数学和。表 14-5 给出了包括 STR 在内的共显性遗传标记计算父权指数的方法。

表 14-5　共显性遗传标记三联体计算父权指数

孩子	母亲	被控父亲 AF	父权指数 PI
q	Pq	q	$1/q$
pq	p or pr	q	$1/q$
q	q	q	$1/q$
pq	p or pr or ps	qr（or pq）	$1/2q$
q	pq	qr（or pq）	$1/2q$
q	q	qr	$1/2q$
pq	pq	pq	$1/(p+q)$
pq	pq	q	$1/(p+q)$
pq	pq	qr	$1/(2p+2q)$

随着共显性多等位基因遗传标记如 STR 的广泛使用，即使没有检测母亲时，在不能排除受检者与孩子有父子关系时也可计算父权指数，表 14-6 给出了没有检测母亲的共显性遗传标记计算父权指数的方法。

表 14-6　共显性遗传标记二联体计算父权指数

孩子	被控父亲 AF	父权指数 PI
q	q	$1/q$
pq	q	$1/2q$
q	qr	$1/2q$
pq	pq	$(p+q)/4pq$
pq	qr	$1/4q$

二、父权指数的统计学意义

亲子鉴定所要解决的问题，可以把它归结为两个对立统计假设的决策问题。例如某个母亲指认某男子是她孩子的父亲，这里就会出现两种相互对立的假设：

Hp：AF 是孩子的生父。Hp 又称原告假设。

Hd：AF 不是孩子的生父。Hd 又称被告假设。

亲子鉴定就是要根据样本分型结果来推断究竟是 Hp 成立，还是 Hd 成立。要进行推断就得建立一个决策规则，统计学常用的决策方法是似然比方法。而父权指数 PI＝X/Y 正是一个似然比。以 E 代表观察到的情况，即母、子、AF 三人的遗传标记检测结果。用竖线分开条件与事件，竖线右边为条件，左边为事件。条件概率 Pr（E｜Hp）和 Pr（E｜Hd）分别在假设 Hp 和假设 Hd 条件下的概率，则似然率可写为：

LR ＝Pr（E｜Hp）/ Pr（E｜Hd）

　　＝X/Y

　　＝PI

设 E＝｛C，M，A｝，代表母、子、AF 三人的遗传标记检测结果。其中 C＝孩子的基因型，M＝母亲的基因型，A＝AF 的基因型。用 A＝F 表示 AF 确是孩子的生父。所以有：

LR ＝ Pr（E｜Hp）/ Pr（E｜Hd）

　　＝P（C，M，A｜AF 是孩子的生父）/ P（C，M，A｜AF 不是孩子的生父）

公式中的分子 P（C，M，A｜AF 是孩子的生父）＝ P（A）P（M）P（C｜M，A＝F）。这是因为婚配是随机的，故 M 与 A 独立。分母 P（C，M，A｜AF 不是孩子的生父）＝ P（A）P（M）P（C｜M）。这是因为在 AF 不是孩子生父的情况下，他是随机人群中抽取的，故 A 与 C，M 独立。所以有：

LR＝ P（A）P（M）P（C｜M，A＝F）/ P（A）P（M）P（C｜M）＝ P（C｜M，A＝F）/ P（C｜M）＝X/Y＝PI

PI 回答了面对母、子、AF 三人的遗传标记检测结果，如果一定要在两个互不相容的原因（Hp 和 Hd）中找一个引起现象的原因，应该选择使观察事件发生的可能性大的那个原因，因此根据 Pr（E｜Hp）/ Pr（E｜Hd）＝X/Y 的大小来决定究竟是 Hp 成立还是 Hd 成立是合理的。PI 值大于 1 表示倾向于认同父子关系，其理论值可接近无穷大。PI 值小于 1 表示倾向于排除父子关系。

需要强调的是，亲子鉴定用于计算 PI 的母、子，AF 三人的遗传标记检测结果是基于遗传标记不能排除的结果。鉴定中使用的全套遗传标记系统的效能，即多个遗传标记系统的累积非父排除率必须足够高是用 PI 进行统计决策的前提。不管系统效能，仅靠 PI 值高低的单一指标进行统计决策是不可靠的。多个遗传标记系统进行亲子鉴定，在求得每个遗传标记系统的父权指数后需进一步计算累计父权指数，并依此判定亲权关系。设每个遗传标记的父权指数分别为 PI_1、PI_2、$PI_3 \cdots PI_n$，n 个遗传标记的父权指数乘积即为累计父权指数（combined paternity index，CPI），则：

$$CPI = PI_1 \times PI_2 \times PI_3 \times \cdots \times PI_n$$

三、父权的相对机会

父权指数 PI 是两个条件概率的比值，它的一个条件概率可以按 Bayes 定理换算成一个条件概率，从而引出另一个参数，称之为父权相对机会（relative chance of paternity，RCP）或父权概率（probability of paternity），后者常简写为 W。父权相对机会代表了判断 AF 是孩子生父的把握度大小。

在构成父权指数的两个条件概率中，需要把条件概率 P（E | Hp）换算成另一种条件概率 P（Hp | E）。条件概率 P（E | Hp）表示以 AF 是孩子的生父为条件时，获得观察到的情况 E，即母、子、AF 三人的遗传标记检测结果的概率。而条件概率 P（Hp | E）表示在母、子、AF 三人的遗传标记检测结果的条件下，AF 的确是孩子生父的概率。显然，后者正是亲子关系概率。把一种条件概率换算成另一种条件概率，公式为：

P（Hp | E）= P（Hp）P（E | Hp）/ [P（Hp）P（E | Hp）+P（Hd）P（E | Hd）]

分子分母同除以 P（Hp）P（E | Hd），又因 P（E | Hp）/P（E | Hd）= X/Y。所以：

P（Hp | E）=（X/Y）/ [（X/Y）+P（Hd）/P（Hp）]

式中 P（Hp）和 P（Hd）分别代表 AF 的确是孩子生父的前概率和 AF 不是孩子生父的前概率。由于对 Hp 与 Hd 成立与否在受理鉴定前可能一无所知，通常假定 P（Hd）= P（Hp）= 0.5，表示从非遗传标记估计 AF 是孩子的生父或不是孩子的生父机会均等，所以：

P（Hp | E）=（X/Y）/ [（X/Y）+1] =PI/（PI+1）= W = RCP

例如某亲子鉴定案的父权指数（PI）计算值为 2497，在前概率相同的条件下，则：

RCP=PI/（PI+1）= [2497/（2497+1）] ×100% = 99.96%

多个遗传标记用于亲子鉴定时，若父权不能否定，n 个遗传标记的父权指数相乘则为累积父权指数（combined paternity index，CPI），由此再计算 RCP（表

14-7）。

$$RCP = CPI/（CPI+1）$$

表 14-7　累计父权指数与 RCP 计算

遗传标记	AF	母亲	孩子	父权指数 PI
TH01	9-10	9-10	9-10	0.8904
vWA	17-17	16-18	16-17	3.3113
FES	11-13	11-11	11-13	2.6882
D13S317	10-12	8-11	8-10	2.0263
D3S1358	11-12	12-13	11-13	5.2521
D8S1179	13-18	14-15	15-18	12.6263
D21S11	22-24	21-25	24-25	2.5157
D16S539	8-12	7-11	7-12	4.2315
D5S818	7-9	8-10	8-9	2.3545
D7S820	6-10	7-7	6-7	3.3324
D18S51	13-16	15-15	15-16	8.9278
FGA	18-22	20-24	18-20	4.5657
CSF1PO	10-13	9-11	10-11	7.7896
TPOX	6-9	7-10	7-9	6.4356
D1S1676	12-15	13-17	13-15	
CPE>0.9995		CPI=1604432675	RCP>99.95%	

第四节　法医亲子鉴定标准

为了确保法医亲子鉴定结果的可靠性，并使之规范化、科学化和标准化，国内目前已有法医亲子鉴定标准。要点如下：

实验使用的遗传标记累计非父排除概率应等于或大于 0.9999。为了避免潜在突变影响，任何情况下都不能仅根据一个遗传标记不符合遗传规律就排除父权。检测的遗传标记均需计算父权指数，包括符合和不符合遗传规律的遗传标记（表14-8）。任何情况下都不能为了获得较高的累计父权指数，将检测到的不符合遗传规律的遗传标记删除。获得所有单个遗传标记的父权指数后，计算累计父权指数 CPI。

表 14-8 遇到不符合遗传规律时父权指数（PI）计算

（以 D13S317 为例，平均突变率 μ 为 0.002）

基因座	AF	母亲	孩子	父权指数 PI
D13S317	7	7-8	9-11	$\mu / (4p_8)$
D13S317	7	7-8	10-11	$\mu / (40p_8)$
D13S317	7	7-8	11-12	$\mu / (400p_8)$
D13S317	7	7-8	9	$\mu / (2p_8)$
D13S317	7-8	8	9	$\mu / (2p_8)$
D13S317	7-8	8	7-9	$2\mu / (4p_8)$
D13S317	7-8	8	9-11	$\mu / (4p_8)$
D13S317	7-9	7-9	10-11	$\mu / [4(p_7 + p_9)]$
D13S317	7-9	7-9	10	$\mu / [2(p_7 + p_9)]$
D13S317	7-9	7-9	8-10	$3\mu / [4(p_7 + p_9)]$
D13S317	7-8	7-9	7-8	$\mu(1+1/3.5) / (4p_9)$
D13S317	9	7-8	7	$\mu / [2×3.5×p_8]$

注：表中 p_7、p_8、p_9 为相应等位基因 7，8，9 的频率。

被检测男子的累计父权指数小于 0.0001 时，支持被检测男子不是孩子生物学父亲的假设。鉴定意见可表述为：依据现有资料和 DNA 分析结果，排除被检测男子是孩子的生物学父亲。被检测男子的累计父权指数大于 10000 时，支持被检测男子是孩子生物学父亲的假设。鉴定意见可表述为：依据现有资料和 DNA 分析结果，支持被检测男子是孩子的生物学父亲。累计父权指数大于 0.0001 而小于 10000 时，应当通过增加检测的遗传标记来达到要求。

第五节　其他血缘关系鉴定

随着 DNA 遗传标记的广泛使用，亲子关系鉴定已经扩展到更大范围的血缘关系鉴定，包括兄弟、姐妹、叔侄及爷孙隔代关系等的鉴定。目前用于更大范围血缘关系鉴定的遗传标记有两类，常染色体 DNA 遗传标记与非常染色体 DNA 遗传标记，后者主要指 mtDNA 和 Y 染色体 DNA 遗传标记。常染色体 DNA 遗传标记进行血缘关系鉴定的原理是基于有血缘关系的个体比无血缘关系的个体共享相同等位基因的概率高，血缘关系近的个体比血缘关系远的个体共享相同等位基因的概率高。因此可以通过与无血缘关系个体比较概率高低来判断是否存在血缘关系。

mtDNA 和 Y 染色体 DNA 遗传标记进行血缘关系鉴定的原理是基于 mtDNA 遗传标记的母系遗传特征和 Y 染色体遗传标记的父系遗传特征。具有共同的母系祖先或父系祖先的个体具有相同的等位基因，反之则无。因此可以通过检测 mtD-NA 和 Y 染色体 DNA 遗传标记来判断是否存在血缘关系。需要指出，血缘关系鉴定针对的是一组个体的遗传特点而不是一个个体的遗传特征，其特定性需要其他证据来佐证。例如，Y 染色体 DNA 遗传标记本身并不能区分爷孙关系与叔侄关系。用 Y 染色体 DNA 遗传标记明确他们有共同的父系祖先后，爷孙关系或叔侄关系的确定还需要其他证据。因此，血缘关系鉴定的特定性不如亲子关系鉴定。

一、兄弟姐妹关系鉴定

同胞关系可分为同父同母的全同胞和同父（母）异母（父）的半同胞两种。同胞之间由于不必须有相同的等位基因，尤其是两个异性别的同父异母的半同胞鉴定，除检测常染色体 STR 遗传标记外，Y 染色体遗传标记、X 染色体遗传标记和 mtDNA 遗传标记分析均不适用，故同胞鉴定至今仍是法医亲缘关系鉴定的一大难点。

（一）全同胞鉴定

1. 术语和定义。①全同胞（full sibling，FS）是指具有相同的生物学父亲和生物学母亲的多个子代个体。②全同胞关系鉴定（full sibling testing）是指通过对人类遗传标记，如常染色体 STR 基因座的检测，根据遗传规律分析，对有争议的两名个体间是否存在全同胞关系进行鉴定，其参照关系为无关个体。③状态一致性评分［identity by state（IBS）score］两名个体在同一基因座上可出现相同的等位基因，这些等位基因的"一致性"即称为状态一致性。该等位基因也称为状态一致性等位基因。相应地，在1个STR基因座上，2名被鉴定人间的状态一致性等位基因个数称为IBS评分（IBS score，ibs），若采用包含n个相互独立的常染色体遗传标记分型系统对两名被鉴定人进行检测，各个遗传标记上的ibs之和即为累计状态一致性评分，记作IBS。④检测系统效能（power of the genotyping system）采用给定的检测系统以及相应的判定标准进行生物学全同胞关系鉴定时，预计能够给出明确结论的可能性。

2. 相关参数的计算方法。

（1）常染色体STR基因座的状态一致性评分（ibs）计算。依据状态一致性评分的定义，设有A和B两名被鉴定人，某一常染色体STR基因座有P、Q、R和S等多个等位基因，则A与B间在该遗传标记的状态一致性评分可依据表14-9计算。

表 14-9　单个常染色体 STR 基因座的状态一致性评分计算表

被鉴定人基因型		ibs
个体 A	个体 B	
PP	PP	2
PQ	PQ	2
PP	PQ	1
PQ	QR	1
PP	QQ	0
PP	QR	0
PQ	RS	0

（2）常染色体STR基因座分型系统累计状态一致性评分（IBS）的计算。依据状态一致性评分的定义，采用包含n个相互独立的常染色体STR基因座分型系统对两名被鉴定人进行检测后，其累计状态一致性评分按以下公式进行计算：

$$IBS = ibs_1 + ibs_2 + ibs_3 + \cdots + ibs_n = \sum_{i=1}^{n} ibs_i (i = 1, 2, 3, \cdots, n)$$

3. 检验的 STR 基因座。在进行生物学全同胞关系鉴定时，目前亲缘关系鉴定常用的 19 个常染色体 STR 基因座（vWA、D21S11、D18S51、D5S818、D7S820、D13S317、D16S539、FGA、D8S1179、D3S1358、CSF1PO、TH01、TPOX、Penta E、Penta D、D2S1338、D19S433、D12S391、D6S1043）为必检基因座。

建议在 19 个必检 STR 基因座基础上，每次增加 10 个常染色体 STR 基因座，如检测 29 个或 39 个，以下 22 个常染色体 STR 为部分可供选择的补充基因座（排序不分先后）：D1S1656、D2S441、D3S1744、D3S3045、D4S2366、D5S2500、D6S477、D7S1517、D7S3048、D8S1132、D10S1248、D10S1435、D10S2325、D11S2368、D13S325、D14S608、D15S659、D17S1290、D18S535、D19S253、D21S2055、D22-GATA198B05。

当 2 名被鉴定人均为男性时，可以补充检验 Y-STR 基因座（如 DYS456、DYS389I、DYS390、DYS389II、DYS458、DYS19、DYS385 a/b、DYS393、DYS391、DYS439、DYS635、DYS392、Y GATA H4、DYS437、DYS438、DYS448 等）；当 2 名被鉴定人均为女性时，可以补充检验 X-STR 基因座（如 GATA172D05、HPRTB、DXS6789、DXS6795、DXS6803、DXS6809、DXS7132、DXS7133、DXS7423、DXS8377、DXS8378、DXS9895、DXS9898、DXS10101、DXS10134、DXS10135、DXS10074 等）。

可以通过线粒体 DNA 序列分析进行补充检验。补充检验不能单独使用。

4. 结果分析。全同胞关系鉴定主要依据常染色体 STR 基因座分型结果，通过计算 2 名被鉴定人间的累计状态一致性评分（IBS），结合 IBS 在无关个体对人群和全同胞对人群中的概率分布规律，对被鉴定人之间是否存在生物学全同胞关系作出判断。依据孟德尔遗传规律可知，即使是真正的全同胞，在同一个基因座上也可以出现基因型完全不同（即在该基因座上的状态一致性评分为 0）的情形，其发生概率为 0.25；另一方面，即使是真正的无关个体，也可以因为偶然的因素在同一基因座上出现基因型完全相同（即在该基因座上的状态一致性评分为 2）的情形，其发生概率与等位基因的人群频率分布有关。

5. 鉴定意见。①依据常染色体 STR 基因座分型结果进行生物学全同胞关系鉴定时，鉴定意见分为"倾向于认为两名被鉴定人为全同胞""倾向于认为 2 名被鉴定人为无关个体"和"在当前检测系统下，无法给出倾向性意见"三种。②鉴定意见的准确性受 IBS 值和检测系统效能的影响。表 14-10 列出了采用不同的常染色体 STR 基因座检测系统进行生物学全同胞关系鉴定的 IBS 阈值和检测系统效能。仅仅依据 19 个常染色体基因座的分型结果，有相当一部分案例（约占25%）在不补充检验其他检测系统的情形下将无法得出结论。

表 14-10　不同常染色体 STR 检测系统对应的生物学全同胞关系
鉴定 IBS 阈值和检测系统效能

常染色体 STR 检测系统	鉴定意见	阈值	检测系统效能
19 个必检基因座	倾向于认为 2 名被鉴定人为全同胞	$IBS = 22$	约 0.75
	无法给出倾向性意见	$22 > IBS > 13$	
	倾向于认为 2 名被鉴定人为无关个体	$IBS = 13$	
19 个必检基因座基础上补充检验 10 个 STR 基因座	倾向于认为 2 名被鉴定人为全同胞	$IBS = 32$	约 0.85
	无法给出倾向性意见	$32 > IBS > 21$	
	倾向于认为 2 名被鉴定人为无关个体	$IBS = 21$	
19 个必检基因座基础上补充检验 20 个 STR 基因座	倾向于认为 2 名被鉴定人为全同胞	$IBS = 42$	约 0.95
	无法给出倾向性意见	$42 > IBS > 31$	
	倾向于认为 2 名被鉴定人为无关个体	$IBS = 31$	

6. 特殊说明。①生物学全同胞关系特指在双亲皆无情形下甄别全同胞和无关个体两种检验假设。鉴定人应详细了解 2 名被鉴定人间是否存在其他可能的亲缘关系。②依据 19 个常染色体 STR 基因座的分型结果进行全同胞关系鉴定时，该检测系统的效能约为 0.75，即采用该系统，同时依据相应的判定标准，能够得出明确结论的可能性约为 75%，得出的倾向性鉴定意见的准确性不低于 99%；分别依据 29 个常染色体 STR 基因座和 39 个常染色体 STR 基因座的分型结果，同时依据相应的判定标准进行全同胞关系鉴定时，检测系统的效能分别约为 0.85 和0.95，得出的倾向性鉴定意见的准确性均不低于 99.9%。③对于补充检验的 X 染色体遗传标记、Y 染色体遗传标记或线粒体 DNA 测序结果，应采用文字描述的

方式进行分析。

（二）半同胞鉴定

半同胞鉴定首先根据鉴定同父还是同母，选择 Y-STR、X-STR 或 mtDNA 遗传标记，如怀疑同父异母兄弟检测 Y-STR、同父异母姐妹检测 X-STR、同母异父同胞检测 mtDNA 等。在不能排除时再检测常染色体 STR 基因座，并可根据 ITO 法计算半同胞关系指数（half sibling index，HSI）。与全同胞鉴定类似，当有多个已知血缘关系的全同胞参与检验时，常染色体 STR 基因座也能提供排除信息。

二、祖孙关系鉴定

祖孙关系鉴定属于隔代亲缘鉴定，是通过对人类遗传标记的检测，根据遗传规律分析，对有争议的祖父母与被检孩子之间是否存在生物学祖孙关系进行鉴定。其依据的原理是在常染色体 STR 基因座不发生遗传突变的情况下，根据孟德尔遗传定律，孩子与其父母各方必定有一个等位基因是相同的，因此，第三代（孙）个体必定有一个等位基因源自于第一代（祖父母、外祖父母）。当受检者之间的基因遗传违反遗传规律，排除有亲缘关系，如被控祖父 THO1 基因座表型为 6，9，被控祖母为 7，10，孙为 5，8，则排除祖孙关系；如果不违反遗传规律，可能有血缘关系，通过计算亲权指数对可能性大小作出估计。本节中的祖孙关系鉴定特指生母、祖父、祖母同时参与鉴定下被检孩子与祖父、祖母间的祖孙关系鉴定，该对争议祖父母，要么双方都与孩子存在祖孙关系，要么都不是孩子的祖父或者祖母。

（一）术语和定义

1. 平均非祖父母排除率（mean power of random grandparents excluded，RGE）：是指通过检测一个或多个遗传标记能将群体中随机一对夫妇排除为孩子祖父母的能力。

2. 祖孙关系指数（grandparent index，GI）：祖孙关系指数为亲权指数的一种，是生物学祖孙关系鉴定中判断遗传证据强度的指标。是指争议祖父母与孙子（女）之间存在祖孙关系时其遗传表型出现的机率与争议祖父母与孙子（女）为无关个体时其遗传表型出现的机率之比值。

（二）相关参数计算方法

1. 共显性遗传标记平均非祖父母排除率（生母参与情形下）的计算：

$$RGE = \sum_{i=1}^{n} Pi \, (1-Pi+Pi^2) \, (1-Pi)^4 + \sum_{i}^{n-1} \sum_{j=i+1}^{n} PiPj \, (Pi+Pj) \, (1-Pi-Pj)^4$$

式中，P_1，P_2，P_3，$\ldots P_n$ 为有 n 个等位基因共显性遗传标记系统的等位基因频率

2. 祖孙关系指数的计算。在计算某一 STR 基因座上的祖孙关系指数时，首先应依据遗传学原理，参照被检孩子及其生母的基因型，推断出被检孩子在该基因座上的生父基因。当被检孩子与生母基因型相同（此时无法确定孩子生父基因）时，则被检孩子的两种等位基因均有生父基因的可能。

当被检孩子与生母在该基因座不吻合遗传规律、考虑存在生母等位基因突变的情形时，首先应考虑生母最可能的突变基因，进而确定生父基因，如生母基因型为（7/8），被检孩子为（9/10），则应确定等位基因 10 为生父基因，若生母基因型为（8/8）或（7/8），被检孩子为（9/9），则应按生父基因为等位基因 9 处理。若生母基因型为（9/9）或（6/9），被检孩子为（8/10），则应按生父基因为等位基因不能确定处理（即 8 和 10 均有可能为生父基因）。通常不考虑被检孩子生母基因与生父基因同时突变的可能。

当生母与被检孩子间不吻合遗传规律的基因座个数超过 1 个时，则建议依据《亲权鉴定技术规范（SF/Z JD0105001）》先确认生母与被检孩子间的生物学母子关系。在确定生父基因后，计算出每一个基因座相应的祖孙关系指数，并依据乘法规则计算累积祖孙关系指数。

3. 累积祖孙关系指数的计算方法：

$$CGI = GI_1 \times GI_2 \times GI_3 \times \cdots \times GI_n = \prod_{i=1}^{n} GI_n (i = 1, 2, 3, \cdots, n)$$

（三）检验的 STR 基因座

在进行生物学祖孙关系鉴定时，目前亲缘关系鉴定推荐检测 19 个常用的常染色体 STR 基因座（vWA、D21S11、D18S51、D5S818、D7S820、D13S317、D16S539、FGA、D8S1179、D3S1358、CSF1PO、TH01、TPOX、Penta E、Penta D、D2S1338、D19S433、D12S391、D6S1043）。并鼓励在上述 19 个 STR 基因座基础上增加更多的、经过验证的、与上述 19 个 STR 基因座不存在连锁和连锁不平衡的其他常染色体 STR 基因座，以提高检测系统效能。

当被检孩子为男性时，可考虑对争议祖父与孩子补充检验 Y-STR 基因座（如 DYS456、DYS389I、DYS390、DYS389II、DYS458、DYS19、DYS385 a/b、

DYS393、 DYS391、 DYS439、 DYS635、 DYS392、 YGATA H4、 DYS437、 DYS438、DYS448 等）；当被检孩子为女性时，可考虑对争议祖母与孩子补充检验 X-STR 基因座（如 GATA172D05、HPRTB、DXS6789、DXS6795、DXS6803、 DXS6809、 DXS7132、 DXS7133、 DXS7423、 DXS8377、 DXS8378、 DXS9895、 DXS9898、DXS10101、DXS10134、DXS10135、DXS10074 等）。

（四）鉴定意见

依据 DNA 分型结果，对被检孩子与祖父母间否存在生物学祖孙关系作出判断。实验使用的遗传标记平均非祖父母排除率应不小于 0.9999。为了避免潜在突变影响，任何情况下都不能仅根据一个遗传标记不符合遗传规律就作出排除意见。任何情况下都不能为了获得较高的祖孙关系指数，将检测到的不符合遗传规律的遗传标记删除。当累积祖孙关系指数大于 10000 时，支持被检测夫妇是孩子生物学祖父母的假设。当累积祖孙关系指数小于 0.0001，支持被检测夫妇不是孩子生物学祖父母的假设。当累计祖孙关系指数介于 0.0001~10000 之间，需通过增加检测的遗传标记来达到要求。否则，无法作出鉴定意见。

思考题

1. 亲子鉴定理论和计算方法的遗传学基础是什么呢？
2. 亲子鉴定的标准的建立基础是什么呢？
3. 通常会在什么情况下对不同血缘关系进行鉴定？
4. 按照目前的鉴定理论标准，是否仍然存在例外的情况呢？

参考文献

1. 丁梅主编：《法医学概论》，人民卫生出版社 2016 年版。

2. 黄瑞亭、陈新山主编：《中国法医学史》，华中科技大学出版社 2014 年版。

3. 黄光照、麻永昌主编：《法医病理学》，中国人民公安大学出版社 2002 年版。

4. 丛斌主编：《法医病理学》，人民卫生出版社 2016 年版。

5. 陈忆九、王慧君编著：《法医病理司法鉴定实务》，法律出版社 2009 年版。

6. 闵建雄编著：《法医损伤学》，中国人民公安大学出版社 2010 年版。

7. 百茹峰：《科学证据与法医病理学新技术》，法律出版社 2015 年版。

8. 黄平、邹冬华主编：《法医病理学研究前沿》，科学出版社 2015 年版。

9. 刘技辉主编：《法医临床学》，人民卫生出版社 2016 年版。

10. 邓振华、陈国弟主编：《法医临床学理论与实践》，四川大学出版社 2004 年版。

11. 官大威主编：《法医学辞典》，化学工业出版社 2009 年版。

12. 侯一平主编：《法医物证学》，人民卫生出版社 2016 年版。

13. 石美森：《生物学证据的研究与应用》，法律出版社 2012 年版。

14. ［美］布尔特尔：《法医 DNA 分型专论：证据解释》，侯一平、李成涛、严江伟主译，科学出版社 2018 年版。

15. 刘良主编：《法医毒理学》，人民卫生出版社 2015 年版。

16. Danielle S, *Lawrence K. Forensic Science Advances and Their Application in Judiciary System*，New York：CRC Press，2012.

17. Angela D L, *H. Theodore H. Essentials of Forensic Imaging*, London：CRC Press，2011.

18. Madea B, *Methods for determining time of death. Forensic Sci Med Pathol*, 2016，12（4）：pp. 451~485.

19. Finley SJ, Benbow ME, Javan GT. Microbial communities associated with human decomposition and their potential use as postmortem clocks. *Int J Legal Med*, 2015；129（3）：pp. 623~632.

20. Bai RF, Wan LH, Li HW, et al. Identify the injury implements by SEM/EDS and ICP-AES. *Forensci Sci Int*, 2007；166 pp. 8~13.

21. Bai RF, Ma SH, Zhang HD, et al. Forensic discrimination of three common brands of kitchen knives in China by ICP-AES and infrared absorption. *Int J Legal Med*, 2014；128：pp. 353~360.

22. 陈维庭："正确掌握和使用创伤评分法（AIS-ISS）"，载《创伤外科杂志》2001 年第 2 期

23. 查震球等："2008-2012 年中国肿瘤登记地区脑及神经系统肿瘤发病与死亡分析"，载《中华疾病控制杂志》2018 年第 11 期。

24. 陆坤等："中枢神经系统肿瘤的临床调查与分析"，载《临床神经外科杂志》2018 年第 4 期。

25. 叶玉勤等："小儿颅内肿瘤的临床与流行病学研究：西北地区单中心数据分析"，载《中华神经外科疾病研究杂志》2018 年第 3 期。

26. Benias PC, Wells RG, Sackey-Aboagye B, et al. Structure and distribution of an unrecognized interstitium in human tissues. *Sci Rep*, 2018；8（1）：pp. 4974~4981.

27. 邸绘婷、陈新忠："羊水栓塞研究新进展"，载《中国医刊》2018 年第 12 期。

28. 李文鹤等："羊水栓塞诊断的方法学研究进展及法医学意义"，载《中国法医学杂志》2016 年第 6 期。

29. Westphal SE, Apitzsch J, Penzkofer T, Mahnken AH, Knüchel R. Virtual CT autopsy in clinical pathology：feasibility in clinical autopsies. *Virchows Arch*, 2012；461（2）：pp. 211~219.